"十二五"普通高等教育本科国家级规划教材

高等院校学前教育专业教材

学前教育学

Xueqian Jiaoyuxue

（第2版）

主　编　虞永平　王春燕

编写者　虞永平　王春燕　甘剑梅　吕　苹　刘　宇
　　　　刘　颖　刘黔敏　步社民　陈　迁　郑三元
　　　　秦元东　彭俊英　鄢超云

高等教育出版社·北京

内容提要

本书是"十二五"普通高等教育本科国家级规划教材,系高等院校学前教育专业教材。全书共分十章,以学前教育的基本概念、原理为主线,从学前教育学的基础、学前儿童与教师、学前教育的目标、学前儿童的全面发展教育、幼儿园课程、学前教育活动、学前儿童游戏、幼儿园环境、学前教育衔接等方面系统地阐述了学前教育的基本理论。全书脉络清晰,内容系统全面,第2版在第1版的基础上,对部分章节内容进行了调整,新增了相关领域的最新发展成果,并增加了二维码资源,具有较强的基础性、实践性和时代性。穿插于章节中的"学习目标""小组讨论""实践活动"等栏目有助于学习者进行思考与实践。

本书可作为高等院校学前教育专业本科、高职高专教材,也可作为幼儿园教师继续教育教材,还可供广大学前教育工作者阅读与参考。

图书在版编目(CIP)数据

学前教育学/虞永平,王春燕主编.--2版.--北京:高等教育出版社,2022.6(2025.1重印)
ISBN 978-7-04-055853-1

Ⅰ.①学… Ⅱ.①虞… ②王… Ⅲ.①学前教育-教育理论-高等学校-教材 Ⅳ.①G610

中国版本图书馆 CIP 数据核字(2021)第 036295 号

策划编辑	刘晓静	责任编辑	刘晓静	封面设计	姜 磊	版式设计	于 婕
插图绘制	李沛蓉	责任校对	胡美萍	责任印制	刁 毅		

出版发行	高等教育出版社	网 址	http://www.hep.edu.cn
社 址	北京市西城区德外大街4号		http://www.hep.com.cn
邮政编码	100120	网上订购	http://www.hepmall.com.cn
印 刷	北京市鑫霸印务有限公司		http://www.hepmall.com
开 本	787 mm×1092 mm 1/16		http://www.hepmall.cn
印 张	19.75	版 次	2012年7月第1版
字 数	360 千字		2022年6月第2版
购书热线	010-58581118	印 次	2025年1月第5次印刷
咨询电话	400-810-0598	定 价	42.00元

本书如有缺页、倒页、脱页等质量问题,请到所购图书销售部门联系调换
版权所有 侵权必究
物 料 号 55853-00

重 印 说 明

为贯彻党中央、国务院关于加强和改进新形势下大中小学教材建设的意见,全面、准确、系统体现习近平新时代中国特色社会主义思想和党的二十大精神内涵,全面贯彻党的教育方针,落实立德树人根本任务,充分发挥教材的培根铸魂、启智增慧功能,服务教育高质量发展和教育强国建设,在本次重印前,主编按照教育部《普通高等学校教材管理办法》中的教材编写要求,以习近平新时代中国特色社会主义思想为指导,对教材内容进行了梳理和完善。

教材建设是一项战略工程、基础工程、系统工程,要持之以恒,久久为功。本次重印前的一些订正得益于部分热心读者提出的宝贵意见,在此谨表示真诚的谢意。期望广大师生在使用本教材的过程中继续提出宝贵意见,以便我们后续组织修订此教材。

前　言

学前教育学是一门研究学前教育现象和规律的科学。作为高等院校学前教育专业基础课程的学前教育学，总体上是一门以呈现系统理论为主要目的的课程。鉴于一般高等院校开设"学前教育学"之前，会开设"教育原理"或"教育概论"等课程，因此，"学前教育学"重点关注的是学前教育的特点和规律，关注学前儿童的全面发展，关注学前教育的原则与方法，关注学前教育的理论演进和现实状况。学前教育学以教育学原理、儿童发展心理学、生理学等相关学科理论为基础，是一门多领域交叉融合的课程。学前教育学也是一门贯穿古今、融会中西的课程，既反映人类对学前教育共同的探索和理解，体现人类对学前儿童发展与教育的共同智慧，又观照我国学前教育的实际，针对我国学前教育实践中面临的问题。因此，学前教育学作为理论性的课程，主要向学生传递基本的理论观点、理论脉络和逻辑思维方式，但它也是问题导向的，是引领实践的，理论和实践之间是关联的。本教材就是按照这样的思路来构架学前教育学的理论和实践体系的。

《学前教育学》自2012年出版以来，累计发行逾15万册，得到了学前教育专业广大师生的好评。读者在使用的过程中，提出了很多很好的意见和建议，为我们修订本教材提供了有力的支持。本次修订以党的二十大精神为指导，落实立德树人根本任务，主要涉及以下几个方面：

一是根据我国教育方针培养目标的新变化，增加了"学前儿童劳动教育"一节内容。劳动教育在幼儿园从未缺失，但并不一定有意识地开展或全面开展。为了更系统地呈现劳动教育的内涵和特点，作者联系了全国范围内12所代表性幼儿园，组成了劳动教育课题小组，进行了全面系统的研究，在此基础上，形成了有关幼儿园劳动教育的基本理论和实践指南。

二是本教材发行以来近十年，是我国学前教育改革和发展最迅猛的时期。幼儿的入园率大幅提升，学前教育体制机制不断建立和完善，幼儿园课程改革不断推进，以儿童为本的理念不断得到落实。根据这个现实，这次修订结合近十年来学前教育的发展和变革，进一步丰富和充实了相关章节的内容，更充分地体现了中国学前教育实践基础上的理论建设成就。

三是注重落实课程思政的基本要求,在教材中传播符合社会主义核心价值观的思想和观念;注重用正确的立场和方法引导学生学会用科学和客观的眼光看待学前教育理论和实践问题;注重从事实出发,实事求是,知行合一;注重将理论知识与实践探索结合起来,不断提升学生的综合素养。

四是采用二维码的形式,对教材内容进行了扩展和延伸,丰富了与教材内容相关的理论知识,增加了学前教育实践案例,给学生提供更开阔的视野来探索和思考学前教育问题。

本书各章编写分工如下:第一章,虞永平、彭俊英;第二章,甘剑梅;第三章,步社民、秦元东;第四章,彭俊英;第五章,陈迁、刘黔敏、刘颖;第六章,王春燕;第七章,郑三元;第八章,刘宇;第九章,鄢超云;第十章,刘黔敏、吕苹。全书由虞永平统稿。

教材建设是一项长期复杂的工作,需要不懈的努力。我们将进一步深入研究和探索,不断总结教学工作经验,不断听取大家的意见和建议,不断提高教材的质量。

编者

2024 年 4 月

目 录

第一章 学前教育学导论 1
- 第一节 学前教育与学前教育学 3
- 第二节 学前教育学的产生与发展 10
- 本章小结 22
- 拓展阅读 23
- 问题思考 23

第二章 学前教育学的基础 25
- 第一节 儿童发展与学前教育 27
- 第二节 社会发展与学前教育 38
- 本章小结 52
- 拓展阅读 53
- 问题思考 53

第三章 学前儿童与教师 54
- 第一节 儿童观 56
- 第二节 教师观 64
- 第三节 师幼关系 77
- 本章小结 81
- 拓展阅读 81
- 问题思考 82

第四章 学前教育的目标 83
- 第一节 学前教育目标的定位 85
- 第二节 我国学前教育的目标 93
- 本章小结 99

- 拓展阅读 99
- 问题思考 100

第五章 学前儿童的全面发展教育 101
- 第一节 学前儿童德育 103
- 第二节 学前儿童智育 115
- 第三节 学前儿童体育 126
- 第四节 学前儿童美育 135
- 第五节 学前儿童劳动教育 146
- 本章小结 158
- 拓展阅读 159
- 问题思考 160

第六章 幼儿园课程 161
- 第一节 幼儿园课程的含义与特点 163
- 第二节 幼儿园课程的几种主要模式 167
- 第三节 我国幼儿园课程的变革与实践 196
- 本章小结 206
- 拓展阅读 207
- 问题思考 207

第七章 学前教育活动 208
- 第一节 学前教育活动概述 210
- 第二节 学前教育活动设计 215
- 第三节 学前教育活动评价 224
- 本章小结 231
- 拓展阅读 232
- 问题思考 232

第八章 学前儿童游戏 233
- 第一节 学前儿童游戏概述 235
- 第二节 儿童游戏的主要理论 240
- 第三节 幼儿园游戏指导 247
- 第四节 幼儿园游戏与玩具 250
- 本章小结 254

- 拓展阅读　255
- 问题思考　255

第九章　幼儿园环境　256
- 第一节　幼儿园环境概述　258
- 第二节　幼儿园物质环境的创设　264
- 第三节　幼儿园心理环境的营造　277
- 本章小结　282
- 拓展阅读　282
- 问题思考　283

第十章　学前教育衔接　284
- 第一节　幼儿园与家庭的合作与教育衔接　286
- 第二节　幼儿园与社区的合作　292
- 第三节　幼儿园与小学教育的衔接　296
- 本章小结　302
- 拓展阅读　302
- 问题思考　302

主要参考文献　303

第一章　　　　学前教育学导论

【学习目标】

1. 理解学前教育的概念，并能够说出不同种类学前教育的主要特点。
2. 理解学前教育对个体和社会发展的价值。
3. 掌握学前教育学所具有的基础性、福利性、保教并重等三个特点。
4. 理解学前教育学的概念，知道学前教育学的主要内容和学习方法。
5. 熟悉西方学前教育学产生与发展过程中的关键人物及其思想，了解西方学前教育学的新进展。
6. 熟悉促使我国学前教育学形成的主要人物及其思想，了解新中国成立后我国学前教育学的发展。

【关键概念】

学前教育　学前家庭教育　学前社区教育　学前机构教育　学前教育学

问题情境

1988年,75名诺贝尔奖获得者聚集一堂,有记者问获奖者:"您在哪所大学、哪个实验室学到了您认为最重要的东西?"一位白发苍苍的学者沉思片刻回答道:"在幼儿园。"记者追问:"在幼儿园学到了什么重要的东西呢?"学者答道:"把自己的东西分一半给小伙伴,不是自己的东西不拿,东西要放整齐,吃饭前要洗手,做错事情要表示歉意……"

学前教育真的有这么重要吗?什么是学前教育?学前教育有哪些形式?学前教育有什么特点?学前教育又是怎样产生和发展起来的?本章将带你一起了解和思考这些问题。

第一节　学前教育与学前教育学

教育是人类社会特有的一种社会现象和社会活动。广义的教育泛指影响人们知识、技能、身体健康、思想品德形成和发展的各种活动。狭义的教育主要指学校教育，即根据一定的社会要求和受教育者的发展需要，有目的、有计划、有组织地对受教育者施加影响，以培养一定社会（或阶级）所需要的人的活动。

人的一生按年龄可分为婴儿期、幼儿期、儿童期、少年期、青年期、成年期、老年期等。不同年龄阶段的人有着不同的年龄特征和需要。因此，教育必须分阶段进行，才能适合不同年龄阶段的人。根据教育对象年龄的不同，教育可分为学前教育、中小学教育、高等教育和成人教育等教育阶段。各教育阶段的具体任务、内容和方法各不相同，具有各自的特点和规律。

一、学前教育

（一）学前教育的概念

学前教育是指从出生到六岁儿童的教育，包括3岁前的婴儿教育和3—6岁的幼儿教育两个有机联系的过程。我国的学前教育是社会主义教育事业的重要组成部分，是我国学校教育的基础阶段。当前，学前教育受到全社会普遍关注，已成为不可缺少的一个教育阶段。

（二）学前教育的种类

与教育一样，学前教育也有广义和狭义之分。广义的学前教育泛指一切形式、一切场合、有目的地对学前儿童产生影响的活动，从学前儿童生活空间的角度可以将学前教育区分为学前家庭教育、学前社区教育、学前机构教育等。狭义的学前教育主要指学前机构教育，即在专门的学前教育机构中有目的、有计划地对学前儿童施加影响的活动，如托儿所、幼儿园的教育。这类机构的教育有明确的目的性和计划性，教师是接受了专门训练、符合相应的任职资格标准的专业人员。

下面分别对学前家庭教育、学前社区教育和学前机构教育进行介绍。

1. 学前家庭教育

学前家庭教育是一种伴随人类社会的发展而发展的、历史悠久的学前教育形式。它以家庭为主要基地，以父母为主要实施者。

学前家庭教育的主要特点是：

（1）教育时间上的首施性和延续性。人降生后进入的第一个社会环境就是家庭环境。父母及其他长辈是儿童的首任教师，人生最初的信息刺激、教育影响首先是从家庭、父母那里获得的。因此，家庭是对儿童实施教育的最初场所，父母是对儿童实施教育的第一人。家庭的教育影响不断地延续，即使在儿童进入专门的教育机构接受教育以后，家庭的教育作用仍在发挥。可以说，家庭教育的影响会延续作用于人的一生。

（2）教育方式、方法上的个别性和多样性。家庭教育主要是在父母与子女之间进行的，是一种典型的个别教育形式。父母的教育往往具有很强的针对性，是一种在对受教育者充分了解基础上的教育。在具体的教育方法上，父母或言传、或身教、或启发、或诱导、或赞扬、或批评，父母和子女都有较多的情感投入。这些多样化方法的选择是由具体的教育内容、情境等因素决定的。

（3）家庭教育具有生活性。生活性是学前教育的一般特性，与机构教育、社区教育相比，家庭教育最具生活性。这是因为家庭教育就是在家庭生活情境中进行的，家庭教育的重要内容就是生活常识、生活习惯、生活能力、生活态度，就是帮助儿童解决生活中遇到的具体问题。

（4）教育目标上的随意性和差异性。家庭教育作为家庭生活的一个组成部分，其目标受父母及长辈的认识水平和实际能力的制约，有较大的随意性。不同儿童的父母在儿童观、教育观、知识价值观及实际教育能力上的差异，导致家庭教育的目标也有很大的差异，这种差异对家庭教育的水平、质量都会产生很大的影响。

2. 学前社区教育

学前社区教育是一种与学前家庭教育、学前机构教育并存的教育形式，主要由社区组织在社区中加以实施。它是指家庭和专门教育机构以外的非正式教育。社区中一些具有一定教育功能的文化、娱乐机构，如儿童影剧院、儿童游乐室、儿童科技馆、儿童图书馆、儿童玩具城等非专门教育机构是学前社区教育的主要场所和组织力量。学前社区教育是学前家庭教育和学前机构教育的重要补充。

学前社区教育的主要特点是：

（1）接纳对象的社会性。进入这类机构的儿童来自社会中不同层次的家庭，也可能来自不同的专门教育机构，因此，社区教育具有广泛性、公众性特点。另外，社区教育和机构教育不是非此即彼的关系，也可能是重合的，正因如此，它对家庭教育和机构教育才有互补性。

（2）具有娱乐性。学前社区教育往往是跟休闲联系在一起的。成人的休闲、儿童的娱乐是它的重要特质。学前社区教育是在非正式的、无压力的状态下进行的，对儿童来说，玩就是学习。

（3）教育活动的群体性。学前社区教育具备群体间共同活动的条件，在这些公共活动场所，往往有很多儿童参与其中，他们之间有可能产生各种形式的相互关系。大部分的儿童是在群体性的、娱乐性的活动中扩展经验、得到发展的。很多家长将孩子带进社区的目的就是扩大孩子的交往范围，增强群体活动经验。

3. 学前机构教育

学前机构教育是指由正规的学前教育机构对学前儿童所实施的有目的、有计划的教育。它可以分为两个阶段：1.5—3岁阶段的教育称婴儿教育，也称托儿所教育；3—6岁阶段的教育称幼儿教育，也称幼儿园教育。

正规的学前教育机构除了托儿所、幼儿园以外，还包括学前班、混合班。学前班是一种受经济条件制约而开设的学前教育机构，为没有条件接受幼儿园三年教育的幼儿提供半年、一年或两年的学前教育。混合班主要是受人口分布等因素的影响，把学前儿童集中起来，混合编班。一些居住分散、同龄儿童较少的农村地区较多地采用这种形式。

学前机构教育的主要特点是：

（1）受国家有关法规、政策的约束和指导，是我国基础教育的有机组成部分。

（2）有目的、有计划地进行教育教学，旨在促进儿童的身心在原有水平上全面、和谐地发展。

（3）有符合一定标准的房舍、设备及场地，能确保儿童最基本活动的展开。

（4）由专业人员承担教育工作，机构中的各类工作人员不同程度地受过专业训练，尤其是教师，大多是接受过师范教育或通过教师资格证书考试的。

近年来，随着我国社会、经济的发展，学前家庭教育、学前社区教育、学前机构教育都在不断地向前发展。就家庭教育而言，胎教是我国学前教育史上很多教育思想家所倡导的，现在已成为一些家庭在现代化设施辅助下的、现实的教育实践。就机构教育而言，首先，办园主体日趋多样化，除了政府办园和企事业单位办园以外，个人办园在近年增长迅速；其次，学前教育对象不断扩展，从对一般儿童、正常儿童的教育扩展到对特殊儿童的教育，开展了学前残疾儿童教育和学前天才儿童教育的研究和实践；最后，学前教育机构不断延伸，除了前述的正规学前教育机构（即幼儿园、托儿所、学前班、混合班）外，还发展了一些非正规机构，如社区服务中心、游戏小组、儿童指导站、流动图书馆等。这些非正规机构具有两方面的功能：一是在经济落后、人口稀少，还没有正规学前教育机构的地方使儿童尽可能接受一定的教育；二是在有正规学前教育机构的地方可弥补正规学前教育机构在时间、活动形式等方面的不足。

一般把正规学前教育机构组织实施的教育称为正规学前教育或学前正规教育，把非正规机构组织实施的教育称为非正规学前教育或学前非正规教育。总之，当前我国的学前教育是多种形式的，只有适合经济、文化发展的学前教育形式才是行之有效的。

国外学前教育的年龄范围、机构类型在不同的国家有不同的划分和规定。美国早期教育的对象为0—8岁，由不同的学前教育机构来承担，如幼儿园招收2—5岁的儿童，保育学校招收2—5岁的儿童，日托中心招收3—6岁的儿童，婴儿中心招收0—2岁的儿童。英国的早期教育对象为2—7岁儿童，它又分为两个阶段：第一阶段为2—5岁，相应的学前教育机构是保育学校；第二阶段为5—7岁，相应的学前教育机构是幼儿学校。

（三）学前教育的重要性

2010年，《国务院关于当前发展学前教育的若干意见》指出："学前教育是终身学习的开端，是国民教育体系的重要组成部分，是重要的社会公益事业。""办好学前教育，关系亿万儿童的健康成长，关系千家万户的切身利益，关系国家和民族的未来。"由此可见，学前教育不仅仅与儿童个体的健康成长息息相关，也是关乎国家和民族未来的大事。

1. 学前教育对个体发展的价值

（1）对儿童社会性发展的价值

幼儿园与家庭的区别之一是幼儿园为幼儿提供了与更多同伴共同生活的机会。幼儿在园中与同伴分享玩具，相互学习，同时也学习协商、让步、轮流等社会交往技能。幼儿在与成人和同伴交往的过程中，不仅学习如何与人友好相处，也在学习如何看待自己、对待他人，不断发展适应社会生活的能力。《3~6岁儿童学习与发展指南》指出，"人际交往和社会适应是幼儿社会学习的主要内容，也是其社会性发展的基本途径"，幼儿园恰好是一个适合幼儿人际交往和社会适应的环境，对幼儿的社会性发展非常有益。

英国的有效学前教育项目(Effective Provision of Preschool Education)以考察学前保育和教育如何影响儿童发展成果为主要目的。该项目于1997年启动，以英格兰3000多名儿童为样本，历时十余年。该项目的研究成果发现，上过幼儿园的儿童比没上过幼儿园的儿童在同伴交往、独立性和专注性、合作与遵从等社会性发展方面更好。其中，上幼儿园对儿童同伴交往方面的影响特别大。在幼儿园与其他儿童相处，对于增进儿童的社会技能、发展与其他儿童积极交往的能力有很大益处。此外，共同的群体生活有助于发展儿童的独立性，幼儿园的学习活动则对儿童的专注性提高有帮助。合作和遵从反映了儿童遵守班级秩序的能力，儿童的这种能力也能够通过班级活动得以提升。[1]

（2）对儿童认知发展的价值

在幼儿园中，教师除了看护幼儿的生活外，还要为幼儿提供丰富的环境，培

---

[1] 西尔瓦，等. 学前教育的价值:关于学前教育有效性的追踪研究[M]. 余珍有，易进，译. 北京:教育科学出版社,2011:107-108.

养幼儿正确运用感官和运用语言交往的基本能力，增进幼儿对环境的认识，培养幼儿有益的兴趣和求知欲望，培养幼儿初步的动手探究能力。学前阶段是个体智力发展最为迅速的时期，错过这一时期对个体的发展将造成不可挽回的损失。

英国的有效学前教育项目研究发现，上幼儿园对儿童的认知发展有明显的益处。上幼儿园对儿童影响最大的是语言发展，其次是早期数概念和前阅读技能。[①] 初学者项目（Abecedarian Program）的研究结论与英国有效学前教育项目一致。该项目始于1972年，是美国北卡罗来纳大学教堂山分校为57名来自低收入非裔家庭的儿童提供早期教育干预服务的项目。被随机分配到实验组的儿童从出生第一年起就要接受一整年全日制的早期干预服务。研究发现，在2岁时，实验组儿童的智商平均值比对照组儿童的智商平均值还低1个标准差。但是到了5岁时，这些儿童的智商平均数值已经接近全国儿童的智商平均值，要比没有参加项目的相同背景的儿童高出10%。同样，在语言和数量测验当中也观测到较为明显的效果。15年以后，该项目对于智商数值的影响仍然是显著的。此外，初学者项目中的个体进入大学的概率要比对照组高出2.5倍。

2. 学前教育对社会发展的价值

学前教育除了对个体具有积极的作用外，还有显著的社会经济效益。

2019年1月31日，美国学习政策研究所发布了研究报告《幼儿教育有效性的实证性依据：对政策制定者的启示》，系统评价了不同幼儿教育项目的有效性。[②] 研究小组发现，很多幼儿教育项目除了对参与者的学业成就有帮助外，还具有一定的经济收益。例如，研究者们对初学者项目进行估算，认为项目参与者减少了健康医疗、犯罪和特殊教育的成本。"芝加哥亲子中心项目"每1美元投资的获益是11美元；而"佩里幼儿教育项目"每1美元投资的获益是17美元。经济学的研究发现，随着受教育对象年龄的增长，人力资本投入的回报率在不断降低；学前教育阶段的投资回报率在人的整个一生当中是最高的。

☞ 芝加哥亲子中心项目

☞ 佩里幼儿教育项目

☞ 赫克曼曲线

学前教育除了对社会有良好的经济回报以外，围绕早期教育项目的评估还发现，早期教育项目有助于提高参与者的升学率、毕业率，降低入狱比例，参与者成年后更有可能被雇用、收入更高，且女性成为少女妈妈的可能性更低，参与者在小学、中学阶段接受特殊教育的概率更低。

综上所述，学前教育非常重要。学前教育对人的发展的价值是学前教育诸多价值中最核心、最根本的，它对于教育事业、家庭和社会发展的价值都是以其对人的发展的价值为中介来实现的。以脑生理、心理研究为主要内容的儿童早期教

---

① 西尔瓦,等. 学前教育的价值:关于学前教育有效性的追踪研究[M]. 余珍有,易进,译. 北京:教育科学出版社,2011:107-108.
② 耿薇,吕杰昕. 美国幼儿教育项目有效性的评价及启示:基于LPI研究报告[J]. 教育测量与评价,2020(1):23-28.

育心理和教育研究的深入，使人们对学前教育重要性和价值的认识不断提高和深化。加强学前教育，为每一个儿童创造获得高质量学前教育的机会，正成为世界各国教育改革和发展的重要方面。

上幼儿园对幼儿发展有什么作用？对幼儿家庭有哪些影响？

（四）学前教育的特点

1. 基础性

学前教育的基础性可以从两个角度说明：一是从教育体制的角度，二是从人的发展的角度。

从教育体制的角度看，幼儿园教育是学制的最初环节。《幼儿园工作规程》总则第二条明文规定："幼儿园是对3周岁以上学龄前幼儿实施保育和教育的机构。幼儿园教育是基础教育的重要组成部分，是学校教育制度的基础阶段。"这就清楚地指明了幼儿园教育在整个学校教育制度中的位置。如果说幼儿园和小学、中学一起同属于学制中的基础阶段的话，那么，幼儿园就是整个学制的基础，也就是"基础"的"基础"。有人把幼儿园教育称为"向下扎根的教育"，十分形象地说明了它的奠基性。

从人的发展的角度看，幼儿园教育的对象是3—6岁的幼儿。幼儿正处于人生发展的起始阶段，他们的身体迅速发育，心智逐渐萌生，个性开始萌芽。他们的自然生命正在接受人类社会文化的熏陶，进行着社会化过程。这一阶段所获得的学习经验不仅影响着其当时的发展，更作为其选择今后的教育影响的"过滤器"，影响到青少年期，甚至影响一生。而为幼儿提供学习经验的学前教育，更因此而具有基础性——为个体一生成长奠定根基。

2. 福利性

1987年，《国务院办公厅转发国家教育委员会等部门关于明确幼儿教育事业领导管理职责分工请示的通知》中有这样的文字："幼儿教育既是教育事业的一个重要组成部分，又具有福利事业的性质。"这就明确地指出了学前教育除了具有教育性外，还具有显著的福利性。它能为幼儿提供必要的照顾与保护，从而解放母亲，有助于增加社会劳动力，同时帮助家庭解决子女养育中的问题，缓解家庭育儿与亲子关系冲突，是保证家庭幸福、社会和谐的重要途径与手段。

3. 保教并重

《中华人民共和国教育法》规定，"国家实行学前教育、初等教育、中等教育、高等教育的学校教育制度"，这就从法律上确定了学前教育在整个教育体系中的地位,这个地位在《幼儿园工作规程》中被表述为"是基础教育的重要组成部分"。应该注意的是,学前教育与其他阶段的教育不同,它是保教并重的教育,强调教中有保,保中有教。形成这一特性的主要原因是教育对象的独特性。学前教育的对象是尚未入学的幼儿,他们身心发展还不健全,自理能力差,缺乏自我保护能力,是社会中最脆弱的群体,需要他人的精心照料。因此,学前教育不能缺少保育的成分,不能像其他教育阶段一样,强调正规化学习,单纯重视教育。学前教育必须将教育"寓于一日生活之中",既要强调保育中的教育性因素,又要重视教育中的保育工作。

1. 请根据幼儿园教育的特点和幼儿身心发展的规律,阐述幼儿园教育为什么不能"小学化"。

2. 为什么幼儿园教育要保教并重?

二、学前教育学

(一)学前教育学的概念

学前教育学是教育学科的一个年龄分支学科,是整个教育学科体系的一部分。学前教育学是专门研究从出生至6岁儿童教育现象及其规律的科学。例如,幼儿园的教育目标应如何设置才有利于幼儿在原有水平上的发展,教师应如何创设游戏环境才能够充分发挥游戏在幼儿发展中的作用,幼儿园如何安排幼儿的一日生活才能有利于幼儿的健康发展等,都是它所要探讨的问题。

(二)学前教育学的主要内容

本书所谈及的学前教育学的主要内容包括以下10个方面:

(1)学前教育与学前教育学;

(2)学前教育学的基础;

(3)学前儿童与教师;

(4)学前教育的目标;

(5)学前儿童全面发展教育;

(6)幼儿园课程;

(7)学前教育活动;

(8)学前儿童游戏;

(9)学前教育环境;

(10)学前教育衔接。

(三)学前教育学的任务

(1)总结我国学前教育实践,借鉴国外学前教育的先进理论和经验,探讨学前教育的规律及发展趋势；

（2）通过学前教育学研究，指导学前教育实践，提高学前教育科学水平；

（3）通过学前教育学研究，为国家制定相关教育政策、进行教育改革提供理论依据。

（四）学习学前教育学的方法

学前教育学直到19世纪后期才作为一个独立学科在欧洲出现，是一门新兴学科。它与卫生学、心理学、幼儿园各领域教育等有着密切的联系，且与哲学、政治经济学、伦理学、语言学等其他社会学科以及数学、生物学等自然学科之间发生着渗透。学习学前教育学应以相邻学科，如生理学、心理学、教育学、社会学、生态学的基本理论及最新科研成果为科学基础，探讨学前教育理论及学前教育领域中的新问题，同时应遵循理论联系实际的方针，既努力掌握本学科的基本理论，打下较扎实的理论基础，又注意联系托儿所、幼儿园实际，进行或参加一些调查研究和教育实践活动。在学习过程中还应注意培养各种能力，如自学能力、分析问题和解决问题的能力、独立思考能力、实践和动手能力、书面和口头表达能力等。

第二节　学前教育学的产生与发展

学前教育学的形成并非缘于凭空思辨，而是基于广泛的学前教育实践。学前教育作为一种社会现象、社会活动，其历史可以说同人类社会的历史一样久远。在人类社会的发展史上记载着丰富的学前教育实践和主张。对一门学科的形成和发展过程进行回顾，能够使我们更明确地认识这门学科的现状和面临的问题，并对未来的发展做出分析与评价。

一、西方学前教育学的产生与发展

（一）西方学前教育学的产生

在西方，对学前教育理论形成起重要影响作用的是文艺复兴运动。这是一场向中世纪教会制度影响下的宗教神权主义的宣战，是一场思想解放运动，人文主义思想的旗帜在这场运动中得以高扬。人文主义的思想反对神权统治，崇拜现实，追求人的解放和自由。人文主义思想主张发展人的个性，认为人有巨大的创造力，人能创造一切，因而人也必须要享受一切。意大利人文主义者威尼斯（1406—1458）的《儿童教育论》、尼德兰人文主义者伊拉斯谟（Desiderius Erasmus，约1466—1536）的《幼儿教育论》及西班牙人文主义者比维斯（1492—1540）的《基督教女子教育论》都是文艺复兴时期人文思想在儿童教育方面的体现。然而，西方学前教育思想的形成，以下所述人物及所作的贡献更为重要。

夸美纽斯(J. A. Comenius,1592—1670)是捷克教育家，他高度评价了教育对人发展的作用，主张所有的儿童都应受教育，提出了普及教育。他设计了一个学校系统，把受教育的时间划分为四个阶段，每个阶段6年，由相应的学校进行教育。第一个阶段是婴儿期(0—6岁)，儿童在母育学校接受家庭教育。夸美纽斯著有《母育学校》一书，这是历史上最早论述学前教育的专著。夸美纽斯认为，学前教育应当在家庭中进行，家庭就是母育学校，母亲就是母育学校的教师。夸美纽斯的母育学校实际上就是学前教育机构。母育学校为儿童以后所要学习的一切奠定基础，这一时期的儿童所接受的应当是简易的实物课程。夸美纽斯在其代表作《大教学论》中阐述的基本教育原理，即一切教学必须依循自然的秩序，这一观念对后世的学前教育影响颇深。他编写的《世界图解》是历史上第一部看图识字课本。夸美纽斯总结了古希腊、古罗马和文艺复兴时期的学前教育经验，第一次以家庭为背景，较系统地探讨了学前教育规律，为世界学前教育理论的形成奠定了一定的基础。

☞ 夸美纽斯对教育适应自然的看法

卢梭(J. J. Rousseau,1712—1778)是法国启蒙思想家、哲学家、教育家、文学家。他在《爱弥儿》一书中对封建的旧教育进行了猛烈的批判，他反对封建经验主义教育压制儿童的个性，束缚儿童的自由，强迫儿童盲从的做法。卢梭认为，儿童的天性是好的，教育应遵循儿童发展的自然规律，顺应儿童的天性。父母教养孩子，让孩子进行体育锻炼，努力增强孩子的体质，发展孩子的感觉和语言。他还首次详细地论述了"发现法"，主张对孩子进行直观教学，让孩子在活动中自然成长。卢梭确立的"以儿童为本位"的教育观，一方面唤起了人们对儿童天性的注意和尊重，另一方面也开创了儿童中心主义教育思潮之先河。

☞ 卢梭《爱弥儿》对教师研究儿童的启示

英国空想社会主义者欧文(R. Owen,1771—1858)在《新社会观》《新道德世界书》《人类思想和实践中的革命》等著作中，阐述了自己独到的学前教育思想。他认为，人的性格主要受遗传因素和后天环境的影响，而一般贫民没有条件和能力教育孩子，因此，应把这些贫民的子女送到协作社或新村接受公共教育。他主张用科学代替宗教和迷信，让儿童学会辨别真伪、吸收真正的知识。教师要亲切和蔼地对待儿童，用实物和直观教具进行教学，与孩子开展热烈的交谈，以便使孩子学到一般课程的初步知识。1816年，欧文在苏格兰新拉纳克创办了"性格形成新学园"，这是欧洲最早的学前教育机构。

裴斯泰洛齐(J. H. Pestalozzi,1746—1827)是瑞士教育家，深受卢梭教育思想及社会思想的影响，创办过孤儿院，后又在主持的孤儿院从事初等教育试验，为贫民开办了专招6岁以下儿童的幼儿学校。他实施的教育主要包括两个方面的内容：一是实施爱的教育，激发儿童的良心，培养儿童善良的情感和团结友爱、互助合作的精神，使孤儿院的教育和生活家庭化；二是实施劳动教育，针对儿童的年龄特点组织劳动训练，促进他们体力、智力和道德的发展，从而获得生活必备的劳动技能。他主张幼儿期的教育应采取直观的方法，通过孩子日常接触的事物进行教学。裴斯泰洛齐的主要著作有《林哈德和葛笃德》《立法与杀婴》《幼儿教育书信》等，其中《幼儿教育书信》归纳了他的学前教育原理和方法。

福禄培尔(F. W. A. Froebel，1782—1852)是德国教育家。他对学前教育的主要贡献是：第一，重视学前教育。福禄培尔强调人的教育应从儿童早期（出生至入学前）开始，他认为儿童未来生命之树的胚芽若在这时受到损害，将来要克服极大的困难才能成长。第二，倡导自由教育。福禄培尔认为人的天性是善的，出生时善的本质已处于萌芽状态。人的发展就是这种内在的完善本质的发展，教育可以助长这种发展。他认为一切真正的发展，所有真正的教育，就是一种自导的、帮助儿童内部发展的过程。第三，对游戏、作业进行系统的理论阐述，确立了游戏在学前教育中的地位和作用。第四，发明了名为"恩物"的一套玩具，即12种手工材料，作为幼儿园的核心"教材"。福禄培尔对学前教育的理论基础、内容、原则、方法、玩具、游戏等都进行了详细的阐述，因此，他被誉为近代幼儿社会教育理论的奠基人。尽管他的理论具有神秘主义色彩，教学内容和方法也有宗教成分，但他毕竟建立起了幼儿社会教育的理论体系。他的主要著作是《人的教育》。福禄培尔于1837年在勃兰根堡建立了一所幼儿学校，1840年将其命名为"幼儿园"，这是世界上第一所幼儿园。因此，福禄培尔被称为"幼儿园之父"。

至此，西方学前教育理论体系基本形成，学前教育学作为一门独立的学科也就应运而生。

（二）西方学前教育学的发展

19世纪下半叶，福禄培尔的学前教育思想在西方占主导地位。到了20世纪，由于科技革命及两次世界大战等众多因素的影响，以进步主义教育思潮为先锋的新的教育观念和体系不断涌现，并在实践中不断完善和发展，逐渐形成了一些新的学前教育理论。

1. 杜威的教育思想

杜威(J. Dewey，1859—1952)是美国哲学家、社会学家和教育学家，他对美国乃至世界现代教育包括现代学前教育的发展起了重要的作用。杜威的教育理论是建立在其儿童观基础之上的。杜威认为，儿童的本性在于他具有与生俱来的本能、冲动和需要，儿童具有自我生长的能力；而儿童是在活动中，通过与环境相互作用而获得发展的，儿童的发展存在着个别差异。由此，杜威认为教育的本质是"教育即生长""教育即生活""教育即经验的不断改造"。

（1）教育即生长

杜威认为，儿童的心理内容基本是以本能活动为核心的习惯、冲动、智慧等先天生理机能的不断发展、生长，教育的本质和作用是促进这种本能的生长。在杜威看来，教育绝不是强迫儿童去吸收外面的东西，而是要使人类与生俱来的能力得以生长。杜威提出了"儿童中心主义"教育原则，反对把教育变成一种外在的压力，反对忽视儿童内部的机能、倾向。他主张儿童是中心，教育的措施要围绕儿童组织起来。

（2）教育即生活

杜威认为，人的发展是人与环境相互作用而产生的，人不可脱离环境，学校也不能脱离眼前的生活。因此，教育就是儿童现在的生活过程，而不是将来生活的预备，应把学校改造成简化、净化的雏形社会。学校中的课程不应着眼于文字科目，而应着眼于儿童现在的生活经验。教学应该从学习者现有的直接经验开始，注重培养儿童对现实社会的适应能力。

（3）教育即经验的不断改造

杜威认为，教育是一个过程，是儿童通过活动去体验一切和获得各种直接经验的过程。儿童学习知识、认识外部世界的本质在于儿童通过活动不断增加、改造自己的亲身经验，这个过程是没有止境的。杜威主张"做中学"的教学方法。杜威提出，人最初的知识，最能永久不忘的是关于怎样做的知识。因此，杜威强烈反对以既有知识为中心的教材和由这种教材组成的学科课程，极力强调教材的中心应是各种形式的活动作业，如木工、缝纫和各种服务性劳动等。

杜威通过对教育本质的论述，驳斥了传统教育的"三中心"，以生活化的教学取代传统的课堂讲授，以儿童的亲身经验代替书本知识，以学生的主动活动代替教师的主导，实际上是以"现代教育三中心"取代"传统教育三中心"。他所提倡的"现代教育三中心"曾被各国的许多学前教育工作者视为学前教育工作的指导思想，或加以借鉴、利用，从而对学前教育的理论与实践产生了重要影响。杜威教育理论中的"经验""活动"等概念范畴至今仍具有重大的理论和实践价值。杜威的代表作有《儿童与课程》《我的教育信条》《民主主义与教育》《经验与教育》等。

☞ 杜威对中国教育界的影响

谈一谈你对杜威"教育即生活"的理解。

2. 蒙台梭利的教育思想

蒙台梭利（M. Montessori，1870—1952）是意大利儿童教育家、医生，曾任罗马大学附属精神病院临床助理医师，主要研究残疾和智力低下儿童的心理和教育。1907年，蒙台梭利在罗马开办"儿童之家"，招收3—7岁的贫苦儿童，进行教育实验，力图以医学、生理学、心理学为基础，采用直接观察的研究方法，建立"科学的教育学"。

蒙台梭利的教育思想主要包括：第一，教育的目的在于发现儿童"生命的法则"，使每个儿童具有的天赋潜能在适宜的环境中得到自然的发展，在了解儿童的基础上促进儿童的全面发展。第二，教育的根本原则是使儿童获得自由，使儿童从妨碍其身心发展的障碍中解放出来，使儿童的天性得到自然表现。蒙台梭利认为，在她的学校里，儿童是自己在学习，而非强制性的，教师的作用在于提供符合儿童身心发展规律的环境，帮助儿童实现自我教育。第三，蒙台梭利强调儿童的感官训练和肌肉练习，设计了训练感觉的教育活动，对儿童进行感觉教育，让儿童在操作中认识客观事物的特性及客观事物之间的关系。她根据儿童的身心发展特点设计了一系列教具。

蒙台梭利的学前教育理论比福禄培尔的学前教育理论少了些宗教色彩，多了些生物学和心理学的科学基础，且吸收了近代教育学的部分进步观点，因而更具科学性。她的主要著作有《适用于儿童之家的幼儿教育的科学方法》《有吸收力的心智》《童年的秘密》等。

3. 弗洛伊德和埃里克森精神分析学派的学前教育思想

弗洛伊德（S. Freud，1856—1939）是奥地利心理学家、精神病医师，精神分析学派创始人。埃里克森（E. H. Erikson，1902—1994）是美国心理学家，新精神分析学派的代表人物。他们之间理论上的不同点主要表现在弗洛伊德较多地强调生物本能决定论，而埃里克森在接受弗洛伊德理论影响的同时，反对其生物本能决定论，强调社会文化生活对人格发展的影响。

精神分析学派的学前教育思想可以归结为以下几个方面：一是强调早期经验对人格发展的重要性。精神分析学派认为早期经验会影响、抑制或形成人的某种特殊性格，童年生活经验对儿童的一生有重大影响。对一个人过去知道得越清楚，越有可能了解他行为发生的原因。二是强调教育的目的在于健全人格的培养。弗洛伊德将人格的结构分为本我、自我与超我，并且强调自我的重要性。如果自我的功能发挥得不好，便无法认清事物本身，甚至无法接触到真理。一个性格有偏差的人无法真正体验到人际关系的正确意义，一个自恋的人对于爱的体验和了解往往没有常人那么深切。人格不同对事物的了解也就各异，从这个意义上说，人格的培养不只是影响人格发展本身，还从一定程度上影响事物的认识——人的认知层面。三是以儿童的发展为前提开展道德教育，避免教条灌输。道德教育是一种不断人格化的力量，其成败影响着一定社会团体的内在聚合力及社会性格。精神分析学派在道德教育方面提出了"人格化"的教学方法，认为所有的品德必须能在实际活动和体验中纳入人格，才能陶冶出行善的能力。此外，他们认为"超我"是个人在社会化过程中将社会规范、道德标准、价值判断等内化形成的结果。如果"超我"的权威过大，易造成过多的焦虑和不安，使一个人丧失活力和朝气，所以人格教育应以儿童的发展为前提。四是强调良好教育环境的创设，发展儿童多种能力，尤其是培养儿童的创造力。精神分析学派强调使儿童形成良好的态度，形成良好的自我，注重情感培养，鼓励发挥想象，提供自由外放的教育环境，鼓励儿童的创造性思考。

精神分析学派虽没有形成系统的学前教育理论，但在他们的著作中有不少对学前教育理论构建具有启发意义的思想，相关的著作有《儿童期与社会》《同一性：少年和危机》等。

4. 班杜拉社会学习学派的学前教育思想

班杜拉(A. Bandura, 1925—2021)是美国心理学家。他把学习理论、认知理论和信息加工理论中的有关观点结合在一起，以系统的实证研究为基础，形成了社会学习理论。

班杜拉的主要观点有：一是强调个人和环境因素对学习的影响。因为人类心理功能的形成和完善受制于个人、环境和行为不断交互作用的历程。所以，成人在指导儿童学习时，除了重视个人能力的发展以及情绪反应、认知过程外，还应注重创设良好的环境。因为无论透过有意安排的还是随意发生的观察途径，环境力量均可以左右个人行为的发展。二是认为儿童通过直接体验和观察产生学习。班杜拉对儿童的攻击性行为及其产生的家庭因素、模仿过程、观察学习以及行为矫正进行了研究，并提出了相关的理论观点。他认为，直接体验是人类最基本的学习方式，据此，个体可以学会分辨是非、利弊，斟酌行为。但许多学习不必要通过直接体验，通过观察学习便可以获得，观察者可以在付诸行动之前，对新的行为具有初步的概念，如有强烈的模仿动机，自然容易达到学习效果。观察可以是对积极行为的肯定和强化，也可以是对消极行为的否定和不强化。所以示范教学、观察示范等都是学前教育中行之有效的方法。三是强调教师和成人的素质。因为教师和成人，尤其教师是行为的楷模，是被观察和模仿的对象，所以必须保持言行一致。教师要与儿童建立良好的师生关系，既善于引导儿童进行观察和模仿，又善于避免儿童对消极行为的观察和模仿，并能很好地运用奖惩的手段。班杜拉的教育思想主要适用于社会学习方面，他的主要著作有《青少年的攻击行为》《社会学习与人格发展》等。

5. 皮亚杰认知学派的学前教育思想

皮亚杰(J. Piaget, 1896—1980)是瑞士儿童心理学家。皮亚杰心理学的理论核心是"发生认识论"，主要研究人类的认识(认知、智力、思维、心理)的发生和结构。皮亚杰认为，心理、智力、思维，既不是起源于先天的成熟，也不是起源于后天的经验，而是起源于主体的动作。这种动作的本质是主体对客体的适应。主体通过动作对客体的适应，是心理发展的真正原因。

☞ 以活动的方法促进儿童主动发展

皮亚杰关于学前教育的主要观点有:一是强调儿童与环境的相互作用——活动的重要性。他认为儿童发展的每一个阶段都是由儿童的成熟和环境的相互作用产生的。儿童就是通过各种有组织的活动,探索、了解外界的客观事物,了解客观事物之间的关系。他还强调儿童的主动活动,他认为人初生的反射活动不是机械被动的,而是一开始就表现出真实的能动性。儿童的发展主要在于儿童本身主动的建构活动,在于有机体自身所具有的积极的适应能力。二是强调教育的目的在于培养儿童的创造力和批判力。皮亚杰对认知活动探究的重心在于"智慧如何发展",所以他所倡导的教育目的不在于增进知识、注入知识,而在于使儿童发现与发展的可能性表现出来。皮亚杰指出,教育的第一目的在于培养能做新事情、有创造力与发明才干的人,而不在于训练只能重复既有事物的人。换言之,就是要培养具有创造力、富有想象力与发明能力的人。教育的第二目的,在于培养批判、求证的能力,而不在于接受所提供的一切。三是注重儿童的兴趣和需要,重视游戏的作用,把儿童的兴趣、需要看作儿童心理发展的动力,并强调要考虑不同年龄儿童特殊的兴趣和需要。他认为游戏是儿童学习新的、复杂的客体和事件的一种方法,是巩固和扩大概念、技能的方法,是思维和行为相结合的方法。儿童认知发展的阶段决定了儿童在特定时期的游戏方式。

皮亚杰为现代学前教育学的建立提供了认识论的基础。他首次将数理逻辑作为刻画儿童思维发展的工具,描绘了个体从出生到青年初期认知发展的路线。皮亚杰在《儿童的语言与思维》《儿童的道德判断》等著作中,还深入探讨了儿童语言和道德产生与发展的规律,并提出了相应的教育对策,使人们对儿童的心理有了更深刻的认识。

6. 维果茨基社会文化历史理论的学前教育思想

维果茨基(L. Vygotsky,1896—1934)是苏联著名的心理学家,社会文化历史理论的创始人。其代表著作有《思维和语言》《学龄前期的教学与发展》《学龄期教学与智力发展问题》等。

☞ "最近发展区"与"脚手架"的隐喻

社会文化历史理论认为:人的高级心理机能亦即随意的心理过程,并不是人自身所固有的,而是在与周围人的交往过程中产生与发展起来的,是受人类的文化历史所制约的。维果茨基特别强调社会文化历史在人的发展过程中的作用,尤其强调活动和社会交往在人的高级心理机能发展中的突出作用。他认为,一方面,高级的心理机能来源于外部动作的内化,这种内化不仅通过教学,也通过日常生活、游戏和劳动等来实现。另一方面,内在的智力动作也外化为实际动作,使主观见之于客观。内化和外化的桥梁便是人的活动。

维果茨基在说明教学与发展的关系时,提出了"最近发展区"理论。他认为教学必须要考虑儿童已达到的水平并要走在儿童发展的前面,为此,要确定儿童的发展水平。儿童发展有两种水平：一是现有的发展水平；二是在有指导的情况下借助成人的帮助可以达到的解决问题的水平，或是借助他人的启发、帮助可以达到的较高水平。这两者之间的差距，即儿童现有水平与经过他人帮助可以达到的较高水平之间的差距，就是"最近发展区"。这一思想对正确理解教育与发展之间的关系，具有重要意义。

维果茨基的社会文化历史理论揭示了人类整体与个体心理发展的本质，他的教学心理思想改变了传统的教学观，有利于建立新型的因材施教观，是现代流行的"支架教学"观的渊源和理论基础。

> 小组讨论
>
> 结合具体实例，谈一谈维果茨基"最近发展区"理论对你的启示。

（三）西方学前教育学的新进展

1. 发展适宜性教育实践（developmentally appropriate practice）

全美幼儿教育学会（National Association for the Education of Young Children，NAEYC）于 1987 年颁布了《适宜 0—8 岁儿童发展的教育实践》，首次明确阐述了该组织对"发展适宜性教育实践"的基本观点和实施方式等。从那时起，"发展适宜性教育实践"对世界范围内的学前教育产生了影响。

"发展适宜性教育"的内涵主要是：

（1）年龄发展适宜性，即教育要与儿童的年龄特点相适应。这一命题基于人类发展的研究，认为在人生的早期存在着一个生长和变化的、普遍的、可以预知的顺序，教师可以根据一定年龄阶段儿童的普遍发展规律，为儿童准备学习环境，安排适合其发展的知识经验。

（2）个体发展适宜性，即教育要与每个儿童的特点相适应。这一命题认为每个儿童都有自己的人格、学习方式和家庭背景，都有独特的发展状况和成长进程，因此课程和教育方案都要适合儿童的个体差异，使儿童在活动中获得的经验既能适合其发展水平，也能激发其兴趣和满足其需要。

（3）文化适宜性，即教育要与每个儿童所处的文化背景相适应。目前学前教育工作者越来越重视文化背景在儿童学习与发展过程中所具有的重要作用。每个儿童都带着自己的文化背景进入集体，文化是儿童和家庭生活方式的总和，如他们的价值观或信仰、语言、思维方式、衣着外表和行为等。有些儿童的文化背景不同于教师，有些则不同于班级主流文化。儿童需要得到教师和其他重要成人的尊重。儿童所处的环境必须意识到儿童之间存在的个体差异和文化差异，并且能尊重这种差异，创造机会相互尊重、相互分享与相互理解，创造机会将儿童与现实、与更广阔的世界相联系。

☞ "发展适宜性实践"三版内容对比表

2. 瑞吉欧学前教育模式

瑞吉欧是意大利北部一个小城，具有良好的城市公共生活传统和艺术、人文的精神氛围。20世纪60年代以来，该市在洛利斯·马拉古奇（L. Malaguzzi）的发起和领导下，凭借市政府和社区民众的全力支持、合作与参与，经过专业人员（包括教师和教研员）数十年的艰苦努力，终于在继蒙台梭利之后，又推出了一个颇具特色的、堪称影响世界的学前教育模式。

为弘扬进步主义的教育理念，推广自己的教育经验，20世纪80年代初期，马拉古奇率部在欧美各国举办巡回展览。这个名为《儿童的一百种语言》的展览获得了巨大成功，使瑞吉欧的精神理念与教育经验得到各国教育界、学界和政治界人士的赞赏，被美国《新闻周刊》评为"全世界最好的教育系统之一"，并刮起了一场席卷西方世界的瑞吉欧教育"旋风"。

瑞吉欧学前教育模式的主要特点如下：

（1）社会支持和父母参与。全社会关心学前教育素来是意大利的优良传统，是意大利文化中集体主义的一种体现。在瑞吉欧，0—6岁儿童的保育和教育是一项重要的市政工程，享有12%的政府财政拨款。父母在学校中所起的种种作用是实质性的。在全市所有的幼儿学校中，父母有权利参与学校各个环节的事务，并自觉承担起责任。

（2）学校的民主管理与合作。瑞吉欧学前教育体系以儿童为中心，在幼儿学校里，无论是教师或儿童都能获得"家"一样的感觉。教师之间没有任何层次等级，他们只是平等的共事者和合作者。这里也没有一般机构常见的那些行政事务。瑞吉欧幼儿学校实行3年一贯制，教师连续跟班教学，以保持教师和儿童之间长期稳定的联系。

（3）弹性课程与研究式教学。瑞吉欧幼儿学校的课程主要解决儿童真实生活中的问题，教师结成小群体进行长期深入的专题研究。他们没有固定的课程计划，教学活动强调生动而富有实效的学习，绝不匆匆忙忙"走过场"，要求自然而流畅。

（4）多种多样的教学手段。语言只是教师与儿童沟通的手段之一，瑞吉欧要求教师多采用动作、手势、姿态、表情、绘画、雕塑等多种方式进行教学。

（5）合作学习与反思实践。教师和孩子一样，都不是"训练"出来的，相反，教师是在与孩子、父母、其他教师沟通的环境中学习的。这种合作关系有助于教师不断增强自己的"角色"意识，提高教学水平。

（6）开放的教学环境。瑞吉欧学前教育体系特别重视学校环境的设计和布置，把学校的环境称为"不说话的老师"。因此，他们精心设计学校的每一个角落，让儿童在开放的环境中愉快学习、相互合作与交往。

瑞吉欧教育模式中最吸引你的因素是什么？为什么？

3. 多元智能理论和多彩光谱方案

多元智能理论是由美国哈佛大学心理学家霍华德·加德纳（H. Gardner）提出的。加德纳在1983年出版的《智力的结构》一书中，首次提出并着重论述了多元智能理论的基本结构，认为个体身上存在着相对独立的、与特定的认知领域或知识范畴相联系的多种智能。加德纳认为过去对智能的定义过于狭窄，未能正确反映一个人的真实能力。他认为人类的智能至少可以分成七个范畴：语言智能、数理逻辑智能、空间智能、身体运动智能、音乐智能、人际关系智能、自我认识智能。当然，人的智能还远不止这些，1998年，他又提出了第八种智能——自然认知智能。加德纳认为，八种智能人人都有，只是各种智能在每一个人的身上表现程度不同，每个人都拥有不同的智能优势组合。

多彩光谱方案是以多元智能理论为主要理论基础的课程和评估方案之一。它是由哈佛大学的加德纳教授和塔伏茨大学的费尔德曼教授率领哈佛大学零岁方案和塔伏茨大学的合作研究小组合作完成的，是一项持续了10年的研究（1984—1993）。多彩光谱方案主张发展一种更为人道、宽泛的评估方案，认为儿童潜在的或者外显的能力远远超出了传统的智商测试或其他的标准化测试所能够反映的范围，要求开发一种课程，能够给儿童提供各种活动材料，支持儿童以各种方式开展学习，发现并发展儿童的强项，力争使所有儿童都能够以最佳的方式进步。这种评估工具项目的评价方法不是靠某种测试，而是为儿童提供在各个领域活动的机会，让儿童在真实的情境中表现自己。它用一系列涵盖各个领域的、与儿童日常生活相联系的学习活动，让儿童真实地完成任务，在此过程中来识别和培养儿童以便使评估者全面了解儿童的智能概貌，为教学提供参考。当然，多彩光谱方案不是单纯的评价工具，它同时也为儿童发展多元智能创设丰富的活动，是一种结合了评价功能与日常教学功能的综合方案。

谈一谈多元智能理论对你的启示。

二、中国学前教育学的产生与发展

（一）促使中国学前教育学形成的主要人物及其思想

在我国，对学前教育理论起重大影响作用的是五四运动。五四运动是一场思想解放运动。它在反帝、反封建的同时，注重西方资产阶级文化教育思想的引入和借鉴,形成了平民教育、实业教育、科学教育、国民教育、美感教育和实用主义教育等思潮,这些思潮对我国学前教育理论的形成产生了很大的作用。蔡元培、陶行知、胡适等人在宣传和介绍美国教育家杜威的教育思想方面做了大量的工作。他们所推崇的杜威的"儿童中心论"对于旧的、传统的、以教师为中心的教学模式的改造具有一定的推动作用。此外,鲁迅、蔡元培、恽代英等人提出的"反对封建的儿童观,尊重和发展儿童的个性"的主张对于建立新型的、注重儿童个性的儿童观、教育观,对于现代儿童教育思想的形成都起到了积极的作用。

五四运动前后留美回国的陶行知、陈鹤琴等人对我国学前教育理论的形成发挥了关键作用。一方面,他们充分吸收了杜威的实用主义教育思想,批判和反对束缚儿童的封建礼教。陶行知提出对儿童应实施六大解放:解放儿童的头脑,让他们能够去想、去思考;解放儿童的双手,让他们去做、去干;解放儿童的眼睛,让他们去观察、去看事实;解放儿童的嘴巴,使他们有足够的言论自由;解放儿童的空间,让儿童从鸟笼式的学校里走出来;解放儿童的时间,使儿童做支配时间的主人。陈鹤琴也指出:"常人对于儿童的观念之误谬,以为儿童是与成人一样的,儿童的各种本性本能都同成人一色的,所不同的,就是儿童的身体比成人小些罢了。""我们为什么叫儿童穿起长衫来?为什么称儿童叫'小人'?为什么不准他游戏?为什么迫他一举一动像我们成人一样?这岂不是明明证实我们以为儿童同成人一样的观念么?""假使我们要收教育的良果,对于儿童的观念,不得不改变;施行教育的方法,不得不研究。"①

另一方面,他们开展了对学前教育理论和实践的探索。陶行知发表了《创设乡村幼稚园宣言书》《幼稚园的新大陆》《如何使幼稚教育普及》等具有人民性、进步性的文章,并和陈鹤琴在第一次全国教育会议上提出了《注重幼稚教育案》。他带领学生建立了我国第一批乡村幼稚园和劳工幼儿团,创建了我国第一所乡村幼儿师范学校,并组织了乡村幼教研究团体,开展了卓有成效的实证研究,为我国学前教育理论的形成作出了不可磨灭的贡献。陈鹤琴为我国学前教育理论的形成作出了突出的贡献。他毕生的研究和探索主要集中在学前教育及与此相关的幼师、高师教育,在他400多万字的著作中,很大一部分是有关学前教育的论述。他率先在我国用实验法研究儿童心理,并写成《儿童心理之研究》,率先采用实验法在其创立的我国第一所实验幼儿园中开展学前教育研究,并发表了一系列研究成果,涉及幼儿园课程、设备,教育、教学的目的、内容、方法等方面。1928年《幼稚教育丛刊》介绍了他的实验研究成果。这些成果成为1932年颁布的《幼稚园课程标准》的基础。另外,他还发起组织幼稚教育研究会,创办了我国最早的幼

---

① 陈鹤琴.陈鹤琴全集:第一卷[M].北京市教育科学研究所,编.南京:江苏教育出版社,1987:1.

稚教育研究刊物——《幼稚教育》。这些都推动了我国学前教育理论的建设和发展。到 20 世纪 40 年代，陈鹤琴的学前教育思想日臻结构化，他在进一步实验研究的基础上发表了《活教育——理论与实践》《活教育的创造》《活教育的教学原则》等著述，建立了活教育的理论体系。这个体系是陈鹤琴及其弟子在西方进步主义教育思潮的影响下，探索适合中国国情的学前教育理论的最宝贵成果。它标志着我国学前教育理论的初步形成。

(二) 新中国成立后我国学前教育学的发展

新中国成立以后，我国学前教育的理论和实践发展大致经历了三个阶段：

第一阶段(1949—1957)，我国初步建立了具有社会主义特性的学前教育理论体系。新中国成立后，中共中央作出了加快社会主义改造，向苏联学习社会主义建设经验的决定。20 世纪 50 年代初，在吸取老解放区学前教育经验和借鉴苏联学前教育理论的基础上，我国颁布了《幼儿园暂行规程》，从教育目标、内容、形式等方面作了明确的规定，从而明确了幼儿园的双重任务和教养并重的方针，强调了学前教育的目的性、计划性以及各科教学的思想性、系统性和科学性。自此，我国逐步形成了受苏联社会主义学前教育理论影响的社会主义学前教育理论体系。

第二阶段(1958—1976)，我国学前教育在曲折中前进。随着我国社会主义建设的深入，学前教育虽然有起有伏，但总体是向前发展的。"文化大革命"前的 17 年中，幼儿园数量大增，幼儿园教师队伍也基本建立起来，幼儿园教育的各项规章制度大体确立，一个社会主义学前教育的新体系基本形成。进入"文化大革命"后，我国学前教育受到了较大的冲击。新中国成立以来托幼工作的成绩被否定，大批优秀的保教工作者被戴上"福利主义""培养修正主义苗子"的帽子受到残酷批斗，大量园所被解散，房屋被挤占，设备被破坏，幼儿师范学校等培养培训保教人员的机构几乎全部被砍掉，托幼事业遭到严重摧残。

第三阶段(1977 年至今)，我国学前教育在改革中呈现出勃勃的生机。1976 年 10 月，"文化大革命"结束。我国学前教育在经过了这一严峻的考验之后，也以更成熟、更坚定的步伐，开始进入新的发展历程。20 世纪 80 年代，我国幼儿园教育改革拉开了帷幕。幼儿园综合教育课程、活动教育课程、农村学前一年课程改革、游戏课程、幼儿园整体课程、幼儿能力课程等以幼儿园课程为核心的教育改革风起云涌。

随着整个社会的改革和发展，学前教育也发生了可喜的变化，反映在学前教育理论的发展方面，可概括为以下几点：

(1) 在学前教育理论体系的构架上，逐步摆脱苏联学前教学理论的束缚，从我国学前教育理论研究的现实出发，从我国学前教育实践的基本特点出发，从正在改革或形成的学前教育基本理论观念出发，构建我国学前教育理论的基本构架。

（2）在继续关注和研究苏联学前教育理论改革和发展的同时，注意吸收和借鉴西方学前教育及其相关领域的理论研究成果，对皮亚杰的认知发展理论、布朗芬布伦纳的人类发展生态学理论、维果茨基的社会文化历史理论等的研究、吸收、借鉴便是例证。

（3）注重学前教育理论的现实"发生"。多年来广大理论工作者做了大量的调查研究和实证研究，尤其是一些建立在学前教育实践基础之上的实证研究，对我国学前教育理论的改革和发展起了重要的作用。以学前教育课程为例，如果说近年来学前教育课程理论已向成熟化迈进了一步，那么，可以肯定地说这一步是由全国数百个课程研究的方案及其成果共同推进的。

（4）学前教育理论研究不断深入，在注重学前教育目标、课程及其标准、有关领域的教育等方面研究的同时，注重一些深层次的课题研究，如有关学前教育观念体系、具体教育活动中的师生关系、儿童与教育情境中人和物的各种互动方式及性质、学前教育活动的结构及其变异等。这些深入的研究对学前教育理论的完善是十分重要的。

【本章小结】

学前教育是指从出生到六岁儿童的教育。广义的学前教育包括学前家庭教育、学前社区教育和学前机构教育三种形式。学前教育的重要性体现在它不仅对儿童的社会性和认知发展具有重要价值，而且具有显著的社会经济效益。学前教育具有基础性、福利性和保教并重三个方面的特点。

学前教育学是专门研究从出生至六岁儿童教育现象及其规律的科学。

学前教育学的主要内容包括：学前教育与学前教育学、学前教育学的基础、学前儿童与教师、学前教育的目标、学前儿童全面发展教育、幼儿园课程、学前教育活动、学前儿童游戏、学前教育环境、学前教育衔接。

学前教育学的任务为：(1)总结我国学前教育实践，借鉴国外学前教育的先进理论和经验，探讨学前教育的规律及发展趋势；(2)通过学前教育学研究，指导学前教育实践，提高学前教育科学水平；(3)通过学前教育学研究，为国家制定相关教育政策、进行教育改革提供理论依据。

在西方，对学前教育理论形成起重要影响作用的是文艺复兴运动。夸美纽斯、卢梭、欧文、裴斯泰洛齐、福禄培尔等人对西方学前教育理论体系的形成起着至关重要的作用。到了20世纪，以进步主义教育思潮为先锋的新的教育观念和体系不断涌现，并在实践中不断完善和发展，对学前教育理论产生重要影响的人物包括杜威、蒙台梭利、弗洛伊德和埃里克森、班杜拉、皮亚杰、维果茨基。在当今，发展适宜性教育实践、瑞吉欧学前教育模式、多元智能理论和多彩光谱方案对世界学前教育也产生了重要的影响。

在我国，对学前教育理论起重大影响作用的是五四运动。五四运动前后留美回国的陶行知、陈鹤琴等人对我国学前教育理论的形成发挥了关键作用。新中国成立以后，我国学前教育的理论和实践发展大致经历了三个阶段：1949年到1957年，我国初步建立了具有社会主义特性的学前教育理论体系；1958年到1976年，我国学前教育在曲折中前进；1977年至今，我国学前教育在改革中呈现出勃勃的生机。随着整个社会的改革和发展，学前教育也发生了可喜的变化，反映在学前教育理论的发展方面，可概括为以下几点：在学前教育理论体系的构架上，逐步摆脱苏联学前教学理论的束缚，构建我国学前教育理论的基本构架；在继续关注和研究苏联学前教育理论改革和发展的同时，注意吸收和借鉴西方学前教育及其相关领域的理论研究成果；注重学前教育理论的现实"发生"；学前教育理论研究不断深入。

【拓展阅读】

1. 维果茨基. 社会中的心智：高级心理过程的发展[M]. 麻彦坤，译. 北京：北京师范大学出版社，2018.

2. 纳格尔. 生命之始：脑、早期发展与学习[M]. 王治国，等译. 北京：教育科学出版社，2016.

3. 肖可夫，菲利普斯. 从神经细胞到社会成员：儿童早期发展的科学[M]. 方俊明，李伟亚，译. 南京：南京师范大学出版社，2007.

4. 西尔瓦，等. 学前教育的价值：关于学前教育有效性的追踪研究[M]. 余珍有，易进，译. 北京：教育科学出版社，2011.

5. 虞永平. "幼有所育"是民生事项国家大业[N]. 中国教育报，2017-11-26（01）.

6. 虞永平，张斌，等. 中国教育改革40年：学前教育[M]. 北京：科学出版社，2018.

【问题思考】

1. 什么是学前教育？学前教育有哪些种类？学前教育的特点是什么？
2. 为什么说学前教育很重要？
3. 什么是学前教育学？学前教育学的内容和任务是什么？如何学习学前教育学？
4. 简述对学前教育学诞生具有重要贡献的几位学前教育先驱的教育思想。
5. 比较杜威和蒙台梭利的教育思想。
6. 阐述精神分析学派、社会学习学派、认知学派、社会文化历史理论对学前教育的启示。
7. 陶行知和陈鹤琴对我国学前教育理论形成的主要贡献是什么？
8. 新中国成立以来，我国学前教育学的发展趋势是什么？

第二章　　　学前教育学的基础

【学习目标】

1. 掌握儿童身心发展特点及影响其发展的因素。
2. 理解社会发展各要素与学前教育的关系。

【关键概念】

遗传　环境　年龄特征　因人施教　因时施教　因境施教

问题情境

"我不知道怎么管教天天了,他又抓破婷婷的脸了……"任教不到3个月,这已经是刘老师第3次向年级组长求救了。今年9月,小刘毕业后来到一所收费颇高的私立幼儿园任教。在她班里的孩子大多家境优越,但孩子多半由爷爷、奶奶或保姆带,有行为问题的孩子不少,天天就是比较典型的一个。他总是手脚动个不停,不是去抢其他小朋友的东西,就是对别人抓拖推拉,不停地有孩子来告他的状。有的家长甚至威胁说,如果再不解决天天的行为问题,他们就会让孩子转园。刘老师就这一情况和天天家长进行了交流,希望得到家长的配合与支持,可家长却认为这是孩子调皮,没有必要太紧张;还认为教育是老师的事,交到幼儿园就是希望老师帮助解决孩子的各种行为问题。面对这种情况,刘老师该怎么办呢?

儿童行为问题的产生是多方面因素影响的结果,这些因素既有儿童自身发展方面的,也有外部环境方面的。要找到有效的方法,必须综合分析各种影响因素,才能制订合理的教育行动方案。学前教育的有效实践既基于对儿童发展规律的正确把握,也基于与社会各要素建立恰当的关系。因而,探究学前教育与儿童发展及社会发展之间有着什么样的互动关系,是我们科学把握学前教育原理与规律的重要基础。

第一节　儿童发展与学前教育

发展是指个体生理、心理方面发育、成长、分化、成熟、变化的过程，它是个体身心整体的连续变化过程，既有量的变化也有质的变化。儿童发展是指儿童生理、心理的变化、成熟过程。本节主要探讨早期儿童即 0—6 岁儿童的发展。

儿童的发展受到诸多复杂因素的影响，教育是其中的重要因素。同时，儿童的发展特点与水平直接影响着学前教育的实践，因而，探究两者之间的相互关系也就成为我们思考学前教育理论的基本起点。

一、影响儿童发展的因素分析

关于儿童发展的理论研究很多，其中对学前教育实践有重要影响的是遗传-成熟理论、精神动力学理论、心理社会发展阶段论、环境-学习理论、文化-建构理论等。综合不同的儿童发展理论可以发现，影响儿童发展的因素主要有遗传、环境及儿童自身的特征与行为。

（一）遗传

相对于遗传-成熟理论，现代遗传学对遗传对儿童发展的影响有了更为深入与科学的研究。在遗传学中，亲代与子代之间在形态、结构和生理功能上相似的现象被称为遗传。有机体与生俱来的构造形态、感官和神经系统等方面的解剖心理特征被称为遗传素质。遗传现象是由于染色体中基因的组成部分（主要成分为脱氧核糖核酸，即 DNA）及其排列组合特点所形成的。基因通过引导蛋白质的合成调节着细胞的生化组成特征，从而影响生命体的身体和行为特征，使个体表现出一定的行为倾向性。一些遗传的特征显现于物种的每一个成员之中，如几乎所有的儿童都有直立行走、语言、模仿及使用简单工具的天赋；一些遗传特征也因人而异，如身材、外部特征、运动能力、性格、智力等。现代遗传学的研究表明，遗传对儿童发展具有以下几个方面的影响：

1. 遗传特性影响儿童对外部环境刺激的感受和反应

每个儿童都有自己独特的基因型，这些基因型会导致他们独特的身体与行为反应倾向，这些倾向会影响他与环境的互动。如个性胆小内向的儿童对母亲的管教高度敏感，母婴之间的同步协调对那些脾气较差的儿童自我控制能力的发展有重大影响；有敌意倾向的孩子容易引起父母更严厉的管教，而严厉的管教又容易使儿童的敌意倾向加强。这说明儿童的发展是遗传与环境相互作用的过程。对有不良遗传倾向的儿童，成人若能敏感地发现儿童的行为趋向，并为他们创造一个

☞ 儿童发展的遗传-成熟理论

支持性的环境，就能更有效地防止其行为问题的发生。

2. 遗传对行为的影响只是具有可能性，它们只是增加特定特征出现的可能性，并不直接导致这些特征的出现

因为遗传基因的表达总是发生在机体内外环境所组成的大环境中，所以它会受到环境因素的调节。研究发现，那些拥有反社会行为遗传倾向的儿童，如果成长在充满支持的环境中，产生反社会行为的危险性为小到中等；而那些既有反社会行为的遗传倾向又处在环境威胁中的儿童，出现反社会行为障碍的可能性要高得多。这说明即使个体具有某种障碍的遗传倾向，如果我们能对环境作些积极的改变，使其更具有保护性，那么这种障碍就可能得到缓解或不出现。

3. 遗传对儿童发展的影响是与环境共同发生作用的，遗传因素并不能单独决定儿童的发展

首先，遗传提供了儿童身心发展的前提条件和物质基础，但这些条件与基础并不能单独决定儿童的发展。如人们常常认为失明或色盲的儿童很难成为画家。但有研究表明，盲人也可以成为出色的画家。

其次，遗传因素影响儿童身心发展的基本过程，但它并不能机械地决定这一过程，儿童的发展会表现出个别差异。如儿童动作的发展，一般是先学会爬，再学会站，而后学会走和跑。可有的孩子却直接学会了站和走，而缺失了爬行阶段。从正常的演进看，这是一种异常，但这种异常说明了儿童的发展无法完全像机器一样标准化。基因程序显示了一种倾向，而这一倾向是否显现以及如何显现却与环境有着很大的关系。

众多研究显示，遗传与环境是共同作用于儿童发展的。儿童的遗传倾向影响他们对环境事件的感觉、解释和反应方式。因此，对于教育工作者而言，重要的是了解儿童的遗传倾向，并根据每个儿童的个体特征创造与他们的遗传特性相吻合的环境。对于一些特殊儿童要提供相应的有利条件以应对遗传上的不利。

（二）环境

生态系统论的研究显示，人的发展过程是个体与其直接生长于其中的变化着的环境之间的渐进的、双向的互动过程。环境是儿童赖以生长、发展不可缺少的外部条件。

环境泛指个体生活于其中，能影响儿童发展的一切外部条件。它根据不同的标准可以分为不同的类型。环境根据构成成分的性质可分为自然环境与社会环境。自然环境包括人出生地的自然条件和地理位置，社会环境包括与儿童生活相关的一切社会因素——政治、经济、文化以及各种性质的社会关系。根据这两类环境与儿童联系的直接性与间接性，可将影响儿童发展的环境分为宏观环境、中观环境、微观环境。宏观环境是指儿童所处的总体的自然与社会环境，如时代、

☞ 生态系统论：一种现代环境论观点

☞ 儿童发展的环境－学习理论

国家与生产力发展水平；中观环境是指儿童所处的地域、社区环境，如具体的地区与城市；微观环境是指与儿童直接发生联系的家庭、学校、社区与自然环境。这些不同层次的环境既为儿童的发展提供了可能性，也有一定的限制性；它们对儿童发展的影响既有积极的一面也有消极的一面；其影响的大小与环境的性质和儿童发展水平都有相关性。这里我们主要讨论与儿童直接发生联系的微观自然环境与社会环境。

1. 自然环境对儿童发展的影响

（1）自然是影响儿童发展的第一环境要素

老子说："人法地，地法天，天法道，道法自然。"自然是人类的老师，也是影响儿童发展的第一环境要素。在儿童还未出生时，母亲所处的自然环境是否健康无污染，对胎儿的健康发育是非常重要的。如美国的一项研究表明，空气污染可危害孕妇子宫中的胎儿，导致胎儿基因发生变化，增加其未来罹患癌症的风险。

（2）自然资源对儿童的健康与性格有不同程度的影响

儿童的生长最初遵循的是生命自然的节律，如自然的睡与醒的节律，吃与玩的节律。如果这种节律得到很好的保护，儿童就能健康地成长与适应。同时，自然也为儿童生命的生长与发展提供必需的物质资源，因此，儿童接触到不同品质的自然资源就会导致他们不同的发展。如生长于空气清新的环境中，并能吃到各种健康食物的儿童身体更容易保持健康。相反，如果儿童生长于一个污染严重的环境中，他们患疾病的概率则会大大增加。当今时代儿童的健康正受到日益污染的环境的威胁。儿童生存的自然条件优越还是恶劣，处于山区还是平原，对儿童的性格也有一定影响。如在恶劣山区环境下长大的儿童性格相对质朴、坚强；而生活于交通发达的平原地区的儿童相对机灵、变通。不过这种差异，随着电视、电脑的普及以及城市化进程的加速而在逐步减小。

科学研究显示，最基本的教育力量是自然本身。由于无限的空间和时间，儿童得以发展稳定的情感、集中注意力的能力和保持平衡的能力。在与自然的直接接触中，儿童体验着对自然的谨慎和尊重。对自然中的植物、动物、土地和水的情感和亲密最终演变成"在家"的感觉。然而，有研究显示，随着全球城市化进程的推进，人们以一种工业化的方式对待自然，原始的自然栖息地日益减少，可供孩子接触的自然也越来越遥远。这会让我们的孩子与自然界越来越隔阂，大量儿童甚至出现"大自然缺失症"。这种自然接触的缺失使他们出现过胖、多动、注意力不集中、抑郁等令人担忧的症状。

2. 家庭与社区环境对儿童发展的影响

（1）家庭是儿童的第一所学校，父母是孩子的第一任教师

家庭中父母对孩子的爱抚、教养，对孩子个性的发展起着重要的作用。尤其

是家庭成员互动生成的人际关系，对孩子的健康成长有着至关重要的影响。儿童发展研究表明，人际关系及其产生的相互影响是健康发展的基础，从最初受精卵形成的那一刻到最后的死亡，亲密的、充满关爱的人际关系是人类成功适应的基础。这种良好的人际关系也最有可能为儿童多个领域的健康发展提供支持，包括交流、认识、社会-情绪能力、道德理解等。人们相信生命最初几年建立起来的那些关系与后来建立的关系是不一样的，早期的关系是形成性的，为日后所有有意义的发展构建了一个基础结构。①

实践活动

试回忆幼年时期你与父母的互动内容与互动模式，尝试分析家庭互动对你成长的影响。以小组为单位，将你的结论与小组成员分享。

（2）社区是儿童成长的文化摇篮

生活在一定地域的人们建立了一定的社会关系，互相联系的人群就构成了一个社区。长期的共同生活会逐步积累和培养一些共同生活的社会习俗，这些习俗反映在人们衣、食、住、行、劳动、娱乐、社会交往、待人接物等方面的价值观、道德观、审美观及与这些观念相适应的行为方式和生活习惯中。生活于其中的儿童会通过观察与模仿自然习得这些价值观、道德观与审美观。年龄越小，环境中自发教育的作用越大。同时，不同的教养习俗也会影响儿童发展。人类学家的一些研究证明，各个种族对儿童照料的方式不同，会导致儿童成年后的性格不同。如从小受成人关心的儿童，长大后性格温和，能处理好人与人之间的关系。如果成人对儿童从小不关心，只给他们提供食物，就会导致相反的性格。因此，给儿童提供一个充满关爱的、丰富的，适宜其生长和发展的环境是非常重要的。

3. 幼儿园对儿童发展的影响

作为一种专门的教育机构，幼儿园必须考虑儿童的个别差异与年龄特征，考虑什么样的环境，什么样的课程方案，什么样的活动能够最有利于儿童的发展，以及采取什么样的措施来协调各种教育影响，从而促进儿童的发展。

（1）幼儿园是儿童社会化的重要场所

幼儿园是儿童离开家庭以后进入的第一个社会机构。在这一机构中有更复杂的生活内容、更复杂的人际交往。儿童要开始学习群体生活规范，这是一个儿童社会化的重要开端。在群体中生活，最重要的是要学会考虑他人的需要与感受，而不能只考虑自己，儿童需要学会管理自己的行为，这是他们迈向自制与合作的

---

① 肖可夫，菲利普斯. 从神经细胞到社会成员：儿童早期发展的科学[M]. 方俊明，李伟亚，译. 南京：南京师范大学出版社，2007：22.

起点。

（2）幼儿园对儿童发展的影响是有目的、有计划、系统的

幼儿园作为一种专门的教育机构，主要是为儿童的健康发展创设适宜的条件，促进儿童身心的和谐发展。幼儿园有专职的保教人员，按照儿童发展的需要及社会的要求精心制订各种教育教学计划，组织儿童进行各种活动，引导儿童系统发展。幼儿园有特别设置的物质环境，如幼儿园的房屋设施、各种器械设备、游戏与教学材料等，对儿童发展的影响具有目的性、计划性与系统性。

（3）幼儿园在儿童发展中起主导作用

影响儿童发展的各种因素在方向和力量上往往存在不一致或矛盾的地方，要促进儿童健康和谐的发展需要整合各种影响因素，幼儿园就应当扮演这一角色。如遗传中有不利于儿童发展的因素，幼儿园就需要协同相关专家创设弥补其不足的积极因素与力量；自然环境及家庭社区环境中存在危及儿童健康成长的因素，幼儿园就需要协同各种力量努力营造一个适宜儿童生长的物质与精神环境。从这一意义上说，幼儿园在儿童发展中起主导作用。但这一主导作用并不是自然发生的，它需要幼儿园的教育工作者有一种自觉的责任意识，能在遵从儿童自身发展规律的基础上结合具体的社会条件积极地为儿童创设最佳的生长环境。

（三）儿童自身的特征与行为

儿童是独立的生命实体，有自己的身体和心理结构，有自己的内部动力，有自己的需要和兴趣。作为人类的一员，儿童拥有探求与征服环境的天赋内驱力，他们是自身发展的积极参与者，是主动的学习者。儿童自身的特征与行为影响着他的发展，这种影响主要表现为：

1. 儿童的主动探求影响其身心发展

儿童天生就是一个探索者，出生不久，就能随声响转动头部，眼睛也能追随物体。当儿童能抓握、行走时，就会不停地进行各种活动。这些活动促进着他的身心发展。

来自多学科领域的大量研究表明，婴儿早期就表现出强大的主动探求与认识环境的倾向。皮亚杰将这一特征命名为认知同化。他认为，认识活动犹如生理上的消化活动一样，是一项有组织的活动。个体之所以能对刺激作出这样或那样的反应，是因为个体具有的某种图式（动作的结构，是人类认识的基础）能同化（个体把客体纳入主体的图式之中）这种刺激，而引起图式量的变化。有时图式不能同化客体，就产生顺应（调整原有图式或建立新的图式），引起图式质的变化，以适应新环境，达到认识上的新的平衡。通过教育或外界刺激，个体不断进行新的同化和顺应，如此在循环中提升，儿童的认知结构得以不断地更新，儿童的心理便由低水平发展到高水平。

☞ 认知建构理论关于儿童认知探求的阐释

☞ 儿童是个积极的建构者

2. 儿童的选择可以影响其所处的环境

儿童作为一个有机体,并不是消极地接受各种影响,而是会作出自己的选择,挑出已理解的知识和事件,修正不理解的知识和事件。随着时间的流逝,他们不断发展对人、对事的看法,不断地积累和提炼。有时他们还会创设一些激发自己天性的情境。如脾气暴躁的儿童可能会制造冲突,向同伴或成人挑衅,这样儿童便为自己的成长创造了更具攻击性的环境。随着儿童的逐步成长,他们可以更好地寻求和创造适合自己天性的刺激和环境。当然,这种选择与创造能力是因年龄与个性而异的,幼小的及被动的儿童更易不加选择地接受环境的影响。对于这一类儿童,教育者就需要特别小心地为他们创设适宜模仿的环境。

3. 自我调节能力影响儿童对环境的适应

关于儿童发展的研究表明:不同组织水平的、多系统的同时性操作是人类发展的一个基本特征。与此相应,调节也是一切生命活体的基本特征,包括维持生命的生理性的和行为的调节。调节过程调整着各种各样的功能,使它们保持在适当的范围内,如体温的保持、饥饱的调控,以及注意力的分配、情感表达与冲动控制等。发展可以看作自我调节能力逐渐增加的过程,自我调节的发展是儿童早期发展的基石,它贯穿儿童行为发展的所有领域。通过它,儿童能学会在人际和社会环境中更独立地行事。①

儿童早期的众多日常经验都受调节的支配。对某些儿童而言,不正常的压力可能会摧毁他们基本的协调能力。简单而又有挑战性的经验,如短时间的等候、轮流或抚慰,会促进儿童调节能力的健康发展。反复处在过分的压力之下,如严重的营养失调、长期的虐待等,可能造成儿童严重的适应不良或障碍。个体调节能力的差异根源于生物学遗传和生活经历两个方面。例如,那些易怒和注意力不集中的个体,从神经生物学的角度看,可能他们中枢神经系统中的神经递质出了问题。这有可能是遗传的结果,也有可能是无序的环境造成的。但是,影响调节能力更普遍的原因是遗传和经验之间的相互作用。

实践活动

回忆自己入园或入小学时的经历与行为表现,尝试分析:自我调节是如何影响儿童的环境适应能力的?以小组为单位,将你的结论与小组成员分享。

二、儿童身心发展特点

0—6岁是个体最重要的人生发展阶段,它在个体一生的发展中起着奠基作

---

① 肖可夫,菲利普斯.从神经细胞到社会成员:儿童早期发展的科学[M].方俊明,李伟亚,译.南京:南京师范大学出版社,2007:20.

用。每一个年龄阶段都会有一些普遍的特点，了解这些特点是正确进行教育实践的基础。探究儿童身心发展特点与学前教育之间的关系也是设计教育教学活动的前提。

实践活动

结合本部分内容访谈你的父母，了解你0—6岁阶段的发展表现与特点。以小组为单位，将你的访谈成果与小组成员分享。

（一）基础性与易感性

基础性表现为个体生命机能发展的可塑性会随着机体的成熟而不断降低，因而，生命早期拥有更多样化的潜能，从这一意义上说，早期的发展起着奠基作用。这也是人们重视早期教育的重要缘由。

易感性表现为在这一年龄阶段，儿童的发展既容易朝着积极方向快速发展，也容易朝着消极方向快速发展。这与儿童发展的敏感期有关。"敏感期"是生态学家从对动物的研究中提出的，指发展过程中的一些独一无二的时间段，在这些时间段中，特定的结构或功能容易受特定经历的影响，将来的结构或功能会因这些经历而改变。研究表明，敏感期一般出现在生命的早期。如4岁前是形状知觉的敏感期，以后逐渐减弱；口语学习的敏感期在8岁前。这些敏感期会产生两种可能的结果：一是特定的早期经验在发展最具可塑性和对刺激最易做出反应的时候，促使儿童发展某些能力，使儿童能够为将来做好准备。二是如果这些基本的经验缺失，儿童就极容易受到不利影响，结果可能是产生永久性机能障碍。

但目前更多的研究表明，敏感期发展的结果也并非不可改变，发展和进步能在人生的任何年龄阶段发生。人类的适应既源于基本能力的快速巩固，也源于终生具有的适应环境变化的发展可塑性。

（二）连续性与阶段性

儿童身心发展的过程本质上是一个不断变化的过程。这种变化既表现出一定的顺序性，也表现出一定的阶段性。儿童身心发展大致是按由大到小、由简到繁、由具体到抽象的顺序来进行的。这种顺序性的变化有时是累积的和连续的（如体力的增加、记忆力的扩展），但在有些时候发展却非常迅速，以至于在先前的水平上出现了质的飞跃（如自我意识出现后，儿童的言语会出现很大的变化），从而使儿童的身心水平达到了一个新的高度。这样的改变常被称为"发展性的转变"。这种转变的阶段既可能是平稳的，也可能存在压力和混乱，因而常常被视为心理再建构的重要时期，人们也常常把这些重要时期作为划分儿童发展阶段的标志。从这种发展性转变的角度看，儿童身心发展主要经历了以下几个阶段：

☞ 精神动力学关于儿童发展的阶段理论

0—3岁、3—5岁、5—7岁。

0—3岁儿童最主要是身体的发展。他们身体的发展非常快，学习的能力非常强，他们用自己整个的身体去探索世界。在人生的前三年，他们学会了作为一个人最基础的三件事，即走路、说话和思考。3—5岁这个阶段常常被称为"金色童年"。这个阶段的儿童能够充满想象力、充满创造力地玩耍，一根木棍在他们眼里可以变成千万种他们所需要的玩具。他们特别享受玩耍，对他们而言，玩是一项很认真的工作。5—7岁儿童已经学会了大量的词汇，他们喜欢说话，对许多事情开始有自己的看法。他们开始进入有意识的想象阶段，即从一定的目的出发去筹划自己的活动。

（三）普遍性与差异性

在儿童发展过程中，有些变化出现在每一个人身上，这些变化说明了儿童发展过程中的普遍性。这种普遍性既有我们前面描述的年龄特征，也有文化与时代意义的普遍性，即生活于不同文化背景与不同时代的儿童有区别于其他文化背景和时代的特点。如21世纪的中国儿童与19世纪的中国儿童在身心发展方面有不同的特点。

除了普遍性的特征外，儿童的发展也呈现出差异性。一是个体差异性。如不同儿童的行为风格各不相同：有的高度紧张，有的轻松自在；有的机敏，有的迟钝。在性格上有活泼和文静、勇敢和怯懦等不同表现。在能力上表现为能力结构各侧面的差异，有的语言能力强，有的理解能力强，有的动手操作能力强等。此外，还表现为能力结构各因素组合特色上的差异，如同样两个音乐能力强的儿童，一个可能节奏感弱些，曲调感、音准能力强；另一个可能曲调感弱些，节奏感、音准能力稍强。这些个别差异性为个别教育提供了依据。二是文化差异性。儿童的发展在不同文化、不同社会阶层中呈现出不同的形式。如一个非洲女孩需要花几百个小时学习编织，因为她们需要靠手工艺来维持生计；而对工业社会中的儿童来说，编织并不是必须掌握的技能。这种差异导致了不同的适应性发展。

三、基于儿童身心发展需求的学前教育原则

处理好学前教育与儿童身心发展的关系是学前教育有效实践的前提。学前教育需要在遵循儿童身心发展特点的基础上，协调各种教育影响，科学地促进其健康成长。为此，学前教育需要遵循以下原则。

（一）学前教育要注意保护儿童的感官

当代神经生物学的研究表明，儿童的智力成就和自我发展与感官功能的健康发展有关。德国教育家鲁道夫·史代纳早在20世纪初就指出：儿童是一个完完全全的感官体，他的感官既敏锐又易受伤害，因而，保护儿童的感官具有重要意

义，从某种程度上说，学前教育的真义就是对感官的照料与呵护。史代纳通过研究指出，人有触觉、生命感、运动感、平衡感、嗅觉、味觉、视觉、温暖感、听觉、语言感、思考感、自我感等 12 种感官，儿童需要特别注意滋养的感官是触觉、生命感、运动感和平衡感，因为这四种感官是儿童其他感官健康发展的基础。表 2-1 列出了这四种感官独特的器官基础、任务、保护原则以及可能造成其伤害的行为。

表 2-1　儿童的感官滋养①

感官	器官基础	任务	保护原则	可能造成感官伤害的行为
触觉	触觉体和自主神经末梢	经验自我身体的界限,产生安全感和信赖感	温柔的触摸,安静地独处,可以触摸、探索和发现的游戏空间	应付孩子、太多保护或忽略、不注重孩子感受的干涉与侵犯
生命感	神经系统	愉悦感,和谐的经验,感受各种过程的协调	生活规律,经验正确的规范,信赖的生活气氛,享用食物的快乐	争吵、暴力、恐惧、紧张、不满足、无节制、杂乱无章的生活与活动
运动感	肌肉轴心部分	对自己动作的觉察,自由的经验和自我掌控感	允许孩子自我活动,可以自由游戏的空间,有意义的活动过程	处处禁止,被动行动,没有典范可循,长久看电视、玩电子游戏
平衡感	内耳中的半规管	经验平衡、平静、和谐,自我信任	平衡游戏,给孩子宁静和安全感,成人追求自己的内在平衡	缺乏运动、内在不平静、沮丧、绝望、对生命的厌烦、内心矛盾

（二）学前教育要适应并引导儿童的身心发展

格塞尔的成熟理论及维果茨基的"最近发展区"理论表明，教育一方面要适应儿童的发展，另一方面也要引导儿童的发展。儿童处于不同的发展阶段，有着不同的身心发展水平，这些不同的发展水平标示着他们不同的学习准备状况，如果教育过于超前于儿童的准备状态，就会产生"揠苗助长"的现象，对儿童的身心造成伤害，影响其他后续潜能的展开。例如，过早让儿童进行大量的读写练习就会导致儿童透支生命力去进行过度思考，这既会影响儿童的健康，也让其在中小学阶段更易产生厌学心理。因而，教育一定要建立在适宜发展的基础之上。相

---

① 表内容源自:格洛克勒,朗哈默,维歇特,等．迈向健康的教育[M]．邓丽君,廖玉仪,译．天津:天津教育出版社,2013:9-11．编者根据书中内容进行了整理．

反,教育的内容与方法过于滞后于儿童的身心发展水平,又会造成少、慢、差的教育浪费,使儿童产生吃不饱、发展需要得不到满足的现象。因而,正确的做法是在适应的基础上促进儿童的发展。在教育实践中落实这一观念,既需要教师仔细观察与分析儿童的现有经验水平;也需要教师敏锐地把握儿童发展的阶段特征,知道儿童发展的连续变化特性,并在此基础上,发现儿童的"最近发展区",用适当的手段与内容引导儿童向更高水平发展。

(三)学前教育要重视儿童的整体发展

学前期是人生的第一个阶段,这一阶段的发展是儿童一生发展的基础。教育是否能够帮助儿童很好地完成这一阶段的发展任务,直接影响着儿童未来的发展(参见表2-2)。这一阶段所经历的教育品质会对儿童一生的发展产生影响。

表2-2 早期教育对儿童一生发展的影响[1]

早期教育的经验	对以后人生的影响
喜悦的经验,被关注、爱和幸福的经验	身体恒久的可塑性、灵活度,容易与他人和环境建立良好关系
体验惊奇、赞叹和欣赏	懂得爱这个世界
经验自主独立,通过生活学习	有勇气和主动性,拥有内在的平衡支柱
不受干扰的模仿行为	易形成与环境中各种事物的自由互动、开放的性格
学习、游戏的方式和态度	懂得正确看待生命与面对生命中的各种关系
对植物与动物世界的认识与爱	易形成活泼灵活的观念,意志力强
充满好奇和好问	易形成能不受压迫、不受限于欲望的性格
物质主义的教育	容易形成冷漠和不关心的态度
抽象的、没有艺术性的、片面的知性课程	感觉狭隘,容易患机能性的胃肠疾病和气喘方面的疾病
缺乏可以依靠的、值得信赖的关系,缺乏敬爱的权威	当生命中遇到挫折时往往没有力量帮助自己找回自我
太早学习批评和判断	更易形成批评猜忌的生命态度
表面化的知识学习	更易出现精神提早老化的倾向

在学前期,儿童最基础的发展任务就是通过学习与行动让他能够经验自己与环境之间存在的意义关联,帮助儿童形成一种统合感觉与统合意识,为他找到自己的人生位置,创造自己的生命意义打好基础。这种统合感觉意识与以下几个方面的能力培养直接相关:身体平衡活动的能力、器官的敏锐感觉能力、明晰的语言能力、想象力和创造力、有效社会互动的能力、动机和专注能力、

---

[1] 格洛克勒,朗哈默,维歌特,等.迈向健康的教育[M].邓丽君,廖玉仪,译.天津:天津教育出版社,2013:21.编者根据书中内容进行了整理。

初步的价值判断能力。① 这几个方面能力的培养,也应当成为学前教育的重点。如果仅仅关注儿童一些表面知识技能的获得,不足以为儿童的一生打下良好的基础。

《3~6岁儿童学习与发展指南》指出,儿童的学习发展是整体性的,他的心灵状态与身体活动性是休戚相关的。儿童语言能力的发展与儿童身体运动能力有密切关系;知觉感官的发展会影响儿童理解和处理事物的能力。由此可见,儿童的发展是整体的,因而,学前教育要重视儿童各方面活动的平衡,使儿童获得和谐完整的发展。

(四)学前教育要因人、因时、因境施教

儿童发展的时空差异与个性差异要求学前教育要因人、因时、因境施教。

因人施教即因不同个体的特性而施教,这是照顾儿童个别差异的需要。即每一个儿童都带着自己的特性来到这个世界,以其天赋、兴趣、喜好来发展自我和意志,教育要努力帮助儿童成为他自己。要实现这一点,并不要求教师一定要对儿童施行一对一的个别教育,而是将儿童放在群体中,用多样化的教育方式去满足与平衡不同儿童的需要。

因时施教,是指教育要因应儿童发展成熟的时间,适时施教。要注意把握儿童发展的各种关键期,帮助儿童实现最佳发展。人一生的发展都是在婴幼儿时期的原型上展开的,如果在这一时期成人能施以恰当的教育,会为儿童的后期发展打下一个良好的基础,使儿童的发展收到事半功倍的效果。但人的发展不同于动物的发展,人永远具有可塑性,并不是错过了关键期就无法获得发展,而是要获得更有效的发展可能需要付出更大的努力。

因境施教,是指不同的儿童成长于不同的环境之下,其成长影响的因素各不一样,其所需要的教育帮助也是不一样的,教育要从儿童所处的环境与具体需要出发,施以相应的教育,才能促进儿童最佳的发展。这要求学前教育既要了解儿童的具体成长情境,也要考虑儿童成长的时代环境。前者提供了儿童发展的现实基础,后者提供了儿童发展的可能基础。如同样生活于21世纪,处于发达城市的儿童与处于落后农村的儿童,他们在成长条件与资源上都有很大的差异,要促进儿童的最佳发展既要考虑理想的目标,也要考虑现实的条件。理想的目标是儿童健康与和谐的发展,对于21世纪的儿童来说,随着全球环境的恶化,不管他们生长于城市还是农村,都可能面临一些健康发展的威胁,但具体的威胁因素却可能并不相同,如农村儿童可能是水源的破坏,城市儿童可能是空气的污染。

---

① 格洛克勒,朗哈默,维歌特,等. 迈向健康的教育[M]. 邓丽君,廖玉仪,译. 天津:天津教育出版社,2013:47-53. 编者根据书中内容进行了整理。

（五）学前教育应以游戏为基本方式与途径

游戏是儿童的天性，通过游戏，儿童表现出他的发展状况以及他与生活环境的关系；儿童也通过游戏来培养自身的意志、情感与思考能力，发展与世界的关系。对于教师来说，观察儿童的游戏能够更好地把握儿童的发展状态与倾向，这为教师更有效地帮助儿童提供了可能。教师要善于为儿童创设各种有利于发展的游戏情境，使儿童在充分的游戏中获得良好地发展。

第二节 社会发展与学前教育

学前教育作为一种特殊的社会实践活动，是社会生活的一部分，社会的发展与演进自然会对学前教育的内容、形式与方法产生影响。本节将就社会发展各要素与学前教育的关系进行阐释。

一、社会经济发展与学前教育的关系

经济泛指社会物质生产、流通、交换等活动，是社会的基本活动，对社会的各方面发展都有着深刻影响。经济发展与学前教育的相互关系表现为经济发展影响学前教育发展的规模、速度、目标、内容和手段；同时，学前教育也对经济的发展有着潜在的积极影响。

（一）社会经济发展水平制约学前教育发展的速度和规模

1. 专门的学前教育机构作为一种实体化的教育形式是工业社会的产物

学前教育作为教育的一个分支，它的发展也经历了从生活化到实体化的过程。农业社会的学前教育是一种生活化的学前教育。在农业社会，生产以畜力耕作和手工操作为主，生产力发展缓慢，生活也以田园农耕为主，人们遵从日出而作、日落而息的生活节奏，父母有较充裕的时间照顾孩子，早期儿童教育也就自然地与日常生活融为一体。到了工业时代，学前教育开始实体化，即从日常生活中分离出来，成为一种专门的社会机构活动。这一变化源于工业革命，随着大工业时代的来临，工厂增加，需要雇佣大批女工，许多年轻的母亲开始外出做工，幼小的孩子无人照料，于是有了建立专门的学前教育机构的需要。同时，现代机器的运用，大大发展了经济，提高了生产力，增加了社会物质财富，也为建立学前教育机构提供了物质基础。所以，各种学前教育机构率先在工业发达的英、法、德、美等国建立起来，而一些经济发展水平较低的国家，学前教育机构一般建立得较晚。

2. 学前教育事业发展的规模与速度往往受制于社会的经济发展水平

学前教育机构的设置和发展，需要有教育的条件，也需要有教育的对象。不

同的经济发展水平会影响社会对学前教育财力和人力的投入，也会影响社会对学前教育的需要。不同国家由于经济条件的不同，其学前教育事业的发展水平是不一样的。这具体体现在不同经济发展水平下政府的经费投入、园所数与幼儿入园率的差异与变化上。如美国1996年3岁、4岁、5岁幼儿入园率分别为43%、64%和92%。德国1995年3岁、5岁幼儿接受正规学前教育的比例分别是47%和79%。法国接受学前教育的年龄始于2岁，20世纪90年代初，法国2岁幼儿的入园率达到35.6%，3岁以上幼儿的入园率则达到100%。英国3岁、4岁幼儿的入园率分别为45%和94%。我国在新中国成立之初的1950年，在园幼儿仅有14万人；到2008年，在园幼儿数为2 475万人，毛入园率为47.3%，发展速度较快，但与国际先进水平还有较大差距。2020年，我国在园幼儿数为4 818万人，毛入园率达到85.2%。

2018年颁布的《中共中央 国务院关于学前教育深化改革规范发展的若干意见》提出，要通过健全学前教育经费投入的长效机制来进一步增加学前教育的经费投入。首先，要优化经费投入结构。国家进一步加大学前教育投入力度，逐步提高学前教育财政投入和支持水平，主要用于扩大普惠性资源、补充配备教师、提高教师待遇、改善办园条件。其次，要健全学前教育成本分担机制。各地要从实际出发，科学核定办园成本，以提供普惠性服务为衡量标准，统筹制定财政补助和收费政策，合理确定分担比例。最后，要完善学前教育资助制度。各地要认真落实幼儿资助政策，确保接受普惠性学前教育的家庭经济困难儿童（含建档立卡家庭儿童、低保家庭儿童、特困救助供养儿童等）、孤儿和残疾儿童得到资助。

（二）社会经济发展水平影响学前教育的目标、内容与手段

社会经济发展水平不仅影响学前教育的办学规模与速度，也影响学前教育的目标、内容与手段。

1. 社会经济发展水平影响学前教育的目标与任务

不同的社会经济发展水平给学前教育提供的财力与物力是不一样的，同样，对学前教育的要求也是不一样的。因而，不同经济发展水平下的学前教育目标也会有所不同。不论在东方还是西方，学前教育总的发展趋势都是从最初带有慈善的性质，只能负起儿童生活和安全的照管任务到能注意儿童情感、智力等的发展，到逐步转向促进儿童身心全面健康发展，为儿童一生的发展打好基础。如我国在20世纪50年代初期，由城市街道集体举办的幼儿园、托儿所和农村办的幼儿园、托儿所，大都以照看儿童的安全为主要任务。随着社会经济的发展，这些园所大都转向以教育儿童，促进每个儿童富有个性的发展，并为儿童一生的发展打好基础为任务。当前我国经济的发展和改革，引起了社会生活和教育领域的新变化，社会所需要的人才，除了应具有良好的政治素质、科学素质和身体素

质外，还必须具有创新精神和实践能力。从小培养儿童的主动性、独立性和创造性，因地制宜地实施素质教育，为儿童的长远发展和可持续发展打好基础成为学前教育的主要任务。2016年颁布的《幼儿园工作规程》指出，我国幼儿园的任务是"贯彻国家的教育方针，按照保育与教育相结合的原则，遵循幼儿身心发展特点和规律，实施德、智、体、美等方面全面发展的教育，促进幼儿身心和谐发展"。

再如，英国学前教育的任务在20世纪以来主要经历了以下变化：1918年注意保育、营养和照管，1939年注意儿童情感及创造力的培养，1969年注意儿童智力的发展。美国在19世纪50年代最早设立的学前教育机构也是为了贫穷家庭的子女，其设备很简陋，只能保障儿童的安全。随着社会经济的发展，家长对学前教育机构的要求也逐渐提高。美国20世纪60年代中期和70年代的"开端计划"就是从教育机会均等出发，对处境不利儿童进行补偿教育。80年代，世界教育改革的浪潮直接影响了美国学前教育的发展，以培养全人素养为目的的学前教育理念被广泛传播和接受。

2. 社会经济发展水平影响学前教育的内容与手段

学前教育的内容和手段也与经济发展密切相关。学前教育的内容要反映社会生活的变化，同时由经济发展创造的物质与精神财富，又可为丰富和更新学前教育内容及手段提供条件。自1846年福禄培尔正式创办第一所幼儿园，编制了幼儿园的教育内容，设计了教具、玩具以来，在社会经济发展的影响下，学前教育内容和手段有了很大变革。在教育内容方面，随着社会环境的急剧变化与社会生活的复杂化，儿童需要了解更多的生活与自然常识，在简单的自由玩耍的基础上，扩大了认识社会环境和自然环境的内容和要求；同时，现代化的生活要求更复杂的适应能力与学习能力，因而，学前教育越来越注重儿童认识兴趣和求知欲的发展，并强调发展儿童的智力和能力，特别是创造力；社会生活流动性的加剧，社会文化的日益多元，要求儿童有更高的社会适应能力，并能学会尊重与接纳不同文化背景的人。在教育手段方面，图书出版的繁荣及多媒体网络的发展都极大地丰富与拓展了学前教育的教学手段。儿童的游戏更为丰富多彩，寓教育于儿童的日常生活，开发了各种观察、操作和试验活动，并且运用了录音、视频、电影、电视以及计算机等现代化教学手段，不断提高学前教育质量。

（三）学前教育的社会成本效益与财政投入

20世纪60年代以来，脑科学、心理学、教育学、社会学、经济学等方面众多的研究成果揭示了学前教育对人的各种能力的发展都有长期的积极效应，可以提高其未来的生产能力和经济增长能力，提高国家的公民素质，提高整个民族的文化和道德素养。学前教育还可以提高妇女的就业机会，促进男女平等，减少贫困人口,降低社会救助费用等。同时,学前教育有利于打破"一代贫困,代代贫困"的恶性循环,促进社会公平。

1. 关于学前教育的成本-效益研究

在各种关于学前教育成本-效益的研究中,戴维·威卡特(David Weikart)及其同事的工作最有代表性和说服力。自20世纪60年代起,他们对123名来自低收入家庭的儿童进行了近40年的追踪研究。研究设置了实验组和控制组,实验组儿童接受了1~2年的高瞻-佩里早期教育方案。该项研究从学业成就、经济状况、犯罪率、家庭关系和健康等五个方面考察了实施优质早期教育的效果,发现与对照组相比,实验组儿童学业成就高,就业率与经济收入高,犯罪率低,家庭关系和睦,吸毒率低。研究表明,学前教育投资是一种最省钱、回报率最大的公共投资,当这些儿童27岁时,投资回报率为1:7.16;当这些儿童40岁时,投资的回报率已高达1:17.07,其中对儿童个人的回报率为1:4.17,对社会的回报率为1:12.9。进一步的分析表明,社会回报中88%源于犯罪率的减少,4%源于教育开支(特殊教育与辅导等)的减少,7%源于收入税的增加,1%来自社会福利开支的减少。其他国家(如加拿大)的研究也得出类似的结论。总结同类研究的成果,2000年诺贝尔经济学奖获得者之一、芝加哥大学的詹姆斯·赫克曼(James Heckman)教授在《促进人力资本的政策》一文中指出,在其他条件相同的情况下,在幼儿时期对一个人投资1美元,将比在幼儿期之后投入同样的金额收益更大。最佳的投资政策是:儿童年龄越小,投入资金越多,并且随其成长过程而不断追加。将人力资本的投入直接指向儿童是对社会公共资金更有效的利用。因此,经济合作与发展组织1999年的教育政策分析指出,"幼儿教育是向终身学习的第一笔投资,是一项意义远大的政策援助"。该年的幼儿教育总结报告的标题就是"儿童早期教育与保育:从投资中获益最多的教育阶段",这个获益者不只是儿童个人及其家庭,也是整个社会。[①]

2. 学前教育的财政投入趋势

正是看到学前教育对社会及经济发展的潜在影响,为了促进学前教育的发展,各国都采用多种不同的方式,加大对学前教育投资的力度。特别是近几十年来,这一策略更加明显。美国政府于1965年通过了"向贫穷宣战"的《经济机会法案》,根据《经济机会法案》,美国联邦教育总署在1966年开展了旨在为贫穷家庭3—5岁正常儿童与残疾儿童提供免费学前教育、营养与保健的"开端计划",以期对处境不利者的子女进行补偿教育,使贫穷家庭的儿童做好入小学的准备,实现教育机会均等。到1994年又提出将"开端计划"资助对象延至3岁前的儿童。美国每年都增加对"开端计划"的投入,到1997年拨款达到39.8亿美元,

---

① 冯晓霞,蔡迎旗,严冷.世界幼教事业发展趋势:国家财政支持幼儿教育[J].学前教育研究,2007(5):3-6.

比1965年增长了40倍，这一年全美有80万儿童得到了资助。1998年，美国政府又制订了学前教育的五年计划，包括增加对开端计划的投入、加强师资培训、设立专项奖学金等。在美国历届联邦政府不断增加儿童发展事业经费的推动下，越来越多的州政府认识到学前教育的重要性，纷纷增加投资支持公立学前教育，如在1979年美国只有7个州政府拨资援教，到了1989年则上升为32个州政府。英国政府早在1870年就开始实施儿童5岁入学的义务教育（北爱尔兰是2岁），近些年来英国政府更是想方设法筹集教育经费，资助贫困家庭的儿童接受学前教育。1995年7月，教育和就业大臣谢泼德公布了总额7.3亿英镑的"儿童凭证计划"，每位4岁儿童家长都能得到价值11 000英镑的凭证，以支付孩子的学前教育费用，这一计划使全英国每个4岁儿童都能在一定程度上受到高质量的学前教育。英国政府推出一系列举措确保学前教育对每个儿童的可获得性，以推动学前教育事业的发展。例如，国家儿童保育战略（The National Child Care Strategy）的目标是：扩大就业，改善学前教育服务质量和为家庭提供更广泛的支持，内容包括扩大保育服务、提供基金、改善为从出生到3岁儿童提供的早期教育服务的质量，为14岁以下儿童提供校外托管服务及为16岁以下有特殊需要的儿童提供特殊教育服务。

日本于1961年通过了振兴幼儿园教育的决议，制订并实施了三次幼儿园振兴计划，旨在通过为适龄儿童提供奖励和补助费，向幼儿园提供园舍设施完善费、园具设施完善费等一系列措施，创造条件让更多的儿童进入幼儿园。近些年来，日本不断提高学前教育经费投入的比例，并逐步推出学前教育"无偿化"。到2019年10月，日本3—5岁的孩子都能无偿地入幼儿园、保育所和认定儿童园。[①]

我国2010年颁布的《国家中长期教育改革和发展规划纲要（2010—2020年）》，也明确提出要把发展学前教育纳入城镇、社会主义新农村建设规划；建立政府主导、社会参与、公办民办并举的办园体制；大力发展公办幼儿园，积极扶持民办幼儿园；完善成本合理分担机制，对家庭经济困难幼儿入园给予财政补助；加强学前教育管理，规范办园行为；制定学前教育办园标准，建立幼儿园准入制度，提高幼儿教师队伍整体素质，依法落实幼儿教师地位和待遇。统计显示，在2018年的全国教育经费投入中，幼儿园阶段的经费投入增长最快。

二、政治、文化与学前教育的关系

社会的政治、文化与学前教育也有着互动的关系。政治在一般的意义上是指

---

① 张福平,刘兴凯,王凯.日本学前支援教育的措施及其对我国的启示[J].教育探索,2019(5):121-125.

人们制定、维系和修正其生活一般规则的活动，它也规定国家性质、各阶级和阶层在政治生活中的地位、国家管理的原则和组织形式等，主要通过各种法令制度与政策法规体现出来。不同的国家有不同的政治制度，而教育往往要体现国家政治的要求，学前教育作为教育的一个组成部分，也会受到国家政治的影响。学前教育的社会性质、领导权、办学与管理体制、目的与任务等问题主要是由政治决定的。

"文化"是一个使用十分广泛因而定义比较宽泛的概念。通常说来，广义的文化是指人类所创造的物质财富和精神财富的总和；狭义的文化则专指人类创造的精神财富，即社会的思想、道德、科技、教育、艺术、文学、宗教、传统习俗等，它往往表征一个社会团体所具有的行为和信仰体系特征。社会文化对儿童养育的影响是根本性的，也是无处不在的。如教养者什么时候和采用什么方式喂养孩子，由谁带孩子睡觉等都受文化的影响。

（一）政治与学前教育的关系

1. 学前教育的社会性质与领导权受社会政治的影响，并为政治所决定

学前教育的社会性质是指学前教育的社会属性，在不同的历史阶段与国家政治中，教育的社会属性是不一样的。

在原始社会中，社会处在一种原始平等阶段，没有阶级的划分，儿童出生后在氏族或家庭中平等地受教育，教育是没有阶级性的。到了奴隶社会，财富的不均带来了社会阶级的划分，进入了阶级社会，教育就有了阶级性，教育的权利掌握在奴隶主贵族手中。如我国夏、商、周时期，奴隶主的家庭就注意对幼小子女的教育，由专人负责，从小培养国家的管理者。封建社会中，不同社会等级的子女，其受教育权及学习的内容是不一样的。地主阶级的子女从小在家庭中受着封建伦常礼教的教育，灌输读书做官、光耀门庭的思想，以巩固宗族，维护君权。而下层劳动人民的子女只能在生活和劳动中进行劳动技能的训练。在资本主义社会，虽然有些发达的国家，学前教育有较快的发展，但也还未真正实现教育机会均等。一些设施好的学前教育机构，收费昂贵，并非普通人的子女可以进入。

旧中国是半封建半殖民地社会，当时我国的学前教育也必然是半封建半殖民地的性质。新中国成立以后，政府接收原有的幼儿园，并新办一批学前教育机构，改变了收托制度和收托对象，面向广大干部、群众和工农子女，降低了收费标准，改半日制为全日制，进行教育改革。幼儿园的布局、类型、收托制度等都贯彻为生产服务、为群众服务的方针。另外，根据教育方针，明确并制定了幼儿园的教育任务和教育内容，使学前教育具有了社会主义性质。改革开放后，我国学前教育事业有了进一步发展，国家加大了对学前教育的投入以及对政策法规的完善。学前教育领域对教育科研日益重视，许多学前教育工作者积极进行了大量

的科学研究，并取得了一定成效，使学前教育质量迈向了一个新的台阶。

我国学前教育改革的发展历程表明，它所走过的每一步都与当时的社会历史条件、政治经济发展以及教育科研状况息息相关。学前教育既要为社会政治经济服务、满足社会对人才培养的要求；同时学前教育的发展状况又必然受到一定社会历史条件的影响和制约。

2. 学前教育政策、法规影响学前教育的发展模式与方向

学前教育政策、法规是国家制定的关于学前教育事业发展相关的种种制度与规范措施，它的价值取向直接影响学前教育事业的均衡与公平。

20世纪以来，随着世界各国越来越意识到学前教育在国家人才培养中的重要作用，各国政府都用不同的方式表现了对学前教育前所未有的关注与支持，并相继出台相关法规来予以支持。如日本在战后振兴计划中重视发展教育，尤其是学前教育，战后学前教育发展的速度居资本主义国家之首。美国自20世纪80年代以来，进一步加大了对学前教育的立法，联邦政府专门针对或涉及学前教育的法律及其修订案接连出台，如80年代的《开端计划法》、90年代的《儿童保育与发展固定拨款法》《全美儿童保护法》《2000年目标：美国教育法》，以及2000年的《早期学习机会法》、2002年的《不让一个儿童落后法》等。这些法规的出台，不仅促进了美国学前教育的普及与质量的提升，也为改善处境不利儿童的早期养育与教育提供了实质性的支持。

改革开放后，我国政府相继制定一系列政策法规来普及与提升学前教育的质量。1989年9月，经国务院批准，国家教育委员会颁布《幼儿园管理条例》。这一条例就举办幼儿园的基本条件和审批程序、幼儿园的保育和教育工作、幼儿园的行政事务开展以及奖励与处罚等问题作出了规定。这一条例确立了我国学前教育事业发展多渠道、多形式的办学方针，规定"地方各级人民政府可以依据本条例举办幼儿园，并鼓励和支持企业事业单位、社会团体、居民委员会、村民委员会和公民举办幼儿园或捐资助园"；还明确了幼儿园的管理体制，规定"幼儿园的管理实行地方负责、分级管理和各有关部门分工负责的原则"，并由"幼儿园园长负责幼儿园的工作"。这一条例的颁布促进了社会力量办园，使学前教育的规模有了很大发展。

1996年3月，国家教育委员会颁布《幼儿园工作规程》，就幼儿园的具体目标与各项事务作出了规定，其主要内容包括：幼儿入园和编班，幼儿园的卫生保健，幼儿园的教育，幼儿园的园舍、设备，幼儿园的工作人员，幼儿园的经费，幼儿园、家庭和社区，幼儿园的管理。该规程是举办、管理和评估幼儿园的依据。它的实施加强了对各类幼儿园的宏观管理，推动了幼儿园的全面改革，提高了幼儿园的管理水平和保教质量，使我国学前教育逐步走上依法办学的轨道。新修订的《幼儿园工作规程》于2016年3月颁布。

2001年7月,教育部颁布《幼儿园教育指导纲要(试行)》。《幼儿园教育指导纲要(试行)》遵循《幼儿园工作规程》的精神,从幼儿园教育的基本理念、基本原理、基本规律出发,具体地规定了我国幼儿园教育的基本内容范畴、目标以及基本的实践规范和要求。它立足于我国学前教育改革的现实,坚持贯彻党的教育方针,坚持全面推进素质教育;倡导先进的教育观念,如尊重每个幼儿,尊重幼儿身心发展规律;力求体现终身教育的思想,将社会、文化、环境与教育密切结合的思想,努力实现教育的目的性与幼儿发展的可能性相适宜的思想以及促进教师与幼儿相互作用、共同成长的思想等。《幼儿园教育指导纲要(试行)》既立足于我国学前教育改革的现实,同时也吸收了世界学前教育科研的众多优秀思想与成果,力图使我国学前教育向世界学前教育发展的共同趋势靠拢。《幼儿园教育指导纲要(试行)》是学前教育改革的指南,它对不同地区、不同发展水平与特色的幼儿园产生了积极影响,并进而推动我国学前教育改革进入一个新阶段。

2010年颁布的《国家中长期教育改革和发展规划纲要(2010—2020年)》明确提出,"到2020年,普及学前一年教育,基本普及学前两年教育,有条件的地区普及学前三年教育。重视0至3岁婴幼儿教育"。同时,"重点发展农村学前教育。努力提高农村学前教育普及程度。着力保证留守儿童入园。采取多种形式扩大农村学前教育资源,改扩建、新建幼儿园,充分利用中小学布局调整富余的校舍和教师举办幼儿园(班)。发挥乡镇中心幼儿园对村幼儿园的示范指导作用。支持贫困地区发展学前教育"。这一规划明显体现了追求普及、平等与均衡发展的学前教育改革思路。

2018年颁布的《中共中央 国务院关于学前教育深化改革规范发展的若干意见》进一步强调要研究制定学前教育法。"加快推进学前教育立法,进一步明确学前教育在国民教育体系中的地位和公益普惠属性,强化政府和各有关部门在学前教育规划、投入、资源配置、师资队伍建设和监管等方面的责任,明确举办者对幼儿园办园条件、师资聘任、工资待遇、运转保障、经费使用与财务管理等方面的责任,促进学前教育事业健康可持续发展。加大对违法违规办园行为的惩治力度,推进学前教育走上依法办园、依法治教的轨道,保障幼儿身心健康成长。"2020年9月,《中华人民共和国学前教育法草案(征求意见稿)》面向社会公开征求意见。

(二)社会文化与学前教育的关系

社会文化制约着人类各方面的活动,同样,它也制约着人类的教育活动。与经济、政治相比,文化对教育的制约作用有明显的不同。从影响形式看,文化对教育的制约作用具有间接性、隐蔽性;从影响范围看,文化对教育的影响具有广泛性;从影响方式和途径看,文化对教育的影响既有社会意识、社会舆论的影响,也有个人深层心理结构的影响。文化对学前教育的影响主要表现在它对学前教育的价值取向、目标与内容的影响上，而学前教育也具有传递和创新社会文化的作用。

1. 社会文化影响学前教育的价值取向、目标与内容

不同的社会文化结构会影响教育的价值取向。在一个封闭的社会文化体系中，社会的稳定与秩序是压倒一切的要求，对教育的要求也强调顺从与适应，服从传统成为教育的基本价值取向，这反映在教育中就是以教师为中心，强调服从与灌输。在学前教育中，就是以孩子听话为第一目标，以接受既有价值规范为主要内容。

相反，一个开放的社会，往往追求创新与变革，它会给予教育更多自由的空间，鼓励教育培养人的创造性，在教育中也就会更强调尊重儿童，强调师生关系的民主平等，注重培养儿童的自主性和独立性。在学前教育中会更注重儿童的体验探究以及个性的培养，也会鼓励儿童发展一种多元、丰富的文化价值观。

文化的核心价值观念，作为一种沉淀于人们深层心理结构中衡量事物的基本尺度，极大地制约着学前教育的目标，因为教育目标总是反映着社会对人的文化素养与文化人格的要求，不同的文化有不同的文化角色与素养要求。如日本倡导"和文化"，强调"培养儿童对人的爱心和信赖感，形成其自立和合作的态度"；韩国是一个重视群体价值的国家，它强调"培养儿童体验、热爱进而乐于参加集体生活的态度"；新加坡则强调应将幼儿培养为终身学习者。

教育所传授的内容，都是人类积累的文化财富。从这种意义上讲，教育就是通过传递、延续、内化和更新文化而造就人才的活动。教育内容的选择，相当程度上受到文化因素的影响。民族传统文化中可资利用的课程资源很丰富，包括语言、仪式、民间游戏、社会活动、民族文化传统等，这些都为幼儿园课程提供了广阔的教育空间。

2. 学前教育具有传递和创新社会文化的作用

社会文化有三种基本的形式，即物质文化、制度文化、精神文化，与此相应，不同文化形式的保存和传递具有不同的方式。物质文化的传承通常表现在各种文化艺术作品中，如我国传统的建筑、艺术作品等；制度文化渗透于人们的社会生活规范与习俗之中；而精神文化常常通过思想观念的方式传承下来，它往往保留在各种官方典籍与民间文化之中。教育是保存和传递文化的重要方式，它将社会各种类型的文化纳入教育内容体系，让学生了解和学习，并尽可能带入他们的日常生活，使这些文化代代传承下来。

不过，在全球化的时代，各国本土的文化正受到前所未有的冲击，因而保护本土文化更成为一种教育的责任。在这一责任的承担中，学前教育扮演着一个特别的角色，它培养的是未来社会的公民，他们有什么样的文化意识直接决定着国家与民族的走向，同时，学前阶段也是奠立文化意识的基础阶段，用什么样的文

化去影响和陶冶儿童就显得很重要。中国人要保存自身的个性，就需要在教育中加强自身文化特性的教育。由此，在学前教育内容的建构中要让优秀的本土文化占有一席之地。如在教育的内容中加入中国或本地的传统习俗与节日文化内容。

学前教育发挥文化传递功能需要注意几个问题：一是不能片面地以本土文化否定外来文化。处在全球化时代的中国需要在融合本土优秀文化与外来优秀文化的基础上来建构我们的现代文化。这表现在学前教育中就是既注重本土的优秀文化资源，也重视外来的优秀文化资源。如幼儿园课程资源的选择除了我国传统的经典诗歌、故事、歌谣、游戏外，也应当注意吸纳西方优秀童话、故事、歌谣等。二是不能简单地以成人文化代替儿童文化。成人文化往往是既成的、稳定的文化，而儿童文化是诗性的、开放的文化。儿童的健康成长需要从诗性的、开放的儿童文化中获得滋养，同时也需要成人文化的方向引导，因而，在学前教育的文化设计中要处理好成人文化与儿童文化的内容比例。三是不能简单地"颂古非今"，或是"颂今非古"。文化的建构是一个复杂的过程，有它自己的规律与惯性，它并不总是按照理想的需要来建构的，因此社会文化有先进与落后之分。古代文化和现代文化都各有其积极面与消极面，教育的文化传承需要借鉴与发扬各时代文化的积极面，以带给儿童健康与积极的影响。这在学前教育中表现为，我们不能片面地强调传统文化的学习，也不能片面地强调对现代文化的适应。如现代社会文化存在的消费至上现象，过度消费导致的系列环境问题与社会问题，使我们不得不审慎地思考如何引导儿童正确地对待消费。教育作为一种价值引导性活动，它并不是简单地顺应文化的特性，它需要在把握儿童特点的基础上，根据儿童与社会健康发展的需要选择适宜的文化内容来影响儿童，以真正发挥它的文化价值。

当教育培养了儿童超越于世俗价值的社会文化意识时，它就在为社会培养新人，这些有着新的文化意识的新人，将创造出新的社会文化，这会促进社会文明的进步。因此，学前教育还有着创新社会文化的功能。同时，一种新的学前教育价值观也可能带来家长的改变。如华德福幼儿教育是一种强调滋养与治疗的教育，它的一个基本观点是：现代的社会文化存在不健康的地方，教育需要负起治疗社会文化的责任，强调家长与教师一起营造一个更健康的生活文化环境来帮助孩子健康成长。这意味着家长需要改变追随社会潮流的生活态度。显然，家长的改变也会带来社会文化的改变，这也是学前教育创造新文化的一种方式。

三、科学研究与学前教育的关系

学前教育的科学实践要建立在对人与世界的深刻理解与认识之上。科学研究对人与世界奥秘的不断破解，使学前教育的理论基础也更为丰富与科学。科学发展对学前教育的影响主要表现在它对学前教育理论基础以及研究方法的影响上。

(一) 关于儿童发展的科学研究影响公众的学前教育信念

在世界各国,人们越来越关注与重视学前教育,这与经济的发展、政治的开明有关,也与儿童发展科学研究的日益丰富有着密切的联系。越来越多的科学证据表明,早期经验、教养关系和环境无可争议地对儿童发展产生显著影响,引起了公众对学前教育的普遍关心,即学前教育并不仅仅是父母的事,也是国家、社会的事,每一个人都有责任从自己的位置出发去思考如何为儿童的健康发展创造更好的成长环境。

但在公众开始关心学前教育的同时,也存在一些误区。这些误区主要表现为公众对科学研究成果不加批判地接受与误用。例如,研究发现早期经验对儿童一生发展有着重要影响,有人则无限地将其夸大为早期经验决定论,认为错过头三年,一切都无法挽回,无形中激发了家长对早期教育的不理性态度。有研究发现,丰富刺激对脑的发展有着重要意义,这一发现也常常被夸张为刺激越丰富越好,从而导致父母忙于为孩子寻找各种学习机会,孩子承担过多的信息负荷,反而影响了其大脑的健康发展。还有研究发现,人类的右脑开发严重不足,进行右脑开发可以促进潜能发挥,这又导致了各类促进右脑开发的教育产品大行其道,这种套着科学外衣的教育产品往往会对家长产生一种误导作用,片面相信某种教育方案的神奇作用,却忽略了关照儿童的整体发展。[1] 总体来说,由于人本身的复杂性,人类关于儿童发展的诸多研究都还只是一些试探性的成果,公众与教育者应持有理性的教育态度,在观察与深刻理解儿童的基础上,审慎地运用各项科研成果。

(二) 科学研究的发展丰富了学前教育的理论基础

当科学研究还没有充分发展的时候,日常生活中的养育经验或成人的学习经验就是学前教育的基础,儿童也常常被当作文化与成人的附庸而存在,学前教育不自觉地存在过分成人化与社会化的取向。自卢梭提出要根据儿童的需求与特点设计教育活动以来,对儿童特点的深入研究就日益成为学前教育的真正基础之一。随着相关学科对儿童发展的深入研究,学前教育有了更丰富的发展理论基础。这些理论主要包括成熟论、心理动力学理论、认知发展理论、行为学习理论、进化理论、信息加工理论、社会文化历史理论、人生全程发展理论等。[2] 这些理论跨越了多个学科,帮助人们深刻地认识到:遗传、环境及早期关系在儿童发展中是高度互动的,它们共同建构着儿童的生活经历,影响儿童的发展。这些理论也影响学前教育任务、内容与方法的确定。

---

[1] 杨宁. 揭批早期教育中的神话与伪科学[J]. 南京师大学报(社会科学版),2004(4):63-68.
[2] 麦克德维特,奥姆罗德. 儿童发展与教育:上册[M]. 李琪,闻莉,罗良,等译. 北京:教育科学出版社,2007:16-19.

成熟论强调遗传的作用，教育扮演消极的角色，认为学前教育的内容最好不要超越儿童的发展水平，在方法上强调无为而教，忽视有目的、有计划的教育的作用。心理动力学理论对学前教育的影响表现为：它对儿童早期经验的重视，使人们开始更广泛地重视儿童的早期教育，在内容上重视儿童的社会适应和情感的调整，主张让儿童自由地宣泄内部情感，注意培养健全的个性，并重视游戏在早期教育中的运用。在认知发展理论的影响下，学前教育强调主动促进儿童的智力发展，重视给儿童提供丰富的环境和材料，引导儿童进行观察、操作、探索和试验。行为学习理论强调强化和模仿的作用，重视环境和榜样人物的提供。进化理论则认为，本能、生物学的初级能力以及自然选择在儿童早期发展中有着重要作用，早期教育要尊重人类进化发展的规律，呵护儿童早期的不成熟。[1] 信息加工理论则强调教育要根据儿童信息加工的特点与方式，注意信息呈现的量与方式，不要让儿童有过重的认知负荷，同时信息呈现要有助于呵护儿童的感官。社会文化历史理论强调儿童发展的历史文化背景，尤其是在文化多元化的时代，要注意教育中文化的传统与现代，以及文化的地域性与普遍性的联结。人生全程发展理论则认为个体早期发展并不能决定其一生的发展，它主张人一生的经验都对发展具有重要意义，没有哪一个年龄阶段在发展中居首要地位。早期经验的影响可以被以后的经验改变，生命后期的发展在一定程度上取决于后期的各种因素。每种理论都强调了发展的不同方向，对我们了解发展中的儿童都有帮助，人们逐渐认识到儿童的发展是整体性的。

（三）科学研究的发展影响学前教育的内容与方法

科学是现代生活的基础，儿童的生活离不开科学，掌握基本的科学知识与技术已成为儿童学习领域必不可少的内容。幼儿园科学教育的内容既有自然科学现象探究，也有动植物、人体生命现象、生态环境、科学技术的探究。随着科学技术的发展，幼儿园科学教育的内容与方法正在发生深刻的转变。

近年来，科学教育的新兴取向是在全球广受关注的 STEM 教育。STEM 教育诞生于 20 世纪 80 年代的美国，是科学（science）、技术（technology）、工程（engineering）和数学（mathmatics）的合称。美国将 STEM 教育视为提升国家竞争力的重要战略，2007 年，美国国会通过了《国家竞争力法》，要求政府大力加强对 STEM 教育的投入；2018 年，美国出台了《STEM 教育 2026 愿景》。2012 年，STEM 作为整体概念出现在"守护澳大利亚的未来"项目中；2015 年，由澳大利亚联邦政府颁发的"国家创新与科学议程"（National Innovation and Science Agenda，简称 NISA），将创新与科学相结合，并承诺 4 年累计拨款 8400 万澳元来提高澳大利亚人的数学和 STEM 素养。[2] 2015 年，我国在《关于"十三五"期间全面深入推进

---

[1] 杨宁. 进化、发展与儿童早期教育[J]. 学前教育研究，2009(9):5-12.
[2] 韦倩倩. 澳大利亚幼儿 STEM 教育实施及其特点[J]. 教育评论，2019(6):158-163.

教育信息化工作的指导意见(征求意见稿)》中首次提出要"探索 STEAM 教育、创客教育等新教育模式";2017 年,中国教育科学研究院发布了《中国 STEM 教育白皮书》;2018 年 5 月,"中国 STEM 教育 2029 行动计划"在北京正式启动,该计划强调要打造一体化 STEM 创新生态系统,建设 STEM 课程标准与评价体系,促进我国 STEM 教育的深入研究与实践。

有研究者指出,教授 STEM 最好的时期是学前早期。STEM 教育中的科学、技术、工程及数学等领域内容如果能够结合儿童的能力与特点进行适宜的课程开发与设计,再加上教师的积极支持与有效实施,将对儿童思维、问题解决、读写和语言能力,以及社会情感的发展带来积极发展效应。[①] 早期的 STEM 教育比较偏向理工学科,对文学与艺术的关注不足,有研究者提议将艺术(art)添加到 STEM 中,变成 STEAM。[②] 研究发现,实施 STEAM 教育可以有效提升教师的自我效能感,以及师生参与和合作程度。STEAM 教育进一步促进了幼儿园科学教育内容与方法的丰富多元。

四、家庭、社区、人口与学前教育的关系

学前教育的发展还和家庭、社区与人口有着密切的关系,同时学前教育也对这几个社会要素有着不同程度的影响。

(一)家庭的变迁影响学前教育的规模与任务

家庭是学前教育的重要力量之一,它的变迁不同程度地影响学前教育规模与任务的变化。家庭的变迁主要表现为家庭结构以及家庭社会经济地位的变化。

1. 家庭结构的变迁影响学前教育的规模与任务

家庭结构由家庭中的成员及他们的相互关系构成。随着经济和文化的现代变迁,家庭结构正在发生深刻的改变,传统的联合家庭(几代同堂)正在向核心家庭(父母和孩子)转换。家庭结构日益小型化,家庭同住人口减少,尤其是双职工家庭,缺少人照管孩子,对学前教育机构的需求增加,促进了学前教育机构的发展。同时,随着离婚率的上升,单亲家庭、再组家庭日益增多,儿童的生长环境面临更多不确定因素,这也给学前教育带来了新的困难与挑战。年轻的父母虽然文化水平相对较高,但却缺乏基本的养育经验,在孩子的保育和教育上常常表现为束手无策或盲目行事;年长者虽有一定的育儿经验,但面对家庭中的"小太阳""小皇帝"却百般迁就和溺爱。为使儿童的身心得到全面健康的发展,为其一生的发展奠定良好的基础,科学的、高质量的学前教育已成为家长们的迫切需要。

---

① 李辉,吴丹丹. 美国幼儿园 STEM 教育最新研究成果[J]. 幼儿教育(教育科学),2019(1-2):8-11.
② FURNER J M. Using children's literature to teach mathematics:an effective vehicle in a STEM world[J]. European Journal of STEM Education,2018(3):14.

2. 家庭社会经济地位的不同影响学前教育的任务

父母的职业、收入和教育水平反映了家庭的社会经济地位。生活于不同社会经济地位家庭的儿童会有不同的生长背景，同时也意味着他们有不同的生活品质与教育品质。高社会经济地位家庭的儿童通常有良好的生长环境，父母能够更好地配合幼儿园的各项工作，这也意味着幼儿园能够更有效地进行家园共育工作。低社会经济地位家庭在给予儿童有品质的照顾上会面临很多的困难。有研究表明，生活在贫困中的儿童营养和健康护理较差，面临更大的情感压力和更多的能力丧失的可能性。这些儿童往往需要更多的积极期望、认同与肯定，需要更多的良好榜样和更丰富的团体感，以及更积极的学业指导。① 这就对学前教育提出了更多的教育任务与要求，在进行家园共育工作时，也就面临更多的困难与挑战。

☞ 家庭收入与学前教育机会

（二）社区支持影响学前教育的深度与广度

社区是学前教育的重要资源与力量之一，它是否重视与支持学前教育，会在很大程度上影响学前教育的深度与广度。

社区对学前教育的支持表现为：积极、丰富的社区文化为儿童提供了丰富的交往与学习机会，同时社区成人的生活方式也会影响儿童社会价值观的形成。当一个社区的成人表现出一种积极、建设性的生活与工作态度时，儿童也会模仿、学习这种态度。当社区的服务机构能够通过各种正式与非正式的渠道支持家长或教师的教育工作时，就能够帮助学前教育工作者获得更充实的资源。

学前教育机构可以充分利用社区资源，拓宽教育途径，丰富教育形式。这一方面表现为教师可以采用"请进来"的方式，利用丰富的社区人力资源，提高学前教育的质量，如请警察讲解交通安全知识，请消防员向儿童讲解火灾时如何逃生等。另一方面，教师还可以通过"走出去"的形式，开辟儿童活动的新天地。如带领儿童到博物馆、图书馆、美术馆、展览馆、科学馆、体育馆等地方参观，增加儿童对国家政治、历史、文化、艺术、体育等方面的感性认识；组织儿童到乡间、郊外、森林、湖畔去旅游，让儿童动手操作、尝试、探索自己所感兴趣的事物，以加深儿童对周围世界的认识。此外，幼儿园教师还可以充分发挥自己的优势，积极为社区服务，如举办形式多样的家长学校，传播科学育儿知识等，促进社区教育的发展。

（三）人口规模与政策影响学前教育发展的规模与速度

人口规模与政策与学前教育的发展也密切相关。社区人口数量的多少、出生率的高低，直接影响学前教育的规划、机构的设置及入园儿童的数量。

人口预测研究表明，近十多年来是我国学前教育快速发展的时期，在园人数

---

① 麦克德维特,奥姆罗德. 儿童发展与教育：下册[M]. 李琪,闻莉,罗良,等译. 北京：教育科学出版社,2007：827-828.

从 2008 年的约 2 500 万人上升到 2020 年的 4 800 多万人。学前教育的规模与数量也将随着在园幼儿人数的需求而有不同的变化。

此外，人口基数大或城市社区人口密集，宜按实际需要设立托儿所、幼儿园。如果人口基数不大或农村地区人口稀少，宜设置年龄混合的混合班。

当前我国正在进行政治上和经济上的改革。社会的变革和发展对托儿所、幼儿园的教育任务、教育内容和方法、发展速度以及机构的类型、课程模式等方面都提出了新的要求，学前教育要不断地进行改革，以适应社会发展的需要，并促进社会的发展。

社会是一个由各个要素组成的有机整体，学前教育和社会的关系是部分和整体的关系，是相互依赖、相互制约的。一方面，学前教育是社会培养新一代成员的实践活动。另一方面，学前教育发展的速度和规模，托儿所、幼儿园的体制和类型，教育的任务、内容和方法以及师资和保教人员的培训，都要和社会的经济、政治、文化、科学技术及家庭、社区、人口变化等因素结合起来，要通过多种渠道举办各种类型的托儿所、幼儿园，以满足儿童入托、入园需要，并不断提高保育、教育质量，促进学前儿童健康成长。

【本章小结】

儿童发展是指儿童生理、心理的变化、成熟过程。影响儿童发展的因素主要有遗传、环境及儿童自身的特征与行为。

遗传特性影响着儿童对外部环境刺激的感受和反应；遗传只是增加特定特征出现的可能性，并不直接导致这些特征的出现；遗传对儿童发展的影响是与环境共同发生作用的，遗传因素并不能单独决定儿童的发展。环境对儿童发展的影响主要表现为微观自然环境与社会环境对儿童健康与性格的不同影响，其中幼儿园对儿童发展的影响是有目的、有计划、系统的，在儿童发展中起着主导作用。儿童的主动探求影响其身心发展；儿童的选择可以影响其所处的环境；自我调节能力影响儿童对环境的适应。

儿童身心发展特点：基础性与易感性、连续性与阶段性、普遍性与差异性。学前教育要遵循保护儿童的感官，适应并引导儿童的身心发展，重视儿童的整体发展，因人、因时、因境施教，以游戏为基本方式与途径等教育原则。

在社会发展与学前教育的关系上，要注意正确理解与处理社会经济、政治、文化、科学研究、家庭、社区、人口与学前教育的关系。

社会经济发展水平制约学前教育发展的速度和规模，社会经济发展水平影响学前教育的目标、内容与手段，但学前教育也有积极的社会效益。这种社会效益正在吸引着越来越多的政府财政投入。

政治、文化影响学前教育的发展。这主要表现为学前教育的社会性质与领导权受社会政治的影响,并为政治所决定;学前教育的政策法规影响学前教育的发展模式与方向。社会文化影响学前教育的价值取向、目标与内容,同时,学前教育也具有传递和创新社会文化的作用。

科学研究影响学前教育的发展。这主要表现为关于儿童发展的科学研究影响公众的学前教育信念,科学研究的发展丰富了学前教育的理论基础,影响学前教育的内容与方法。

家庭、社区、人口与学前教育也有着密切的关系。家庭的变迁影响学前教育的规模与任务;社区支持影响学前教育的深度与广度;人口规模与政策影响学前教育发展的规模与速度。

【拓展阅读】

1. 麦克德维特,奥姆罗德. 儿童发展与教育:上册[M]. 李琪,闻莉,罗良,等译. 北京:教育科学出版社,2007.
2. 麦克德维特,奥姆罗德. 儿童发展与教育:下册[M]. 李琪,闻莉,罗良,等译. 北京:教育科学出版社,2007.
3. 黄人颂. 学前教育学[M]. 3版. 北京:人民教育出版社,2015.

【问题思考】

1. 学前教育应当如何正确对待遗传对儿童发展的影响?
2. 儿童自身的特征与行为如何影响他的发展?
3. 幼儿园影响儿童发展的特殊性表现在哪些方面?
4. 简述儿童身心发展特点。
5. 根据儿童身心发展特点,学前教育应当确立的原则有哪些?
6. 举例分析社会经济发展、学前教育政策法规对学前教育的影响。
7. 举例分析科学发展对学前教育的影响。
8. 简述家庭的变迁对学前教育的影响。
9. 简述人口规模与学前教育之间的关系。

第三章　　学前儿童与教师

【学习目标】

1. 认识儿童观的内涵、形态,以及儿童观的演变。
2. 掌握科学儿童观的基本内涵,理解儿童观现代化的途径。
3. 了解幼儿园教师角色的演变,掌握幼儿园教师专业化的内涵以及专业发展的过程和阶段。
4. 了解幼儿园教师专业成长的途径。
5. 了解师幼关系的内涵,掌握优质师幼关系的特征和培育策略。

【关键概念】

儿童观　科学儿童观　教师观　幼儿园教师的角色
幼儿园教师的专业成长　师幼关系

中班的张老师正在按事先制订的活动计划组织孩子开展美术活动,此时,活动室外飘起了雪花。对南方的孩子来说,下雪是比较少见的。不少孩子开始按捺不住,不时向外张望,甚至个别孩子离开座位跑到了活动室外。张老师看到这些之后,明确要求他们必须在活动室里画画,不能向外看,更不准跑出去。就这样,很多孩子心不在焉地画完了画。但此时,外面的雪停了,孩子们非常沮丧。另一个中班的李老师有一次组织孩子开展户外活动,其中一个孩子看到了地上自己的影子,并吸引其他孩子一起玩起了有趣的影子游戏,有的用脚踩别人的影子,有的想用自己的身体挡住别人的影子……户外活动结束,孩子们回到活动室。李老师正想按原定计划开展语言活动,但当她发现班里孩子都在兴趣盎然地谈论着刚才的影子游戏时,便决定放弃原来的活动安排,顺应班里孩子的兴趣和需要,围绕"影子"开展了一次谈话活动,并由此生成了一个"影子游戏"的单元主题活动。

在上述两个案例中,张老师、李老师在面对儿童的兴趣和需要发生转变时,分别是如何处理的?通过这两种不同的处理方式,你能看出张老师、李老师对儿童不同的态度和看法吗?张老师、李老师和儿童互动的方式又存在哪些差异呢?你倾向于哪种方式?让我们一起开始本章的学习,希望大家能从中找出这些问题的答案。

第一节 儿童观

儿童既是教育的对象与起点,又是教育的指向与归宿。对儿童的认识与定位直接决定着"教什么?""如何教?""教得怎么样?"等教育基础问题。

一、儿童观的内涵与形态

儿童观是什么?儿童观有哪些价值取向与形态?对这些问题的分析是儿童观研究的基础与起点。

(一)儿童观的内涵

1. 儿童观的概念

儿童观是人们对儿童的总的看法和基本观点,或者说,是人们在哲学层面上对儿童的认识。① 透过儿童观,我们可以发现某个时代、文化关于人的基本观念以及对儿童的认识的深度,同时也反映了那个时代、文化的人类的认识水平。这是因为儿童观是一种人类对"儿童"这个独特生命阶段认识的产物。

2. 儿童观的价值取向:国家本位、家族本位与个人本位

价值是一种关系范畴,即主体需要和客体属性之间的关系。儿童处于复杂的关系体系之中,主要包括与国家、家庭(族)、自身等的关系。这些关系中价值主体的不同,反映了不同的价值取向,即国家本位、家族本位与个人本位。②

国家本位的儿童观,是以国家利益为根本出发点,在国家利益与家庭利益、个人利益出现矛盾时,将国家利益放在首位。这种儿童观将儿童看作国家的财富、未来的劳动者,是国家延续与富强的一种"工具",往往从国家兴亡的高度看待儿童选拔、教育等问题。

家族本位的儿童观,是以家族利益为根本出发点,在家族利益与国家利益、个人利益出现矛盾时,将家族利益放在首位。这种儿童观将儿童看作家族的"私有财产",是家族继承、繁衍和光宗耀祖的"工具",往往从家族兴盛衰败的角度对待儿童的教育、婚姻、职业等问题。

国家本位的儿童观和家族本位的儿童观,二者的价值主体虽然不同,但有一点是共通的,即将儿童视为一种满足国家或家族需要的"工具",忽视了儿童的本体价值。相比而言,个人本位的儿童观是以儿童利益为根本出发点,在个人利益与国家利益、家族利益出现矛盾时,将个人利益放在首位。这种儿童观打破了儿童对国家或家族的人格依附关系,使儿童成为一个具有独特个性的独立个体,

---

① 刘晓东.儿童教育新论[M].南京:江苏教育出版社,1998:1.
② 蔡迎旗.学前教育概论[M].武汉:华中师范大学出版社,2006:73-76.

往往从儿童自身发展的需要和规律出发看待儿童的成长、教育等问题。

以上三种价值取向的儿童观划分的一个假设是，国家利益、家族利益和个人利益存在着不可调和的矛盾。从人类社会发展史看，国家、家族和个人之间常存在着不同程度的矛盾，有时甚至不可调和，但这三者在根本上又是相互依赖和内在一致的。因此，人类社会发展的历史也可以看作这三者之间矛盾逐渐得以化解和三者利益不断取得一致的过程。从这个意义上讲，三种价值取向的儿童观的划分是一定社会阶段的产物，必将随着国家、家族和个人三者利益不断取得一致而逐渐走向融合。

3. 儿童观是学前教育的基础

儿童是学前教育的对象，不了解对象的特点和需要，就无法进行有效的教育。因此，认识儿童就成了学前教育的起点。任何人在教育儿童的过程中，都不可避免地自觉或自发地以一定的儿童观为基础。

绝大多数非专业工作者在教育儿童的过程中，自发地以一定儿童观为基础，根据经验教育儿童，很少反思与审视自己的儿童观。与此不同，专业工作者在教育儿童的过程中，必须自觉地以科学的儿童观为基础，不断反思、审视与完善自己的儿童观，根据科学儿童观的要求理智地教育儿童。

（二）儿童观的形态

1. 三种形态的儿童观

根据所持主体不同，儿童观可分为三种形态，即社会主导形态的儿童观、学术理论形态的儿童观和大众意识形态的儿童观。①

（1）社会主导形态的儿童观

社会主导形态的儿童观是一定社会中的政府机构、法律机构及其他居支配地位的人们所持的儿童观，一般以法律、政令、规章等形式加以正式确认，具有一元性、稳定性和强制性。这种儿童观体现了一定社会的总体价值取向，明确了国家对儿童的根本态度。

（2）学术理论形态的儿童观

学术理论形态的儿童观，也称理性的儿童观，是哲学、心理学、文化学、教育学、人类学等学术领域中的研究人员在深入思考和研究的基础上提出并持有的儿童观，一般以著作、论文等形式加以发表与传播，具有多元性和非强制性。这种儿童观是研究者在一定理论基础上，经过长时间深入研究后提出的，一般阐述得较为系统与全面，具有系统性。

（3）大众意识形态的儿童观

大众意识形态的儿童观是一定社会中广大国民所持有的儿童观，是一种最具

---

① 虞永平. 幼儿教育观新论[M]. 北京:人民教育出版社,2006:1-6.

有实际意义的儿童观，一般通过实际的教育行为体现出来，具有实感性、差异性和零散性。其中实感性指观念总是与一定的情景、行为相联系，处于准观念状态。

根据儿童观的牢固程度和功效，大众意识形态的儿童观可分为两种，即形式性儿童观和实质性儿童观。形式性儿童观也称理念性儿童观，指从观念上把握儿童观的主要内涵，在儿童生活和学习过程中，能用儿童观分析和指导自身与儿童关系中的现实问题，这种儿童观经过一定的学习就能获得。实质性儿童观也称功效性儿童观，指不但能从观念上掌握一定的儿童观，而且具有足以使这种儿童观得以贯彻的内在素养和技能，已经成为一种和爱心、责任心、活动组织技能等情感、品质和技能有机结合的一个综合观念。这是把握儿童观的实质环节，是任何科学儿童观转化为具体教育行为的关键所在。

2. 三种形态儿童观的关系

以上三种形态的儿童观之间存在着错综复杂的关系，或一致，或矛盾，或彼此影响，交织在一起。其中，社会主导形态的儿童观对其他形态的儿童观（特别是大众意识形态的儿童观）具有一定的指导作用，但又受其他形态的儿童观（特别是学术理论形态的儿童观）的影响，特别是目前我国很多研究者通过参与起草国家相关法律法规，宣传科学儿童观的理念等多种途径，使学术理论形态的儿童观对社会主导形态的儿童观（也包括大众意识形态的儿童观）的影响越来越大。

社会主导形态的儿童观和学术理论形态的儿童观只有通过影响与转化为大众意识形态的儿童观，特别是实质性儿童观，才能真正发挥对学前教育的指导作用。这种影响和转化的过程往往是比较漫长的，并且还经常出现滞后的现象，如我国目前社会主导形态的儿童观和学术理论形态的儿童观已经基本确立了科学儿童观的地位，但大众意识形态的儿童观（尤其是实质性儿童观）中还有很多传统儿童观的成分，如性别歧视、将儿童视为家庭的私有财产等。

二、儿童观的演变

"任何新的儿童观的产生都是建立在已有的儿童观之上的，是对已有儿童观的扬弃……要想树立新时代的儿童观，我们就必须了解过去的儿童观，了解旧儿童观中错谬的成分和有益的内容，从而做到吸取其精华，摒弃其糟粕。只有如此，我们才可能避免在无意识之中重蹈过去的错误，才有可能自觉地继承过去儿童观中所含有的真理性内容，从而为新的儿童观的产生找到历史的生长点。"[①]为此，这里简要分析中西方儿童观的历史演变过程。

（一）西方儿童观的演变

西方儿童观的历史演变过程，是在批评传统儿童观的基础上，科学儿童观逐

---

① 刘晓东. 儿童文化与儿童教育[M]. 北京:教育科学出版社,2006:1.

渐孕育、发端、奠基与发展的过程。

1. 西方科学儿童观的孕育：传统的、旧的儿童观及其批判

西方现代儿童观的产生和发展既是新时代和新社会对教育提出的一种新的要求，又是对传统的和旧的儿童观的一种批判。① 在漫长的人类发展史中，"儿童"曾一度被成人"视而不见"，并没有被作为一个在兴趣、需要等方面不同于成人的独特群体加以重视，而是被视为"小大人"。到了教会统治的中世纪，在普遍信奉"人生而有罪"观念的背景下，儿童自然也具有"原罪"，此时儿童观的主流是"儿童生而有罪"。

文艺复兴时期，人性、人道、人权思想的光芒照进了昏暗的儿童观领域，散发着人文精神的全新儿童观来临了。那个时代伟大的思想家伊拉斯谟就已经认识到了儿童在能力、兴趣等方面和成人不同，有其独特性，因此奉劝教师要研究儿童的自然能力和才智，并明确指出："有些教师总希望他们的小学生有像小大人一样的举止，这是完全错误的。"对待儿童，"首先是爱。然后渐渐随之以某种自然和温柔的尊严，而不是畏惧，前者比后者更有价值"②。这就对古代的"儿童就是小大人"思想和教会统治时期的"儿童生而有罪"思想进行了一定的批判与超越。但这一时期，将儿童视为父母的私有财产的儿童观和"原罪说"的儿童观仍然占据统治地位。

综观17世纪之前，儿童观的主流虽然是"儿童就是小大人""儿童生而有罪"等思想，但也不乏一些伟大的思想家（如亚里士多德、贾文纳尔、克莱门特、奥古斯丁、伊拉斯谟等）提出了许多关于儿童的零散的真知灼见，其中不少就富含着科学儿童观的思想萌芽，为后来科学儿童观思想的诞生与发展提供了丰富的思想源泉。

17世纪，英国出现了一种新的儿童观，即认为儿童生来就没有原罪。洛克(J. Locke)在《教育漫话》一书中概括了这一思想倾向，提出了"白板说"，认为人刚生下来时就像白纸一样，"可以随心所欲地做成什么式样"。"'白板说'使'原罪说'失去了立锥之地，从而使'原罪说'的儿童观遭受了致命的打击。"③"白板说"为后来科学儿童观思想的诞生扫清了障碍。

2. 西方科学儿童观的发端：儿童的发现

从西方现代儿童观的产生和发展来看，它可以追溯到18世纪法国教育家卢梭。正是被誉为"教育上的哥白尼"的卢梭，开创了西方现代儿童观的发展道路，点燃了西方儿童观变革的火炬。④ 卢梭的儿童观及其儿童教育观集中体现在

---

① 单中惠. 西方现代儿童观发展初探[J]. 清华大学教育研究,2003(4):17-21.
② 劳伦斯. 现代教育的起源和发展[M]. 纪晓林,译. 北京:北京语言学院出版社,1992:43-44.
③ 刘晓东. 儿童教育新论[M]. 南京:江苏教育出版社,1998:8.
④ 单中惠. 西方现代儿童观发展初探[J]. 清华大学教育研究,2003(4):17-21.

其著作《爱弥儿》中,其中儿童观主要体现在以下三个方面:

第一,儿童生来便具有一些自然赋予的冲动,一些美好的天性。"我们把这一点作为不可争辩的原理,即本性的最初的冲动始终是正确的,因为在人的心灵中根本没有什么生来就有的邪恶,任何邪恶我们都能说出它是怎样和从什么地方进入人心的。"①

第二,儿童期的存在是自然规律。"大自然希望儿童在成人以前就要像儿童的样子。如果我们打乱了这个次序,我们就会造成一些早熟的果实,它们长得既不丰满也不甜美,而且很快就会腐烂,我们将造成一些年纪轻轻的博士和老态龙钟的儿童。……儿童是有他特有的看法、想法和感情的。"②

第三,儿童期具有独立的存在价值。卢梭否定了儿童期仅仅是为了将来的成人生活做准备的观念,明确指出儿童期也有其独立的存在价值。"他长大为成熟的儿童,他过完了童年的生活,然而他不是牺牲了快乐的时光才达到他这种完满成熟的境地的,恰恰相反,它们是齐头并进的。在获得他那样年纪的理智的同时,也获得了他的体质许可他享有的快乐和自由。"③

卢梭在批判传统儿童观,继承与发扬洛克等思想家的儿童观的基础上,明确指出了儿童的独特性及其独立存在的价值,真正从观念层次上"发现了儿童"。因此,人们经常将"儿童的发现"与卢梭联系在一起。

3. 西方科学儿童观的奠基:"儿童中心"

卢梭"发现了儿童"之后,出现了"教育心理学化"运动,主张教育应依据心理学规律,出现了"对科学儿童观的召唤",19世纪80年代,普莱尔《儿童的精神》一书的出版使儿童观在科学层面上的出现成为可能。这极大地推进了西方科学儿童观的发展,但直到杜威才真正奠定了科学儿童观的理论基础。杜威儿童观的核心是确立了"儿童中心"地位,主要包括以下方面:

第一,强调儿童本能的基础性。杜威在《我的教育信条》一书中指出,"唯一的真正教育是通过对儿童能力的刺激而来的","儿童自己的本能和能力为一切教育提供了素材,并指出了起点"④。

第二,儿童是发展中的人。儿童具有一种发展的能力,主要通过自己的主动活动以及经验的不断改造,使自己生长和发展。

此外,杜威还强调儿童与成人在心理方面存在很大差别,认为成人已经养成了某些习惯,相比而言,儿童的心理是一个生长和发展的过程。

---

① 卢梭.爱弥儿[M].李平沤,译.北京:商务印书馆,1994:94-95.
② 卢梭.爱弥儿[M].李平沤,译.北京:商务印书馆,1994:91.
③ 卢梭.爱弥儿[M].李平沤,译.北京:商务印书馆,1994:209.
④ 杜威.杜威教育论著选[M].赵祥麟,王承绪,编译.上海:华东师范大学出版社,1981:1-2.

4. 西方科学儿童观的发展：儿童的世纪

进入20世纪后，众多学科领域（如心理学、人类学、教育学等）的研究者（如格塞尔、皮亚杰、蒙台梭利等）各自从自己的学科视角出发，对儿童进行了多方面的较为深入的研究，丰富了关于儿童的认识。与此同时，许多国家、国际组织也越来越关注儿童问题，如联合国于1989年通过了《儿童权利公约》，1990年世界儿童问题首脑会议通过了《儿童生存、保护和发展世界宣言》，1992年我国国务院颁布了《九十年代中国儿童发展规划纲要》，2001年颁布了《中国儿童发展纲要（2001—2010年）》，2011年颁布了《中国儿童发展纲要（2011—2020年）》等。这些均表明儿童问题受到了越来越多的研究者、国家及国际组织的关注和重视，也恰恰印证了1989年爱伦·凯《儿童的世纪》一书的预言，即20世纪将是儿童的世纪。

☞《儿童权利公约》

纵观西方科学儿童观孕育、发展的历史，可以梳理出至少三条线索：一是"儿童"的概念从无到有，从简单到丰富；二是从以成人为中心到"儿童期"概念的出现与确认，再到"儿童中心"主张的提出与确认；三是从儿童作为国家或家庭的私有财产到儿童自身权利的确认与保护。

（二）中国儿童观的演变

"为了使儿童观在自己民族性的根基上实现现代化，我们有必要对中国本土文化中的儿童观进行一番认真的梳理。"①这里将中国儿童观的历史演变划分为三个阶段进行简要分析。②

1. 中国传统文化中的儿童观

中国传统文化中儿童观的主流是工具主义的，将儿童视为工具，儿童从属并依附于成人。同时也存在着一些细小的支流，如"慈幼"思想、王阳明的"大抵童子之情，乐嬉游而惮拘检"思想。在中国哲学认识论强调"道法自然""道法天地"的背景下，王阳明、龚自珍、曾国藩等人取譬种植以论教育的智慧的"中国的园丁说"思想③构成了我国传统文化中儿童观支流的重要组成部分。

2. 中国近现代的儿童观

在中国近现代史上，一批先进的学者在对封建文化进行批判的同时，积极倡导"科学与民主""人的尊严与自由"，这自然也影响了儿童领域。作为杰出代表的鲁迅，深刻地揭示与批判了封建文化的"吃人"特性，发出"救救孩子"的呼声，为建设新儿童观呐喊。他在《我们现在怎样做父亲》一文中倡导父母应"各自解放了自己的孩子"。文学领域的郭沫若、郑振铎等，教育领域的陶行知、陈鹤琴等，以及文艺领域的丰子恺等人也加入了这一行列。

---

① 刘晓东.儿童教育新论[M].南京：江苏教育出版社，1998：47.
② 刘晓东.儿童教育新论[M].南京：江苏教育出版社，1998：48-63.
③ 刘晓东，卢乐珍，等.学前教育学[M].南京：江苏教育出版社，2004：84-91.

3. 中国当代的儿童观

新中国成立后，我国政府在儿童保健、教育等方面做了大量工作。

改革开放以来，儿童研究步入正轨和驶上快车道，心理学、教育学等学科领域的研究者在介绍与借鉴西方相关研究成果的同时，也对儿童开展了多方面的研究。政府也积极致力于儿童权利保护事业，制定与颁布了一系列相关法律法规。西方现代儿童观的理念正在被越来越多的人所熟悉与接受，同时扎根于中国本土文化基础上的新的儿童观正逐渐得以确立。但同时也应看到，中国社会中依然存在着诸如性别歧视等落后的儿童观。

三、科学儿童观的形成

（一）科学儿童观的内涵

1. 儿童是全方位不断发展中的人

儿童是一个人，应该享有一切基本的人权。同时，儿童又是一个处于发展初始阶段的人，享有一些特别的权利，如被保护的权利、发展的权利等。儿童的发展是全方位的，包括身体、认知、情感、社会和人格等的全面、和谐发展。

2. 儿童期具有独立存在和为成人期做准备的双重价值

儿童期作为人生中的一个阶段，必然具有独立存在的价值，首先要关注与重视儿童期独特的需要（如游戏的需要），满足这些需要本身就很有价值。同时，儿童期还是人生的起始阶段，必然会成长与过渡到成人期、老人期，这是自然规律。在此过程中，前面阶段必然是后面阶段的基础与准备，后面阶段也必然是在前面阶段基础上发展而来的。因此，儿童期在具有独立存在价值的同时，还具有为成人期做准备的价值，具有双重价值。

3. 儿童有其独特的文化

儿童是人，但不是"小大人"，具有其独特的文化，即儿童文化。"儿童文化是儿童表现其天性的兴趣、需要、话语、活动、价值观念以及儿童群体共有的精神生活、物质生活的总和。儿童文化是儿童内隐的精神生活和外显的文化生活的集合。"[①]"儿童文化是诗性的、游戏的、童话的（或神话的）、梦想的，是好奇的、探索的，……是转变的、生长的。"[②]成人在教育儿童时，首先要认识、尊重与珍视儿童文化。

4. 儿童是富有差异的存在

儿童发展具有一些基本规律，也会表现出一些共性的特点，但更应看到具体的儿童是丰富多彩的，是富有差异的存在。这些差异中蕴含着宝贵的财富。

[①] 刘晓东. 儿童文化与儿童教育[M]. 北京：教育科学出版社，2006：34.
[②] 刘晓东. 儿童文化与儿童教育[M]. 北京：教育科学出版社，2006：35.

5. 儿童的基本活动是游戏

儿童是在游戏中生长、学习与发展的。因此,《幼儿园教育指导纲要(试行)》明确提出,幼儿园教育"以游戏为基本活动"。

6. 儿童是主动的学习者

儿童天生好奇好问,求知欲旺盛,是一个主动的学习者。但儿童只有在其自发的、感兴趣的活动中主动探索与学习,才是一个主动的学习者。

7. 儿童应该受到平等对待

儿童之间有的只是差异,如性别差异、兴趣差异等,不存在高低贵贱之分,都应受到平等对待,包括特殊需要儿童。所有儿童应受到平等对待的核心与关键,是每个儿童都能以适合自己的方式得到他人的理解、帮助,获得成长与发展。

8. 儿童有权享有幸福的童年

享有幸福的童年,不仅是学前教育追求的一个重要目的,更是儿童的一项基本权利,任何人都无权以任何理由剥夺儿童的这一权利。这里的幸福不仅是物质得以满足后的快乐,更是精神需要满足,特别是成长(如独立站起、蹒跚学步等)中不断自我超越的成就感体验。

(二)儿童观现代化的途径

1. 历史反思:科学儿童观的基础

任何新的儿童观都是孕育和建立在已有儿童观基础上的,是在批判性分析已有儿童观中的糟粕,认真梳理与吸收已有儿童观中的有益成分的基础上成长起来的。因此,历史反思,特别是对我国儿童观历史演变的梳理,是实现科学儿童观的基础。历史反思也可以帮助我们用历史的眼光审视目前的儿童观,找到现在的儿童观和以前的儿童观之间的内在联系,尤其是能更清晰地认识目前大众意识形态的儿童观中所残存的糟粕成分,进而能有意识地认识与加以改造。此外,对西方儿童观历史演变的梳理,可以起到"它山之石可以攻玉"的作用,更为重要的是,可以使我们从另一个视角更好地审视我国的儿童观,包括历史与现状。

2. 立法保障:科学儿童观的必要保障

通过立法(包括国际组织立法和我国政府立法)保障儿童基本权利,是实现科学儿童观的必要保障。目前,联合国已经通过了多项儿童权利保障法案,如《儿童权利公约》等,我国也已经颁布了多项相关法案。这些都为保障儿童权利与实现科学儿童观提供了强有力的保障。

3. 深化研究:科学儿童观的重要前提

心理学、人类学、教育学、哲学等不同学科领域对儿童进行不同视角的研究,获得对儿童更为全面与深入的认识,是实现科学儿童观的重要前提。

4. 宣传普及:科学儿童观的必要条件

宣传普及科学儿童观,让更多的人,特别是直接从事学前教育事业的人(如教师、家长等)了解,这是改变原有儿童观,实现科学儿童观的必要条件。

5. 重视转化:科学儿童观的关键环节

仅从观念层面了解与把握科学儿童观,是远远不够的,只有转化为实质儿童观才能真正发挥对学前教育的作用。因此,重视将科学儿童观从观念层面向行为层面转化,是实现科学儿童观的关键,也是最为艰巨与漫长的一个环节。

第二节 教师观

这里阐述的教师观是指对幼儿园教师的认识问题,主要涉及幼儿园教师的角色定位问题以及幼儿园教师的专业成长问题。

一、幼儿园教师及其角色演变

☞ 关于教师的创造性角色

幼儿园教师是指在特定的学前教育机构(幼儿园)中,利用专门的设施,按照特定的章程,对幼儿实施教育行为的专业人员。在幼儿园,幼儿园教师是教育教学活动的具体执行者,是直接对幼儿施加教育影响的人,是幼儿成长中的重要他人。幼儿园教师是学前教育与幼儿发展之间的桥梁与纽带,是承接教育理念和教育实效的中间人。

(一)幼儿园教师的角色

"角色"本指演员在某场戏剧中扮演的人物。在社会学视野中,角色是与某个社会地位、身份相符的一整套行为规范,是社会系统对其结构网络中的每一个具体位置的功能要求。社会中的个体总是处于一定的位置,当个体依照社会对他的期望、要求去履行义务、行使权利时,我们称他在扮演一定的社会角色。

从社会的角度看,教师角色的定位主要是由教师职业劳动的特点决定的,同时又受制于社会的政治、文化、经济及人们对教师的目标期待等多种因素。幼儿园教师由于其教育对象的特殊性,决定了其与一般教师不同的角色规定性。随着社会的发展变化,人们对幼儿园教师的角色期待也呈现出多样性。幼儿园教师角色特征的内涵越来越丰富,越来越体现出多元化与动态性。

从个体的角度看,幼儿园教师的角色是指幼儿园教师在幼儿的生活和学习中做一个什么样的人,以什么样的形象出现,其实质反映了幼儿园教师的儿童观、教育观。如果幼儿园教师把自己当作幼儿的朋友,那么他们就会在教育过程中注意倾听幼儿的心声、解读幼儿的行为;如果幼儿园教师把自己当作幼儿的保姆,那么他们就会在教育过程中不自觉地仅把幼儿当作需要保护的弱者;如果幼儿园教师把自己当作幼儿的长辈,他们就会在教育过程中充当居高临下的教育者、训导者的角色。个体的角色定位与其担当的角色责任密切相关。合适的角色定位才能承担好相应的角色责任。个体的角色定位合适与否与其对担当的角色责任的认识程度也密切相关，但这种认识总是受制于特定的社会历史环境和文化传统。所以，提高其对社会发展和文化变迁的认识，提高其对本职业、本角色在社会发展长河中的过去、现在和未来的认识，对其明确角色定位、角色担当，更好地履行角色任务是至关重要的。

（二）幼儿园教师角色的演变

1. 从保姆到专业人员

古今中外，不同的历史发展阶段，人们对幼儿园教师的具体角色定位是有所不同的。1904年，中国幼儿社会教育制度诞生时，为解决蒙养院师资问题，"癸卯学制"规定蒙养院师资由"乳媪"和"节妇"担任，她们是我国最早的幼儿园教师，被称为"保姆"。当时民间有少量效法日本培养幼教师资的机构，称为"保姆传习所"。1912年，当时的教育部公布《师范教育令》和《师范学校规程》，明确地把培养蒙养院"保姆"列为女子师范学堂的培养目标之一。

新中国成立后，随着社会主义建设的需要，妇女走出家门，投身工作。20世纪50年代，幼儿园的主要任务是解决家长的后顾之忧，以保为主，先保后教是幼儿园工作的主题，所以，对教师素质的要求也不高。幼儿园教师角色被定位于"阿姨"的层次。

随着社会的变革和进步，幼儿园教师的角色发生了重大的变化。1952年，教育部颁发《幼儿园暂行规程（草案）》，规定幼儿园教师称为"教养员"。1981年，教育部颁发的《幼儿园教育纲要（试行草案）》中，将"教养员"改称为"教师"。称谓的改变体现了学前教育观念的演变，即强化幼儿园教师的教育职责和专业人员的趋势要求。

2. 从传统到现代

从传统的角度看，一旦认定幼儿园教师为"教师"，社会对其角色期待就与其他教师一样，一般有以下三种定位：

一是知识的传授者。"传道、授业、解惑"不仅是对传统教师角色的最好注解，这几个字的解释在很大程度上也适合传统的幼儿园教师角色。从古到今，"学高为师，身正为范"的信条，赋予知识多的人以天然的教师角色。在这种角色期待中，教师只要教好书，把自己知道的教给学生就可以了，教师对教学的理解就是按预设的模式和程序传递既定的内容。人们认为幼儿的特点决定了幼儿园教师更应该扮演这种传授者的角色。直到今天，幼儿园教师依然没有摆脱这种角色的羁绊。

二是指导者和控制者。由于先认定教师是知识的权威，从而认定教师是学生的指导者和控制者。教师指导、控制幼儿学习和活动的方向，稍有偏差，就要想方设法将幼儿牵引回原有的设计中，把设计中的目标是否达成作为一堂课、一个活动是否成功的标准。在这种目标取向的评价制度下,教师关注的是幼儿是否学会了知识,教学效果是否达到了预设的目标。至于幼儿的奇思妙想、"节外生枝",幼儿伴随活动而产生的丰富的精神世界,则不在教师关注的视野中。

三是裁决者。这是从教师是"知识权威"而自然派生出来的角色期待。在幼儿眼中,教师是无所不能的,教师的话句句是真理。因此,在遇到困难和冲突时,幼儿最先想到的是教师。幼儿的这种依赖和服从心理又被教师的命令和控制强化。"就这么去做!"是幼儿园教师对待幼儿求助和纷争的下意识的模式,启发引导、循循善诱、幼儿的主体性等,在"裁决者"眼中都不存在。

历史发展到今天,当代社会对幼儿园教师的角色期待是什么呢?

社会对幼儿园教师的角色期待最核心的内容是希望幼儿园教师给幼儿带去什么。在今天这个时代,人们应对幼儿生活进行全方位的关注,这种关注应该渗透在生育、医疗、教育过程之中。就教育而言,对幼儿的关注主要表现在给幼儿提供与其身心发展相适应的、科学的教育,使学习真正成为幼儿的内在需要,成为幼儿的乐趣,成为幼儿幸福生活的组成部分。为什么要特别强调这一点?因为科学已经证明学前期对个体一生的发展有着重要的影响,但是幼儿还不能把握自己发展的方向;幼儿巨大的可塑性虽然是其全面发展的优势前提,但也容易被错误地定向;幼儿的身体与心灵是柔弱的,需要成人的精心呵护,但自理、自立、自主的需要却随着年龄增长而日趋强烈。因此,社会期待幼儿园教师敬畏生命、热爱生命,尊重和理解幼儿,创造与幼儿生命特征和成长规律相适应的教育。

《中共中央 国务院关于学前教育深化改革规范发展的若干意见》把学前教育定位为"是终身学习的开端,是国民教育体系的重要组成部分"。《幼儿园教育指导纲要(试行)》《3~6岁儿童学习与发展指南》作为国家对学前教育进行宏观管理与指导的法规性文件,强调学前教育要以"为幼儿后续学习和终身发展奠定良好基础"为目标。新时代基础教育的目标旨在激发每个学生的潜能、发展健康的个性并初步形成为适应未来社会变化所必需的自我教育、终身学习的愿望和能力,这些目标与以往传统教育中把基础定位于基础知识、基本技能的训练有很大的不同。因此,在尊重生命、注重个性、强调发展的新的基础教育理念框架下,理想的学前教育就是要珍视幼儿游戏活动的独特价值,让幼儿在快乐的童年生活中获得有益于身心发展的经验,理想的幼儿园教师"应成为幼儿学习活动的支持者、合作者、引导者"。① 这是新的时代对幼儿园教师的角色期待:带着温暖做幼儿身心全面发展的促进者。

(三)现代幼儿园教师的角色

传统的教师观认为教师只是知识的传授者,教师的任务就是传道授业解惑。

---

① 教育部基础教育司.《幼儿园教育指导纲要(试行)》解读[M].南京:江苏教育出版社,2002:37.

而建立在儿童身心发展和未来社会发展认知基础上的新教育观、新教师观认为，儿童是有能力的学习者，儿童具有丰富的天性和无限可能性，儿童的成长，不管是身体上还是精神上，都是一个自我建构的过程。所以教师扮演的角色也应该是多元的。叶澜认为，未来教师的专业素养主要包括以下方面："对人类的热爱和博大的胸怀，对学生成长的关怀和敬业奉献的崇高精神，良好的文化素养，复合的知识结构，在富有时代精神和科学性的教育理念指导下的教育能力和研究能力，在实践中凝结生成的教育智慧，这就是我们期望的未来教师的理想风采。"①在新时代背景下，幼儿园教师应扮演何种角色呢？结合法规层面、学界层面对教师角色的各种期待和我国学前教育的特点，我们认为幼儿园教师的角色主要有以下五种：

1. 生活照顾者

《幼儿园工作规程》指出，幼儿园的任务是"贯彻国家的教育方针，按照保育与教育相结合的原则"，"促进幼儿身心和谐发展"。《幼儿园教育指导纲要(试行)》指出，"幼儿园必须把保护幼儿的生命和促进幼儿的健康放在工作的首位"。从中我们就可以看出，与其他各个教育阶段相比，学前教育显著的特点是要承担保育的任务，这是由幼儿的身心发展特点决定的。首先，幼儿身体各项机能还不完善，心灵也处于发展的开始阶段。其次，幼儿对周围的任何事物充满了好奇，有探索的欲望，但由于幼儿无法辨别事物的安全性，有时可能受到伤害。最后，幼儿的生活自理能力比较弱，尤其是小班幼儿，精细动作还没有发展好，所以幼儿在穿衣服、吃饭等生活方面都可能遇到困难，需要教师的指导、帮助。2010年，联合国教科文组织在世界学前教育大会上指出：幼儿期的发展十分强劲，同时又最脆弱，极易受到伤害，各种风险对幼儿产生的负面影响常常造成无法挽回的后果。因此，幼儿园教师的首要职责是做好幼儿的生活照顾者，为幼儿创设一个安全、健康、丰富的环境，让幼儿在这个环境中快乐地生活、健康地成长。

2. 行为观察者

《3~6岁儿童学习与发展指南》在"说明"部分特别强调"尊重幼儿发展的个体差异"，"理解幼儿的学习方式和特点"，而要做到这些，离不开教师对幼儿行为的仔细观察。教师如何把握每个幼儿的现有发展水平并把握适当的时机来促进幼儿在现有的基础上获得发展？这就需要教师成为好的幼儿行为观察者。首先，观察是了解幼儿的基础。教师在集体活动、小组活动和个别活动时，都要对幼儿进行观察，了解幼儿现有的发展阶段和幼儿的性格特质，了解幼儿在活动的过程中遇到哪些困难，了解幼儿的兴趣和需要，了解幼儿表现出什么样的经验水平。其次，观察是指导幼儿的前提。"站在旁边等一会儿，留出学习的空

---

① 叶澜. 新世纪教师专业素养初探[J]. 教育研究与实验,1998(1):41-46.

间,仔细地观察幼儿在做什么,然后,假如你也能透彻了解,你的教法也许与从前大不相同。"①你可能会提供适当的帮助,你可能会调整活动的环境和材料,你可能会抛出孩子感兴趣的问题,或者你可能什么也没做,只是露出鼓励的微笑。你仔细观察了,你与孩子们的互动就可以做到胸有成竹了。

3. 课程建构者

《幼儿园工作规程》指出,"结合本班幼儿的发展水平和兴趣需要,制订和执行教育工作计划,合理安排幼儿一日生活"。幼儿园教师不只是课程的执行者,还是课程的决策者和设计者,当然也必然是课程的研究者②。幼儿园课程是活动课程,具有生成性特点,没有教材使用的统一规定,这就给予了每个幼儿园很大的空间,使得幼儿园能够根据当下幼儿生活的情境和当地的资源情况,形成具有本园特点的课程体系。从这种角度来说,幼儿园教师的课程建构者的角色是幼儿发展和时代发展赋予的新角色。从幼儿园教师自身发展的角度来看,在园本课程的宏观框架内建构、生成每一次活动,这需要教师不断地观察、实践、反思,进行创造性的劳动。这个过程充满挑战,也是教师成就感、价值感的源泉。正如苏霍姆林斯基说的:"如果你想使教育工作给教师带来欢乐,使每天的上课不致变成单调乏味的苦差事,那就请你把每个教师引上进行研究的幸福之路吧。"③

4. 活动指导者

《幼儿园教育指导纲要(试行)》指出,教师的指导要有利于幼儿主动、有效地学习,"明确评价的目的是了解幼儿的发展需要,以便提供更加适宜的帮助和指导"。这就明确了教师的角色之一是活动的指导者。教师作为活动的指导者是由幼儿已有经验的有限性和提升的无限可能性决定的。维果茨基提出"最近发展区",即儿童有两个发展水平,一是儿童自己可以达到的水平,二是儿童在成人或同伴的帮助下可以达到的水平,为了使儿童达到可能的发展水平,教师要起引导的作用,促使儿童达到可能的发展水平。教师作为活动的指导者,不仅要注重创设有准备的环境,提供丰富适宜的材料,还要掌握指导的方法与时机,真正使教师的指导能促进幼儿在原有的水平上获得发展。还要特别强调的是,教师的活动指导要定位于"帮助幼儿自己成长",指导不能越位,不能损害幼儿的自主性,独立性。

5. 资源整合者

《幼儿园工作规程》指出,"幼儿园应当主动与幼儿家庭沟通合作,为家长提供科学育儿宣传指导,帮助家长创设良好的家庭教育环境,共同担负教育幼儿的

---

① 爱德华兹,甘第尼,福尔曼. 儿童的一百种语言[M]. 罗雅芬,连英式,金乃琪,译. 南京:南京师范大学出版社,2006:80.
② 虞永平. 试论园本课程的建设[J]. 早期教育(上半月版),2001(15):4-6.
③ 肖甦. 苏霍姆林斯基教育智慧格言[M]. 北京:人民教育出版社,2014:329.

任务","应当建立幼儿园与家长联系的制度","幼儿园应当加强与社区的联系与合作"。《幼儿园教育指导纲要(试行)》指出,"幼儿园应与家庭、社区密切合作,与小学相互衔接,综合利用各种教育资源,共同为幼儿的发展创造良好的条件","充分利用自然环境和社区的教育资源,扩展幼儿生活和学习的空间。幼儿园同时应为社区的早期教育提供服务","家庭是幼儿园重要的合作伙伴"。布朗芬布伦纳的生态系统理论也表明,个体的发展不是孤立地进行的,而是在与他们的家庭、学校、社区和社会的关系中发展的。这同样适用于幼儿园的发展,即幼儿园的发展不是孤立地进行的,而是在与家庭和社区的关系中发展的。因此,幼儿园教师作为关系系统的中心一环,承担着整合各方面资源的责任,是资源的整合者。一方面,家长是基本的教育者,孩子的成长是家长和教师共同的责任。家长将孩子送到幼儿园,不是其教育责任的移交,而是家长有幸在教育孩子方面增加了专业的合作者。① 所以,幼儿园教师要充分利用幼儿园的教育资源为家长提供科学的保育、教育理念,使家庭与幼儿园给予孩子的影响具有一致性,促进其身心健康和谐发展。另一方面,学前教育需要大量的资源,仅仅靠幼儿园的力量所获得的资源是比较少的。教师作为家庭、社区与幼儿园的桥梁,要根据幼儿学习的需要,充分挖掘家长自身潜在的教育资源,比如家长职业的特点,以及充分利用社区的资源。通过这两方面,教师可以把各方面的资源整合到学前教育中,胜任资源整合者的角色。

现代幼儿园教师的角色是由幼儿的身心发展特点、学前教育规律以及时代的发展赋予的,因此新时代的幼儿园教师要扮演好生活照顾者、行为观察者、课程建构者、活动指导者和资源整合者的角色,《中共中央　国务院关于学前教育深化改革规范发展的若干意见》提出:"鼓励支持幼儿通过亲近自然、直接感知、实际操作、亲身体验等方式学习探索,促进幼儿快乐健康成长。"

实践活动

观察幼儿园教师在现场的工作,分析其在何种情况下扮演了何种角色,思考这些角色的共性和不同点,并思考哪些角色特别需要创造性劳动。

二、幼儿园教师的专业成长

(一)教师职业的专业化

专业是指一群人在从事一种必须经过专门教育或训练,具有较高深和独特的专门知识和技术,按照一定的专业标准进行的活动,通过这种活动将解决人生和

---

① 虞永平,等. 学前课程的多视角透视[M]. 南京:江苏教育出版社,2006:10.

☞ 关于"专业"的幼儿园教师

社会问题，促进社会进步并获得相应的报酬和社会地位。① 所谓专业化，是指一个普通的人或一个普通的职业群体在一定时期内，逐渐符合专业标准、成为专门人员或专门职业并获得相应的专业地位的过程。这里的"专业标准"，一般是指专业精神和伦理、专业理论和技能、专业组织和专业自主等。

"专业"与"职业"这两个词语，不仅仅表现为语义上的不同，实际上也存在本质差别。职业是伴随着收入，完成一项社会分工的连续性活动。"职业"的本质在于"重复"某一个行业的基本操作行为，并不需要过多的"心智"劳动。"专业"的本质在于不断地改进、完善和创造。因为从事专业化劳动的群体多为脑力劳动者，他们工作的对象复杂而多变，需要一定的"专业精神"、"专业理论"和"专业技巧"。凡称得上一门专业，至少应该具备三个特征：第一，其成员采用的方法与程序有系统的理论知识作为支持；第二，其成员以服务对象的利益为压倒一切的任务；第三，其成员不受专业外势力的控制和限定，有权做出"自主的"职业判断。目前，社会职业按照专业化程度一般可分为三类：一是专业性职业，如医生、律师、会计师等；二是半专业或准专业职业，如护士、图书管理员等；三是非专业性职业，如售货员、操作机器的工人等。

（二）幼儿园教师专业化的内涵

幼儿园教师专业化是教师专业化的一个组成部分。什么样的幼儿园教师称得上是"专业"的？庞丽娟提出了幼儿园教师专业化的六大特征：第一，对儿童和儿童发展的承诺。就是要对儿童全面、积极、健康的成长负责。第二，全面、正确地了解儿童。这是一个幼儿园教师对儿童进行有效教育的前提。第三，有效地选择、组织教育内容。教师能否选择和组织"适宜"的教育内容，是衡量教师教育实践能力的首要标准。第四，创设、发展、支持环境的能力。第五，领导和组织能力。第六，不断地专业化学习。②

1993年，全美幼教协会（NAEYC）发表的《早期教育专业化发展的概念体系》指出，幼儿园教师的专业化应体现在：对儿童发展有着深刻的理解和体悟，将心理学、教育学知识运用于实践；善于观察和评价儿童的行为表现，以此作为课程计划的依据和设计个性化课程的依据；善于为儿童营造和保持安全、健康的氛围；计划并实施适宜儿童发展的课程，全面促进儿童的社会性、情感、智力和身体方面的发展；与儿童建立积极的互动关系，成为儿童发展的支持力量；与幼儿家庭建立积极有效的关系；支持儿童个体的发展和学习，使儿童在家庭、文化、社会背景下得到充分的理解；对教师专业主义予以认同。

---

① 教育部师范教育司. 教师专业化的理论与实践[M]. 北京：人民教育出版社，2001：9.
② 教育部基础教育司.《幼儿园教育指导纲要（试行）》解读[M]. 南京：江苏教育出版社，2002：168-175.

美国幼教专家凯茨将专业化幼儿园教师形象地比喻为：能接住孩子丢来的球，并且把它推回去，让孩子想继续跟他玩游戏，并在玩的过程中不断创造出新的游戏来。凯茨认为"专业幼儿园教师"与"非专业幼儿园教师"的差异在于：专业人员的反应是运用可靠的专业知识及见解做判断，其目的着眼于儿童长期的发展利益；而非专业人员的反应则多视当时的情况，以能在最短的时间内解决事情为标准来决定行为反应，而不是以儿童长期的发展利益为目标。

根据《幼儿园教育指导纲要（试行）》关于幼儿园教师角色要求的精神和教师专业化发展的一般趋势，综合上述的一些共识，幼儿园教师专业化包括以下四个方面的内涵。

1. 专业伦理

专业伦理是指适用于某些专业领域的行为规范。教育专业工作有多个不同的领域，而学前教育是其中最具特殊性的领域。幼儿园教师专业伦理是指幼儿园教师从事学前教育专业工作时应该遵循的规范，体现了本领域从业者的共同智慧和群体道德承诺。幼儿园教师专业伦理是一个规范体系。幼儿园教师专业成长应该内在地包含专业伦理的建构和内化。

2. 专业知识和技能

幼儿园教师的专业知识应该有一个合理的结构。根据学前教育的特殊需要，幼儿园教师的专业知识应该由三部分构成：广博的文化基础知识、扎实的教育科学基本知识、精深的学前教育专业知识（包括领域知识）。在自然、社会的文化基础知识方面，幼儿园教师要尽可能地"全科""博学""通识"，以适应学前教育的综合性特点；在一般教育科学基本知识方面，幼儿园教师要尽可能地扎实，以便在"大教育"的视野中看学前教育；在学前教育专业知识方面，幼儿园教师要尽可能地精深，以把握学前教育的特殊规律。

幼儿园教师也需要特定的专业技能。这中间既包含一般的能力，如思维能力、人际交往能力、组织管理能力、观察分析能力、总结评价能力等，也包括具有教师自身独创性、专长性的各项教育技巧和能力，如了解幼儿、合理地选择教育内容、创设幼儿成长的支持性环境、组织调控幼儿的活动等技能。在现代，幼儿园教师专业技能在哪些方面特别需要拓展呢？以下几个方面是许多研究者的共识：

（1）和谐的师幼互动能力。教师和幼儿处在同一个活动共同体中，与幼儿平等对话，与幼儿共同关注活动的对象以及对活动对象的理解，营造一种碰撞、一种激发、一种生成。这是一种学前教育的境界，体现现代的民主教育观，教师在其中扮演促进者和引导者的角色，而幼儿是这个过程中的真正主角。

（2）实施心理教育的能力。幼儿处于特殊的心智状态，稚嫩、敏感、多变、可塑，小心呵护、谨慎解读、仔细体察、合理应对，这是每个幼儿园教师必须认真修炼的基本能力。

（3）将现代教育信息技术整合到教育活动中的能力。当代社会，信息技术的变化日新月异。如何使学前教育的特殊性与现代信息技术实现科学地整合，并把它合理地运用到教育活动中去，这也是幼儿园教师需要去解答的问题。

（4）进行学前教育研究的能力。这是一种使幼儿园教师提升专业层次、获得个人尊严的能力。

专业知识和技能作为幼儿园教师专业化的一个重要组成部分，还应厘清以下几个方面的问题：

（1）学前教育学、儿童心理学等专业知识应该与教师的教育经验相融合并与学前教育的实践结合在一起，如果它们是分离的，那么，教育理论就还没有内化为教师的专业知识。

（2）技能作为一种实际操作的技巧和能力，它是幼儿园教师专业化的表现特点，它应该作为教育理论的外化而存在。也就是说，它是一定的理论在教育操作过程中的运用，幼儿园教师的教育行为是建立在幼儿生理、心理发展规律的基础上的。

（3）技能绝不仅仅表现为艺术技能，建立在理论基础上的观察发现能力、师幼互动能力、环境创设能力等，更能反映一个幼儿园教师的专业水平。

（4）学前教育的过程是丰富的，教育情境是经常转换的，幼儿园教师在教育过程中的习惯性反应也能建立在专业知识和技能的基础上，形成自己的实践智慧，这才是真正专业水平的体现。

3. 专业参与

专业参与是借助专业组织的力量提升自己的专业水平。所有公认的专业一般都有一些强大的专业组织。专业组织往往扮演了三重角色：保证专业权限、保证专业水准、提升专业地位。中国学前教育研究会及其在全国各地的分会就是这样一种专业组织，它集中了中国学前教育界优秀的教育者、研究者和管理者，在推进幼儿园教师教育，提升学前教育的地位，推动学前教育政策法规的制定和实施，维护幼儿园教师的权益，发展学前教育专业伦理、理论和技能等方面发挥了不可替代的作用。专业团体对本专业的成果认可、人员认可、标准认可及专业资源拥有最高权威性。幼儿园教师的专业参与就是要加入值得信赖的专业团体中，成为其中的一员，这对于幼儿园教师获取专业成长资源、接受专业熏陶、发表专业见解、交流专业信息、争取专业权益等，都是极其有益的。就目前来说，幼儿园教师参与各种专业团体的面还不是很广，这正好说明幼儿园教师的专业化水平尚待提高。

4. 专业创新

创新是一种具有价值意义的改变。有专业创新的热情，就会有学习和进修的热情，就会有参加专业团体的热情，就会有对问题和幼儿进行研究的热情，就会有专业成长的动力。所以专业创新应该列为专业幼儿园教师的重要特征。幼儿园教师如果仅仅满足于"和蔼可亲"，把接受过的教育当成"终结式"，没有质疑和批判精神，没有探究和改变精神，在专业发展的道路上就永远不可能走得很远。

此外，健全的体格、愉快的情绪、烂漫的童心也是专业幼儿园教师不可或缺的。幼儿园是一个特殊的生命生态园，因为这里是由稚嫩并生长着的生命所构成的群体，这里特别需要健康、活力、生机、乐趣。幼儿园教师只要面对孩子，就要保持和激发童心和童趣，真诚相待，欢快游戏，让孩子在无忧无虑的环境中，尽情享受童年生活的美好，同时成就幼儿园教师自身的幸福人生。

（三）幼儿园教师专业发展的过程和阶段

"专业特征"或"内涵"更多的是考察专业化的某种标准和结果，"专业发展"更多的是研究专业化的过程和阶段。

由于教师的专业发展主要表现为教育专长的积累和提升，我们这里以"发展路向""积累和提升的程度"为标准把幼儿园教师专业发展划分为新手教师、熟练型新手教师、胜任型教师、业务精干型教师和专家型教师五个阶段。

所有教师都是从新手阶段起步的。随着教育理论知识和教育实践经验的积累，经过两到三年，新手教师逐渐发展成为熟练型新手教师，其中大部分熟练型新手教师经过教学实践和职业培训，经过三到四年成为胜任型教师，这是教师教学专长发展的基本目标。此后，大约需要五年左右知识和经验的积累，有相当部分的教师成为业务精干型教师，其中部分业务精干型教师在以后的职业发展中成为专家型教师。不过这样的区分只是为了分析方便，实际发生的情形并不是这样机械的。因为这还取决于每个人原有的学养、心智特征、抱负水平，还有努力的方向、路径是否正确等。

1. 新手教师

新手教师的特征主要包括：其一，新手教师是理性化的，在分析和思考的基础上处理问题；其二，新手教师处理问题缺乏灵活性；其三，新手教师处理问题时，刻板地依赖特定的原则、规范和计划。在这个阶段，新手教师需要了解与教学有关的一些实际情况和具体的教学情境，对于他们来说，经验积累比学习书本知识更为重要。

2. 熟练型新手教师

熟练型新手教师的特征主要包括：其一，实践经验与书本知识逐渐整合，并逐步掌握了保教过程中的内在联系；其二，教育教学方法和策略方面的知识与经验有所提高，处理问题表现出一定的灵活性；其三，经验对保教行为的指导作用提高，但还不能够很好地区分教育情境中的重要信息和无关信息；其四，对自己

☞《幼儿园新入职教师规范化培训实施指南》

的保教行为还缺乏一定的责任感。

以上两个阶段是属于求生存的阶段。求生存是每位刚步入学前教育行业的教师所必须面对的最初的挑战。由于经验不足、技巧不熟练，这两个阶段的教师常常面对幼儿的反应而不知所措。虽然没有太大的身体压力，却常常感到精疲力竭。如何应对最初的挑战是其面临的最大问题。

3. 胜任型教师

胜任型教师的特征主要包括：其一，他们的保教行为有明确的目的性；其二，能够通过观察发现重要信息，并选择有效的方法或手段引导活动过程；其三，他们对自己的行为结果表现出更多的责任心，对于成功和失败表现强烈的情绪情感反应；其四，胜任阶段教师的保教行为还没有达到快捷性、流畅性、灵活性的程度。

这个阶段教师的工作重点已经从处理挫折，慢慢转移到观察发现和生成上，而且也渐渐能应对幼儿的各种反应，开始创造自己的带班风格。但这个阶段的幼儿园教师因为工作适应和积累了一定的经验而容易出现"高原现象"。

4. 业务精干型教师

业务精干型教师的特征主要包括：其一，具有较强的直觉判断能力。由于在长期的教育实践中积累了丰富的经验，他们对教育中出现的与以往情境类似的情况能直觉地观察与判断，并做出相应的反应。其二，保教技能方面接近认知自动化的水平。在教育活动中，业务精干型教师无须太多的意志努力便能对教育情境进行准确的判断和有效的处理，尽管如此，仍未达到完全的认知自动化水平。其三，业务精干型教师的保教行为已经达到了快捷、流畅和灵活的程度，这是他们在实践中积累了丰富知识和经验的结果。

这个阶段的教师能客观、诚实地面对自己专业方面的长处与短处，在保教方面寻求更新的看法；能综合其个人的喜好、能力、经验，创造出独特的个人风格，并主动充实、改进。此阶段的教师应主动参与各种提升自己专业的机会，如与更多的同行接触，参与专业组织，攻读更高的学位，寻求更多的社会资源来发展自己，争取成为专家型教师。

5. 专家型教师

专家型教师的特征主要是凭借扎实的理论功底和经验所融合的实践智慧来解决问题。专家型教师对教育情境的观察与判断是直觉性的，不需要进行仔细的分析和思考，凭借他们的经验便能准确地发现问题，并采取适当的解决方法。他们对教育情境中的问题的解决不仅达到了快捷性、流畅性和灵活性的程度，而且已经达到了完全自动化的水平，在没有意外发生的情况下，不需要意志努力就可以处理遇到的各种保教问题。专家型教师是一种批判反思型教师，他们能借助反思与评价不断审视自身深层的教育观念，进而不断实现自我超越。

（四）幼儿园教师专业成长的途径

1. 教师教育途径

个人或群体的专业成长离不开社会提供的环境和条件。社会对幼儿园教师专业成长的支撑主要是培养、任用和培训，即幼儿园教师教育。

自1972年英国的《詹姆斯报告》第一次提出"培养、任用、培训"的教师教育"三阶段理论"以来，将教师的专业发展贯穿于职前培养和职后进修的全过程，构建教师教育一体化的新模式，已成为当今世界教师教育发展的基本方向。"教师教育一体化"指的是为了适应学习化社会的需要，以终身学习与终身教育思想为指导，根据教师专业发展的理论，对教师职前、入职和在职教育进行全程的规划设计，把教师的职前培养和在职培训渠道打通、融合，建立起教师教育各个阶段相互衔接的，既各有侧重又有内在联系的教师教育体系。一体化实现了教师教育过程的连续、形式的统一、阶段的衔接、内涵的扩大和功能的完善。在我国，随着教育结构的调整和开放的教师教育体系的完善，大部分师范院校和一部分综合大学肩负起教师的职前培养和在职培训的重任。

我国幼儿园教师教育体系的建立在一百多年的历史中经历了萌芽、起步、形成和发展四个阶段，①到20世纪50年代中期，基本形成了既包含中等（含初级、中级及师范学校幼师科）和高等（专科、本科）两个层次的正规形式的职前教育，又包含大量多种形式的职后教育的幼儿园教师教育体系。改革开放后，我国幼儿园教师教育进入快速发展期。20世纪90年代初，幼儿师范学校已成为幼儿园教师的主要来源。中等幼儿园教师教育在结构类型上更加多样化，除幼儿师范学校外，普通师范学校附设的幼师班和职业高中附设的幼师班也得到较快发展。到20世纪90年代后期，随着我国三级师范教育向二级师范教育转型，高等幼儿园教师教育获得了较快的发展，一些综合性大学也设置了学前教育专业。高师院校学前教育专业的研究生教育也开始发展，全国学前教育专业已有多个硕士、博士学位授予点。

随着我国学前教育事业的发展和学前教育改革的深入，随着《幼儿园教师专业标准（试行）》的颁布和幼儿园教师资格考试制度的推出，幼儿园教师教育逐步实现了正规培养与非正规培训、职前培养和职后培训的结合，正朝着多元化、高层次、高质量的方向发展。一个高水平的、完善的伴随幼儿园教师职业生涯的幼儿园教师教育体系正在快速形成。

2. 自我实现途径

幼儿园教师专业成长既要充分利用社会提供的外部条件，也要立足于岗位，通过自身的努力实现提升。就个人的努力来说，其途径也是多维度的。1966年，

---

① 李莉．百年幼儿园教师教育事业发展的回顾与反思[J]．幼儿教育，2004(2)：16-17．

国际劳工组织和联合国教科文组织通过的《关于教师地位的建议》指出，教师职业是一种要求教师具备经过严格训练而持续不断地研究，才能获得专业知识和专门技能的职业。据此我们认为，幼儿园教师专业成长的个人努力主要是：专业进修、成为研究者、实践反思。这几条途径是相互交织的，但又各有侧重。

专业进修是幼儿园教师专业成长的重要平台。从学校毕业走上幼儿园教师岗位，不是学习的结束，而是新的学习的开始。幼儿园教师需要根据学前教育实际工作的要求重新审视自己的长处与不足。经过实践锻炼的幼儿园教师都应该对自己在专业伦理、专业知识和专业技能方面的现状作出正确的评价，从而明确自己的进修需求。在这个过程中尤其要重视专业阅读。所谓专业阅读，就是教师在学前教育实践中有针对性地自觉地阅读。这种阅读与实践的思考结合起来，将使新手教师迅速站到"巨人们的肩膀上"。

成为研究者是专业成长的必然选择。1926年，英国教育家贝克汉姆在他的《教师的研究》一书中阐释了这样的观点："教师拥有研究的机会，如果他们抓住这种机会，不仅能有力而迅速地发展教学技术，而且将赋予教师的个人工作以生命和尊严。"于是"教师成为研究者"便成为一种理想。时至今日，这一理想已成为基础教育领域教师教育改革中一个具有国际影响的运动，成为教师职业专业化发展的重要趋势。强调幼儿园教师也应该成为研究者是这一"重要趋势"的组成部分。特别是在《幼儿园教育指导纲要（试行）》颁布以后，幼儿园教师要成为研究者的呼声更高。《幼儿园教育指导纲要（试行）》有多处这样的提法，如"教育活动的组织与实施过程是教师创造性地开展工作的过程"；幼儿园教育评价的过程"是教师运用专业知识审视教育实践，发现、分析、研究、解决问题的过程，也是其自我成长的重要途径"。幼儿园教师要达到这些要求，必须成为研究者。

实践反思是幼儿园教师专业成长的主要途径。认识来源于实践，反思就是人们对实践过程的各个环节进行审视，对实践中获得的认识进行再思考、再认识，是思维不断深入、升华的过程。教育实践反思是一种教育行动研究，是教师在先进的教育理论指导下不断地对自己的教育实践各环节和教育实践中获得的认识和经验进行回顾、分析和总结，积极探索与解决教育实践中的问题，努力提升教育实践的科学性、合理性，并使自己在专业上逐渐成长的过程。对学前教育实践进行持续不断的实验和批判性反思，从而通过研究和解决教育问题推动教育过程最优化。

进修、研究、反思在学前教育实践的过程中融合为一体：进修是基于实践的阅读和研究，研究也可以看作基于实践的进修，反思是基于实践研究的一种方式。三者联动，既推动学前教育实践的改进、保教质量的提升，同时又推动幼儿园教师自身的专业成长。

观察、访谈一位优秀的幼儿园教师,分析其在工作中表现出来的专业品质,了解其成长经历,特别是初入职时期遇到的困惑和挑战,并谈谈自己的感悟。

第三节 师幼关系

师幼关系贯穿于幼儿园一日生活之中,是影响幼儿园教育质量的关键因素。本节将对师幼关系的内涵、发生条件以及优质师幼关系进行探讨。

一、师幼关系的内涵及其发生条件

(一)师幼关系的内涵

教师、幼儿和学前教育影响是构成学前教育过程的基本因素,三者相互作用,贯穿于学前教育过程始终。三者互动的过程即学前教育的过程,互动的状况将直接影响学前教育过程的顺利进行。其中,学前教育影响是教师与幼儿之间一切中介的总和,包括学前教育的内容、途径、方法、材料等。① 这三者构成的复杂互动关系系统中,教师与幼儿的互动关系是核心与关键,直接影响其他互动关系能否顺利进行以及互动的效果。

1. 师幼关系的概念

在幼儿园中,教师与幼儿之间发生关系的途径与方式有多种,有的是教师与幼儿之间直接发生的关系,如幼儿向教师的告状行为;也有的是教师与幼儿之间间接发生的关系,如教师通过提供材料影响幼儿。这里所说的师幼关系仅指教师与幼儿之间直接发生的关系。

师幼关系也称师幼互动,指发生在托儿所、幼儿园等正规的学前教育机构内部的、教师与孩子之间相互作用、相互影响的行为及过程。② 师幼互动贯穿于幼儿园一日生活的所有环节中,是任何教育理念、教育目标得以实现的核心,并且内在地体现着教师的儿童观、教育观。因此,提升师幼互动质量是提高幼儿园教育质量的关键所在。

2. 师幼关系的要素

有研究者将师幼互动界定为"在幼儿园一日生活各环节中,教师和幼儿之间发生的各种形式、性质、程度的心理交互作用或行为的相互影响"③。从这一定

---

① 蔡迎旗. 学前教育概论[M]. 武汉:华中师范大学出版社,2006:168-179.
② 刘晓东,卢乐珍,等. 学前教育学[M]. 南京:江苏教育出版社,2004:170.
③ 黄娟娟. 师幼互动类型及成因的社会学分析研究:基于上海50所幼儿园活动中师幼互动的观察分析[J]. 教育研究,2009,30(7):81-86.

义可以看出，师幼互动涉及外显的行为层面和内隐的心理层面，这相应构成了师幼互动的两类要素，即外显要素和内隐要素。其中，外显要素可直接观察到，包括施动者与受动者、施动行为与反馈行为、互动行为的性质、互动行为的主题与结果。内隐要素涉及互动主体的内部心理活动与过程，包括场景界定、角色认知、行为期待等。①

（二）师幼关系发生的条件

幼儿园中师幼关系的发生需要满足一定的客观条件和主观条件。②

1. 客观条件

教师与幼儿必须同时在场，相互之间不需要借助任何中介（如材料或第三者）就能直接进行面对面的相互作用，这是师幼关系得以发生的客观条件。

2. 主观条件

人的行为按其指向性可分为两种：一种是不以对方为行为对象的表现性行为，如自言自语；一种是以对方为对象的指向性行为，如教师对幼儿提出某种要求。教师与幼儿的行为中至少有一个是相互指向性行为，这是师幼关系得以发生的主观条件。

二、优质师幼关系

建立优质师幼关系是提升幼儿园教育质量的关键与核心。这需要重视师幼关系的转变与明确优质师幼关系的特质。

（一）师幼关系的转变

总体来看，师幼关系经历着从"我与它"到"我与你"的转变。

1. "我与它"的师幼关系

这是一种以利用、控制为基本特征的不平等的师幼关系。教师将幼儿视为自己利用与控制的对象——物，幼儿主要是被动地接受教师的指导与控制。有研究者发现，在教师作为施动者的九种主题(412次事件)中出现次数最多的是指导活动，共计151次，占总量的37.1%；其次是约束纪律一项，共114次，占总量的28%；出现次数最少的是共同游戏，只出现5次，仅占总量的1.9%；出现次数从倒数第二到倒数第四的关系主题分别是询问、表达情感、抚慰情绪，这三种主题出现频次所占总量的百分比均未超过3%。③

2. "我与你"的师幼关系

这是一种以尊重、对话为基本特征的平等的师幼关系，教师与幼儿都是主动的、平等的主体"人"，彼此之间是一种主体与主体之间的主体间性关系。

---

① 刘晓东,卢乐珍,等.学前教育学[M].南京:江苏教育出版社,2004:172-177.
② 刘晓东,卢乐珍,等.学前教育学[M].南京:江苏教育出版社,2004:170-172.
③ 邓艳.绵阳市城市幼儿园师幼关系的个案研究[D].重庆:西南师范大学,2002.

3. 从"我与它"到"我与你"的转变

目前，师幼关系正经历一种根本性转变，即从以利用、控制为基本特征的"我与它"的关系转变为以尊重、对话为基本特征的"我与你"的关系。这种师幼关系的根本转变，是幼儿园教育改革的核心，也是提高幼儿园教育质量的关键。

（二）优质师幼关系的特征

优质师幼关系的核心是以尊重、对话为基本特征的"我与你"的关系，其基本特征主要包括平等性、助长性、民主性、对话性、互动性。

1. 平等性

教师与幼儿之间虽然在年龄、知识、经验、能力等方面存在着较大的差异，但彼此之间是平等的主体。平等的核心是不将对方视为实现自己目的的工具、手段，每个人都是自身的目的，不试图奴役别人，也不希望被他人所奴役。这就要求教师尊重幼儿的兴趣、需要，不将自身的价值观、兴趣等强加给幼儿。

2. 助长性

在强调教师与幼儿平等的基础上，要看到教师在知识、经验、能力等方面不同程度地优于幼儿，存在着"自然的或生理上的不平等"，"因为它是基于自然，由年龄、健康、体力以及智慧或心灵的性质的不同而产生的"[①]。教师是"理性的权威"。这种权威"是建立在权威的拥有者与受权威制约者双方平等之基础上的，两者仅仅是在某个具体领域里有知识和技术程度上的不同而已"[②]。这决定了教师必须在平等的基础上从各方面支持与促进幼儿成长。

3. 民主性

教师要尊重幼儿的个体权利与自由，注意倾听幼儿的"声音"，保护幼儿的"话语权"，保障幼儿的个体权利与自由，这是民主性的核心。在强调自由的同时，注意处理好自由与规则之间的关系，自由并不在本质上否定与排斥规则，相反却内在地要求规则。这种规则必须是保证幼儿活动顺利进行所内在必需的，而非教师为了自身利益强加给幼儿的"适宜的规则"。

4. 对话性

对话不仅是一种具体的谈话行为，更是一种对话意识、精神，是一种平等民主、和睦相处、不断在多元之间寻求融合并促成新生的意识与精神。对话有两个前提条件[③]：一是对话双方必须相互承认，将对方视为平等伙伴，将对方观点视为是有价值和值得讨论的，这同时也对自我提出了挑战与质疑。因为承认对方观点的价值在一定程度上意味着对自己观点的质疑、批判与超越。二是信任，意味

[①] 卢梭. 论人类不平等的起源和基础[M]. 李常山, 译. 北京: 商务印书馆, 1962: 70.
[②] 弗洛姆. 为自己的人[M]. 孙依依, 译. 北京: 三联书店, 1988: 30.
[③] 滕守尧. 文化的边缘[M]. 北京: 作家出版社, 1997: 204-206.

着对话双方敢于向他人和自己袒露真实自我，完全抛弃戒备和恐惧心理，抛弃自己的角色和面子意识。这也恰恰是优质师幼关系对话性的核心，即教师与幼儿在相互承认与彼此信任的前提下，二者关系体现出一种不断在多元之间寻求融合并促成新生的对话的意识与精神。

5. 互动性

美国社会心理学者琼斯与西鲍特曾将人际互动分为假相倚、非对称性相倚、反应性相倚和彼此相倚四种类型。其中，彼此相倚指互动双方既能根据自己的计划作出反应，同时又可以对另一方的行为采取行动，彼此都是互动的控制者。[①] 优质师幼关系互动性的核心是彼此相倚，即教师与幼儿彼此都是互动的控制者，而非一方对另一方单向的控制与被控制的关系。

(三) 优质师幼关系的培育策略

1. 树立科学儿童观是关键

儿童观是学前教育的基础，同时也是师幼关系的基础。具体的师幼关系是一定儿童观的体现。因此，实现师幼关系从"我与它"到"我与你"关系的根本转变，建立优质师幼关系的关键，就是在批判性分析与扬弃已有儿童观的基础上，树立科学儿童观。

2. 转变教育观念是根本

儿童观是通过教育观念而影响具体教育行为的，因此，科学儿童观也必然通过相应教育观念的树立而实现对学前教育行为(包括师幼关系)的影响。幼儿园教师在审视与反思已有教育观念的基础上，转变教育观念，树立和科学儿童观相适应的科学教育观念，这是培育优质师幼关系的根本。

3. 提高教育技能是保证

观念影响行为，但观念不等于行为，二者之间需要一个转化的过程，这需要一定的策略与技能的支撑。教育技能(如支持儿童探索行为的方法、提问的技巧等)就为将科学儿童观与教育观转化为具体的师幼关系行为提供了重要保证。

4. 营造良好环境是基础

实现师幼关系从"我与它"到"我与你"的根本转变，需要幼儿园教师对传统的"我与它"师幼关系进行深入批判与大胆变革。这需要给予幼儿园教师充分的自由，特别是进行改革的自由空间。因此，为幼儿园教师营造一种宽松自由的环境，特别是精神环境，就是变革传统师幼关系，培育优质师幼关系的基础。

5. 完善管理制度是保障

幼儿园教师在变革传统的师幼关系，探索优质师幼关系的过程中，不可避免地会遇到一些挫折，必然要付出更多的精力，并且还可能会遇到一些来自外部

---

① 刘晶波. 师幼互动的总体特征及其功能[J]. 幼儿教育, 1998(11):4-6.

（如家长等）的不解、批评与阻力，这需要幼儿园能从制度层面鼓励与保护教师的探索活动。因此，完善幼儿园管理制度为优质师幼关系的培育提供了重要保障。

【本章小结】

儿童观是人们对儿童的总的看法和基本观点。儿童观的价值取向有国家本位、家族本位与个人本位三种。儿童观的三种形态为社会主导形态的儿童观、学术理论形态的儿童观和大众意识形态的儿童观。中西方儿童观都经历了一个漫长的历史演变过程。西方儿童观的历史演变过程是在批评传统儿童观的基础上，科学儿童观逐渐孕育、发端、奠基与发展的过程。中国传统文化中儿童观的主流是工具主义的，改革开放以来，扎根于中国本土文化基础上的新的儿童观正逐渐得以确立。儿童观现代化的途径：历史反思、立法保障、深化研究、宣传普及、重视转化。

幼儿园教师是指在特定的学前教育机构（幼儿园）中，利用专门的设施，按照特定的章程，对幼儿实施教育行为的专业人员。幼儿园教师角色经历了从保姆到专业人员，从传统到现代的演变；幼儿园教师专业成长主要表现在专业伦理、专业知识和技能、专业参与、专业创新方面，需要经历从新手教师、熟练型新手教师、胜任型教师、业务精干型教师、专家型教师五个阶段；幼儿园教师专业成长的途径包括教师教育途径、自我实现途径。

师幼关系也称师幼互动，包括外显要素和内隐要素，贯穿于幼儿园一日生活的所有环节中，是任何教育理念、教育目标得以实现的核心。师幼关系的发生需要满足一定的客观条件和主观条件。优质师幼关系的特征包括平等性、助长性、民主性、对话性、互动性。优质师幼关系的培育，树立科学儿童观是关键，转变教育观念是根本，提高教育技能是保证，营造良好环境是基础，完善管理制度是保障。

【拓展阅读】

1. 俞金尧.西方儿童史研究四十年[J].中国学术，2001(4):298-336.
2. 舒志定.教师教育哲学[M].北京：北京大学出版社，2012.
3. 阿利埃斯.儿童的世纪[M].沈坚，朱晓军，译.北京：北京大学出版社，2013.
4. 贝奇，朱利亚.西方儿童史：上卷[M].申华明，译.北京：商务印书馆，2016.
5. 贝奇，朱利亚.西方儿童史：下卷[M].卞晓平，申华明，译.北京：商务印书馆，2016.

【问题思考】

1. 试述儿童观的含义及其价值取向与形态。
2. 试述中西方儿童观的演变。
3. 试述科学儿童观的内涵以及儿童观现代化的途径。
4. 试述幼儿园教师角色的演变。
5. 幼儿园教师专业化的内涵包括哪些方面?
6. 幼儿园教师专业成长的途径有哪些?
7. 师幼关系的含义、要素及发生条件是什么?
8. 优质师幼关系具有什么特征?应怎样培育?

第四章　　学前教育的目标

【学习目标】

1. 了解教育目的和教育目标的区别,理解学前教育目标的含义。
2. 知道学前教育目标的不同层次及各层次目标之间的逻辑关系。
3. 了解常见的学前教育目标分类、学前教育目标的功能和制定依据,对学前教育目标的价值取向有初步的敏感性。
4. 知道新中国成立以来不同历史时期幼儿园教育目标的演变,理解我国幼儿园教育目标的特点。

【关键概念】

教育目的　学前教育目标　应然的目标　实然的目标　内部的目标　外部的目标　预设的目标　生成的目标　普遍性目标　行为目标　生成性目标　表现性目标

某幼儿园邢老师展示了一次公开观摩活动。在对这个活动进行分析时,有的教师认为邢老师事先拟订的目标与教育活动过程中儿童的表现并不一致,应该根据儿童在教育过程中的需要修改目标。邢老师觉得很困惑:"一会儿说目标必须在前,一会儿又说目标可以在过程中生成,到底怎么回事?"

本章将引导你思考这样的问题,带你一起认识学前教育目标的含义、层次、分类、功能和价值取向,了解新中国不同历史时期的幼儿园教育目标,理解当前我国幼儿园教育目标的特点。

第一节　学前教育目标的定位

目的性是人类实践活动的一个根本特性，人的实践活动之所以不同于动物的本能活动，就在于人的一切实践都具有自觉的意图，具有预期的目的。教育作为人类的实践活动之一，也是有目的的。

一、学前教育目标的含义

教育目的和教育目标是两个既有联系又有区别的概念。教育目的是指教育的总体方向，它所体现的是普遍的、总体的、终极的教育价值。教育目的是最宏观的教育价值，它具体体现在国家、地方、学校的教育哲学中，体现在宪法、教育的基本法、教育方针之中。《中华人民共和国教育法》规定，我国的教育目的是：教育必须为社会主义现代化建设服务、为人民服务，必须与生产劳动和社会实践相结合，培养德智体美劳全面发展的社会主义建设者和接班人。教育目标是教育目的的下位概念，它所体现的是不同性质的教育和不同阶段的教育的价值，如基础教育、高等教育、职业教育、成人教育分别具有不同的教育目标。

学前教育目标是指学前教育机构的教育目标①，它是在教育目的的指导下，根据学前教育的任务和教育对象提出来的培养人的具体质量和规格。教育目的与学前教育目标之间的关系，是一般与个别的关系。教育目的是对受教育者质量和规格的总体要求，它构成了教育实践活动的第一要素和前提。教育目标则直接决定着课程的性质和方向。制定学前教育目标必须以总的教育目的为依据，否则就会偏离办学的方向。我国《幼儿园工作规程》第三条规定的幼儿园任务是对幼儿"实施德、智、体、美等方面全面发展的教育，促进幼儿身心和谐发展"，第五条提出了幼儿园保育和教育的主要目标。它是国家规定的教育目的在幼儿园阶段的具体化，是我国所有幼儿园必须遵循的。

☞ 教育目标与课程目标的混同

二、学前教育目标的层次

国家对学前教育目标进行了宏观的表述。要实现这一宏观目标，必须将它作层层分解，逐步转化为低一层次的、可操作的具体目标，才能成为教师制订具体活动计划的有效依据，并通过各种活动，落实到幼儿的发展上。

按照从概括到具体的纵向结构，学前教育目标可以分为五个层次。越是上位的目标越具有概括性，越是下位的目标越具有可操作性。下位目标是从上位目标

---

① 学前教育机构包括托儿所、幼儿园，本章讨论的学前教育目标主要涉及幼儿园教育目标。

分解而来的，上位目标一定要分解为下位目标，才能得以实施。

（一）学前教育总体目标

学前教育总体目标是关于幼儿园教育的一些原则性目标，较为抽象，还不能据之开展具体的教育实践活动。我国《幼儿园工作规程》规定的保育和教育目标就是这种总体性目标。

（二）各个幼儿园教育目标

各个幼儿园教育目标是每个幼儿园根据国家对学前教育的要求，结合本园的具体情况制定的。它体现了国家对幼儿园教育的一般要求，同时又具有本园的特色。

（三）幼儿园年龄阶段目标

幼儿园年龄阶段目标是把幼儿园教育目标分解落实到小班、中班、大班三个不同的年龄阶段。这三个年龄阶段目标是相互连接、逐渐递进的。

（四）单元目标

单元目标是年龄阶段目标的具体化及分段性目标，年龄阶段目标由一系列相互联系、逐步递进的单元目标构成。划分单元目标有两种方式：一是以内容单元的形式划分。根据教育目标及相关教育内容的特点，把某一组目标及其相关的内容有机组织起来，构成主题或单元（这里的单元是指一定目标下的教育内容结构，如有的幼儿园采用的单元教育中的单元），年龄阶段目标则分解为一系列的主题（或单元）目标。二是以时间单元的形式划分。根据教育目标及教育内容的特点，把年龄阶段目标划分为月目标、周目标等。

（五）教育活动目标

教育活动目标是指某一个具体的教育活动所要达到的幼儿行为的变化。它是单元目标的具体化，是一种最具有操作性的目标。学前教育目标只有变成了教育活动目标，才能贯彻到具体的教育过程中，才能落实到幼儿的发展上。

三、学前教育目标的分类

（一）应然的目标与实然的目标

依照教育目标制定者的差别，学前教育目标可分为应然的目标和实然的目标两类。应然的目标指的是由国家政府部门以法定文献的条文所规定的目标。但法定文献的表述只是一种价值判断，是"应有"的并得到法律认可的教育目标。这种成文的教育目标只有转化成为教育过程当事人的教育目标，才成为"实然"的教育目标。这两种教育目标的区别在于，前者只承认教育过程外部确定的目标为教育目标（成文的教育目标）；后者除成文的教育目标外，还承认参与教育活动的当事人（尤其是教师）自己所制定的不成文的教育目标。

真实的教育目标存在于参与教育过程的当事人的教育行为之中。如果把"应然"的教育目标当作"实然"状态,那就掩盖了事实的真相。但由于事实上存在的教育目标不免带有自发性,未必都是合理的教育目标,还可能是错误的目标,所以还需要确定"应然"的教育目标。

（二）内部的目标与外部的目标

内部的目标是教育过程当事人的目标,至少可把教育实体当事人的目标归入这一类；外部的目标包括来自教育过程、教育实体以外的各种部门和单位厘定的教育目标。外部的目标与内部的目标的区别在于,前者是抽象的、一般的,后者是具体的、特殊的；前者着眼于将来,后者着眼于现实；前者从社会需要出发,后者从幼儿的本能、兴趣及需要出发。

（三）学前教育机构、学前社会教育的其他机构、家庭的学前教育目标

学前教育机构严格按照国家的有关法律、法规制定和执行学前教育目标,具有明确的计划性和目的性。

学前社会教育的其他机构,如儿童中心、儿童活动室、儿童科技中心、儿童游戏城等,参照国家的有关法律、法规,具有较为明确的学前教育目标,往往是幼儿园、托儿所等正规机构学前教育目标的补充、延伸或强化,但其计划性、目的性程度次于正规学前教育机构。

家庭学前教育目标从总体上看,往往缺乏国家有关法律、法规的直接指导,目的性、计划性不强,有不少家庭甚至没有明确的学前教育目标,或目标经常变更,随意性大。如有的家庭把孩子某些专长的发展当作教育目标,且受某些风气的影响,经常变更孩子发展的侧重点,一会儿让孩子学钢琴,一会儿让孩子学画画等。

（四）预设的目标与生成的目标

在教育活动的具体实施过程中,常常存在两类不同性质的目标,即预设的目标和生成的目标。预设的目标指的是在教育活动开展之前,教师根据对幼儿的前期了解以及活动内容本身所具有的特性所预先设计的目标。生成的目标则是教师随着教育过程的展开,根据幼儿在教育活动中的特定反映而拟订的。

预设的目标与生成的目标的区别为：第一,目标制定的时间不同。预设的目标诞生于教育活动开始之前,而生成的目标产生于教育活动运行的过程之中。第二,预设的目标是固定的,而生成的目标完全要根据幼儿在教育活动过程中的表现来制定,因此,它具有不确定性。

预设的目标引导教师在教育过程中分析、思考他们正在力图达到些什么,使教师对教育活动的实施有章可循。但在教育活动实施的过程中,多变的教育教学环境使教师有时不能固守既定的目标,幼儿和教育环境的变化要求教师运用实践智慧灵活处理教学中的非预期事件,有时候教师需要放弃事先拟订的预设目标,而起用生成的目标。生成的目标和预设的目标相结合,才能使教育产生最大限度

的效益，使幼儿获得最大限度地发展。

观看一个幼儿园教育活动，并以此为例，与幼儿园教师一起讨论该活动中的预设目标和生成目标。

☞ 三维目标

四、学前教育目标的功能

学前教育目标的功能指学前教育目标对实际教育活动所具有的作用。

（一）导向功能

学前教育目标作为对学前教育结果的预想，可使教育行为成为有意义的、有秩序的活动，避免教育行为的盲目性和机械性。在面对纷繁复杂的教育现实时，学前教育目标可以成为我们分析和判断事实的重要标准。教育目的无论是对受教育者还是对教育者都具有目标导向功能。教育制度的建立、教育内容的选择，以及教育过程所采用的方法和手段等，都必须按照教育目的去进行。如果教育工作偏离了教育目的，就达不到预定的教育结果。

（二）调控功能

学前教育目标不仅能够指引学前教育过程的方向，而且还要对教育活动起调控作用。一切教育过程都是实现一定教育目标的过程，过程在目标的控制支配下进行，目标通过过程来实现。在教育活动中，教育措施都要围绕教育目标的实现来选取，通过把过程中的发展状况与教育目标相比照，人们排斥不符合教育目标的活动，并对教育过程中的各种关系进行调整，使教育过程不断优化，使最终结果与教育目标更趋一致。

（三）评价功能

学前教育目标指明了学前儿童发展的领域和基本范围，描绘了学前儿童发展的蓝图。尽管具体的教育目标可能根据教育进展中的实际情况而修正，不过，既定的教育目标作为评价教育行为的标准，可以判断或矫正教育行为。教育目标是衡量教育成效的尺度，是衡量学前儿童发展的尺度。因此，学前教育目标是学前教育评价体系的基础，学前教育的评价指标往往都需要依据教育目标来设定。

五、制定学前教育目标的依据

（一）教育目的

学前教育目标的拟定首先要遵循国家的教育目的。2016年颁布的《幼儿园工作规程》提出"德、智、体、美等方面全面发展的教育，促进幼儿身心和谐发展"的教育任务，与国家教育目的——培养德智体美劳全面发展的社会主义建设者和接班人是高度一致的。

（二）幼儿身心发展规律及其需求

对幼儿身心发展规律及需求的认识是确定教育目标的前提。首先，学前教育目标直接指向的对象是幼儿，是希望引起幼儿的身心发生预期变化，使其成长为具有一定个性的社会个体。离开了"幼儿"这一对象，既不能构成，也无从实现教育目标。其次，幼儿身心发展是有规律的，既有连续性，又有阶段性。教育要尊重幼儿发展的规律，促进幼儿从"现有发展水平"向"即将达到的发展水平"不断发展。如果对幼儿提出过高、过难或过低、过易的教育要求，都会违背幼儿身心发展规律，达不到发展其潜能的目的。所以，制定教育目标必须以幼儿身心发展的客观规律和需求为依据，具体包括两方面内容：一方面是要符合幼儿的一般年龄特征，各年龄段的教育目标就是据此而制定的；另一方面是要尊重特定（本地、本班、本组或特殊）幼儿群体和特定幼儿现有发展水平。

（三）社会发展的客观要求

教育是人类特有的社会活动，其职能是将人类历史上积累的知识、经验、技能、思维方式、优良品质、民族传统等，有计划、有组织、有目的地传播给下一代，培养为社会服务的人才。我国的学前教育要为幼儿入小学打好基础，为造就一代新人打好基础，培养社会主义事业建设者和接班人。教育任务必须适应社会发展需求。一个国家在不同的发展阶段，对新一代人应具备的素质要求是不同的。20世纪50年代，我国要求学前教育完成教养幼儿、为生产建设服务（含解放妇女劳动力）两大任务。70年代末80年代初，我国进入"四个现代化"建设的新阶段，席卷全球的新技术革命高潮也同时到来，因此，"多出人才、快出人才、出好人才"成为社会发展的迫切需求，使原来只注重传授知识的传统教育观和人才质量观面临着时代的严峻挑战。邓小平同志提出"三个面向"的方针，为教育改革和培养目标注入了新的内涵和活力，国家明确规定培养"四有""三热爱""两精神"的一代新人。随着学前教育改革的深入，80年代以来，我们强调在丰富幼儿知识、经验的过程中，要注重开发智力和才能、培养良好个性、发展社会性品质和适应能力等。现今，则要求进一步深化改革，全面推进素质教育，运用现代教育技术开拓创新教育，强调培养创新精神和实践能力等。这些不断发展的新要求，都是为适应社会发展需要而提出的。

六、学前教育目标的价值取向

所谓价值，是客体对主体的效用、意义，归根结底是客体对主体需要的满足。价值是主体和客体之间的一种特殊关系，它存在于主客体相互作用之中，是一种关系范畴，而不是实体范畴。

所谓教育目标的价值取向,是指教育目标的提出者或从事教育活动的主体依据自身的需要对教育价值作出选择时所持的一种倾向。人们在提出教育目标时,即确定把受教育者培养成什么样的人,必然会从他们的利益出发,从他们改造自然、改造社会的需要出发,有所权衡、有所选择,从观念上建构一个自认为理想的形象,作为教育活动所要实现的目标。从这个意义上讲,教育目标本身就体现人的一种价值追求。人们对学前教育活动的价值选择,历来有不同的见解和主张,下面介绍几种典型的教育目标价值取向观。

(一) 个人本位论与社会本位论

个人本位论与社会本位论是在教育目标的价值取向上影响较大的两个流派。

个人本位论主张教育目的应以个人价值为中心,应主要根据个人自身完善和发展的精神性需要来制定教育目标和建构教育活动。它否定社会制度的权威,反对社会对个人的束缚,强调个人自由权利的至高无上,主张教育的首要目的不在于谋求国家利益和社会发展,而在于发展人的理性和个性,使人真正成其为人。在这种理论看来,教育目标应该根据个人自身完善和发展的天然需要来制定,从而使人的本性得到完善和理想的发展;教育必须反对和拒斥现实社会对人的发展的干扰;人生来就有健全的本能,儿童是独立自主的个体,是真善美的原型,教育的目的就在于使这种本能不受现实社会影响得到自然的发展。

社会本位论主张教育目的应以社会价值为中心,应根据社会发展需要来制定教育目标和建构教育活动。它主张个人的发展依赖社会,受制于社会,人的身心发展的各个方面都靠社会提供营养,人的一切都从社会得来;真正的个人是不存在的,只有人类才是真正的存在,人之所以为人,只因他生活于人群中并参与社会生活;个人不过是教育的原料,不具有任何决定教育目的的价值;教育的首要目的就是使个体社会化,使个人适应社会生活,成为对社会有用的公民;教育过程就是把社会的价值观念或集体意识强加于个人,把不具有任何社会特征的人改造成为社会的人。

个人本位论和社会本位论在处理社会和个人的关系问题上各执一端,都是不正确的。只有将社会发展需要与个人发展需要统一起来,才是科学的。一方面,个体的发展要以社会的发展为基础,受社会发展的制约,服从于社会发展的需要。教育的任务就是要促使个体去适应他所处的那种社会关系、社会生活条件。另一方面,如果看不到每个人都是独立的个体,在制定和实施教育目标时不考虑人自身发展的各种需要,如求知欲的满足,美的享受和追求,以及身心健康的需要等,就可能培养出缺乏理智与情感,缺乏志趣与爱好,生活态度冷淡,精神世界贫乏的人。同时,教育目标如果完全不反映人的个性的发展,也可能培养出某种"标准件"。

(二) 指向现在与指向未来

教育目标作为对教育结果的预期,必然指向幼儿的未来,但这只是一种选择。这种选择是按照成人的行为模式来设定幼儿的生活。由于个人的未来是个人现在状态的延伸，所以产生另一种选择，即指向幼儿的现在，不急于达到什么目的，只是根据幼儿的自然状态因势利导。

人的生活是个过程，成人生活之前各个阶段的准备应该是为了过好当下生活。幼儿的未来生活是不可限定、全盘计划的。功利性教育观主导下的学前教育，则堂而皇之地以"早期教育"或"潜能开发"等诸多的名义，剥夺本该属于幼儿自然生命一部分的"宝贵童年"，使其为未来的生活做准备。事实上，如果学前教育无法关注幼儿作为自然实体的当下童年生活，又怎能更好地关注未来呢？无论如何，对未来的关注也无法取代对幼儿"现在"的关注。真正优秀的学前教育，是能通过幼儿每天生活的点点滴滴，将符合社会文化和成就个体的教育价值，逐渐转移到幼儿身上，其结果不仅对未来生活是有益的，而且其本身就是有价值的，是幼儿当前有价值生活的重要组成部分。从这个意义上来说，虽然学前教育目标既要考虑到现在，又要考虑到未来，但应该更多地指向现在。

小组讨论

你认为幼儿园教育目标应该偏重指向现在还是指向未来？为什么？

（三）普遍性目标、行为目标、生成性目标和表现性目标中的价值取向

教育目标的基本价值取向是不断发展的，根据中外课程论专家的理解，教育目标还可以分为普遍性目标、行为目标、生成性目标和表现性目标四类，这四类目标均有特定的价值取向。

普遍性目标是把一般教育宗旨或原则与课程教学目标等同起来，因而具有普遍性、模糊性，可运用于所有教育实践。"普遍性目标"是一种最古老的课程教学目标取向。中国的先秦时期、西方的古希腊和古罗马时期以及中国近现代的教育实践中的课程目标，大多数是"普遍性目标"取向。它体现了"普遍主义"的价值观，认为任何课程目标都能够并应当运用于所有的教育情境。由于这种目标取向所给出的课程目标是一般性的宗旨或原则，而不是具体的目标菜单，所以，教育工作者可以对这些目标创造性地作出解释，以适应各种具体教育实践情境的特殊需要。但是，这种目标取向也有一些不足：第一，这类目标缺乏充分的科学根据，受日常经验所局限；第二，这类目标在逻辑上不够彻底、不够完整，往往以教条的形式出现；第三，这类目标在含义上不够清晰和确定，并且常出现歧义。

行为目标是以具体的、可操作的行为形式陈述的课程与教学目标，它指明课程与教学过程结合后，儿童身上所发生的行为变化。这类目标具有精确、具体、可操作性强的特性。这种目标取向一度在课程与教学领域占主导地位。例如，美

国著名教育学家、心理学家布鲁姆等人的"教育目标分类学",就是行为目标取向的一个典型范例。行为目标取向克服了普遍性目标取向模糊性的缺陷,当教师将其教学内容以行为目标的形式陈述的时候,他们对教学任务会更加清楚明了,便于有效控制教学过程。行为目标还便于教师就教学内容准确地与教育督导、幼儿家长、幼儿展开交流。更重要的是,行为目标是以具体行为的形式呈现的,容易判断目标是否达成,便于准确评价。因此,行为目标对于基础知识和技能的熟练掌握,对于保证一些简单的教育目标的达成,是有用处的。但是行为目标也存在缺陷:第一,行为目标指向对课程开发、教学设计、人的学习过程的有效控制,因此,行为目标是控制本位的,但人的行为具有很大程度的不可预知性。控制本位的行为目标,企图把课程开发、教学设计和人的学习过程变为一个可预先决定和操纵的机械过程,因而它把目标与手段、结果与过程间的有机联系割裂开来,课程开发与教学设计过程中的创造性、人的学习主体性被泯灭了。第二,行为目标把完整的人格"肢解"了。行为目标追求目标的精确和具体化。然而,完整的人格是不能分割的。第三,人的许多心理素质,如价值观、情感、态度、审美情趣等,是很难用外显的、可观察的行为来具体化的,试图把这些心理素质完全用可观察的行为来具体化,可能得不偿失。

☞ 生成性目标的实践意义

生成性目标是在教育情境中随着教育过程的展开而自然生成的课程与教学目标。它是问题解决的结果,是人的经验生长的内在要求。如果说行为目标是在教育过程之前或教育情境之外预先制定的,那么,生成性目标则是教育情境的产物和问题解决的结果,是幼儿和教师关于经验和价值观生长的"方向感"。所以,生成性目标最根本的特点是过程性。生成性目标本质上强调幼儿、教师与教育情境的交互作用,从中不断产生出新的课程与教学目标。这样,生成性目标消解了"行为目标"取向所存在的过程与结果、手段与目的之间的对立。当过程与结果、手段与目的被内在地统一起来之后,教育目标就是幼儿在教育过程中、在与教育情境的交互作用中所产生的自己的目标,而不是课程开发者和教师所强加的目标。但是,生成性目标在某些方面也遭到了批评:第一,运用生成性目标,意味着教师要能够与幼儿进行有意义的对话,但大多数教师并没有受过这方面的训练。第二,即使许多教师受过这方面的训练,有些教师也不可能运用这种互动性教学方法,因为这需要额外的计划和能力。第三,幼儿有时并不知道学习什么对他们是最好的,他们需要教师告诉他们应当做什么。第四,生成性目标的课程与教学太开放,幼儿很难努力去发现一些必要学科的适切性。

☞ 表现性目标的实践意义

表现性目标是指每一个幼儿在与具体教育情境的种种"际遇"中所产生的个性化表现。当幼儿的主体性充分发挥、个性充分发展的时候,他在具体教育情境中的具体行为表现及所学到的东西是无法准确预知的。因此,表现性目标所追求的不是幼儿反应的同质性,而是反应的多元性。表现性目标不是规定幼儿在完成一项或多项学习活动后准备获得的行为,而是描述教育中的"际遇"过程,指明幼儿将在其中学习的情境、幼儿将要处理的问题、幼儿将要从事的活动任务。但它不指定幼儿将从这些"际遇"中学到什么。表现性目标意在成为一个主题,幼儿围绕这一主题,在运用原来学到的技能和理解了的意义的过程中,可以扩展和加深哪些技能与理解,并使其具有个人特点。因此,使用表现性目标,人们期望的不是幼儿反应的一致性,而是反应的多样性。

从训练行为技能来说,行为目标很适宜,它通过分析,使要形成的操作明晰化,从而提升训练过程的质量。但对于学习来说,尤其是对创造性教育来说,行为目标显然不适宜。因为合理的教育目标,应当是教学活动的客观规律和主观目的的高度统一,亦即教育的主观目标和客观目标的统一。一些知识、技能等低层次的目标,宜在行为目标的取向上规范,精确的、具体的目标便于检验其达成度。而另一些创造态度、思维、创造技能等高层次的目标,则应在生成性目标和表现性目标的取向上整合。

☞ 行为目标的实践意义

比较行为目标和表现性目标的差异,谈谈在幼儿园的哪些工作中应该采用行为目标,哪些工作中应该采用表现性目标。

小组讨论

第二节 我国学前教育的目标

一、不同历史时期的幼儿园教育目标

新中国成立以来,我国政府重视学前教育,根据当时的社会条件及对学前教育的认识,以学前教育文件为载体,先后颁布了一系列的幼儿园教育目标。

(一)1952年《幼儿园暂行规程(草案)》中的教育目标

中华人民共和国的成立,从根本上改变了中国历史的进程,也根本改变了中国教育的性质,确立了教育面向工农、为社会主义建设服务的方针。中共中央作出了加快社会主义改造,向苏联学习社会主义建设经验的决定。1949年底,第一次全国教育工作会议的总结报告首次向全国教育工作者明确提出借鉴苏联教育经验的意见,并把学习苏联教育经验作为建设教育的方向。1952年,教育部颁布了《幼儿园暂行规程(草案)》,指出幼儿园要"根据新民主主义教育方针教养幼儿,使他们身心在入小学前获得健全的发育",其主要教育目标如下:

☞ 社会现实背景对教育目标选择的影响

培养幼儿基本的卫生习惯,注意其营养,锻炼其体格,保证幼儿身体的正常发育和健康。

培养幼儿正确运用感官和语言的基本能力，增进其对于环境的认识，以发展幼儿的智力。

培养幼儿爱国思想、国民公德和诚实、勇敢、团结、友爱、守纪律、有礼貌等优良品德和习惯。

培养幼儿爱美的观念和兴趣，增进其想象力和创造力。

《幼儿园暂行规程（草案）》中的幼儿园教育目标很重视幼儿的全面发展，除了在教育任务中指出幼儿园要让幼儿获得健全发展外，具体的保教目标也覆盖了幼儿在健康、语言、智力、品德、美感等多个方面的发展。

（二）1981年《幼儿园教育纲要（试行草案）》中的教育目标

1981年，教育部颁发《幼儿园教育纲要（试行草案）》，指出幼儿园的教育任务是"向幼儿进行体、智、德、美全面发展的教育，使其身心健康活泼地成长，为入小学打好基础，为造就一代新人打好基础"。向幼儿进行初步的体、智、德、美全面发展教育的具体任务如下：

保证幼儿必需的营养，做好卫生保健工作，培养幼儿良好的生活卫生习惯和独立生活的能力，发展他们的基本动作，培养幼儿对体育活动的兴趣，提高机体的功能，增强体质，以保护和促进幼儿健康。

教给幼儿周围生活中粗浅的知识和技能，注意发展幼儿的注意力、观察力、记忆力、思维力、想象力以及语言的表达力，培养他们对学习的兴趣，求知的欲望和良好的学习习惯。

向幼儿进行初步的五爱教育（爱祖国、爱人民、爱劳动、爱科学、爱护公共财物），培养他们团结、友爱、诚实、勇敢、克服困难、有礼貌、守纪律等优良品德、文明行为和活泼开朗的性格。

教给幼儿音乐、舞蹈、美术、文学等粗浅知识和技能，培养幼儿对它们的兴趣，初步发展他们对周围生活、大自然、文学艺术中美的感受力、表现力、创造力等。

1981年的《幼儿园教育纲要（试行草案）》除了继续延续全面发展教育的思路外，主要的特点有：

第一，比较偏重儿童知识和技能的获得，智力方面强调"教给幼儿周围生活中粗浅的知识和技能"，美育方面重视"教给幼儿音乐、舞蹈、美术、文学等粗浅知识和技能"。

第二，在德育上，提出了五爱教育，即爱祖国、爱人民、爱劳动、爱科学、爱护公共财物。

（三）1989年《幼儿园工作规程（试行）》中的教育目标

从20世纪80年代开始，我国幼儿园教育改革拉开了帷幕。幼儿园综合教育课程、活动教育课程、农村学前一年课程改革、游戏课程、幼儿园整体课程、幼儿能力课程等以幼儿园课程为核心的教育改革风起云涌。在幼儿园教育改革浪潮之下，1981 年的《幼儿园教育纲要（试行草案）》已不符合当时幼儿园教育发展的需要，因此，在 1989 年，国家教育委员会颁发了《幼儿园工作规程（试行）》，指出幼儿园要"对幼儿实施体、智、德、美全面发展的教育，促进其身心和谐发展"，幼儿园保育和教育的主要目标是：

促进幼儿身体正常发育和机能的协调发展，增强体质，培养良好的生活习惯、卫生习惯和参加体育活动的兴趣。

发展幼儿正确运用感官和运用语言交往的基本能力，增进其对环境的认识，培养有益的兴趣和动手能力，发展智力。

萌发幼儿爱家乡、爱祖国、爱集体、爱劳动的情感，培养诚实、勇敢、好问、友爱、爱惜公物、不怕困难、讲礼貌、守纪律等良好的品德、行为、习惯，以及活泼、开朗的性格。

萌发幼儿初步的感受美和表现美的情趣。

1989 年的《幼儿园工作规程（试行）》提出的幼儿园教育目标有如下特点：

第一，把"体"放在首位，突出了幼儿身心发展的年龄特点。

第二，智育方面，注重幼儿对环境的认识，强调正确运用感官和运用语言交往的能力，强调有益兴趣的培养，注重初步动手能力的培养，反映了幼儿认知活动的发展特点。

第三，德育方面，从萌发幼儿"爱"的情感入手，重视幼儿良好性格和习惯的培养，所提出的品德要求符合幼儿身心发展的特点。

第四，美育方面，强调萌发幼儿的美感，体现了学前阶段美育目标的年龄适宜性。

20 世纪 80 年代的《幼儿园教育纲要（试行草案）》《幼儿园工作规程（试行）》，对因"文化大革命"而被破坏的学前教育事业的恢复起到了积极作用。但随着轰轰烈烈的以幼儿园课程改革为核心的幼儿园教育改革的发展，这两份文件逐渐无法引领当时日新月异的幼儿园教育。因此，随后国家又对这两份文件进行了修订。

（四）1996 年《幼儿园工作规程》中的教育目标

1996 年，在对 1989 年的《幼儿园工作规程（试行）》进行修订的基础上，国家教育委员会正式颁布了《幼儿园工作规程》。1996 年的《幼儿园工作规程》将幼儿园的任务定位为"对幼儿实施体、智、德、美诸方面全面发展的教育，促进其身心和谐发展"，其对幼儿园保育和教育的主要目标陈述如下：

促进幼儿身体正常发育和机能的协调发展，增强体质，培养良好的生活习惯、卫生习惯和参加体育活动的兴趣。

发展幼儿智力，培养正确运用感官和运用语言交往的基本能力，增进对环境的认识,培养有益的兴趣和求知欲望,培养初步的动手能力。

萌发幼儿爱家乡、爱祖国、爱集体、爱劳动、爱科学的情感,培养诚实、自信、好问、友爱、勇敢、爱护公物、克服困难、讲礼貌、守纪律等良好的品德行为和习惯,以及活泼开朗的性格。

培养幼儿初步的感受美和表现美的情趣和能力。

与1989年《幼儿园工作规程(试行)》的保育和教育目标相比,该目标变化如下:

第一,体育方面,与《幼儿园工作规程(试行)》保持一致,关注了幼儿在身体发育、生活卫生习惯和运动兴趣方面的发展。

第二,智育方面,增加了对幼儿求知欲的表述,彰显了对幼儿学习动力的关注。

第三,德育方面,在情感萌发方面增加了"爱科学",强调了对幼儿自信的培养。

第四,美育方面,除了继续强调幼儿对美的感受和表现外,还强调了幼儿对美的感受和表现能力。

(五) 2016年修订的《幼儿园工作规程》中的教育目标

2016年《幼儿园工作规程》的变化

《幼儿园工作规程》是我国第一部规范幼儿园内部管理的规章,自1989年颁布试行稿,1996年正式颁布以来,不仅在加强和规范幼儿园管理中发挥了重要的作用,也成为深化幼儿园教育改革、提升保教质量的重要指导性文件。

随着经济社会的发展,教育改革的不断深入,学前教育事业发展迅速,幼儿园教育的内外环境和条件也发生了巨大变化。因此,《幼儿园工作规程》需要在新的形势下进行调整,不断推进幼儿园内部管理和办园行为的规范化,促进幼儿园保教质量不断提升。2016年,教育部颁布了新修订的《幼儿园工作规程》,同时废止1996年发布的同名文件。

该文件将幼儿园的任务定位为"实施德、智、体、美等方面全面发展的教育,促进幼儿身心和谐发展",幼儿园保育和教育的主要目标是:

促进幼儿身体正常发育和机能的协调发展,增强体质,促进心理健康,培养良好的生活习惯、卫生习惯和参加体育活动的兴趣。

发展幼儿智力,培养正确运用感官和运用语言交往的基本能力,增进对环境的认识,培养有益的兴趣和求知欲望,培养初步的动手探究能力。

萌发幼儿爱祖国、爱家乡、爱集体、爱劳动、爱科学的情感,培养诚实、自信、友爱、勇敢、勤学、好问、爱护公物、克服困难、讲礼貌、守纪律等良好的品德行为和习惯,以及活泼开朗的性格。

培养幼儿初步感受美和表现美的情趣和能力。

与1996年《幼儿园工作规程》相比,2016年《幼儿园工作规程》中的幼儿园教育目标变化如下：

第一，对幼儿实施的全面发展教育的顺序从"体、智、德、美"变化为"德、智、体、美"，这个变化的主要原因是要和国家的教育目的保持一致。

第二，健康方面，增加"促进幼儿心理健康"，扩展了以往狭义的健康概念，强调了幼儿身体和心理的双重健康。

第三，智力发展方面，由原来的"培养初步的动手能力"调整为"培养初步的动手探究能力"，强调了探究。

第四，德育方面，将爱祖国调整到爱家乡的前面，强调了幼儿热爱国家的重要性。此外，在品德和习惯上，增加了"勤学"的要求。

二、我国幼儿园教育目标的特点

（一）保育和教育并重

保育指的是成人为幼儿提供生存与发展所必需的环境和物质条件，并给予精心照顾和培养，以帮助幼儿获得良好发育，逐渐增进其独立生活的能力。广义的保育，包括对幼儿身心两方面发展的保护和促进；狭义的保育，专指对幼儿身体的保护和养育。广义的保育包括许多方面：对幼儿权利的承认和保护，承认幼儿是不同于成人的人；努力提高幼儿在法律、道德方面的地位，保障幼儿的基本权益，这是保育的重要内容之一；给予平衡合理的营养，按时进行预防接种，提供符合卫生标准和卫生要求的教育设施等，保护和增进幼儿身心的健康发育，这就是卫生保健，它是保育的一个很重要的方面。此外，保育还包括保障幼儿的安全，使他们的身心免遭各种伤害等内容。

《幼儿园工作规程》将幼儿园的保育提到了与教育并重的地位，指出了制定《幼儿园工作规程》的目的就是"提高保育和教育质量"。"幼儿园是对 3 周岁以上学龄前幼儿实施保育和教育的机构"，幼儿园的任务是"实施德、智、体、美等方面全面发展的教育，促进幼儿身心和谐发展"。这就是说，在幼儿园中，不仅有教育问题，而且还有保育问题，两者是相互渗透、相互联系的，检验一个幼儿园的质量，不仅要检验其教育质量，而且要检验其保育质量。"保教并重"的特点，不仅反映在幼儿园工作的内容上，也突出地反映在幼儿园的办园目标上。

（二）注重幼儿的全面发展

我国总的教育目的是以马克思主义关于人的全面发展学说为理论基础的，马克思主义个人全面发展的内涵就是个人智力和体力尽可能多方面的、充分的、自由的发展，并在此基础上实现脑力劳动与体力劳动相结合。因此，我国教育以追求学生全面发展为根本目的。如在 2021 年修订的《中华人民共和国教育法》中，教育目的被表述为："教育必须为社会主义现代化建设服务、为人民服务，必须与生产劳动和社会实践相结合，培养德智体美劳全面发展的社会主义建设者和接班人。"在这个提法中，对人才素质的培养规格表现为德智体美劳的全面发展。这个教育目的已经成为我国教育机构和教育工作者必须遵守的法律要求。

学前教育目标是教育目的的下位概念，它必须遵循国家总的教育目的。因此，《幼儿园工作规程》第三条明确规定："幼儿园的任务是：贯彻国家的教育方针，按照保育与教育相结合的原则，遵循幼儿身心发展特点和规律，实施德、智、体、美等方面全面发展的教育，促进幼儿身心和谐发展。幼儿园同时面向幼儿家长提供科学育儿指导。"显然，幼儿园教育目标是促进幼儿素质全面的发展。虽然德、智、体、美四种基本因素各自由不同的成分组成，有特殊的发展过程，具有不同的作用和价值，但在幼儿园教育目标的实施过程中，它们是相互联系、相互制约、相互促进、相互融合的有机结合体。

谈一谈全面发展的教育目标对幼儿发展的意义。

（三）关注幼儿的长远发展

《幼儿园工作规程》指出，幼儿园教育是"基础教育的重要组成部分"。幼儿身体发育迅速，好奇好问，表现出强烈的求知欲望，这些都为他们探索周围奇妙的世界提供了基本的条件。幼儿园教育的重点不在于让幼儿掌握多少知识，而重在发展他们的素质，开发他们的智能和创造性，培养良好的个性品质，提高适应社会环境的能力，为幼儿的长远发展打下坚实的基础。

学前教育阶段任何急功近利式的做法都无益于幼儿的长远发展，我们需要将眼光投注于那些能使幼儿终身受用的品质上。例如《幼儿园教育指导纲要(试行)》把"情感"和"态度"作为幼儿发展最重要的方面列在首位。在五个领域目标的阐述中处处渗透了"尊重意愿、满足需要、培养兴趣"之类的思想。健康领域目标中的"喜欢参加体育活动"，语言领域目标中的"乐意与人交谈""喜欢听故事、看图书"，社会领域目标中的"能主动地参与各项活动""乐意与人交往"，科学领域目标中的"对周围的事物、现象感兴趣，有好奇心和求知欲""爱护动植物，关心周围环境"，艺术领域目标中的"能初步感受并喜欢环境、生活和艺术中的美""喜欢参加艺术活动""能用自己喜欢的方式进行艺术表现活动"等，都体现了这一点。而在能力和知识之间，《幼儿园教育指导纲要(试行)》又将能力放在更重要的地位上。就知识而言，从《幼儿园教育指导纲要(试行)》对各领域的表述来看，知识只是幼儿在活动过程中的一种体验，是在与环境相互作用中所获得的一种经验，而不是那种通过记忆储存起来的特定知识点。《幼儿园教育指导纲要(试行)》对发展"情感、态度、能力、知识、技能"的排序，体现了一种鲜明的价值取向，那就是更加注重幼儿终身可持续发展品质的培养。

谈谈在不同的历史时期,我国幼儿园教育目标的变化有什么规律。

【本章小结】

学前教育目标是指学前教育机构的教育目标,它是在教育目的的指导下,根据学前教育的任务和教育对象提出来的培养人的具体质量和规格。

按照从概括到具体的纵向结构,学前教育目标可以分为学前教育总体目标、各个幼儿园教育目标、幼儿园年龄阶段目标、单元目标、教育活动目标五个层次。

学前教育目标按照不同的分类方式,可以分为应然的目标与实然的目标;内部的目标与外部的目标;学前教育机构、学前社会教育的其他机构、家庭的学前教育目标;预设的目标与生成的目标。

学前教育目标的功能指学前教育目标对实际教育活动所具有的作用,学前教育目标的功能主要有导向功能、调控功能和评价功能。

制定学前教育目标的依据包括:教育目的、幼儿身心发展规律及其需求、社会发展的客观要求。

学前教育目标的价值取向观主要有:个人本位论与社会本位论,指向现在与指向未来,普遍性目标、行为目标、生成性目标和表现性目标中的价值取向。

幼儿园教育目标随着社会的发展和人们对学前教育认识的不同而有所差异。我国幼儿园教育目标的特点:保育和教育并重、注重幼儿的全面发展、关注幼儿的长远发展。

【拓展阅读】

1. 张华. 论课程目标的确定［J］. 外国教育资料,2000(1):13-19.

2. 钟启泉. "三维目标"论［J］. 教育研究,2011(9):62-67.

3. 杨晓萍,韩曜阳. 新旧《幼儿园工作规程》内容比较分析［J］. 今日教育(幼教金刊),2016(4):6-7.

4. 刘占兰. 新《幼儿园工作规程》解读［J］. 今日教育(幼教金刊),2016(4):4-5.

5. 于世华. 论教育目标的选择［J］. 教育理论与实践,2014,34(34):12-15.

6. 范蔚. 三类教学目标的实践意义及实现策略［J］. 教育科学研究,2009(1):49-52.

7. 李季湄. 关于幼儿园课程的几个问题:幼儿园教育目标、课程目标及其课程模式［J］. 学前教育研究,2001(1):27-30.

【问题思考】

1. 什么是学前教育目标？教育目标和教育目的的区别是什么？
2. 应然的教育目标和实然的教育目标之间的区别是什么？
3. 举例说明学前教育目标的功能。
4. 制定学前教育目标的依据是什么？
5. 如何看待个人本位论和社会本位论这两种不同的目标价值取向？
6. 简述普遍性目标、行为性目标、生成性目标和表现性目标的含义及其使用范围。
7. 试比较1952年《幼儿园暂行规程(草案)》与2016年《幼儿园工作规程》中幼儿园教育目标的异同，并分析原因。
8. 我国幼儿园教育目标的特点是什么？

第五章　　学前儿童的全面发展教育

【学习目标】

1. 理解学前儿童德育的内涵及历史。
2. 能够辨析学前儿童社会性发展、社会教育与德育之间的联系与区别。
3. 掌握学前儿童道德发展的过程与特点以及德育的实施。
4. 理解学前儿童智育的内涵，理解智育对学前儿童个体全面发展的意义。
5. 了解学前儿童智能发展的规律与特点和多元智能理论，掌握学前儿童智育的内容，以及培养智能的途径和应注意的问题。
6. 理解学前儿童体育的内涵，理解体育对学前儿童个体全面发展的意义。
7. 知道学前儿童身体发育特点，理解学前儿童体育的目标、任务与内容。
8. 掌握学前儿童体育的特点、指导原则。
9. 理解美、美感、学前儿童美育的内涵，理解美育对学前儿童个体全面发展的意义。
10. 了解学前儿童的审美心理过程，掌握学前儿童美感发展的特点，以及培养美感的途径和应注意的问题。
11. 理解学前儿童劳动教育的内涵、目标，理解劳动教育对学前儿童个体全面发展的意义，掌握学前儿童劳动教育的内容、实施原则。

【关键概念】

全面发展教育　学前儿童德育　学前儿童智育　学前儿童体育　学前儿童美育
学前儿童劳动教育

问题情境

丰老师组织中(2)班的半日开放活动。除了日常生活、游戏环节外,家长和本园的一些教师还观摩了丰老师的集体教学活动。在活动中,丰老师给每个小组分发了三根刚摘的玉米,让幼儿仔细观察玉米的样子,有什么新发现可以记录下来。在观察过程中,幼儿在谁先观察等问题上出现了一些争执。有些幼儿在玩玉米的须,有些幼儿在数玉米粒,还有些幼儿抠下玉米粒品尝。接着,丰老师让幼儿说说看到了什么,感觉到了什么。有些幼儿描述玉米外壳的特点,有些幼儿描述玉米须的特点,还有些幼儿描述生玉米粒的味道。幼儿发现每组的玉米外壳、须都有点不一样。很多幼儿提出能不能吃玉米,丰老师说已经在煮玉米了,要等一会儿。在等待阶段,丰老师给每组幼儿一些工具,如皮尺、直尺、盘秤、纸、笔、剪刀、胶水等,允许幼儿想做什么就做什么,但希望能选择做一件事,最多做两件事,每件事都要坚持做完。其间,丰老师给一些有需要的幼儿提供了启发和帮助。等大部分幼儿做完,丰老师让幼儿洗手吃玉米。

家长和教师们讨论时,大家的意见很不一致。有的教师就问丰老师:这节课到底是什么课?促进了幼儿哪方面的发展?教师到底对幼儿的发展起了什么作用?有的家长认为孩子没有学到东西,还有的家长问为什么不为每个孩子准备一根玉米……

这里就引出了一系列问题:教育活动是为了什么?学前儿童的发展是否只是学到了一些知识?好奇心、分享、合作到底是不是学习的内容?探究、发现、互动、测量、粘贴等是不是学习?如何理解学前儿童的全面发展?学前儿童的全面发展如何实现?本章将与你一起探讨学前儿童的全面发展教育。

全面和谐发展是教育的终极目的，片面地、孤立地训练某一方面而忽视，甚至有意牺牲其他方面，都是不可取的。学前儿童的全面发展教育包括德育、智育、体育、美育、劳动教育，本章将逐一进行论述。

第一节 学前儿童德育

德育长期以来一直都是幼儿园教育的重要内容之一。德育主要涉及的是个体社会性发展，最终的目的是培养和塑造学前儿童良好的道德品质和道德人格。

一、学前儿童德育的内涵

学前儿童德育是指教育者按照社会主流价值观的要求，运用恰当的方式、方法引导，在促进学前儿童社会性发展的基础上，培养学前儿童良好道德品质的活动。

二、学前儿童德育的历史

我国有着悠久的道德教育传统，对学前儿童的教育既体现在对学前儿童身体的养育与照顾上，也体现在对学前儿童良好品德礼仪的熏陶上。在中国古代，德育的内容主要体现为各种礼仪伦常的教育，由此各种礼仪伦常教育是童蒙教育的主要内容。在幼儿园课程体系中，德育也一直占据着重要的地位。1951年颁布的《幼儿园暂行教学纲要（草案）》指出，通过爱国主义和国民公德等教育培养幼儿的道德品质是幼儿园的一项重要任务。1956年颁布的《幼儿园教育工作指南》进一步指出学前教育的目的是进行全面发展的共产主义教育，包括德育、智育、体育几个部分，明确提出德育的任务是培养年轻一代具有符合社会主义要求的道德品质。1996年颁布、2016年修订的《幼儿园工作规程》在阐述幼儿园保育和教育的主要目标时提出德育的目标是："萌发幼儿爱祖国、爱家乡、爱集体、爱劳动、爱科学的情感，培养诚实、自信、友爱、勇敢、勤学、好问、爱护公物、克服困难、讲礼貌、守纪律等良好的品德行为和习惯，以及活泼开朗的性格。"从20世纪90年代开始，我国的教育工作者开始关注学前儿童社会性的研究，使得学前儿童德育的理念开始发生转变，德育的内涵向社会性方向延伸。

☞ 如何运用传统资源对儿童进行礼仪教育

三、学前儿童社会性发展、社会教育与德育

（一）学前儿童社会性发展、社会教育的内涵

"社会性"是发展心理学中的术语。一般认为社会性就是由人的社会存在所获得的一切特征，符合社会规范的典型行为方式。学前儿童社会性发展既受自身身体发展过程的制约，同时也受环境和教育的影响。从社会性发展的内容来看，

学前儿童社会性发展体现在很多方面，不同的研究者也提出了不同的分类。从操作层面来看，学前儿童社会性发展可分为社会认知、社会情感、亲社会行为和道德发展四个方面。这四个方面是作为一个整体体现在学前儿童发展中的。

学前儿童社会教育就是旨在促进学前儿童社会性发展和人格发展的教育，是学前儿童全面发展教育的重要组成部分。

（二）社会教育与德育的关系

新中国成立后，我国的幼儿园课程经历了从德育向社会教育转变的过程。2001年的《幼儿园教育指导纲要（试行）》将原来幼儿园课程中的思想品德与社会常识及一些和学前儿童知情意发展相关的内容整合为社会领域课程，"社会"由此成为五大领域课程之一。

社会教育与德育既有联系也有区别。社会教育的范畴更大，包含了德育。因为学前儿童的道德发展是建立在社会性发展基础上的，是社会性发展到一定阶段的产物。二者的区别在于道德指涉的是善恶问题，社会性发展指涉的是个体能否具有良好的合群性，是否适应群体生活的问题。前者具有道德评判的意义，它的重心是对个体社会性发展的规范与引导，按照社会期盼与要求，来引导和促进个体的社会性发展，主要是培养学前儿童的亲社会行为。而后者则不具有这种价值评判的意义，它虽然包含学前儿童亲社会行为的培养，但还包括学前儿童的自我认知、自我控制、自我评价等内容。教师应该将德育放在社会性发展的基础上来进行，更好地关注学前儿童品格发展的身心基础，否则，便不能有效地理解学前儿童的行为，也无法有效地对其进行道德教育。

小组讨论

学前儿童社会性发展、社会教育、德育之间是什么关系？各自强调的重点有何不同？

四、学前儿童道德发展与教育

（一）学前儿童道德发展的过程与特点

学前儿童德育的前提首先是对学前儿童道德品质的心理结构和发展水平的把握和理解，其次才是采取恰当的教育方式和方法进行教育。

1. 道德品质形成的心理结构

心理学层面一般将个体道德品质的心理结构分为以下四个系统：

（1）道德认知系统。即个体对行为的是非、善恶的判断、评价。

（2）道德情感系统。它是个体根据一定的道德标准去评定自己和他人行为时，所产生的一种内心的情绪体验。实验证明，一切道德感的产生，如内疚感、同情心、羞愧感等既是稳定的道德品质形成的基础，也是衡量个体道德发展水平的重要指标。

（3）道德行为系统。它是指符合道德准则和规范的行为举止。个体的道德发展水平必须通过一定的道德行为体现出来。当道德行为经过反复实践，变成不需要任何外在监督和个人意志约束的自觉行为时，就成为道德习惯。道德习惯是衡量道德品质的最重要的指标。

（4）道德意志系统。即自觉克服困难，抵御不良的诱惑，控制和调节道德行为的精神力量。这种意志系统在学前儿童身上就体现为对行为的自我控制能力。自制力主要表现为通过抑制直接的、短期的欲望而控制冲动性的能力，是学前儿童自我控制能力积极而重要的成分。

道德认知、道德情感、道德行为、道德意志四个方面是一个统一的整体，各有作用。道德认知是行为的基础；良好的道德情感是产生和坚持道德行为的动力；道德行为是道德品质的外在体现；道德意志则能够巩固道德认知，强化道德情感，增加道德行为产生的概率。学前儿童德育既要着眼于提升道德认知，也要注意激发道德情感，训练道德行为和习惯，最终达到知情意行的统一。

2. 学前儿童道德品质形成的基本规律

个体道德品质的发展有一个过程，刚刚出生的婴儿是谈不上行为的善恶的。在已有的研究中，对儿童道德认知发展的研究主要集中在道德判断方面。皮亚杰对儿童道德发展的阶段进行了研究，他认为儿童认知发展是道德发展的必要条件，道德发展作为一个连续的过程，由于认知结构的变化而表现出明显的阶段性，其中学前儿童主要处于前两个阶段：（1）前道德阶段（四五岁之前），这个阶段的儿童处于前运算阶段，其思维是自我中心的，其行为往往受结果支配，还不能对行为本身作出判断，因此还没有形成真正的道德观念。（2）他律道德阶段（四五岁至八九岁），这个阶段的儿童对道德的看法是遵守规范，出现了服从别人规则的观念。他们把一切规则和是非观念都看作绝对的，认为只要是成人权威提出的规则，就不能改变，行为只重视后果，不考虑行为的动机。

科尔伯格的研究也在一定程度上验证了皮亚杰的研究，并且进一步提出学前儿童的道德发展阶段处于前习俗水平，这一水平有两个发展阶段：（1）服从与惩罚定向阶段。儿童判断行为的好坏根据行为的可见结果，支配自己行为的是奖励和惩罚。（2）工具性的目的和交换阶段。对于规定和原则，儿童只有在符合其利益时才遵守，行为是为了满足自己的需要，如"你让我玩四轮车，我就把自行车借给你"。

学前儿童这种道德认知的特点集中体现在道德评价上。首先，学前儿童的道德评价常常模仿或重复父母、教师和其他成人的评价，例如，关于"好"与"坏"的概念，学前儿童只是从行为的外部表现去理解。他们具有简单、粗浅的道德认识，但对人和事的道德判断的评价有很大的依赖性和模仿性，而且他们对"好"与"坏"的判断与家长和教师的态度有关，家长和教师赞许的就是"好"的，家长和教师反对的就是"坏"的。其次，学前儿童在进行道德评价时只看效果不问动机。因此，教师和家长必须经常为学前儿童作出道德评价的示范，利用多种教育活动对学前儿童的品德进行培养。

在道德情感发展方面，学前儿童呈现出直觉性，而且具有不稳定性的特征，容易受到他人影响。例如，一个男孩在打人时如果看到教师和同伴正在注视他，往往会有不自在的感觉。这种羞愧感的产生虽然并不一定具有自觉性，但仍然与他过去在特定情境中所受到的集体舆论影响有密切关系。在道德行为方面，学前儿童体现出不稳定性，容易出现反复。这种反复性一方面是由于学前儿童心理发展水平不同导致其行为表现的反复。另一方面，当环境条件发生变化时，学前儿童已经形成的良好行为可能出现反复。例如，在寒暑假之后，幼儿园教师一般都会发现幼儿本来已经形成的一些行为习惯消失了，其原因就在于假期中家庭成员放松了对幼儿的行为要求。另外，学前儿童的道德认知常常和行为脱节，呈现出道德意志薄弱的特点。这种薄弱性主要表现在道德行为的不稳定和不持久，缺乏抵抗诱惑的能力，有时还常常出现明知故犯的现象。这与学前儿童道德认知水平低、生理机能发展不成熟有密切联系。由此可见，学前儿童道德品质的形成是一个长期反复的过程。

这些研究都证明学前儿童还不能很好地协调自己与客体的关系，在思维时总是把注意力集中在自己的愿望、需要、动作上，形成了特有的自我中心思维。要让学前儿童克服这种自我中心思维，成人需要借助移情训练、榜样示范、正面强化等方式逐渐让学前儿童学会去体会他人的感受，进而产生积极的道德行为。

[案例5-1]

户外活动环节，小二班的幼儿们都在各自活动。突然，浩浩哭着跑到教师面前说："老师，瑞瑞推我，你看我的膝盖都摔破了。"教师一看，浩浩的膝盖擦破了一小块皮。教师把瑞瑞叫了过来询问事情的经过。瑞瑞见被浩浩告了状，也很生气，对教师说："明明是他先打我的，我才推他的。他打我，我也很痛。"教师等浩浩情绪平静下来问他究竟怎么回事。浩浩说："我玩皮球，跑着的时候球就砸到他身上了，他转身就推了我。"

教师把两个幼儿叫到旁边，先问瑞瑞："当时你被球砸到，是不是很疼？"瑞瑞点点头，教师继续说："浩浩玩球，没有控制好球所以砸到你了，弄疼你了。"浩浩有些不好意思，接着教师又说："但是浩浩并不是有意的，是不小心的，你推了他，他摔倒了，也很疼，你看他的膝盖都破了。"瑞瑞听了，也有些不好意思。教师把两个幼儿的手放到一起说："如果不小心碰到对方，要赶紧道歉。因为即使不是故意的，对方也可能会不舒服。小朋友之间不能动不动就推人,这样很危险的,被推的人很容易受伤的,知道了吗。"两个幼儿都点了点头。

分析:在这个案例中,无论是浩浩还是瑞瑞的行为都体现了幼儿具有代表性的心理特征,即自我中心思维,很少考虑对方行为的动机,也无法预知自己行为所产生的后果。教师就需要明确告知此类行为可能产生的后果,不断增强幼儿的共情能力,帮助他们逐步摆脱自我中心思维。

小组讨论

学前儿童主要处于"前道德阶段"和"他律道德阶段",教师在对其进行道德教育时需注意哪些因素的影响?

(二)学前儿童德育的实施

学前儿童德育是建立在对学前儿童社会性发展理解基础上的。学前儿童受身心发展特点的限制,对理论化、抽象的善恶教育无法真正理解,因此学前儿童德育必须结合学前儿童的身心特点,采用合理的方式、方法展开。

1. 学前儿童德育的内容

《幼儿园工作规程》提出德育的目标是:"萌发幼儿爱祖国、爱家乡、爱集体、爱劳动、爱科学的情感,培养诚实、自信、友爱、勇敢、勤学、好问、爱护公物、克服困难、讲礼貌、守纪律等良好的品德行为和习惯,以及活泼开朗的性格。"《幼儿园教育指导纲要(试行)》规定的社会领域的目标和任务是:"能主动地参与各项活动,有自信心;乐意与人交往,学习互助、合作和分享,有同情心;理解并遵守日常生活中基本的社会行为规则;能努力做好力所能及的事,不怕困难,有初步的责任感;爱父母长辈、老师和同伴,爱集体、爱家乡、爱祖国。"在这五条要求中,第二条、第三条和第五条都与德育有关。把《幼儿园工作规程》和《幼儿园教育指导纲要(试行)》结合起来分析,学前儿童德育的内容包括以下几个方面。

(1)文明礼貌教育

在中国古代,各种礼仪伦常教育是童蒙教育的主要内容,这种传统一直延续至今。在当代的幼儿园中就体现为注重幼儿的文明礼貌教育。这主要通过以下的方式实现:第一,培养幼儿礼貌待人的态度与行为习惯。从幼儿进入幼儿园的第一天起,教师就会运用各种方式让幼儿掌握生活中基本的文明礼貌用语,如"请""谢谢""对不起""没关系"等,帮助幼儿运用恰当的礼貌语言和别人交往。同时,幼儿园还通过日常生活的各个环节渗透这种礼貌待人的教育。第二,引导幼儿养成文明的生活态度和行为习惯。因为幼儿终归要参与到社会生活中,因此引导幼儿遵守社会公德,养成文明健康的生活习惯是非常重要的,如在公众场合保持环境的整洁有序,遵守公众场合的规则与秩序等。这既是个人修养的体现,也会对他人的生活

☞ 幼儿礼仪教育的实施途径

产生影响，让幼儿从小具有公德意识和习惯是德育非常重要的内容。

（2）人际交往教育

幼儿从家庭进入幼儿园是人际交往圈逐渐扩大，人际交往能力逐渐发展的过程。目前，幼儿在家庭中较缺乏与同伴交往的经验，缺乏相应的交往态度和策略，因此在幼儿园群体生活环境中对幼儿进行人际交往的训练非常重要，如要求他们不能事事处处只顾自己，要与同伴分享食品和玩具，并能遵守游戏规则，收拾玩具等。

幼儿园为幼儿提供了稳定的同伴交往环境，这对培养幼儿亲社会行为提供了良好的条件。这种环境能够满足幼儿的社交需要，使其获得社会支持和安全感。幼儿园环境对幼儿的价值在于：第一，培养幼儿积极的交往态度。良好的人际交往能力形成、发展的前提是积极的交往态度。有了积极的交往态度，就有了交往的动力。教师要培养幼儿的交往兴趣，给予幼儿主动交往的勇气，通过各种方式鼓励幼儿去与他人交往，让幼儿克服心理上的畏惧感。从操作的层面看，教师要善于为幼儿创造交往环境，提供交往机会，如有趣的游戏活动，使幼儿投入到群体生活中，开始对他人、对群体生活感兴趣。第二，帮助幼儿掌握正确的交往方式和策略。由于在家庭中同伴交往环境的缺失和固有的自我中心思维特点，幼儿往往缺乏正确的交往方式和策略，致使他们在交往过程中经常获得失败的体验。因此，帮助幼儿掌握基本的交往技能和策略是提升幼儿交往能力的重要途径。这种教育既可以通过日常生活进行渗透，也可以通过对随机事件的处理实现。如教给幼儿如何运用恰当的语言提出要求，在伤害了别人后应该怎么办，如何处理与同伴意见的冲突等。在教育方法上可以通过移情训练法、角色扮演法等帮助幼儿摆脱自我中心思维，学会体验他人的情感。第三，引导幼儿发展合作、分享、谦让等亲社会行为。亲社会行为是符合社会期待，并对他人、群体和社会有益的行为。幼儿的亲社会行为不是随年龄增长自发增多的，需要教师有意识地通过幼儿园的生活进行引导，如创设玩具的分享时间；在幼儿需要帮助的时候引导其他幼儿伸出援助之手；给予幼儿更多需要合作才能完成的游戏和任务，让幼儿在游戏的过程中获得这些良好的交往品质等。

［案例5-2］

区域活动时间，菲菲和小宁都想玩同一个玩具，但是玩具只有一个，两个人都声称是自己先拿到的，争执不下，她们便闹到了教师那里。教师问清楚事情的经过，对两个幼儿说："你们都说是自己先拿到的，可是没有谁能证明，所以我也不能判断谁该先玩。但如果你们一直吵，把时间都浪费了，谁都玩不了，你们说怎么办？"两个幼儿听了教师的话，觉得有些道理。教师又继续说："以后如果又遇到只有一个玩具，两个人想玩的情况，你们又该怎么办呢？你们可以好好想一想遇到这种情况可以怎么办。"菲菲和小宁开始商量解决的办法。

分析：在这个案例中，有限的资源导致两个幼儿发生了冲突。教师知晓后，并没有代替她们解决问题，而是告诉她们游戏的规则，同时引导她们想办法解决问题。在这个过程中，幼儿不仅明白了争执无助于解决问题，还锻炼了沟通协作能力。

（3）责任感的教育

《幼儿园教育指导纲要（试行）》提出让幼儿做一些力所能及的事情，培养幼儿初步的责任感。具有责任感是品德发展的一个重要方面，而个体责任感的培养需要从学前阶段就开始。幼儿的责任感既体现在认识上，也体现在具体的行为上。在认识层面要让幼儿理解责任的含义及意义，在平时的生活中也要对幼儿做出具体的行为要求，如让他们知道自己的事情自己做，答应的事情就要做到，会思考行为的后果，不做找借口及责怪别人的事情等。当然对不同年龄阶段的幼儿，责任感培养的重点是有所区别的。根据杨丽珠等人的研究，小班幼儿的责任心发展处在依从阶段，他们对责任的意义并不理解，只是根据成人的外在要求和标准做出相应的责任行为，成人的要求及其对相关要求做出的反应对幼儿的影响最大。中班幼儿的责任心发展处在认同阶段，这时他们对责任有了一定的认识，但这种认识还不深刻，还没成为自身的一种信念。大班幼儿的责任心发展处在信奉阶段，此时幼儿的责任心已经内化为自身的价值标准，基本摆脱了对成人权威的畏惧，但还缺少情感力量的支持。① 因此，小班幼儿责任感的培养重在行为要求，中班幼儿责任感的培养可以适当增加认知层面的内容，大班幼儿责任感的培养要注意增强幼儿的情感体验。

（4）爱长辈、爱集体、爱家乡及爱祖国的教育

《幼儿园教育指导纲要（试行）》明确提出要培养幼儿爱父母长辈、老师和同伴，爱集体、爱家乡、爱祖国的情感，要求幼儿首先对身边的人产生积极的情感，然后延伸开来。因此教师要教育幼儿首先关心自己的亲人和同伴，如在父母生病时给予关心，吃东西时不独享等，由此延伸到爱集体、爱家乡、爱祖国。对家乡、祖国的爱需要激发幼儿的情感体验，如通过游览、参观、旅行使幼儿领略到祖国的大好河山，知道祖国领土的辽阔、物产的丰富、文化的悠久，这些都能对幼儿进行爱的熏陶，使他们萌发对祖国的爱。在现实的教育中，教师需要注意的是幼儿关于祖国概念的认知有一个发展过程，教师一定不能将这种教育教条化、形式化。不同的年龄阶段应考虑不同的教育内容，循序渐进。

实践活动

请调查某一年龄阶段的幼儿对"祖国"概念的认知，并分析其认知呈现出什么特点。

---

① 杨丽珠,邹晓燕.提高幼儿品德教育的有效性[J].学前教育研究,2004(9):5-8.

2. 学前儿童道德学习的特点

德育关注的是学前儿童道德品质的发展，道德学习与其他知识技能的学习相比有着自身的特点。道德学习的目标是道德情感、态度和价值观的形成。知识和技能学习面向的是人的智力和技能领域，在学习中所需要解决的问题主要是知与不知、理解与否、会与不会的问题。道德学习则面向人的情感、态度和价值观领域，体现为通过学习，人在态度上是否赞同、在情感上是否趋同、在行为上是否愿意践行，最终上升到人的信仰层面，成为一种稳定持久的道德信念和道德行为模式。幼儿园教师首先要了解幼儿道德学习的特点，才能在此基础上对其进行道德教育。与一般知识、技能学习相比，道德学习具有以下特点：

（1）整合性。与知识、技能学习相比，道德学习的心理机制无疑更为复杂，最为突出的一点就是它更多体现为一种整合性的学习。它需要认知、情感和行为的共同作用、有机整合才能达成。在道德的学习中不存在客观和中立的学习，都是带有情感特征的，同时学习者也需要通过具体的行为进行学习。苏霍姆林斯基指出："认识，只有在行为能给孩子带来正义感，能使他激动，能使他心灵上产生欢乐感和兴奋，并能振作精神的情况下，才能转化为信念。"[①]这段话深刻揭示了情感在道德学习中所起的作用。概言之，道德学习是在认知、情感、行为等多重因素的共同作用下和相互不断强化的过程中完成的，这就决定了道德学习整合性的特点。

（2）随机性和无意性。幼儿随时都在观察身边的一切，尤其是成人的举止和态度，而且这种观察常常在成人没有意识到的状态下发生的。这正是幼儿道德学习的一个特点，他可能在无意中就见到了好或者不好的行为，也就有可能产生行为上的模仿。

（3）实践性。幼儿的道德学习既包括认知层面的学习，也包括道德情感的学习和道德行为的习得。不管是道德感的巩固，还是道德行为的习得都需要幼儿的亲身实践。相对知识学习更多依靠的是识记、思考、记忆等心理机制的作用，道德学习尤其强调情感体验和行为践行的作用。道德学习不以理解、掌握道德作为其终极的目的，只有在践行的过程中才能得以强化。此外，只有在行为上具有道德评判的意义，并成为一种稳定的行为特征才能说明道德学习产生了效果。

（4）长期性和反复性。道德品质的形成是一个漫长的过程，不仅需要道德认知作为基础，还需要将道德认知转化为道德行为，并长期坚持进而形成一种道德习惯，这需要在现实生活中长期、反复地实践练习。幼儿由于理性思维能力比较弱，自我控制能力还不强，因此在道德学习的过程中容易出现反复的情况，教师需要对幼儿的教育持之以恒，并且不断地强化。

---

① 蔡汀,王义高,祖晶．苏霍姆林斯基选集:第 4 卷[M]．北京:教育科学出版社,2001:259.

根据幼儿道德学习的特点,幼儿园在对其进行道德教育时需要注意哪些问题?

3. 学前儿童德育的原则

(1) 正面教育原则

正面教育的核心是在尊重的前提下对幼儿提出要求,在肯定的前提下对幼儿的行为作出补充和调整,在维护幼儿自主性的前提下渗透道德要求。德育是导人向善的教育,教育的重点是关注如何让幼儿形成正确适宜的行为方式,因此教育的重心不仅仅是让幼儿知道什么是不能做的,更需要让幼儿了解什么是可以做的,这对养成幼儿恰当的行为方式很有帮助。正面教育体现在:第一,在日常的教育中直接告诉幼儿具体做什么,而不是只告诉他不要做什么。比如当幼儿在活动室的墙上乱画的时候,一个教师说:"不要在墙上乱画,这样是不对的。"另一个教师则说:"如果你想要画画的话,可以画在纸上,而不是墙上。"有经验的教师往往在告诉幼儿什么不能做的同时告诉他什么可以做。第二,为幼儿树立良好的榜样,榜样的示范作用可以引导幼儿习得良好的行为方式和习惯。第三,以鼓励表扬为主。教师对幼儿的优点和进步要及时给予肯定和表扬,帮助他们明辨是非、增强自信。

(2) 实践性原则

德育需要组织幼儿按照正确的道德行为要求反复进行练习,促使幼儿掌握和巩固某种道德行为。行为主义心理学认为幼儿良好的行为是在不断试误与练习的过程中建立起来的,对良好行为进行经常的强化练习,是行为习得的基本途径。因此,在幼儿了解了社会道德行为规范,习得了社会行为技能后,更重要的是通过日常的不断强化、练习,使其行为规范化、习惯化。实践性原则就是要为幼儿多创设行为实践的机会,让幼儿在实际行动中产生良好的道德情感,习得道德行为。《幼儿园教育指导纲要(试行)》强调:"幼儿与成人、同伴之间的共同生活、交往、探索、游戏等,是其社会学习的重要途径。应为幼儿提供人际间相互交往和共同活动的机会和条件,并加以指导。"在具体的操作中,教师可以通过幼儿自我服务、为他人和集体服务、和成人交往等活动引导幼儿产生亲社会行为。更重要的是,德育要有一定的延伸性,使幼儿不仅在幼儿园有践行的机会,在家庭中也有践行的机会。

(3) 一致性原则

幼儿的道德发展是一个连续的过程,不仅具有时间上的延展性,同时也具有空间上的延展性。这就要求各种教育力量协同作用,产生教育的合力。幼儿的道德学习是一个长期的过程,其模仿学习的对象与环境应有相对的稳定性与一致性，这样才能有利于幼儿良好行为习惯的建构。如果幼儿面对的是一个不一致的教育环境，不同的人用不同的观念引导他们，用不同的行为标准要求他们，幼儿会感到无所适从，这对其形成稳定的道德品质将会产生消极的影响。因此，德育要尽力为幼儿提供稳定、和谐统一的环境。具体可以从以下几个方面着手：第一，教师言行一致，对幼儿的要求始终一贯。即教师呈现给幼儿的观点、行为与情感要保持内与外的统一，以及时间上的一致性。如要求幼儿不要说谎，教师自身也要遵守承诺。第二，协调幼儿园内部的教育力量。即幼儿园带班教师之间，教师与保育员、行政后勤人员等对幼儿的教育态度、要求保持一致。这样有助于幼儿获得明确的行为正确与否的标准。第三，协调统一幼儿园与家庭、社区之间的教育力量。《幼儿园教育指导纲要（试行）》指出："社会学习是一个漫长的积累过程，需要幼儿园、家庭和社会密切合作，协调一致，共同促进幼儿良好社会性品质的形成。"学前儿童德育不是单靠一方的力量就能完成的，必须充分利用并协调各方面的教育因素。尤其需要注意的是，如果各种教育因素的标准不一致，对幼儿的道德发展不仅不能起到正面的推动作用，还可能产生负面作用。

4. 学前儿童德育的方式

学前儿童德育的方式有很多，一般教育的方法如谈话法、讨论法等都适用于德育。这里介绍几种在德育领域比较常用而且有效的方式。

(1) 注意为幼儿树立良好的榜样

根据班杜拉的社会学习理论，幼儿社会行为的习得既通过直接学习的方式实现，也通过观察学习的方式实现，即通过对他人的行为及其强化性结果的观察而习得新行为。榜样示范对幼儿来说是比较有效的一种教育方式。榜样示范的是良好的道德行为，这些榜样既可以是幼儿的同伴，可以是道德高尚、受人尊敬的成人，也可以是文学作品和各种影视作品中的人物。根据班杜拉的观点，观察者的心理特征、榜样的活动特征和观察者与榜样的关系会影响幼儿的模仿行为，其中观察者与榜样之间的关系在某些方面对学习的效果影响更大。如果榜样经常与学习者在一起，或者二者相似，那么学习者就经常或容易学会榜样的行为。如子女较多地模仿自己的父母，学生较多地模仿自己的老师，犯罪分子则更容易模仿电视剧中的攻击行为。而榜样的活动特征，如行为的效果和价值，榜样人物具有的魅力也会影响到模仿的结果。

对于幼儿而言，一方面教师要注意为幼儿树立良好的同伴榜样，引发幼儿的模仿行为；另一方面教师要注意自身的榜样作用，因为教师在幼儿心目有着重要的地位，教师无意中就成为幼儿学习最重要的榜样。教师的一言一行、一举一动都对幼儿的道德行为产生潜移默化的影响。幼儿不仅模仿教师的行为，而且仿效教师的态度、价值观和情感反应，因为自己像教师而感到自豪。从这个角度讲，学前儿童德育是身教重于言教的活动，教师自身的道德品格是最好的教育资源。

幼儿道德学习中是否存在虚拟性的榜样？如果存在，教师应该如何进行引导？

（2）注意对幼儿进行移情训练

移情训练是指通过一些形式让幼儿去理解和分享别人的情绪体验，使幼儿在以后的生活中对他人的类似情绪能主动、习惯性地理解和分享。这种方法的目的是让幼儿能够对他人的情感和行为产生共情，即产生一种替代性的情感反应和体验。研究者一致认为它是产生道德情感和道德行为如帮助他人、安慰他人的动机基础，能激发、促进道德行为的发展。因此对幼儿进行移情训练是一种重要的德育方法。移情训练的方式多种多样，如讲故事、续编故事、情境演示、生活情境体验、主题游戏等。教师可以通过一些教育策略对幼儿进行移情训练：第一，让幼儿明确他的行为给他人带来了怎样的后果，包括别人对此行为的感受。第二，通过提醒幼儿回忆他们自己曾经有的相同经历，让他们去理解他人的感受。第三，把幼儿的注意力转移到他人的感觉上来，询问如果他处在别人的立场上会有怎样的感受。第四，明确地告诉幼儿（或是让他自己去发现）什么样的行为更能体谅他人。①

☞ 移情能力与儿童社会性发展之间的关系

（3）注意在其他活动中进行教育渗透

德育是一个长期的过程，除了教师有目的、有意识的教育活动外，针对德育的特点，幼儿的日常生活、发生的随机事件和其他领域的教育活动也蕴含了很多教育机会，教师要注意进行这种渗透性的教育。在一日生活各个环节中培养幼儿良好的行为习惯；在偶发事件处理中帮助幼儿学会和他人相处；在其他领域的教学中实现内容上的渗透，如利用一些富有道德意蕴的文学作品拓展幼儿的道德认知，加深幼儿的道德情感体验。幼儿园的日常生活是平常而琐碎的，充分利用幼儿园日常生活中的德育因素对幼儿进行教育，是培养幼儿良好习惯的重要途径。幼儿园的一日生活及活动安排有其各自的特点，最主要的是结合每一个活动的特点，进行有效渗透。例如，早餐时，教师除了让幼儿品尝美味可口的饭菜外，还要有意识地引导幼儿了解厨房工作人员是怎样工作的。饭后，利用散步的时间，教师带幼儿去实地观察叔叔、阿姨们是怎样为他们精心准备午餐的，教育幼儿懂得珍惜他人的劳动成果，爱惜粮食，不挑食，不浪费饭菜。在日常生活中渗透德育，一般采用随机渗透的形式，这种渗透是无时不有、无所不在的。教师只要紧紧抓住这些渗透的时机，随时了解和掌握幼儿的行为习惯和外界的各种动态，不失时机地开展随机教育，就可促使幼儿逐步形成良好的生活习惯和行为习惯。

☞ 教师如何引导幼儿合理解决同伴冲突

---

① 艾森博格．爱心儿童：儿童的亲社会行为研究[M]．巩毅梅，译．成都：四川教育出版社，2006：114-115．

在幼儿园体育活动中如何对幼儿渗透道德教育？

(4) 注意利用游戏增强幼儿的道德体验，强化规范的习得

游戏是幼儿的主导活动，而活动和实践是幼儿道德形成的基础，游戏为幼儿提供了实践道德行为的机会。我国学者杨丽珠采用教育现场实验，探索趣味游戏对幼儿自我控制能力的影响，实验结果表明，趣味游戏能够促进幼儿自控能力的发展。

[案例5-3]

不该你说就不说①

教师让孩子们围在一个水池周围，水池里放着各种各样的水果，教师告诉他们，今天我们做个游戏，用毛巾蒙上眼睛，摸水池里的水果，并说出水果名称。游戏开始，教师用毛巾蒙上一个孩子的眼睛，让其摸水池里的水果，并且说出水果的名称。正当这孩子要说出水果的名称时，旁边的孩子替她说出来了。教师说："既然你说得快，那就把你的眼睛蒙上吧。"可当这个孩子摸水果正要说出名称时，其他孩子又替他说了，教师又用毛巾把说话的孩子的眼睛蒙上。如此，每个孩子都有蒙眼睛摸水果、说水果名称时有人替他说了的体验。教师便问孩子们："当你正要说出水果名称时，别人替你说了，你觉得怎样？"孩子们异口同声地说："真烦，就显他厉害了。"教师进一步启发他们："那你们说应该怎么办？"孩子们说："不该你说你就不说。"教师说："那好吧，我们大家按照这个规则，重新做这个游戏。"在再次游戏时有的孩子忍不住又说了，大家就又讨论怎么办。有的孩子提议，要说时用手捂着嘴。于是大家又重新做这个游戏。

在游戏中，教师可以通过角色扮演、移情训练、价值澄清、情感体验、榜样示范等方法，帮助幼儿在认识和体验的过程中，逐步领会公平、合群、协作、服务等社会的道德要求和期望，遵守行为规范，改正缺点和不良习惯。教师通过游戏帮助幼儿在道德认知和道德行为之间架起一座桥梁，知行合一，将道德认知付诸行动，转化为道德行为，形成稳定的行为习惯。幼儿对游戏的强烈需求和浓厚的兴趣成为他们自觉地巩固正确的道德认识，以良好的行为来约束自己的内驱力，使一些良好的行为经过不断有意练习而成为道德习惯，形成个性品质。在游戏中学到的正确的行为标准和道德规范会迁移到实际生活中去，有利于幼儿在今后的现实生活中养成讲文明、讲礼貌、守纪律、团结互助等良好的道德行为习惯，并最终内化为良好的道德品质。

---

① 杨丽珠,邹晓燕.提高幼儿品德教育的有效性[J].学前教育研究,2004(9):5-8.

从一般意义上来说，德育就是教育者通过一定的方式和手段，对受教育者进行道德品质方面的引导和培养。简言之，是教个体如何"做人"的教育。相较家庭环境，幼儿园为幼儿提供了一个稳定的同伴交往环境，这为其道德发展提供了有利的背景性条件。道德品质的养成是一个复杂漫长的过程，非朝夕之功。教师需要明确学前儿童德育的内涵，同时要厘清学前儿童德育与社会性教育之间的关系。此外，教师需要理解幼儿道德发展的特点，并以此为基础采取针对性的教育方式和策略，通过专门的课程、日常生活的渗透、偶发事件的处理等不同的方式对幼儿进行这方面的引导教育。

第二节　学前儿童智育

智育是学前儿童全面发展教育的重要组成部分。做好学前儿童智育工作不论是对于整个社会的发展，还是对于学前儿童个体的发展，都具有相当重要的意义。

一、学前儿童智育的内涵与意义

（一）学前儿童智育的内涵

学前儿童智育主要指向智能发展。智育应该以对智能的正确理解为基础。一般来说，智能（intelligence）与"智慧"或"智力"基本同义，它是人的一种稳固的心理特征，是人在认识世界并运用知识技能解决问题时必备的心理条件，它涉及人获得与保持知识的能力、对新情况作出反应的能力，以及有效解决问题的能力等。需要说明的是，尽管"智能"与"智力"、"智慧"的内涵基本相同，但为了防止与智力测验中所测定的智力相混淆，我们在此采用了"智能"一词。

学前儿童智育是指根据学前儿童智能发展的规律与特点，以增进学前儿童对环境的认识，培养有益的兴趣和求知欲，发展学前儿童智能为主要目的的教育活动。

（二）学前儿童智育的意义

概言之，学前儿童智育的意义可以分为对社会发展的意义、对学前儿童个体发展的意义两个方面。毫无疑问，对学前儿童实施智育可以提高学前儿童整体的智能水平，使其继承、丰富与发展人类积累起来的知识技术，从而促进人类社会物质文明与精神文明建设。在当今知识经济时代，智育对于社会发展的重要意义日益凸显。限于篇幅，这里着重探讨智育对学前儿童个体全面发展的意义。

实践活动

到幼儿园观摩一个班级的一日活动,总结其中蕴含的智育因素,探讨智育对于幼儿发展的意义。

1. 促进智能发展

促进智能发展是学前儿童智育的主要目的。从个体发展价值的角度,它也是学前儿童智育最为重要的意义。围绕个体智能发展的问题,一直存在着"遗传决定论"与"环境决定论"的论争。"遗传决定论"认为,个体智能发展主要受遗传因素的影响,是由遗传基因预先决定的,环境和教育的作用微乎其微。20世纪60年代以后,"遗传决定论"遭到广泛批判,人们提出了"环境决定论"来强调社会生活环境(包括教育)在个体智能发展中的决定作用。经过多年的论争,现在大多数学者普遍认同智能发展的非预成性和多因素相互作用的观点,即个体的智能并不是先天预成的,而是遗传、环境与教育等多种因素相互作用的结果,遗传是个体智能发展的条件,而环境和教育则是重要的决定因素。从这一观点出发,学前儿童智育就具有相当重要的意义。学前期是人一生中智能发展最迅速的时期,如果个体生活在良好的环境中并被施以良好的教育影响,就会极大地促进智能的发展。

2. 满足并不断激发求知欲

求知欲是人类与生俱来的一种认知需求,学前期又是人一生中求知欲非常旺盛的时期,强烈的求知欲是学前儿童不断扩大认知领域,提高其智能水平的强大内在动力。有研究表明,这种内在动力直接影响认知活动的成效。学前儿童对周围世界充满了好奇,会积极主动地进行各种探索和认知活动,当然,他们的认知和探索活动水平还是较低的,偶然、随意的成分还很大。因此,学前儿童智育就可以将偶然、随意的认知活动转化为有目的、有计划的教育活动,不断满足并激发儿童的认知需求,使其能够积极主动地与周围世界相互作用。

3. 增进对环境的认识,丰富知识经验

尽管相对于人一生掌握的知识经验总量来说,学前儿童所获得的知识经验还很少,但是,智能是个体与周围环境相互作用的过程中获得发展的,学前儿童对知识技能的学习也是发展智能的必要条件。智育可以引导学前儿童获得自然、社会等方面的粗浅知识,增进他们对周围环境的认识,丰富他们的知识经验,并帮助他们将知识进行比较和归纳分类,使之系统化与概括化,这样就会有助于学前儿童获得并保持知识,以及运用知识来解决问题,从而促进学前儿童智能的发展。

除上述三个方面之外,智育的意义还体现在它是学前儿童全面发展的必要条件，审美、体育和社会交往等活动无不需要以学前儿童良好的智能作为基础。此外，智育亦可以有力地促进学前儿童的语言表达和动手操作等多种能力的发展。总之，智育对于学前儿童个体全面发展具有相当重要的意义。

二、智能发展与多元智能理论

（一）学前儿童智能的发展

对学前儿童正确实施智育的必要前提是了解与掌握学前儿童智能发展的规律和特点。现代生理学、心理学的研究成果表明，学前期是人一生中智能发展的奠基时期。这一时期不同年龄儿童的智能发展特点也各不相同。

出生后的第一年是儿童心理发展最迅速、心理特征变化最大的时期。从出生到满月，新生儿在适应母体外生活的过程中，开始在无条件反射的基础上建立条件反射。条件反射的出现对新生儿发展具有极其重大的意义，它意味着心理活动的发生，大大增强了新生儿应付外界环境刺激的能力。出生后 2 至 3 周，新生儿开始出现明显的视觉和听觉集中现象。满月以后的婴儿，视觉和听觉迅速发展，3 个月的婴儿会积极地用眼睛寻找成人。4 至 5 个月，婴儿手眼协调的动作开始发生，这是婴儿用手的动作去有目的地认识世界的萌芽。半岁以后，婴儿喜欢发出各种声音，语言开始萌芽。婴儿的身体动作迅速发展，身体活动的范围比以前扩大，动作更加灵活，并越来越多地受到意识的支配，意向性活动开始出现。

1 周岁以后，儿童开始主动掌握经验中的有效动作方式，并能根据客观条件改变动作方式，真正形成了智能动作。1 岁半至 2 岁，人类特有的语言、表象、想象和思维等也开始形成与发展。当事物不在眼前时，儿童大脑中能够出现该事物的表象。表象的发生使儿童进行想象活动成为可能。此外，儿童在这一阶段出现了最初的思维活动。

学前期是儿童感知觉发展的主要时期，不但感知的分化日趋细致，而且感知的主动性和目的方向性不断加强。3 岁左右，儿童的观察力开始发展。在这一阶段，儿童身体和手的基本动作已比较自如，已能掌握各种粗大动作和一些精细动作。思维逐渐由直觉行动思维向具体形象思维过渡。此外，3—4 岁儿童模仿性非常突出，但他们大多模仿一些表面现象，再大一些的儿童模仿会逐渐内化。

4 岁以后儿童的心理发展出现较大的飞跃，4—5 岁也是儿童智能发展非常迅速的阶段。儿童行为的有意性明显发展，其有意注意、有意记忆、有意想象的水平都比以前有了较大提高。思维的概括性也日益明显，具体形象思维在这一阶段表现最为典型。此外，具体形象性也体现在儿童的记忆、注意、语言等发展中。儿童的形象记忆能力不断增强，不论是在记忆的广度还是保持长度方面，儿童再认和再现的能力都比以前增强了。

5—6 岁儿童的概括性和有意性更加明显，其思维仍然是具体形象的，但也明显出现了抽象逻辑思维的萌芽。这一阶段的儿童能依靠对事物内在本质的理解，凭借概念、判断和推理进行思维。当然，6岁前儿童的抽象逻辑思维发展还是初步的，其推理的抽象概括性、逻辑性和自觉性还较差，对于一些需要多层次分析推理的事情，他们还是力不能及的。

从学前儿童智能发展的一般进程中，可以发现以下的规律和特点：

（1）学前期是个体智能急剧发展变化的关键时期。虽然学前儿童智能的发展水平还不高，但其认识事物、解决问题的各种能力都已基本形成，并具有很大的发展可能性。

（2）随着年龄的增长，学前儿童智能的稳定性逐渐加强。婴儿早期的智能尚不稳定，2—6岁，学前儿童智能发展日趋稳定，水平不断提高，逐渐能够认识事物的内在本质联系。

（3）学前儿童智能的发展不是一蹴而就的，要经历多个发展阶段，总的发展趋势是由低向高。一般来说，学前儿童智能发展的阶段是与其年龄相联系的，发展重点随年龄的不同而有所变化。通常要经历前一个发展阶段之后，才会逐渐过渡到下一个发展阶段。当然，发展进程在一定程度上会因条件不同而有所变化。学前儿童智能发展的阶段性与连续性是辩证统一的。

应当注意的是，如何认识学前儿童的智能结构及其发展特点，不仅仅是一个心理学问题，更是一个直接关涉教育取向和教育发展策略的问题。为进一步拓展对这一问题的认识，我们有必要了解当今世界影响非常广泛的一种智能理论——多元智能理论。

（二）多元智能理论

多元智能理论是由美国哈佛大学教授、心理学家霍华德·加德纳于20世纪80年代提出的。加德纳认为，人类的神经系统经过数千年的进化，已经形成了多个相对独立的功能性领域，它们很难用传统的单一智力观点来解释。传统的智力测验结果也并不能反映大多数人的智能发展水平。多元智能理论旨在改变以往过分强调语言和数理逻辑能力而否定其他能力，造成大量人才浪费的现象。

关于"智能"，加德纳开始时曾将其定义为："智能是在特定的文化背景下或社会中，解决问题或制造产品的能力。解决问题的能力，就是能够针对某一特定的目标，找到通向这一目标的正确路线。文化产品的创造，则需要有获取知识、传播知识、表达个人观点或感受的能力。"[①]后来，加德纳又给"智能"概念下了更为精确的定义，智能是指"在一种文化环境中个体处理信息的生理和心理潜能，这种潜能可以被文化环境激活以解决实际问题和创造该文化所珍视的产

---

① 沈致隆．加德纳·艺术·多元智能[M]．北京：北京师范大学出版社，2004：269．

品"①。上述界定反映了两个要点：第一，智能是中枢神经系统的潜能，而不是可以用某种特定标准计量的东西；第二，作为潜能的智能可能会被激活，也可能不会被激活。

加德纳提出了人类智能包括八种相对独立的智能：音乐智能、身体运动智能、数理逻辑智能、语言智能、空间智能、人际关系智能、自我认识智能、自然认知智能。

音乐智能是感受、欣赏、表演和创作音乐的能力。

身体运动智能是控制身体运动以及使用整个身体或身体的某个部位来解决问题或创造产品的能力。

数理逻辑智能是指逻辑推理和数学运算方面的能力。

语言智能是掌握并运用口头语言和书面语言的能力。

空间智能是对空间准确知觉、再认、想象和改造的能力，以及运用绘画或其他手段表现空间的能力。

人际关系智能是理解他人情绪情感、目的、动机和愿望的能力，以及有效地和他人相处的能力。

自我认识智能是认识自我、控制自我以及描述自我感受、调整自己生活的能力。

自然认知智能是敏锐地对自然界中的生物进行观察、辨别和分类的能力。

加德纳认为，人类的八种智能具有同等的重要性，并且它们在相当程度上是彼此独立存在的。智能的这种独立性意味着，即使一个人有程度很高的某一种智能，但却不一定能拥有同样程度的其他智能。另外，人们都需要运用多种智能的组合来解决问题，这就使人类的智能具有丰富多样性和个体独特性，没有哪两个人拥有完全相同的智能组合。开发人类资源的最大挑战就是如何最好地利用各种智能组合所表现出的个体独特性。此外，加德纳还强调指出，各种智能本身没有好与坏、道德与不道德之分。

实践活动

查找与多元智能理论有关的文献资料，比较其观点的异同，并进行反思、评价。

与传统的智力理论相比，多元智能理论至少有三个方面的突破：首先，智能不再只是以语言和数理逻辑能力为核心，而是注重解决问题和制造产品的能力。其次，智能不再是可以跨越时空用同一标准来衡量的某种特质，而是需要特定文化背景激活的潜能。最后，智能不再是单一的能力或是以某一种能力为中心，而

---

① 加德纳.智力的重构:21世纪的多元智力[M].霍力岩,房阳洋,等译.北京:中国轻工业出版社,2004:42.

是各自相对独立的多种智能的组合。

多元智能理论为学前儿童智育提供了一些有益的启示：首先，如果将智能理解为解决问题和创造产品的能力，那么就可以为学前儿童智育找到一个新的支撑点，应该把培养学前儿童解决实际问题的能力和初步的创造能力作为智育的重心。其次，如果从多元智能理论强调特定文化价值的角度出发，那么学前儿童智育就应该因时因地制宜，尊重特定社会文化的价值。再次，如果认为人类的八种智能同等重要，那么学前儿童智育就有责任将学前儿童的多种潜能激发出来，使其多种智能都得到有效发展。最后，如果能看到人类智能组合的多样性与个体独特性，那么学前儿童智育就应该在保证学前儿童全面发展的同时，注重因材施教，注重个体独特性的培养。

三、学前儿童智育的内容

智育的内容必须以智育的目标为依据。在2016年颁布并实施的《幼儿园工作规程》中，第一章"总则"的第五条明确规定了幼儿园保育和教育的主要目标，其中，智育的目标是："发展幼儿智力，培养正确运用感官和运用语言交往的基本能力，增进对环境的认识，培养有益的兴趣和求知欲望，培养初步的动手探究能力。"这是对学前儿童智育目标的总体描述。

实践活动

设计与学前儿童智育有关的调查问卷，以小组为单位分享调查结果。

依据学前儿童智育的目标，学前儿童智育的内容包括以下几个方面。

（一）发展幼儿感知觉和初步的动手探究能力

在发展幼儿感知觉和初步的动手探究能力时，应注意以下方面：

1. 保护幼儿的感觉器官

幼儿感知能力和动手探究能力发展的物质基础是其感觉器官的正常生长发育与机能的成熟。因此，必须注意保护幼儿的视觉、听觉、触觉、味觉和嗅觉等各种感觉器官，采取各种保护措施，消除不利的环境因素影响。如从安全、光线、用眼卫生等方面采取措施保护幼儿的视觉器官；创设良好的听觉环境，避免噪声或无声的环境，因为这两种环境对幼儿的听觉器官发展都是不利的。

2. 发展幼儿的各种感知觉和动手探究能力，帮助幼儿掌握社会感知经验标准

个体在出生时虽已具备了各种初步的感知觉，但这些简单的视觉、听觉、触觉或嗅觉反应，还不能称为人所特有的感知能力。人所特有的感知能力是在掌握人类世代积累的社会感知经验的过程中形成和发展起来的。这种以符号为标志、具有一定标准且可以在人与人之间交流的社会感知经验是人和动物感知觉发展的

本质区别之所在。但是，幼儿掌握社会感知经验标准并不是一个自发的过程，社会环境尤其是教育在其中起着重要的作用。幼儿要通过适宜的环境进行感知和动手操作来探索认知外部的世界，并借此使自己的身体、动作、感官得以发展。①在保证幼儿安全的前提下，成人应鼓励幼儿多动手探究、操作、摆弄、接触各种事物，从而不断发展其视觉、听觉、触摸觉、肤觉、味觉、嗅觉以及空间知觉和时间知觉等，并帮助幼儿由掌握简单的社会感知经验标准开始，逐渐掌握系统而复杂的社会感知经验标准，从而形成人所特有的感知能力。

☞ 案例：你终于做对了

3. 发展幼儿的观察力

观察是围绕一定的目的与任务，综合运用多种感觉和知觉进行的比较持久的认知活动。观察力是在感觉和知觉基础上发展起来的一种重要的认知能力。良好的观察力对幼儿主动认识周围环境、发展智能都具有重要的意义。

观察力并不是个体生来就有的，而是在实践活动中逐渐形成与发展起来的。培养幼儿的观察力，首先要注意提高幼儿观察的有意性和自觉性。应引导幼儿掌握观察的方法，如从头到尾、由表及里、从上到下、从左到右、从整体到局部或从局部到整体有顺序地观察，以及一一对应地比较观察。培养观察力的侧重点应依据幼儿年龄而有所不同。年龄较小的幼儿多需要成人用各种问题来激发观察的兴趣，引导观察的进程，学会观察的方法。对年龄较大的幼儿，教师则应不断提高他们独立观察的能力与水平。

（二）培养幼儿运用语言交往的能力

培养幼儿运用语言交往的能力也是智育的一项重要内容。培养幼儿运用语言交往的能力，重点是培养他们运用口头语言交往的能力。在口头语言中，又可以根据语言交往活动的性质，分为对话性语言和叙述性语言。与对话性语言的情景性、合作性和简略性特点不同，叙述性语言具有逻辑性较强、完整连贯等特点。这两种语言能力都应得到重视与培养。同时，教师还要帮助幼儿了解文字符号的交际功能与意义。

教师应注重培养幼儿运用语言与人交往的兴趣，喜欢用语言表达自己和与人交流；要帮助幼儿掌握运用语言交往的基本技能，如轮流表达、倾听、协商和讨论等；要在学习本民族语言的同时，帮助幼儿学习使用普通话；要在发展口头语言的同时，帮助幼儿了解文字符号的交际功能，正确理解与使用常用词汇，提高他们的语言表达能力。为了更好地完成上述培养内容，教师应组织形式多样、内容丰富多彩的语言交往活动，创造条件让幼儿多说话，引导幼儿在宽松、自由、丰富的语言环境中主动使用语言与人交往。

☞ 案例：老师，我不会

（三）增进幼儿对环境的认识，丰富他们的知识经验

幼儿智能的发展是不能与认识周围环境、获得知识经验截然分开的，否则智

---

① 虞永平.幼儿教育观新论[M].北京:人民教育出版社,2006:73.

能的发展就成为"无本之木"。幼儿正是在认识周围环境，与之相互作用的过程中逐步发展其智能的。

幼儿所认识的周围环境包括自然环境和社会生活环境。此外，由于任何物体都是以一定的数量、形状和大小存在于时空之中的，教师还应当促进幼儿对数学初步知识的掌握。必须注意的是，幼儿对知识经验的学习与学龄儿童不同，不论是学习的内容还是方式都有其独特之处。在学习的内容方面，幼儿认识的范围虽然广泛，但却内容浅显，以直接接触的周围环境和感性经验为基础；而学龄儿童的学习则是更为系统的学科学习。在学习的方式上，与学龄儿童以书面学习为主不同，幼儿主要运用口头语言学习，采用游戏的方式或通过直观教具、实地观察等方式来获得知识经验，学习方式更加多样化和形象化。教师在增进幼儿对环境的认识，丰富其知识经验时，必须考虑幼儿学习的独特性。

（四）培养幼儿有益的兴趣和求知欲

学前期是人的一生中求知欲非常旺盛的时期。所谓求知欲，即探索、了解未知事物的意图和愿望。求知欲和有益的兴趣会成为幼儿主动完成认知活动的强大内在动力。

幼儿主动探索的兴趣、创造的兴趣等都属于有益的兴趣。求知欲在幼儿身上首先表现为强烈的好奇心，他们对各种事物和现象都感到新鲜好奇，进而这种好奇心会发展成为求知欲。幼儿经常会向成人提出大量问题，并自己通过观察、试验等方法来尝试解决问题。可以说，有益的兴趣与求知欲的满足会给幼儿带来愉悦的心理体验，并激发出更为强烈的认知需求，形成一种良性循环，成为促进幼儿智能发展的强大原动力。

需要注意的是，幼儿有益兴趣和求知欲的发展并不是一个自发的过程。如果缺乏保护、引导和培养，幼儿的兴趣与求知欲很可能会减退甚至消失。因此，教师应当有目的、有计划地培养幼儿的兴趣和求知欲。如为幼儿创设丰富多彩的环境，采用富有启发性的教学方式，注意保护幼儿的好奇心，正确对待他们提出的问题。

四、学前儿童智能的培养

（一）培养智能的途径

智能的培养是一个长期的过程，因此，在幼儿园中，教师应通过广泛的生活领域和多种途径来培养幼儿的智能，而不能仅仅依靠集体教学活动这种单一的途径。

1. 日常生活活动

日常生活活动对幼儿智能的发展具有潜移默化的重要影响，教师应充分利用日常生活中的各种智育因素，自然地培养幼儿的智能。例如，根据幼儿借助具体事件或现象来感知时间的特点，教师可结合日常生活中的一些事件，引导幼儿感知相应的时间概念。例如，早晨入园时，教师可以问幼儿："今天早晨你在家里吃早饭了吗？""昨天晚上你看动画片了吗？"引导幼儿感知"今天""昨天""早晨""晚上"等时间概念。又如，由于日常生活中的事物都是有数量关系的，教师可充分利用这些事物来帮助幼儿逐渐积累有关数概念的感性经验。此外，在每天带领幼儿去户外散步时，教师可引导幼儿观察哪些树落叶，哪些树不落叶，它们各有什么特征……通过这些日常生活活动，幼儿在不知不觉间就主动获取了一些感性认识与经验，促进了智能的发展。

2. 游戏活动

幼儿的主要活动形式是游戏，幼儿的发展是在游戏中实现的。利用游戏活动培养幼儿的智能也就必然成为一条重要途径。在游戏的虚拟环境中，幼儿可以不受现实强制性目的的控制，生动活泼地学习和解决各种问题，在轻松、自由、愉悦的状态中不断提高其智能发展水平。

通过游戏活动培养幼儿的智能时，一定要选择或设计符合其年龄阶段的游戏形式，因为儿童游戏的形式与水平是与其年龄阶段直接相关的。3岁前，幼儿的游戏能力还处于从萌发到初步发展的阶段。3—6岁，无论游戏形式还是游戏技巧都得到了空前发展，逐渐达到高峰，幼儿对结构游戏、象征性游戏和规则游戏都表现出浓厚的兴趣。教师应充分利用这些特点来培养幼儿的智能。例如，"摸人""摸箱"等游戏，可以专门发展幼儿的触摸觉。为了发展幼儿的观察力，教师可以设计一些观察游戏，如走迷宫、拼图、辨别图形的异同、找出特殊图形等。为增进幼儿对社会生活环境的认识，教师可充分利用象征性游戏活动，如娃娃家、幼儿园、商店、医院、邮局、饭店等，将游戏内容从家庭逐渐扩大到更广泛的社会生活中，让幼儿在扮演妈妈、幼儿园教师、营业员、医生等各种角色的过程中，轻松自然地积累社会生活经验。

3. 集体教学活动

集体教学活动是培养幼儿智能的重要途径。教师可以利用有目的、有计划的教育教学活动来落实智育内容，促进幼儿智能发展，并为幼儿进入小学学习做好必要的准备。

根据幼儿智能发展的规律与特点，幼儿园集体教学活动应有其自身的独特性，而不能采取小学化的教学方式。由于幼儿智能发展具有动作性、具体形象性等特点，因此，集体教学活动应多采取幼儿喜闻乐见的教学方式，多给幼儿提供直观的教具和动手操作的机会。例如，认识磁铁的性能时，教师可以给幼儿提供各种操作材料，如木条、纸张、塑料袋、曲别针、铁片等，让幼儿亲自用磁铁来吸不同质地的物品，并在观察比较中自己得出结论。此外，教师不宜过多采用集体同声回答问题的方式组织教学，因为这种方式不利于幼儿独立思考和表达个人

☞ 案例："你们喜欢不喜欢呀"

的见解。教师应经常提出富有启发性的问题来开阔幼儿的思路，激发幼儿的兴趣，引导幼儿多角度地认识问题，从而逐步提高幼儿发现问题和解决问题的能力。

应当说明的是，日常生活、游戏活动和集体教学活动只是培养幼儿智能的主要途径。除此之外，教师还可通过参观、调查、劳动等其他途径来培养幼儿的智能。教师应将各种途径有机结合起来，生动、灵活地促进幼儿的智能发展。

（二）培养智能应注意的问题

1. 正确认识获取知识与发展智能的关系

能否正确认识获取知识与发展智能的关系，直接关涉智能培养的成效。在教育史上，以赫尔巴特（J. F. Herbart）为代表的形式教育派和以斯宾塞（H. Spencer）为代表的实质教育派的论争，其焦点就是发展智能与获取知识的关系问题。这种论争在今天的学前儿童智育中仍然以不同的形式存在着。

应如何看待获取知识与发展智能的关系？首先，应辩证地看待二者的关系，它们并不是截然对立的，而是相互联系的。个体主动获取知识的过程会不断促进其智能的发展，而智能水平的提高又必然有助于知识的掌握。其次，二者又有区别，获得知识并不等于发展智能，知识技能的多少并不代表智能发展水平的高低。应当注意的是，并不是任何知识技能的学习都可以促进智能的发展。对幼儿来说，只有符合其身心发展特点和兴趣需要，他们积极主动学习、主动建构的知识经验才能真正转化为自己的活的知识经验，并促进智能的发展。与之相反，那些违背幼儿身心发展特点与兴趣需要，向幼儿生硬灌输各种抽象概念和教条，只注重让幼儿机械模仿记忆的知识技能教学，则不能促进幼儿智能的发展。最后，强调发展智能，并不意味着可以忽视幼儿对知识经验的获取。幼儿的智能是在主动获取知识经验，对其不断概括化与系统化的过程中获得发展的。因此，学前儿童智育应当按照由近及远、由浅入深、由简单到复杂等规律，引导幼儿主动扩展自身的知识经验，使其知识经验逐步概括化与系统化，从而发现事物或现象间的内在联系，提高其智能水平。

2. 正确认识智能发展的现实性与可能性的关系

能否正确认识智能发展现实性与可能性的关系，对当今我国学前儿童智育具有重大的现实意义。目前，我国不少幼儿园的"小学化"倾向严重，将部分小学阶段的读写内容提前到幼儿园阶段来学，集体教学活动的方式也与小学的上课形式无异。这种提前开始的小学化学习，造成了学习内容的重复，致使幼儿上小学后对所学内容失去兴趣，同时，由于教师没有把握好智能发展可能性与现实性的关系，致使幼儿并没有真正学懂、会用这些知识，非但不能促进幼儿智能的发展，还损害了其身心健康，破坏了幼儿各种机能形成、发展的和谐进程。

案例："变了味"的幼小衔接

那么，应如何看待智能发展的现实性与可能性的关系？苏联心理学家维果茨基的思想可以提供有益的启示。维果茨基认为，任何教学都存在最佳时期，若偏离最佳时期，过早或过迟实施的教学都是有害的，都会对幼儿的智能发展造成不良影响。为此，人们应该把握幼儿智能发展的两种水平：一是幼儿的现实发展水平，它是幼儿已经完成的一定发展周期的结果和由它形成的心理机能的发展水平；二是幼儿在成人的帮助下所能完成任务的水平，这一水平与幼儿的现实发展水平之间存在的差距，就是幼儿的"最近发展区"。但"最近发展区"不是儿童自身就可以跨越的。有效的教学必须依据幼儿的"最近发展区"，成为走在发展前面的教学。①

正确认识发展现实性与可能性的关系，也就是要正确看待幼儿智能的现实发展水平与可能达到的发展水平之间的关系。首先，二者是相互联系的过程，可能达到的发展水平是现实水平不断发展的结果。其次，应当重视智能发展的可能性。有效的教学是走在发展前面的教学，因此，在幼儿园教学中，教师不但应该把握幼儿已达到的现实水平，而且应该确定他可能达到的发展水平，在适当的时机提出幼儿经过努力可以完成的任务，有效地促进其智能发展。最后，强调智能发展的可能性，并不意味着可以无限夸大这种可能性，忽视幼儿智能发展的现实性。否则，就必然导致无视幼儿的"最近发展区"，企图利用过早的、超强度的教育教学来促进幼儿发展，这样做的结果无异于"揠苗助长"。教师必须清醒地认识到，并非所有的教育活动都能够有效地促进幼儿的智能发展。在不恰当的时机进行的不恰当的教育活动，会破坏幼儿身心发展的和谐进程，甚至会阻碍幼儿智能的发展。

3. 正确对待幼儿的发问，注重培养其解决问题的能力

大约在 2 岁以后，儿童会逐渐出现发问的现象，且问题的深度与广度都随着儿童年龄的增长而不断增加。因此，在幼儿园教学中，教师正确对待幼儿提出的问题，对于幼儿智能的培养具有重要的现实意义。

首先，教师应明确认识到，幼儿无穷的问题正是其强烈求知欲的具体表现，是他们积极动脑思考的结果。幼儿的问题既可以反映他们的智能发展水平，又可以映射出他们新的认知需要与兴趣。其次，教师应认真、耐心倾听幼儿的问题，并给予幼儿真诚的鼓励，让幼儿感到自己的提问得到了重视与支持。这种正向强化的力量会持续推动幼儿求知、探究。如果教师态度敷衍，甚至粗暴制止幼儿提问，则会抑制幼儿的求知欲，损害其智能发展。再次，教师应正确回答幼儿的问题。对于幼儿自己不能解答的问题，教师应根据幼儿的知识经验和理解能力，浅显易懂地给予正确回答，而不能拒绝回答，或照搬科学原理机械回答。最后，教

---

① 虞永平. 幼儿教育观新论[M]. 北京：人民教育出版社，2006：64.

师应努力引导幼儿自己解决问题，培养幼儿解决问题的能力。对于那些在教师引导下幼儿能够自己回答的问题，要让幼儿自己去发现问题的答案；如果幼儿的问题可以通过观察、试验来加以解决，教师则应为幼儿提供观察或操作的材料，帮助幼儿明确观察或操作的步骤，让幼儿去探索结果。

总之，智能培养是一个复杂的问题，除了应注意上述三方面的问题之外，还有诸如如何培养幼儿的创造能力，如何因材施教，如何发展幼儿智能的个体独特性等，都是值得教师关注和思考的问题。

第三节　学前儿童体育

广义的体育是以身体运动为基本手段促进身心发展的文化活动。① 根据体育的属性，可以将体育划分为健身体育、竞技体育和休闲体育。也有人将体育划分为学校体育、康乐体育和竞技体育三大组成部分。

狭义的体育指的是以身体活动为手段的教育，即"身体的教育"的简称，体育的主要目的就是"育体"，侧重在教育机构中进行的各项体育活动。本书所指的体育仅限于狭义的体育。

一、学前儿童体育的内涵

学前儿童体育是学前儿童全面发展教育基础而关键的组成部分。作为融保育和教育为一体的幼儿园教育，必须要提高幼儿的身体健康水平，增强幼儿的体质，促进幼儿的全面发展。发展适宜的学前儿童体育应该建立在理解幼儿早期发展和学习本质的基础上并服务于幼儿，使体育学习变得有趣、有效、丰富多彩。

对学前儿童体育含义的正确认识是实施体育活动的基础。20世纪以来，随着社会的不断发展和教育的不断变革，现代社会对人才的要求在不断调整。学前儿童体育活动的指导思想也发生了巨大的变化。我国《幼儿园教育指导纲要（试行）》有关健康领域的论述，就包含体育的重要内容，以促进幼儿的身体健康为主要目的。

和体育的概念相对应，学前儿童体育的概念也有广义和狭义之分。广义的学前儿童体育是指依据学前儿童身心发展规律，以维护和促进学前儿童身心健康为目的所进行的一切活动。狭义的学前儿童体育是指幼儿园教师为养护幼儿，有目的、有计划地指导幼儿掌握卫生保健知识、发展动作和增强体质的教育活动。学前儿童体育的目的是为了使幼儿了解有关健康的知识、发展幼儿的体力、增强幼儿的体质，

---

① 杨文轩，杨霆. 体育概论[M]. 北京:高等教育出版社,2005:19.

最终实现全面发展。本书所指的学前儿童体育仅限于狭义的学前儿童体育。

二、学前儿童体育的意义

学前期是个体身体发育的重要时期，也是个体心理发展的重要时期。学前儿童的身体发展对其认知、情感发展以及个性的形成都有着重要的影响。

学前儿童体育既是帮助学前儿童健康和谐、全面发展的重要基础和重要保证，也是提高国民素质，促进社会发展的基本前提之一。概括来说，学前儿童体育有以下三大意义。

1. 促进幼儿身体发育、增强幼儿体质

体质由身体各方面的综合表现组成，包括体格、体能、适应能力和心理因素等方面相对稳定的特征。

（1）体格：指人体的形态结构，包括人体的生长发育、体型和身体姿势等。对幼儿来说，体育活动首先促进骨骼与肌肉的生长。长期的体育锻炼可使肌肉力量和耐力提高，骨骼增粗变长，骨密质增厚。体育锻炼时体内物质的新陈代谢的改善还可以增加能量的消耗；运动时呼吸的加强，膈肌活动范围的加大以及腹肌力量的增加，均可促进消化吸收功能，增进幼儿食欲，为增强幼儿体质提供丰富的物质基础。

幼儿骨骼中的有机物含量较多，不易骨折但却容易弯曲变形，体育锻炼可以通过培养幼儿正确的行、走、跑、跳和坐立姿势，防止脊柱畸形。对幼儿已经形成的错误姿势，也可以通过体育锻炼的手段加以矫正。

（2）体能：包括生理机能（如脉搏、血压、肺活量等）、身体素质（如速度、力量、耐力、柔韧性、协调性等），以及身体基本活动能力（如走、跑、跳、投掷等基本动作）。

经常进行体育锻炼能提高机体对周围环境急剧变化的耐受力和对疾病的抵抗力。在冷、热环境中进行锻炼可使皮肤及呼吸道黏膜经常接受冷、热刺激，提高机体对外界气温变化的适应性，增强人体抵抗力。经常进行适量的体育锻炼，可以改善神经系统的功能，使大脑皮质与运动、循环、呼吸、消化、吸收等系统的活动协调，增强机体的新陈代谢及组织器官的同化作用，使体弱多病或发育不良的幼儿通过体育锻炼得以康复。

（3）适应能力：指机体对外界环境各种变化的适应能力以及抵抗疾病的能力。

国内外许多医生、体育教师和教育专家非常重视从学前时期开始进行系统的体育锻炼。他们通过广泛的实验研究证明，经常、系统的体育锻炼能有效地促进儿童的生长发育，增进健康和抵抗疾病的能力。

国内有人曾对五六岁儿童参加系统的体育锻炼进行了对照试验和医学观察，

经过一年半锻炼后，发现他们在身高、体重、胸围和肺活量等方面的增长速度都比生活条件相近但没有进行系统体育锻炼的儿童快。上海市儿童体育锻炼医学观察小组曾经对全市六个区 400 多名学前儿童进行了三年半的观察，发现经过三年体育锻炼的学前儿童，身体发育水平显著高于未锻炼的学前儿童，身高平均多增长 2.27 cm，体重平均多增加 0.39 kg，肺活量平均增多 73 mmHg，心率平均少 9~10 次。另外，发病率比锻炼前下降了 27.78%。① 这说明坚持体育锻炼对儿童循环、呼吸、消化、吸收等系统的发育的确有积极的作用。

（4）心理因素：指个体的思维、记忆能力以及个性等。体育对幼儿心理的发展也具有促进作用，可以发展智力，培养自信心、合作精神，磨炼意志等。

2. 促进幼儿身心和谐发展，为全面发展奠定良好基础

经常参加体育锻炼的幼儿精神饱满、思维敏锐、睡眠充分、注意力集中、不容易疲劳，身体的发育和智力的发展均优于较少参加体育活动的同龄幼儿。可以说，幼儿身体的正常发育，为他们的全面发展提供了良好的物质基础。

☞ 儿童动作发展与早期认知和学习品质的关系

学前儿童体育可以通过促进神经系统的发育开发智力。美国心理学家通过对幼鼠的训练发现，运动能有效地增加幼鼠大脑的重量、皮质的厚度和神经细胞的体积，细胞之间突触的数量亦渐增多。这一结果说明后天的实践活动和脑组织的结构变化是相互联系的，而体育锻炼对大脑和神经系统其他各部分的生长发育同样可能起到类似的作用。

☞ 如何在体育游戏中培养幼儿的规则意识

体育锻炼可以使幼儿获得丰富的感官刺激，神经系统综合调节能力增强，兴奋与抑制过程和谐。体育锻炼的每一个动作都以刺激的方式作用于神经系统，使神经系统兴奋和抑制过程加强，使全身各个器官系统的协调共济得以改善，为智力的发展和技能的学习提供必要的物质基础。

总之，学前儿童体育的实施，不仅为智育提供了良好的基础，也对培养幼儿良好的道德品质和细腻的审美情趣等发挥着重要作用，是全面发展教育的基石。

3. 通过改善个体素质，进而提高民族的素质

学前时期是身体发育、智力发育和个性品质形成的关键时期。从小进行体育锻炼既能促进身体发育、增强体质，又能够促进智力发展和良好个性的培养。

学前儿童体育是帮助幼儿健康和谐、全面发展的重要基础和重要保证，也是提高国民素质、促进社会发展的基本前提之一。健康的身体不仅是个体成长的物质基础，也是其他一切领域教育的基础。因此，学前儿童体育直接影响个体的成长质量和发展空间，进而将影响一个国家和民族的未来，理所应当成为全面发展教育体系中的重要组成部分。

---

① 周君华. 婴幼儿体育的理论与实践[M]. 北京:高等教育出版社,2008:8.

三、学前儿童身体发育特点及体育的目标、任务与内容

（一）学前儿童身体发育特点

1. 0—3 岁儿童身体发育特点

0—3 岁的儿童处于人生第一个快速生长的高峰。正常新生儿的平均体重为 3300~3500 g，身长 46~52 cm，头围 34 cm，胸围比头围略小 1~2 cm。四个半月时男婴和女婴体重可增加一倍。10 个月的男婴和 11—12 个月的女婴其体重可增加两倍。满周岁的婴儿其体重增加约 7 kg，身高增加约 25 cm。

体重的增加是婴儿全面发育的一部分，然而，影响婴儿体重增加的因素很多，包括生活作息制度、营养、疾病与护理等。因此成人必须遵循婴儿正确的睡眠和作息制度，并适时定量地喂营养汁、蛋黄、肉、水果和其他食品。新鲜空气浴和传染病的预防等对婴儿的全面发育也非常重要。

儿童在第二年的体重增加量只有 2 kg 左右。一周岁左右，婴儿的生长速度开始减慢，到下一个生长高峰(少年期)前，他们的身高和体重会稳定增加，但不如出生最初几个月那么快。

15 个月时，女孩的平均体重大约是 10 kg，身高大约是 77.5 cm；男孩的平均体重大约是 10.4 kg，身高大约是 78 cm。到 2 岁时，女孩的身高大约是 88 cm，体重大约是 12.2 kg；男孩的身高大约是 88 cm，体重大约是 12.6 kg。

学会走路的儿童体貌的改变比身高、体重变化大得多。12 个月时，儿童初学走路，头部和腹部仍然是身体的最大部位，站立时腹部会比较突出。随着儿童活动量的增加，上述情况会慢慢地发生变化。最显著的特点是儿童头部的生长速度减慢，而腿部和躯干的生长速度加快。

随着身体各部分生长速度的改变，儿童身体和腿的比例日益均衡。通过测量儿童的坐高，可以感受到这些变化。坐高是从头顶到座位表面的距离。新生儿坐高大约是身长的 70%，主要是因为头部特别大。到 2 岁时坐高大约是身长的 60%，3 岁时是身长的 57%，13—14 岁时是身长的 52%。

总的来说，0—3 岁儿童将会持续稳定地生长。一般而言，儿童每年增高 6 cm 左右，体重每年增加大约 2 kg。在 2—3 岁，有些健康儿童的发育速度要比其他同龄人稍慢，这些是正常现象。同龄儿童之间也会存在身高和体重的差异。

相关统计数据表明，我国学前儿童体重超标的比率逐年上升，产生这种情况的原因有哪些？应如何应对？

2. 3—6岁儿童的身体发育特点

与3岁以前相比,这个阶段的儿童发育速度相对变缓,但是比后期发展还是要快得多。在这个阶段,儿童的身高年增长 4~7 cm,体重年增加 4 kg 左右。这个时期由于儿童各项生理的发育速度较快,所以新陈代谢比较旺盛。但是由于身体的机能发育还不成熟,因此对外界环境的适应能力以及对疾病的抵抗能力都较弱。

这个阶段儿童的骨骼硬度较小,但是弹性非常大,容易变形,可塑性强,因此一些适宜的舞蹈、体操、武术等项目的训练可以从这个阶段开始。但也正因如此,如果儿童长期姿势不正确或受到外伤,就会引起骨骼变形或骨折。这个阶段儿童肌肉体积小,收缩力弱,肌肉还处于发育不平衡阶段:大肌肉群发育得早,小肌肉群发育还不完善,而且肌肉的力量差,特别容易受损伤。这个阶段儿童肌肉发育的特点为:跑、跳已经很熟练,但是手的小肌肉群发展缓慢,手部动作还很笨拙,一些比较精细的动作还不能成功完成。

这个阶段儿童的皮肤非常娇嫩,特别容易受伤或受到感染,对温度的调节功能比成人差。当外界温度突变时,容易受凉或中暑,因此要及时增减衣服。儿童的心脏心腔小,心肌薄,心肌收缩力小,心跳快。儿童的心肺体积比例大,心脏的收缩力差,平均每分钟心跳 90~110 次,大强度的运动,会使心脏负担加重,影响身体健康。这个阶段儿童肺的弹性较差,肺组织的弹力纤维少,肺活量小,呼吸弱,心肺的功能较成人要差,对空气的交换量较少,所以呼吸时频率很快。一些儿童为了方便呼吸,养成用嘴呼吸的习惯,导致易患感冒、肺炎。因此,成人应及时纠正儿童的这种习惯,让其学会用鼻子呼吸。

这个阶段儿童身体中的血含量比成年人多,但是血液中水的成分较多,凝血物质少,出血后血液的凝固速度慢。儿童淋巴细胞较多,嗜中性白细胞较少,所以易感染各种传染病,因此要注意增强体质,提高抵抗力。

这个阶段儿童的听觉和嗅觉能力非常强,但是外耳道却比较狭窄,到3岁时外耳壁还未完全骨化和愈合,而且他们的咽鼓管即鼻咽腔与鼓室之间的通道比成人粗短,呈水平位,因此要注意耳鼻的卫生,防止水进入耳内引起中耳炎。

这个阶段儿童的排尿次数多,控制力差。这是因为他们的膀胱肌肉层较薄,弹性差,贮尿机能弱,神经系统对排尿过程的调节作用也较差。因此,儿童在兴奋或疲劳时特别容易遗尿。

总的来讲,学前儿童的身体发育还不完善,对各种疾病的抵抗能力还很弱,因此在加强适宜锻炼的同时,还要注意营养,并养成良好的个人卫生习惯。

在幼儿园中,针对体弱幼儿的保教工作应该注意哪些方面的问题?

（二）学前儿童体育的目标、任务与内容

1. 学前儿童体育的目标、任务

《幼儿园工作规程》提出幼儿园保育和教育目标的第一条就是"促进幼儿身体正常发育和机能的协调发展，增强体质，促进心理健康，培养良好的生活习惯、卫生习惯和参加体育活动的兴趣"。

☞ 各国幼儿体育与健康领域学习目标的比较

《幼儿园教育指导纲要（试行）》指出，我国幼儿园健康领域的主要目的是"增强幼儿体质，培养健康生活的态度和行为习惯"，并制定了具体的目标：（1）身体健康，在集体生活中情绪安定、愉快；（2）生活、卫生习惯良好，有基本的生活自理能力；（3）知道必要的安全保健常识，学习保护自己；（4）喜欢参加体育活动，动作协调、灵活。

结合以上论述以及幼儿的身心发展特点，学前儿童体育的目标应该是：通过适宜的体育游戏与活动，锻炼幼儿的身体，增强幼儿的体质，提高其身体机能水平、环境适应能力和疾病抵抗能力，促进其身心全面发展，为幼儿未来的健康成长打好基础。

为实现以上目标，学前儿童体育的基本任务包括以下五个方面：

（1）保证幼儿的生命安全，促进其正常发育；

（2）锻炼幼儿的身体，增强其体质；

（3）培养幼儿适宜的运动知识和运动技能；

（4）培养幼儿的体育兴趣，锻炼其意志；

（5）培养幼儿良好的饮食与卫生习惯。

2. 学前儿童体育的内容

结合学前儿童体育的目标与任务，我们把学前儿童体育的内容总结为以下三大类：

（1）身体练习。包括基本动作练习、身体素质练习、体育器械练习等。通过基本动作练习，幼儿能够逐步掌握走、跑、跳、钻、爬、攀、投等各种动作的正确姿势，发展相应的各种动作能力。通过身体素质练习，幼儿身体各方面素质进一步提高，身体柔韧性、反应能力、协调能力、基本速度和基本力量等得到改善。通过恰当的体育器械练习，幼儿可以发展对体育活动的兴趣，并发展动作能力、身体素质，使大小肌肉群都得到锻炼与发展。

（2）体育活动。充分利用各种场地和各种活动形式，将走、跑、跳、钻、爬、攀等各种体育运动形式在活动中合理安排，发展幼儿动作的协调性、灵活性，提高身体素质。体育活动包括早操、户外活动、室内活动、体育游戏、运动会以及其他形式的体育活动如散步、"三浴"锻炼（水浴、空气浴和阳光浴）。

（3）体育教学活动。教师通过有目的、有计划的教学活动，帮助幼儿有针对性地提高身体的各种机能，锻炼肌肉，增强幼儿的体质，并培养其对运动的兴趣，养成良好的运动习惯和卫生习惯等。

四、学前儿童体育的实施

如上所述，学前儿童体育包括适宜的身体练习、体育活动和体育教学活动。在实施学前儿童体育时，我们首先要讨论学前儿童体育的基本特点，并总结指导学前儿童体育的基本原则。

(一) 学前儿童体育的特点

学前儿童体育是以锻炼身体为主的活动。学前儿童体育与其他领域教育以及其他年龄阶段的体育相比，有其独特之处，归纳起来有以下四个方面的特点。

1. 以身体养护为基本前提

教师首先应该积极创设良好的生活条件，科学护理幼儿的生活，制订和执行合理的生活制度，培养幼儿良好的生活卫生习惯，提供丰富的适宜幼儿生长发育的多种营养。这也是学前儿童体育不同于其他年龄阶段体育的一项主要特点。

2. 以肢体运动为主要内容

与其他领域的教育相比，学前儿童体育主要以身体运动或肢体动作等为主要内容。从幼儿身体发育的特点出发，教师必须考虑特定年龄幼儿的运动负荷问题。

3. 以体育游戏为主要形式

游戏是幼儿的天性。这是学前儿童体育不同于其他年龄阶段体育的重要特点。从教师教学的角度出发，体育教学活动的组织形式多是游戏。因此，幼儿园体育教师的活动组织过程比较难控制。教师要充分考虑幼儿的心理特点，关注幼儿的心理需求，选择适合幼儿的游戏形式。

4. 以户外环境为主要场地

最后，从体育教学的环境出发，幼儿园体育教学活动的实施场所比幼儿园其他教学活动需要更大的空间与更大的开放性。大部分体育教学活动会在户外进行，因此干扰因素比较多，再加上幼儿的注意力容易分散，情绪易受影响，所以对教师的活动组织能力要求很高。

(二) 学前儿童体育的指导原则

当前学前儿童体育提倡的理念是以幼儿发展为本，以促进幼儿身心健康为核心，面向全体、关注个别差异，促进每一位幼儿富有个性化的发展。那么在学前儿童体育的具体实施中如何贯彻这一理念呢？下面以体育教学活动为例进行说明。

总的来说，学前儿童体育教学活动的开展应该遵循科学性、安全性、适宜性、趣味性四大原则。

1. 科学性

科学性是指根据幼儿生理、心理的特点来安排体育教学活动。体育教学活动的开展，必须遵循幼儿的一般运动规律和身心特点。

幼儿参与体育活动的兴趣浓厚，情绪兴奋，但注意力不持久，自制力也比较弱。幼儿身体机能比较弱，容易出汗和疲劳，但经过适当的休息又能够很快恢复。因此，幼儿不宜进行过大压力的负重练习，也不能进行过长时间的大强度训练。幼儿的运动能力进步很快，但每次持续的时间不能够太久。幼儿的心脏发育落后于骨骼肌，心肌收缩力量弱，血压低，心输出量小，因此不宜做单调的、长时间维持一种姿势的静力性练习，以及容易引起憋气的力量性练习。所有这些幼儿身体发育的特点，都必须成为教师指导、开展体育教学活动的依据。

2. 安全性

体育教学活动要特别注意安全问题。幼儿处于生长发育过程中，其骨骼及软组织易受到损伤，所以开展体育教学活动首先要注意各种动作姿势的正确性和身体正确姿势的培养，使幼儿形成良好体态仪表，防止骨骼变形。教师在体育教学活动的组织及实施中要把安全放到首要位置。教师在设计体育教学活动时，不要安排难度过大、疼痛感较强的练习，原则上不要搞技巧性训练；要在有地板的室内或有沙土的平地或有草坪的地方进行锻炼，以降低地面对幼儿机体的反作用力。如果在水泥地上或柏油路面上进行锻炼时，一定要求幼儿穿软底鞋，以减轻硬度高的地面的反震力对幼儿肢体和肌肉群的损伤。

教师在体育教学活动前后应该安排必要的热身准备活动和整理活动，运动时要细心检查场地器材，科学安排活动顺序，避免出现意外伤害事故。体育锻炼可使幼儿机体消耗的热量增多，要合理地补充糖、脂肪、蛋白质、维生素和钙、磷、铁、锌及其他微量元素，既要使锻炼时消耗的能量物质充分恢复，又要为幼儿生长发育提供丰富的物质基础。

3. 适宜性

根据美国儿童体育委员会的观点，优质的体育无论是从发展的角度还是从教育的角度，都应该适合被服务的特定儿童。开展适宜的体育运动必须了解不同年龄段儿童运动发展的能力，并且找到儿童的"最近发展区"，以促进儿童发展。发展适宜的体育课程强调根据儿童的发展水平来提供有组织的教学内容，同时把从研究儿童的运动经验中获得的最新成果纳入教学大纲（课程）中，使所有儿童得到最大可能的发展。

适宜的学前儿童体育应该采用适合幼儿的活动形式，组织适合的活动内容促进幼儿发展。游戏是幼儿的好伙伴，也是学前儿童体育的重要途径。高质量的学前儿童体育还能够充分体现教师与幼儿以及幼儿与幼儿之间的互动性。有时候，幼儿自己也可以成为体育游戏的主角与导演。教师需要关注的是，如何让体育活动的客观因素和主观因素之间保持一种平衡性互动。除了安排足够的时间、空间以及材料，还要通过建议、示范、指导以及提供延伸到第二天的体育活动或游戏主题来帮助幼儿开展后续活动。一个有经验的教师，还会在体育教学活动的过程中把握幼儿的个别差异，适时地对活动做出必要的调整，以维持教学的有序性和有效性。正如《幼儿园教育指导纲要（试行）》所说，幼儿不是被动的"被保护者"。教师要尊重幼儿不断增长的独立需要，在对幼儿实施保育的同时，指导他们掌握生活自理技能，锻炼自我保护能力。此外，在学前阶段，幼儿的社会性发展较差，兴趣爱好、特长表现不明显，意志不坚定，对问题的判断能力差，应变能力弱，情绪、个性、性格都有待于后续的培养。教师创设适宜的环境和活动方式对幼儿各方面的发展具有促进作用。

4. 趣味性

幼儿大脑兴奋过程占有明显的优势，易疲劳也易恢复；注意力容易分散，兴趣也难以持久。所以学前儿童体育的组织形式应以富有童趣的体育游戏为主。如数字游戏、抓鱼儿、丢手绢、捉迷藏等。游戏内容要丰富、有趣味，游戏持续时间不宜过长。

由于幼儿处于形象思维发展阶段，所以学习运动技能时应该运用直观教学和示范的方法，多做模仿性练习。兴趣是幼儿参加活动的主要动力，教师可以采用"捉迷藏""老鹰捉小鸡""找朋友""你追我赶"等体育游戏发展幼儿的协调能力以及速度、力量等身体素质。

幼儿好玩、好动的特征使游戏成为幼儿练习和运用基本动作技能的理想载体。教师可以淡化体育教学活动中的准备活动，以游戏的形式来热身。教师还要注重体育教学活动的情景性，以激发幼儿的学习兴趣。

绝大多数幼儿参加体育活动，首先是由于好奇与好玩，他们还不能自觉意识到体育的意义。他们不注意练习内容的动作要领和方法，并且不感兴趣，往往以追求运动过程中的各种新异刺激、浓烈的运动气氛和种种趣味情境为最大满足。根据幼儿这一特殊的体育需求心理，在这个年龄阶段，教师要因势利导地培养他们的体育兴趣。

在教学过程中，教师首先要利用幼儿好玩好动的特点，注意选择新颖有趣的教学内容，采取多种多样的、适合幼儿年龄并有吸引力的教法和措施，为幼儿创造一个富有乐趣的运动环境，使其能完成教师安排的种种练习，从而达到由好玩转化为要玩、想玩、会玩的目的。其次，教师要通过各种形式，满足幼儿的适当意愿，给他们表现的机会，这样，幼儿就会产生一种极大的满足，而这种满足的积累正是产生体育兴趣的动力。最后，在体育教学活动中，教师要特别注意运用启发式教学，当好"导演"，耐心指导幼儿进行体育锻炼，帮助他们克服困难，并尽可能以"孩子王"的身份参与到他们的活动中去。

总之，为幼儿开展形式丰富、内容科学、富有趣味的体育教学活动，可有效地促进幼儿身心和谐、全面的发展，为以后的青少年和成人期的学习与生活奠定良好基础，对幼儿的心理、生理健康发展具有积极的作用。教师必须要重视学前儿童体育，找到合适的教学方法，充分激发幼儿的体育兴趣，为其今后德、智、体、美、劳全面发展奠定坚实的基础。

《3~6岁儿童学习与发展指南》明确指出："为有效促进幼儿身心健康发展，成人应为幼儿提供合理均衡的营养，保证充足的睡眠和适宜的锻炼，满足幼儿生长发育的需要。"要促进幼儿身体健康发展，体育是非常重要的途径。幼儿肌肉的发展遵循着从上到下、从大到小的发展规律，合理、适量的体育活动，可以锻炼幼儿的肌肉。此外，幼儿通过身体运动与周围环境相互作用，从中体验到自己是行动的发起者，能够影响环境、有能力控制环境，这对其积极的自我概念及同一性的发展至关重要。此外，体育还涉及很多幼儿发展的主题，如勇敢坚韧、合作精神等。因此，体育对幼儿不仅有着促进其身体健康的本体性价值，对其精神品质的发展也有着重要的工具性价值。

第四节 学前儿童美育

美育又称审美教育。学前阶段是儿童接受审美教育的最佳时期，也是其人格塑造的奠基时期，因此，学前儿童美育的意义重大，它具有德育、智育、体育、劳动教育所无法替代的独特功能。

一、学前儿童美育的内涵与意义

（一）学前儿童美育的内涵

美育应该以对美和美感的正确理解为基础。因此，在分析学前儿童美育的概念之前，首先探讨一下"美"和"美感"这两个概念的内涵。

实践活动

查找阐释"美""美感""美育"等概念的文献资料，比较其观点的异同，并进行反思、评价。

1. 美

"美"是一个在生活中使用范围很广的词语。作为美学领域的核心概念，从古至今，对"美"的阐释一直众说纷纭。人们从各自不同的世界观与方法论出发，对"美"作出多种解释。美有广义与狭义之分，这主要是由于对美的探讨的层次不同。

广义的美是指哲学层面上的美，与之对应的概念是"真"与"善"。这是从美与真、美与善的关系角度来揭示美的本质。在哲学层面上，"真"是指客观世界的规律性；"善"是指人类实践主体的目的性；"美"则是指客观世界的规律性与人类实践主体的目的性的统一。可以说，"真"和"善"是"美"的条件，"美"中蕴含着"真"和"善"，是"真"与"善"的统一体。在美学史上，孔子的"里仁为美"、孟子的"充实之谓美"，西方柏拉图的"美即美的理式"，黑格尔的"美是理念的感性显现"等，都是在哲学层面上对美的阐释。

狭义的美是指与"丑"相对应的"美"。作为美学中最基本的范畴，"美"和"丑"是一对相互对应的概念。所谓"美"是指客观事物相对于"丑"的那些特殊本质，即客观事物共同的美的本质属性。狭义的美可以表现为不同的类型，如优美、崇高、壮美等。在美学史上，毕达哥拉斯学派的"美是在数量比例上所呈现出的和谐"，亚里士多德的"美的主要形式为秩序、匀称、明确"，托马斯·阿奎那的"美只涉及形式——完整、适当的比例和鲜明"等，都是对狭义的美的阐释。

2. 美感

与美的概念相对应，美感亦有广义与狭义之分。广义的美感是指哲学层面上的美感，是指人类对客观现实的一种反映方式。哲学层面的美感属于社会意识范围，具有超生物的性质。我们通常所说的美感并不是指广义的美感，而是指狭义的美感。狭义的美感是指人对客观事物美的本质属性的主观反映。具体来说，它是指由具有美的本质属性的审美对象所引起的人的认识感受与反映，是一种能引起人们情感愉悦的心理活动，它涉及感知、情感、想象、理解等多种心理要素。由于引起人的美感的审美对象具有不同的属性，人的美感亦可分为优美感、崇高感、壮美感等不同类型。尽管美感的类型不同，但美感具有以下一些共同的特征。

（1）情感性

与其他心理现象不同，美感最鲜明的特征就在于它强烈的情感色彩，即人在审美过程中所获得的情感上的满足与愉悦。作为一种复杂的心理现象，美感尽管涉及感知、理解、想象等多种心理要素，但情感却是其中最重要的心理要素。可以说，没有情感的参与就没有审美活动。换言之，一个没有给人带来情感上满足与愉悦的审美活动，不能算是真正的审美活动，而且情感愉悦的强弱也是美感程度高低的重要标志。

（2）直觉性

美感是人对审美对象的一种直接的、全面的把握。由于人们能够直觉地感受到审美对象的美，因而美感的产生是较为快速的，它无须借助概念和逻辑推理。

但是，美感与理性认识并不矛盾，它以经验、认识为前提，是感知、情感、理解和想象等一系列心理活动综合作用的结果。

（3）能动性

人的美感并不是机械被动地反映审美对象各种美的属性，而是对审美对象的一种能动的主观反映。人作为审美实践的主体，从来不是消极被动地反映客观事物之美，人的审美能力和文化修养等都会影响美感的发生以及美感的性质和程度。

需要注意的是，以上只是从客观和主观两个方面孤立地阐释了美的本质和人的美感。然而，人对美的事物产生美感是需要中介环节的，这个中介环节就是人的实践，美感的产生离不开人的实践。通过实践，一方面，客观世界中美的事物成了人的审美对象，与人确立了特定的审美关系；另一方面，人作为审美主体，才能够对审美对象进行能动反映，产生美感。如果理解了实践在美感发生中的作用，则不难理解作为审美主体的人与作为审美对象的美的事物之间的动态关系，美感是二者在实践中相互作用的结果。

3. 美育

美育就是通过审美实践活动，有意识地培养人的美感，陶冶人的性情，塑造人的心灵，从而促进人全面发展的教育。美育是教育和美学结合的产物，美育理论是在教育和审美实践活动广泛开展的基础上产生的，有其自身发生和发展的过程。

学前儿童美育是指对学前儿童实施的审美教育，即通过审美实践活动，有意识地培养学前儿童的美感，陶冶、塑造学前儿童的性情与心灵，促进学前儿童全面发展的教育。学前儿童美育的主要任务和目标就是培育学前儿童的美感，提高他们对审美对象进行认识感受和欣赏的能力，从而使学前儿童的性情得到陶冶，人格得到完满发展。

（二）学前儿童美育的意义

美育具有德育、智育、体育、劳动教育所无法替代的独特功能。学前阶段是个体接受审美教育的最佳时期，也是其人格塑造的奠基时期，因此学前儿童美育的意义更为重大。概言之，学前儿童美育的意义体现在两个方面：一是对于整个社会和谐发展的意义；二是对于学前儿童个体全面发展的意义。由于前者是建基于后者之上的，因此，这里将着重探讨美育对学前儿童个体全面发展的意义，它主要体现在以下几个方面。

实践活动

到某幼儿园观摩某个班级的一日活动，总结其中蕴含的美育因素，探讨美育对幼儿发展的意义。

1. 激发幼儿对美的兴趣、爱好和向往

一岁左右的婴儿就已经能够分辨声音、色彩和形状，并对美好的事物表现出兴趣与喜爱。然而，幼儿对美的兴趣与爱好并不稳定和持久，还不能够主动去发现美和表现美。美育可以使幼儿不断得到精神上的愉悦和满足，从而激发起他们对美的兴趣、爱好和向往。这种积极的心理状态是幼儿欣赏美和表现美的重要前提。

2. 促进幼儿美感的发展

美感是一种能引起人们情感愉悦的心理活动，涉及感知、情感、想象、理解等多种心理要素。在审美活动中，无论是欣赏风光旖旎的自然美景还是变化万千的艺术作品，都会激起幼儿对色彩、形状、声音、运动等方面变化的感知与注意，并积累丰富多样的美的形象，从而促进幼儿审美感知、审美情感、审美想象和审美理解等审美能力的不断发展。在这一过程中，幼儿的美感水平会得到不断提升。

3. 培养幼儿初步表现美与创造美的能力

表现美和创造美的活动总是要以审美活动为基础，并以一定的表现技能为前提。总体来说，幼儿对美的表现与创造是稚拙的。美育可使幼儿欣赏更多美的自然与艺术品，帮助其积累各种美的形象，并逐步内化多种表现技能，为其从事表现美与创造美的活动奠定坚实的基础。

4. 陶冶幼儿的性情，塑造完满的人格

性情即人与生俱来的感性欲望和情绪情感等，它是人的一切行为的原动力。性情本身具有较强的动物性，其本质并不都是美和善的，因此需要一种教育来使人的性情得到陶冶。美育正是这样一种怡情养性的教育。通过美育，人的整个心灵会浸润于美好的事物之中，人的性情会因此而得到美化与净化，变得高尚优美起来，从而塑造完满的人格。美育这种陶冶性情、塑造人格的独特功能是德育、智育、体育等其他教育所无法替代的。缺少了美育，人的全面发展教育就不完整，人的发展也就不全面。由于学前阶段是怡情养性、塑造完满人格的奠基时期，因此，较之成人，学前儿童美育在这方面的意义更加重大，这也正是学前儿童美育的终极意义之所在。

二、学前儿童的审美心理过程及美感发展的特点

（一）学前儿童的审美心理过程

人的每一次审美活动都会涉及感知、想象、情感和理解等众多审美心理要素的共同活动与相互作用，它们构成一个动态的审美心理过程。尽管学前儿童的审美心理发展还不成熟，但同成人一样，其审美心理过程也要经历一个从初始阶段到高潮阶段再到效应阶段的动态过程。

1. 初始阶段

初始阶段是指人即将进入审美状态的预备阶段，这一阶段的典型特征就是审美态度的形成。所谓审美态度是指唯有审美时才出现的一种奇特的心理状态。它与实用态度和科学态度都不同：审美态度并不关注下一步行动所要达到的目的，因为人一旦把注意转移到实用生活目的时，审美态度便荡然无存了；审美态度也不关注各种问题的解决，因为人一旦开始有意地使用概念去分析、批判审美对象时，审美态度也就不复存在了。审美态度是一种极端的聚精会神的心理状态，人的全部精神都凝聚在审美对象上，"用志不纷，乃凝于神"就是这种凝神状态的写照。① 从上述分析可以看出审美态度的独特性质——无关功利性。审美活动得以进行的前提是人必须具有一种无关功利的审美态度，唯有如此，人才能把注意力集中在审美对象的形式结构上面。当然，我们应该辩证地看待审美态度的无关功利性，从人的精神得到和谐发展并促进整个社会文明进步的意义上说，它又具有一种间接的、影响深远的功利性质。审美态度形成的关键一环是形成审美注意，即把注意力全部集中和停留在审美对象的形式结构本身，只注意审美对象的色彩、线条、形状、均衡等形式结构。这时，人的审美活动就完成了初始阶段。

当幼儿面对审美对象时，他们还不能够完全自发地关注审美对象的形式结构，而是更多地关注其内容。以对艺术品的审美为例，幼儿在初始阶段通常会急于认清艺术品呈现了什么内容，而忽略了艺术品的形式结构。当然，幼儿审美心理的上述特点并不影响他们进行审美活动的可能性，事实上，幼儿已经具有了从事审美活动的基础。正如美国的霍华德·加德纳教授所言，幼儿已经具备了成为一名欣赏者的资格，因为他们已经懂得了卡通片、故事或歌曲等审美对象只不过是"假的"而已。这说明幼儿已经能够用非功利、非实用的审美态度来观照审美对象了。另外，通过适当的审美教育，幼儿会自发地注意到色彩、线条等形式要素，开始初步关注作品的形式审美特征②，其审美注意的自觉性会不断增强。

☞ 学前儿童的审美感知特点及其培养策略研究

2. 高潮阶段

高潮阶段是审美心理过程的关键阶段。在这一阶段，人的感知、想象、情感、理解等多种审美心理要素相互作用，从而使人得到感性和精神上的愉悦。

在高潮阶段，人已经摆脱了实用功利态度的束缚，可以自由地对审美对象的色彩、形状、均衡等形式要素进行整体性地感知与认识。这时，人已完成了对审美对象的大体把握，并获得了某种感性上的愉快。在此基础上，人还要更加细致地观照审美对象，这更需要各种审美心理要素的共同参与。情感是审美活动的内在驱动力，是联结多种心理功能的纽带。在情感的驱动与激发下，想象、理解等心理要素也参与到审美活动之中，从而理解与把握了审美对象的深远意味。这

---

① 朱光潜. 文艺心理学[M]. 上海：复旦大学出版社，2009：9.
② 边霞. 幼儿园美术教育与活动设计[M]. 北京：高等教育出版社，2009：43.

时，人会在感性愉快的基础上获得某种精神上的愉悦。

同成人一样，幼儿的审美心理过程在经历了初始阶段后也会进入高潮阶段，其各种审美心理要素也要参与其中并发生交互作用。但是，幼儿在高潮阶段的审美心理会呈现出不同于成人的独特之处。成人主要是通过视觉器官和听觉器官来进行感知的，并要与审美对象保持一定的审美距离；而幼儿除了视听器官外，还要调动触觉、动觉等其他感觉器官，与审美对象之间是近距离甚至无距离的。与成人相比，幼儿的想象更加大胆、夸张和无拘无束，能够自由创造出种种奇特的审美意象。成人的情感比较深沉，而幼儿在审美时的情感体验更具有外显性，常常要借助肢体动作来强化其内心的情感体验。此外，幼儿由于年龄特点、生活阅历、文化水平等因素的影响，对审美对象的理解不可能达到成人那样的深刻程度，但他们能够直接、迅速地理解某些较为浅显的审美意味。

3. 效应阶段

效应阶段是审美心理过程的最后阶段，其标志就是作为审美主体的人发生了直接和间接的审美心理效应。直接的审美心理效应就是人产生了审美判断和审美欲望等心理反应。审美判断是指人根据已有的审美标准，对审美对象是否合乎美的标准而作出的评价。当人产生审美判断之时，还会产生一种审美欲望，这种欲望会促使人不断参与到审美和创美活动之中。间接的审美心理效应就是人的鉴赏力和审美趣味的提高，这是多次审美实践的结果。

在审美心理过程的效应阶段，幼儿通常不能像成人那样对审美对象进行分析与综合，而是凭借第一印象直觉地判断审美对象的美丑。那些被判断为美的审美对象会进一步激发幼儿的审美欲望，成为其以后不断追求美和创造美的内在动力。幼儿在多次审美实践后，间接的审美心理效应同样提高了他们的鉴赏力和审美趣味。

实践活动

访谈几位幼儿园教师，了解他们对学前儿童审美心理过程的看法，并进行反思、评价。

(二) 学前儿童美感发展的特点

学前儿童的美感就是他们初步感受美和表现美的情趣和能力。学前儿童美感的发展是遵循一定规律的，由对美的事物无意识地、直觉地反映，逐渐发展到有意识地、自发地感受美和表现美。

个体生理和心理的发展是其美感发展的基础和前提。正常的人类新生儿已经可以对视觉的、听觉的、嗅觉的和触觉的各种刺激作出反应并形成简单联系。以颜色视觉为例,3个月至4个月的婴儿开始能分辨彩色与非彩色,波长较长的暖色比波长较短的冷色更容易引起婴儿的喜爱,红色的物体特别容易引起婴儿的兴奋。婴儿喜欢明亮的色彩,不喜欢黑暗的颜色。在对形状的感知方面,婴儿喜欢看清晰的、复杂的图形和曲线。[①] 当然,婴儿早期对颜色或形状所表现出的知觉敏感性和注意选择性,还属于直觉的、本能的快感,他们还没有真正独立的美感反映。1岁以后,婴儿表现出对探索新异的未知环境的浓厚兴趣,这种探索兴趣已经具有了某种无意识的审美成分。此外,婴儿还表现出对视觉形象、乐音和语言的兴趣,在涂涂画画、拼插搭建等活动中开始有了明显的对色彩、形状的知觉选择,并逐渐获得了平衡感和次序感。当然,这些活动的功利性成分和认知成分占有较大比重,审美经验的积累还处于无意识的状态。

2岁以后,儿童对审美对象的自发选择开始出现意识的萌芽,并已经能把"好看""真美""漂亮"等词汇与鲜艳的色彩、美丽的景物联系起来。2—3岁儿童对审美对象的形式结构表现出某种直觉的审美能力。如这一阶段的儿童在欣赏音乐时,会凭直觉做出符合音乐情绪的表情、动作。

3—6岁的儿童正处在形象思维持续发展的时期,对外部世界的各种感性形象表现出浓厚的兴趣,其审美感知能力不断增强。例如,4岁以前的幼儿在感知审美对象时,多是迅速地从审美对象中指认出自己喜欢的形象。4岁时,幼儿进入图形感知的敏感期,已经开始能够感受比较大的完整形象,并能够直觉地把握审美对象各组成部分的联系及其情感表现性。在一项研究中,研究者要求幼儿将两种树的造型与高兴、伤心这两种情绪情感进行匹配。一种树的造型是枝繁叶茂,茎叶呈放射状;另一种树是弯腰驼背、浑身无力的造型。研究结果表明,大多数幼儿都能完成这项任务,能够感受到审美对象的情感表现性。此外,4岁幼儿对色彩也愈发敏感,尤其是对非再现性的色彩构成,4岁幼儿已具有相当明显的先天直觉美感,他们对色彩的色相、明度和纯度的辨识能力均有了明显提高。5—6岁,随着幼儿生理和心理的不断发展成熟,知识经验的不断积累,其欣赏美、表现美和创造美的有意性和自觉性不断增强。

概括来说,学前儿童的美感具有以下表现特点:

1. 活动性

活动性是指幼儿在审美时会通过外显的动作、表情或语言等来表达和强化其审美体验。幼儿通常不会静止不动地进行审美活动,需要借助身体的各种活动来表达自己的审美体验。如幼儿会跟随音乐摇晃自己的身体,或自发地做出各种动作来表达自己的感受。这一特点也是幼儿美感与成人美感的一个显著不同。美国的霍华德·加德纳教授指出,在许多成人身上这种身体的动觉反应已经不存在

---

① 边霞. 幼儿园美术教育与活动设计[M]. 北京:高等教育出版社,2009:42.

了，成人已不再向审美对象做出身体反应，但这种情况似乎普遍出现在幼儿当中。如幼儿听到乐曲时，往往会不由自主地手舞足蹈。① 成人可以通过无外显行为的内部操作进行审美活动，而幼儿则需要通过外显的活动来表达和强化自己的审美感受。

2. 整一性

整一性是指在审美过程中，审美对象与幼儿自我、幼儿自身的视、听、触、味、嗅等感知觉以及想象、情感、理解等心理活动都是不可分割的一个有机整体。幼儿的身心发展水平决定了幼儿美感的这一特点。在审美活动中，幼儿有时会与审美对象进行"角色互换"，甚至会将自己的整个身心都沉浸到审美对象之中，处于一种"物我不分"的状态。这时，审美对象与幼儿自我处于浑然整一的状态，幼儿的各种感知觉与想象、情感、理解等心理活动亦是以一种浑然整一的方式来进行审美活动的。

3. 表面性

表面性是指幼儿的美感通常是肤浅幼稚的，他们只能感知、理解审美对象表面的、简单的形式结构，对审美对象比较内在的、深远的形式意味则缺乏审美能力。幼儿对美的事物的选择与评价能力更需要通过审美教育，在学前晚期才逐渐发展。以幼儿对美术作品的审美活动为例，他们对作品的美感表现还很肤浅与表面化，通常只能列举画中都画了些什么具体事物，还不能深入地感知和理解这些由具体事物所构成的形式中到底蕴含着哪些深刻的思想、主题和形式意味。

4. 倾向性

倾向性是指幼儿具有比较稳定而一致的审美偏爱倾向。所谓审美偏爱是指人的审美心理活动的选择性和指向性，它表现为人对某类审美客体或某种形态、风格、题材的艺术品优先注意或优先审视的心理倾向。几乎每一位在社会中生活的正常人都有自己的审美偏爱。② 相对于成人，幼儿在审美活动中会表现出比较一致的审美偏爱倾向。也就是说，幼儿对某类审美对象或具有某些属性的审美对象会表现出某种审美偏爱。如在色彩方面，幼儿会偏爱红色、黄色等鲜艳、明亮的颜色；幼儿偏爱具象的、写实的、色彩鲜艳而丰富的美术作品。此外，幼儿还偏爱用夸张和拟人风格表现的事物。在学前阶段，幼儿的上述审美偏爱特点变化不大，具有相对的稳定性和一致性，年龄差异不甚明显。

实践活动

到幼儿园观摩一次美育活动，分析幼儿的美感表现特点。

---

① 许卓娅. 幼儿园音乐教育与活动设计[M]. 北京：高等教育出版社，2009：180.
② 张奇. 儿童审美心理发展与教育[M]. 北京：北京师范大学出版社，2000：134.

三、学前儿童美感的培养

学前儿童美育的核心内容就是通过各种审美实践活动培养学前儿童的美感。这是陶冶、塑造学前儿童性情与心灵，促进其全面发展的基础和前提。确定美育核心内容的主要依据是学前儿童美育的目标。在2016年颁布并实施的《幼儿园工作规程》中，第一章"总则"的第五条在阐述幼儿园保育和教育的主要目标时，明确规定了美育的目标是："培养幼儿初步感受美和表现美的情趣和能力。"从《幼儿园工作规程》对美育目标的这一表述中可以明显看出，培养美感——初步感受美和表现美的情趣和能力，既是学前儿童美育的主要目标，同时也是学前儿童美育的核心内容。

（一）培养美感的途径

美感的发展遵循一定的规律，需要一个长期的、渐进的培养过程。因此，培养美感需要通过多种途径，采取多种多样的活动方式，充分利用各种审美教育资源加以展开。其中，自然之美、社会生活之美和艺术之美是幼儿园审美教育中最宝贵的资源，它们也是培养美感的三个主要途径。

1. 自然之美

大自然是永不枯竭的美的源泉。人们对美的向往与热爱往往是从观赏自然之美开始的。欣赏自然之美应该因时、因地制宜。在草长莺飞的春天，教师可带领幼儿到郊外去沐浴和煦的春风，在万物萌发、欣欣向荣的景致中感受春的气息和大自然蓬勃的生机与活力。在秋高气爽的秋日，教师可带领幼儿观赏高远明净的天空，在五彩斑斓、秋实累累的景致中品味秋的充实和大自然无私的奉献。除因时制宜外，还要因地制宜。我国幅员辽阔，历史悠久，各地都拥有自己独特的山川地貌和人文景观，它们都能激发幼儿不同的审美感受。此外，在欣赏自然之美时，不能仅停留在"走马观花"的程度，教师应该引导幼儿充分展开联想与想象，感受大自然中的各种美景。

2. 社会生活之美

人身处于社会生活之中，社会生活的方方面面都与人息息相关。教师在培养幼儿的美感时，要充分挖掘各种社会生活之美，如气势恢宏的建筑艺术、琳琅满目的橱窗、五光十色的霓虹灯、绚烂多彩的节日装饰等。在社会生活中，幼儿所处的环境会更直接地影响其美感的发展，因此，教师应注重充分利用环境之美来培养幼儿的美感。幼儿生活的环境主要由两部分构成：一是家庭环境，二是幼儿园环境。在家庭中，住宅的室内外装饰、用具，家庭成员的服饰、人际关系、兴趣爱好、精神面貌等共同构成了家庭环境。幼儿园环境同样包括物质环境和精神环境两个方面。在营造幼儿园的物质环境时，一方面，教师应注意营造幼儿园美好的外部环境，幼儿园建筑物外的场地、院落等在整体上应色彩和谐，布局合理、恰当,既要符合幼儿的趣味,又要反映幼儿园自身的独特风貌;另一方面,教师应注意营造幼儿园美好的内部环境,幼儿园建筑物内的通道、走廊和活动室环境亦应整洁有序、和谐恰当,教师可引导幼儿亲身参与室内环境的布置和创设。除了美好的物质环境之外,良好的精神环境也是幼儿园环境之美的组成部分,幼儿园成员蓬勃向上的精神风貌、温馨和谐的人际关系氛围等,都会对幼儿的美感发展产生潜移默化的影响。

3. 艺术之美

☞ 美国的多学科艺术教育及其启示

通过艺术作品来进行的审美教育就是艺术教育。在世界各国的幼儿园教育中,艺术教育一直被视为培养幼儿美感的主要途径。经常接受艺术之美熏陶的幼儿,会不知不觉地把对艺术作品的审美经验迁移到其他审美领域,能够更敏锐地发现自然和社会生活之美,其美感水平必然会得到不断提升。在艺术教育中,教师可以利用多种艺术形式,如音乐、美术、舞蹈、文学、电影、动漫等,这些都是幼儿喜闻乐见的艺术形式。这里主要探讨如何利用音乐、美术和文学之美来培养幼儿的美感。

☞ 贝内特·雷默的儿童音乐教育思想及其启示

音乐是一种听觉艺术,是培养幼儿美感不可或缺的一种艺术形式。教师在通过音乐培养幼儿美感时,应引导幼儿感受音乐的旋律、和声、节奏、音色等音乐要素本身的审美特征,尤其应注意引导幼儿体验音乐作品的各种情感基调,如《梦幻曲》细腻温暖、如诗如梦的情感基调,《牧童短笛》清新悠闲、欢快活泼的情感基调,让幼儿体会不同情感基调的音乐作品之间的细微差异。经过这样的音乐教育与熏陶,幼儿的美感就会逐渐变得细腻丰富起来。此外,教师要注意调动幼儿的多种感官参与到音乐活动之中,通过动觉等其他感觉的参与来加强幼儿的审美体验。如果只采取静听这种单一的欣赏方式,则很难达到预期的审美教育效果。需要注意的是,应当坚持以听觉通道为主、其他通道为辅的原则,围绕音乐作品的整体进行音乐活动,这样,才能带给儿童丰富而整体的音乐审美体验。①

☞ 案例:大班美术欣赏活动——欣赏吴昌硕作品《玉兰花》

美术又称造型艺术、视觉艺术、空间艺术。由于美术作品的直观性,它对幼儿有着更强烈的吸引力和感染性。在利用美术作品来培养幼儿美感时,教师应注意引导幼儿对色彩、线条、形状、均衡等形式要素本身的审美感受。如在欣赏以"树"为表现题材的作品时,教师可重点启发幼儿感受不同色彩、不同造型的树的情感表现性,引导幼儿感受不同的形式结构在情感表现性上的不同。此外,为了加深幼儿对运动、变化和韵律等形式美的感受,教师还可选择一些表现流动、上升、降落等生命运动韵律的题材,让幼儿进行欣赏和创作。

文学是一种语言艺术,在通过文学艺术培养幼儿美感时,教师应注意引导幼儿深入体会文学作品中所蕴含的情感,探索并发现文学艺术语言轻重缓急的节奏

---

① 许卓娅. 幼儿园音乐教育与活动设计[M]. 北京:高等教育出版社,2009:181.

之美，升降起伏的旋律之美，结构重复与变化的回环之美等。有研究者指出，依据不同年龄幼儿的接受水平，小班幼儿宜多欣赏优美的作品；中班幼儿可欣赏优美和诙谐、略带忧伤的作品；大班幼儿可欣赏优美、崇高、喜剧美、悲剧美的作品，神话、寓言和成语等都很受大班幼儿的欢迎。此外，从中班开始，幼儿可多欣赏一些人物带有多种情绪色彩的作品，如喜悦、忧伤、惊奇等。大班幼儿欣赏的作品中人物的情绪类型可更复杂些，让幼儿从作品中体验孤独、羞耻、同情等复杂的情感。

当然，除了上述几个主要途径之外，教师还可通过日常生活、节日活动和其他教育活动来培养幼儿的美感。

（二）培养美感应注意的问题

1. 培养美感重在激发幼儿对美的兴趣与爱好

教师在培养幼儿美感时，重点应放在激发幼儿对美的兴趣与爱好上，帮助幼儿将外在的审美教育要求变成其内心的兴趣与欲求。这种积极的心理状态是幼儿进行审美和创美活动的重要前提，也是其长大后追求美的不懈动力。《论语·雍也》提出："知之者不如好之者，好之者不如乐之者。"这句话很好地表达了三种不同层次的兴趣和欲求水平——"知之""好之""乐之"。在培养幼儿美感时，教师不仅要帮助幼儿达到"知之"的层次，还要向"好之"和"乐之"的层次努力。如果只满足于达到"知之"的层次，那么，美育对幼儿提升美感水平的帮助是极其有限的，很难真正激发起幼儿内心对美的兴趣与欲求。在审美活动中，教师如何帮助幼儿实现由"知之"向"好之"，乃至"乐之"层次的转化，是培养幼儿美感时始终应该注意的问题。

2. 重视游戏在培养美感中的独特作用

游戏是幼儿最为喜爱的活动。游戏具有自愿性、假装性、隔离性、秩序性与规则性等独特的性质。游戏的独特属性使它与审美艺术活动之间存在着天然的联系，美学家朱光潜先生早已指出："艺术的雏形就是游戏。游戏之中就含有创造和欣赏的心理活动。人们不都是艺术家，但每一个人都做过儿童，对于游戏都有几分经验。所以要了解艺术的创造和欣赏，最好是先研究游戏。"[①]具体说来，游戏与艺术的天然联系表现在两个方面：一方面，游戏中具有艺术的成分，游戏是艺术活动的前期准备，因为它们都以一种特殊的情境或氛围为前提，既具有不同于日常生活的"假装"性质，又同时含有极端的严肃性与专注性；另一方面，艺术中含有游戏的因素，是游戏艺术化发展的结果，参与者必须在自愿遵守一定规则的前提下进行自由创造。二者的天然联系使游戏必然成为帮助人们从事审美艺术活动的最佳方式与手段，对幼儿来说尤其如此。在

---

① 朱光潜. 谈美书简二种[M]. 上海：上海文艺出版社，1999：137.

培养幼儿美感的过程中，教师必须思考如何将游戏与审美艺术活动恰当地结合起来。

3. 注重多感官、多通道地培养美感

☞ 论通感及其生理与心理基础

人的心理活动中有一种联觉现象，即一种感觉的感受器受到刺激，在另一完全不同的感觉领域也会产生感觉，又被称为"感觉挪移"或"通感"。通感现象在日常生活中十分常见，最普遍的例子就是"色听现象"，即某种声音可以唤起某种色彩感觉，通常低音使人产生深色的感觉，而高音则使人产生浅色的感觉，如"响亮"一词就反映了这种"色听现象"。与日常活动相比，通感现象在审美艺术活动中更为常见。能够获得不同感觉间的通感是幼儿美感发展的一个重要标志，因此，在审美活动中，教师要帮助幼儿打通视觉、听觉、触觉、动觉等多种感觉之间的通道，多感官、多通道地培养幼儿的美感。

教师应注意发掘不同审美要素之间的内在相通之处。如小提琴音乐的线性与绘画中的线条就有其内在的相通性，若通过欣赏小提琴音乐来感受绘画中的线条，不但十分自然恰切，而且能培养幼儿视、听之间的通感。此外，教师应注意充分调动幼儿的动觉参与。在审美活动中，充分调动和运用动觉具有特殊的价值。幼儿仅仅通过视觉和听觉并不能充分感受审美对象，而动觉的参与则可以帮助幼儿产生某种直接的审美体验，从而促进幼儿美感的发展。例如，为帮助幼儿感受音乐的强弱变化，教师可让幼儿围成一个圆圈。当音乐渐强时，幼儿就慢慢地站起来；当音乐渐弱时，幼儿就慢慢地蹲下去。通过听觉、视觉、动觉等多种感觉的作用，让幼儿体验音乐强弱的变化过程。当然，提倡多感官与多通道地培养幼儿美感，并不意味着随意为幼儿提供多种感知材料。实际上，无目的、无关联地提供视、听、触、嗅等多种感觉材料对于提升幼儿的美感没有多少意义，它们只能刺激幼儿感官生物学功能的发展。

第五节 学前儿童劳动教育

劳动教育是中国特色社会主义教育制度的重要内容，是全面发展教育体系的重要组成部分。

学前儿童劳动教育是全面发展教育的重要组成部分，是培养儿童劳动意识、劳动能力和劳动习惯的奠基内容。劳动教育一直未远离我国的学前教育实践。劳动曾与"游戏""散步""上课"等共同作为幼儿园教育的重要手段。诸多重要文件如《幼儿园工作规程》《幼儿园教育指导纲要（试行）》《3~6岁儿童学习与发展指南》都将劳动价值观形成与劳动品质养成作为幼儿园教育的重要目标。劳动教育渗透于日常生活之中，渗透于各领域教育之中，促进学前儿童的全面发展。

一、学前儿童劳动教育的内涵与意义

（一）学前儿童劳动教育的内涵

劳动对人类而言，有着特殊且重要的价值。劳动能够创造财富、创造世界。但对教育领域而言，劳动的主要意义建立在个人发展意义之上。劳动能够让人发现自我、改造自我、确证自我。因此，劳动"使人真正成其为'人'，根本超越了动物界"[1]。马克思指出，"劳动过程首先是人和自然之间的过程，是人以自身的活动来中介、调整和控制人和自然之间的物质变换的过程"[2]。由此可见，劳动在本质上是个体与周围世界主动的相互作用的过程，与皮亚杰所说的个体与外部世界相互作用，从而主动建构经验的学习方式是一致的。[3]

理解学前儿童劳动教育的内涵，既要考虑劳动作为一种内容的教育，也要考虑劳动作为一种形式的教育。从劳动作为一种内容的角度来看，学前儿童劳动教育是一种"关于劳动"的教育，劳动教育具有其独特的教育任务——培养热爱劳动和劳动人民的情感，培养正确的劳动观念和劳动态度，培养劳动习惯和劳动技能。[4] 从劳动作为一种形式的角度来看，学前儿童劳动教育是一种"通过劳动"展开的教育，学前儿童通过劳动的形式，获得德智体美多方面的发展。

理解学前儿童劳动教育的内涵，还要充分认可劳动作为学前儿童综合学习方式的重要价值。对中小学生而言，他们更多以间接经验的学习为主，学习的场所主要在教室内，学习的方式以教师讲解为主。但对幼儿园的幼儿而言，劳动这种活动形式非常符合他们通过直接感知、实际操作、亲身体验来学习的特点。事实上，让幼儿获得经验，就是让幼儿去做符合他们需要和兴趣的事，去做让他们思维参与的事，去做他们力所能及的事，去做他们感到有挑战的事。劳动就很符合这里所说的让幼儿做事的要求。与中小学生相比，劳动这种教育形式对幼儿的意义明显不同。对中小学生而言（尤其是较高学段的学生），尽管他们也能够通过有思维参与的劳动获得多方面的经验，但劳动只是其主要学习方式的一种必要补充。但对幼儿而言，劳动是他们重要的学习方式之一，通过劳动，幼儿能有效地建构认识，生成经验，有效学习。

综上所述，学前儿童劳动教育是教师支持学前儿童主要通过身体或体力活动，与外部世界发生互动，促进学前儿童劳动态度、劳动习惯、劳动能力和劳动情感养成，实现学前儿童德智体美多方面发展的教育活动。

---

[1] 赵敦化,孙熙国.中国哲学的当代研究与马克思主义哲学创新[M].北京:人民出版社,2011:298.
[2] 马克思,恩格斯.马克思恩格斯全集:第42卷[M].北京:人民出版社,2016:168.
[3] 虞永平.劳动是幼儿综合的学习[J].今日教育(幼教金刊),2019(2):8-10.
[4] 曲霞,刘向兵.新时代高校劳动教育的内涵辨析与体系建构[J].中国高教研究,2019(2):73-77.

(二) 学前儿童劳动教育的意义

开展学前儿童劳动教育的意义可以从学前儿童个体发展和学前教育事业发展两个方面来理解。对学前儿童个体发展而言，劳动教育有利于培养完整儿童，既能促进其德智体美多方面发展，在涵养劳动素养方面也能起到不可替代的作用。对学前教育事业发展而言，劳动是幼儿的一种综合性学习形式，是幼儿园重要的教育手段，开展学前儿童劳动教育有利于落实《3~6岁儿童学习与发展指南》精神，提升学前教育质量。

1. 实现完整儿童的发展

劳动的过程是多个领域的经验有机结合的过程，也是指向多个领域经验发展的过程。开展学前儿童劳动教育有利于促进学前儿童全方位的健康发展。杜威在中国访问时，就曾对南京高等师范学校附属幼稚园养蚕一事深有感触，并以此阐释劳动对幼儿认知发展的作用。

"5月里我初到南京的时候，南京高等师范的附属幼稚园正在养蚕。他们从选择蚕子和保存蚕子做起，渐渐用桑叶饲养，让它做茧；待我到时，已在抽丝的时候了。这种层次渐进的训练，倘抽象地看来，不过很有趣味罢了，其实在知识上有极大的价值。小孩子从蚕子看起，进而幼虫，再进而做茧，变为飞蛾，几个礼拜以内看出生物的全套变迁，一定能得到许多生物学上的知识。再讲实业方面，从选择蚕子入手，一直到丝的价值、绸的好坏，都可以使儿童知道。蚕丝为中国南方出产大宗，儿童从这里得到这许多循序渐进的知识，都可在社会应用。"①

在劳动的过程中，幼儿能够实际了解周围事物的特性、动植物生长变化的规律等，探索的愿望和能力也在不断发展。他们逐渐学习日常生活、使用工具等方面的技能、技巧，发展独立性、克服困难的能力以及意志力。很多劳动都是在户外进行的，需要使用工具，需要付出体力，因此，劳动对幼儿大小肌肉的发展很有意义。集体劳动、为了群体共同利益的劳动可以促进幼儿同伴之间的交往、分工合作，培养幼儿乐于帮助他人、服务社群、参与社会公共事务的意愿和情感，帮助幼儿获得积极的自我体验感，培养自尊、独立性、责任心等个人品质。

2. 涵养幼儿的劳动素养

在当今社会，许多幼儿自幼就生活在由父母祖辈包办代替的环境中，事事都不用自己动手，这导致他们既不愿承受劳动的"脏"和"累"，也不尊重他人的劳动成果，还缺乏基本的自理能力，更毋谈服务意愿。劳动教育对培养幼儿的劳动态度、劳动习惯、劳动能力、劳动情感具有不可取代的作用。由幼儿学习的特点和规律决定，这些基本的劳动态度、劳动习惯、劳动能力、劳动情感，幼儿只有经由亲身经历、积极体验的劳动才能获得；只有从力所能及的劳动中体验到成

---

① 杜威. 杜威在华教育讲演[M]. 单中惠,王凤玉,编. 北京:教育科学出版社,2007:16-17.

就感、愉悦感,意识到劳动成果来之不易,幼儿才会真正生发乐于劳动、勤于劳动和尊重劳动的积极态度;只有在劳动中不断思考、不断练习,幼儿才能锻炼自己的劳动能力;只有体验到劳动为他人带来方便的满足感时,幼儿服务他人的劳动意识才会生根发芽。

3. 落实《3~6岁儿童学习与发展指南》精神,提升学前教育质量

劳动教育强调幼儿动手能力的发展,重在亲身参与和实践。劳动教育为幼儿提供了丰富的直接感知、实际操作和亲身体验的学习机会,有利于改变学习方式小学化的倾向。劳动教育关注幼儿劳动素养的培养,促进幼儿德智体美和创造力的多方面发展,有利于改变当前教育中"扬心抑身"的倾向,能更好地落实《3~6岁儿童学习与发展指南》精神。

实践学前儿童劳动教育,并不是要在现有的幼儿园课程体系中新增教育目标和教育领域,而是要探索全面发展的教育目标如何通过适宜、多样、丰富、有趣的劳动教育来实现。因此,开展学前儿童劳动教育,有利于提升学前教育质量。

请设计并实施一个调查,了解幼儿在家庭或幼儿园中劳动的现状,并对当前幼儿园劳动教育开展的必要性展开讨论。

二、学前儿童劳动教育的目标

(一)促进幼儿德智体美发展

学前儿童劳动教育应该渗透在多个领域的学习与发展中,也应该定位于促进学前儿童多个领域的学习和发展。幼儿园实施劳动教育,其价值不仅仅在于对劳动素养的培养,将幼儿园劳动教育的目标仅仅定位于劳动素养的培养,就舍弃了劳动教育对幼儿全面发展的重要价值。与此同时,将培养劳动素养与其他领域教育目标割裂联系的做法,会造成培养劳动素养目标的落空。劳动是多个领域综合渗透的学习方式,是劳力与劳心的结合,正是这种结合才能培养幼儿对劳动真正的兴趣和热爱。

(二)激发幼儿对劳动的积极情感,养成正确的劳动态度

《幼儿园工作规程》指出,要"萌发幼儿爱祖国、爱家乡、爱集体、爱劳动、爱科学的情感";《幼儿园教育指导纲要(试行)》要求"培养其对劳动者的热爱"。这些要求都指向幼儿"爱劳动"的情感。情感性目标是幼儿园劳动教育的首要目标,是激发幼儿持续劳动与获得深刻体验的重要驱动力量。幼儿对劳动的积极情感源于其在劳动中体验到的快乐,而非外在的强迫。在开展劳动的过程

中，教师要将激发和保护幼儿对劳动的积极情感作为首要目标，遵循幼儿的身心发展规律和学习特点，充分尊重和保护幼儿的好奇心和学习兴趣，创设丰富的环境，让幼儿能真切地感受到劳动和创造的快乐。

"尊重劳动"是对待劳动的基本态度，包括对劳动者的尊重、对劳动资料的节俭、对劳动过程的体贴、对劳动成果的爱惜等。①"尊重劳动"建立在正确认识劳动的基础上，也是劳动教育的重要目标。《3~6岁儿童学习与发展指南》要求"尊重为大家提供服务的人，珍惜他们的劳动成果"，就是从尊重劳动者和尊重他人劳动成果两个层面提出目标要求。《幼儿园教育指导纲要（试行）》要求"引导幼儿了解自己的亲人以及与自己生活有关的各行各业人们的劳动，培养其对劳动者的热爱和对劳动成果的尊重"，就是强调在认识他人劳动的基础上，尊重劳动者、珍惜劳动成果。

（三）奠定幼儿良好劳动习惯的基础

劳动习惯是个体在长期参与劳动的过程中逐渐养成的，在一定情境下主动地进行劳动的特殊倾向。劳动习惯是个体多次、反复、经常参与劳动实践的结果。当个体养成劳动习惯以后，参与一些劳动就会成为个体的需要。教师应当从培养幼儿的生活自理能力、养成良好的生活习惯入手，为他们养成自觉自愿、认真负责、坚持不懈参与劳动的习惯奠定基础。生活自理是幼儿服务自我、展开劳动的重要内容。例如，幼儿在饭前便后洗手，自己穿脱衣服、鞋袜，整理自己的物品，等等，这些良好的生活习惯为幼儿今后劳动习惯和意志品质的养成奠定了基础。

劳动习惯还包括具有坚定的意志力，不怕困难，能把承担的工作坚持做完的品质。幼儿参与劳动，同样需要他们持有认真负责的态度，在劳动过程中克服一些认知上或者能力上的困难。例如，幼儿在户外照料植物时，不仅要付出体力，而且要面对选择以及使用锄头、铲子等工具的困难，即使是简单的浇水等日常管理行为，也需要有完成相对单一、重复的劳动工作的坚持性。教师定期组织与幼儿年龄、发展水平相适宜的劳动，注重在劳动过程中鼓励和支持幼儿持续深入的参与，帮助幼儿形成对劳动结果的期待，给予幼儿积极、正面的反馈，能够帮助幼儿在劳动中初步养成劳动习惯。

（四）培养基本的劳动能力，引导幼儿创造性劳动、合作劳动

开展劳动不仅需要有参与劳动的动机，还需要有一定的劳动知识和劳动能力。对幼儿而言，掌握基本的劳动能力是可能的，这也是劳动开展的前提。幼儿所需要掌握的基本劳动能力，既包括劳动过程中需要的动作技能，也包括使用劳动工具的能力。《3~6岁儿童学习与发展指南》强调，5—6岁的幼儿要"能使用

---

① 顾建军.劳动教育要抓住灵魂科学实施[N].中国教育报,2018-11-28(9).

简单的劳动工具或用具"。例如，幼儿在盥洗环节，要掌握挽袖口、拧毛巾、搓手、按压、擦手等劳动技能；幼儿在照料植物的过程中，要掌握翻地、播种、除草、浇水等劳动技能，同时也要学会使用锄头、铲子、浇水壶、铁锹等多种劳动工具。当然，各年龄阶段幼儿掌握的劳动技能具有层次性和阶梯性。例如，俄罗斯的《幼儿园教育与教学大纲》明确提出了各年龄阶段幼儿应当掌握的劳动技能和技巧的范围，如小班幼儿能按次序独立穿脱衣服；中班幼儿能够养成整齐地摆放和挂好衣物的习惯，能在成人的帮助下清洗和晒干衣物；大班幼儿能够整齐摆放柜子里的衣物，并晒干潮湿的物品，打理鞋子(洗、擦、刷，摆放到位)。[1]

随着时代的变迁，人工智能等新事物不断涌现，社会对人才素养的期望发生变化，劳动的内容和形式也在不断更迭，在这种情况下，劳动教育对幼儿劳动能力的期望也应有所更新。除了基础的劳动技能以外，新时代的劳动教育还应更关注幼儿创造性劳动能力和合作劳动能力的培养，在幼儿园中，集体劳动是主要的培养途径。在集体劳动的过程中，幼儿能够逐步学会分工合作，互相帮助，共享成果，同时也能够学会对劳动过程和结果共同负责。

三、学前儿童劳动教育的实施

（一）幼儿劳动的特点

实施学前儿童劳动教育，要厘清成人劳动与幼儿劳动的区别，理解、尊重幼儿劳动的特点和规律。与成人劳动相比，幼儿劳动主要具有以下特点。

1. 以个体发展为根本价值

劳动具有指向个体发展的内生性价值和指向外部财富生产的外生性价值。成人劳动可能兼顾外生性价值和内生性价值，兼顾生产性和教育性。对于幼儿而言，他们的劳动虽然也可能产生一些产品，但这些产品本身是稚拙的甚至是未成型的，他们的收获更多指向其自身的发展、内在力量的确认。劳动是幼儿身心共同参与的与外部世界发生交互作用的持续性实践行动，符合幼儿直接感知、亲身体验和实际操作的学习特点，是幼儿重要的学习方式之一。通过劳动，幼儿能够形成对劳动的积极态度，能够为自身身体动作发展提供契机，能够经由手指的操作和思维的参与获得认知的发展，能够在集体劳动中学会分工合作，能够在面向自然的劳动中体验美、创造美。通过劳动，幼儿从不成熟走向成熟，由自然走向社会。对幼儿来说，劳动的教育性意义远大于其生产性意义，幼儿劳动的根本价值不在于创造产品，而是指向幼儿内在的丰盈和能力的发展。

2. 无外在功利之目的

成人劳动更看重劳动之外的成果，为了劳动成果最大化，成人会想办法缩短

---

[1] 瓦西里耶娃,格尔博娃,科马罗娃.幼儿园教育与教学大纲:第四版[M].李亚娟,译.北京:北京师范大学出版社,2015:79,118,166.

劳动的过程，减少劳动的投入。此外，成人劳动也常常会被外在的压力所裹挟，为外部的奖励和报酬所激励，从而出现异化。

幼儿劳动的目的内在于劳动之中，是劳动本身的一部分。首先，劳动本身就是幼儿从事劳动的最根本目的。在幼儿看来，拿起劳动工具从事劳动本身就是一件饶有兴趣的事情。例如，我们常常看到幼儿积极地担任值日生，从事清扫地面、分发碗筷、整理玩具、照料植物等劳动。幼儿愿意"为劳动而劳动"，相比于成人劳动，幼儿劳动更可能全身心投入，幼儿在劳动中尽情地体验劳动的快乐和劳动创造幸福的过程，而不是想方设法减少劳动过程的投入、缩短劳动的时间。其次，为实现服务于自己或者服务于他人的劳动目的，幼儿能够从劳动中获得自我成就感和积极体验的奖赏，这比任何外部激励都更能让幼儿满足。因此，相比成人劳动，幼儿劳动更可能是自由自主的活动，是不被外部压力或奖赏异化的劳动。

3. 劳力基础上的劳心

劳动常常被区分为脑力劳动和体力劳动。长期以来，受到身心二元论哲学传统的影响，主体的心智与身体往往被截然分开，被认为是互不干涉的。同时西方哲学中长期以来存在着对身体的压制或者遗忘，①"扬心抑身"和"身心分离"的状况在成人劳动中屡见不鲜。在日常的劳动实践中，人们普遍认为脑力劳动的价值要高于体力劳动，甚至鄙视体力劳动者。"劳心者治人，劳力者治于人"的观念就揭示了社会大众对体力劳动和脑力劳动价值的不同认识。此外，基于成人学习的特点，脱离身体或减少身体依赖，开展脑力劳动（或以脑力为主的劳动）成为可能，有时身体甚至被视为成人脑力劳动通向真理的阻碍或屏障。②

幼儿劳动在形式上有着明显不同于成人劳动的特点。幼儿劳动是具身的，依赖幼儿身体或体力投入。如果说成人劳动能够实现"身心分离"，那么幼儿劳动则是以身体参与为基础的，是无法摒弃或脱离身体的。这是因为有身体参与的劳动是幼儿重要的学习方式；同时，受身心发展水平的影响，幼儿难以脱离身体的参与，完全借助符号进行纯粹的脑力劳动。脱离了身体的参与，幼儿的学习（脑力劳动）往往止步于对间接经验浅尝辄止、浮光掠影的了解，难以建构属于幼儿个体的有意义并可迁移的经验。因此，幼儿劳动否认了"扬心抑身"的可能性。

当然，对于幼儿劳动而言，强调身体参与的重要性和基础性，并不意味着幼儿劳动是缺少思维参与的"妄作盲动"。事实上，幼儿在身体参与的过程中往往会面临问题，这些问题情境成为引发幼儿思维参与的关键要素；幼儿在通过身体与客观世界相互作用的过程中，引发了客观世界的变化，这为幼儿理解行为与结果的关系提供了丰富的机会。因此，幼儿劳动很容易成为"身心合一"的活动，

---

① 陈治国. 论西方哲学中身体意识的觉醒及其推进[J]. 复旦学报(社会科学版),2007(2):84-91.
② 徐海娇. 劳动教育的价值危机及其出路探析[J]. 国家教育行政学院学报,2018(10):22-28.

成为"劳力"和"劳心"并存的活动。

4. 劳动是一种主动与愉悦的活动

在成人的劳动实践中，我们不难看到被动劳动、勉强劳动的情形，"劳动"不仅与"安逸"相对，甚至还和"愉悦"相对。但凡谈及劳动，大多也倡导要发挥不怕苦、不怕累的精神，甚至拒斥劳动中的愉悦体验。

对于幼儿而言，在自己发起或由成人发起但尊重了其身心规律和主体性的劳动中，他们是主动的、积极的、愉悦的。劳动出自幼儿的本能。如马卡连柯所言，所有的人生来就具有大致相同的劳动本能。而这种本能则会引发兴趣，追随兴趣发生的劳动则会带来积极的情绪体验。如杜威所指，个体有交谈或交流的、探索和发现的、制作或建造的以及艺术表现的本能，由这四种本能产生了语言与交际、探索发现、制作或建造、艺术表现的兴趣。在这四种本能当中，制作或建造、艺术表现都是幼儿劳动的重要形式。由此可见，幼儿具备劳动的本能，而本能则会引发幼儿从事相关劳动的兴趣。与本能和兴趣相关的劳动能够主动地吸引幼儿，让幼儿在劳动过程中获得积极的情绪体验，激励幼儿克服困难，实现目标。

（二）学前儿童劳动教育的内容

学前儿童劳动教育的内容多种多样。例如，苏联的亚德什科将学前儿童劳动分为自我劳动、日常生活劳动、接触自然劳动和手工劳动，她还指出，各种劳动在各年龄段的比重是不同的。① 瓦西里耶娃也基本沿用了此分类，同时对各年龄段不同类型的劳动教育内容给出了具体建议。② 随着时代的变迁，学前儿童劳动教育的内容既有继承也有发展。当前我国学前儿童劳动教育主要按照劳动对象，分为面向人、面向自然和面向物品的劳动。

1. 面向人的劳动

面向人的劳动主要是以幼儿为中心，服务对象从幼儿个体扩展到班级、园所、家庭，再进一步推广到社区当中，具体包括自我服务劳动、社群服务劳动。

（1）自我服务劳动

自我服务劳动是指幼儿自我照顾（如盥洗、穿衣、脱衣、收拾床铺等）的劳动。自我服务劳动是幼儿日常生活所必需的，幼儿在园一日生活的各个环节，都蕴含了自我服务劳动的机会。通过自我服务劳动，幼儿能够学会基本的生活技能，养成良好的生活习惯和责任感，同时在劳动中还能体验成功和快乐，增强独立性、自主性。自我服务劳动也能够锻炼幼儿的小肌肉，增强幼儿的手眼协调能

---

① 亚德什科,索欣.学前教育学[M].北京师范大学外国教育研究所,译.北京:人民教育出版社，1981:309-313.
② 瓦西里耶娃,格尔博娃,科马罗娃.幼儿园教育与教学方法指南[M].汪彤,译.北京:北京师范大学出版社,2013:207.

力,发展空间知觉、手部肌肉的控制能力。幼儿园开展自我服务劳动,要特别注意给予幼儿充分的探索时间和机会,关注幼儿独立性的培养。幼儿在开展自我服务时,会遭遇一定的困难,比如小肌肉不够发达,动作顺序不清晰,注意力容易转移等,教师要对幼儿耐心地进行示范、指导,必要时给予协助。

（2）社群服务劳动

社群服务劳动是指向与幼儿相关的他人及群体的劳动,是在自我服务劳动的基础之上,随着幼儿社会交往能力的提升和社会交往范围的扩大逐步展开的。社群服务劳动是关心他人的劳动,带有明显的利他性质,能够培养幼儿对他人的关怀态度。社群服务劳动是"在集体"中展开的劳动和"为集体"展开的劳动,能使幼儿萌发爱集体的感情,培养合作劳动的能力,为培养具有同理心和参与热情的未来社会公民打下基础。社群服务劳动在不同年龄段有不同的表现形式。幼儿协助保持室内和场地的清洁,担任值日生分发碗筷、玩具,参与制订班级的规章制度,参与美化园所环境、社区环境等都是学前阶段可以开展的社群服务劳动。随着幼儿服务对象和空间的扩大,幼儿所面临的问题情境更加复杂,综合学习的机会更加充分,他们更能够体验到劳动的价值。

请调查你所在的学校附近有哪些可以用来开展幼儿社群服务劳动的资源。

2. 面向自然的劳动

幼儿与自然环境之间有着密切的联系。在过去,幼儿"理所当然地把自然视为生命的礼物"[①]。幼儿喜欢亲近自然,他们在自然中玩耍,全身心地投入,调动自己的所有感官与自然亲密接触。同时,与自然的直接接触也有益于幼儿的身心健康。[②] 幼儿对生命的关爱出自他们的内在本能,面向自然的劳动符合幼儿的需要和兴趣,贴近幼儿的生活。自然还可以为幼儿的劳动提供丰富的空间和材料。面向自然的劳动为幼儿提供了亲近自然、感受生命、体验人与自然关系的独特机会。种植劳动、饲养劳动都是非常重要的面向自然的劳动。

（1）种植劳动

种植劳动是指幼儿照料植物的劳动,种植过程中的选种、栽培、管理、收获等环节都为幼儿提供了劳动的机会。幼儿能够在种植劳动当中,学会使用工具,认识各种植物以及植物各部分的特性和形状,了解植物成长的条件和生长变化的规律,能够学习和运用数量关系、空间关系解决问题,尝试计划、猜测与验证、

---

① 洛夫. 林间最后的小孩：拯救自然缺失症儿童[M]. 自然之友,王西敏,译. 北京：中国发展出版社, 2014：9.
② 洛夫. 林间最后的小孩：拯救自然缺失症儿童[M]. 自然之友,王西敏,译. 北京：中国发展出版社, 2014：28.

记录、表征与分享交流。同时，种植劳动还可以引发幼儿之间分工和合作的行为，培养幼儿亲近自然的情感，提供欣赏自然美的机会。

(2) 饲养劳动

饲养劳动是指幼儿照料动物的劳动。在饲养劳动中，幼儿可以为动物喂食、喂水，搭建、清扫动物居住的棚舍，为动物制作饲料，帮助动物保持清洁等。通过这些劳动，幼儿能了解各种动物的外形与特征，感受动物生长的规律。幼儿进行饲养劳动的过程，也是计划、实施、发现问题、提出猜测、验证的过程，是幼儿探究能力发展的过程。幼儿在饲养多种动物的过程中，能深刻地体验生物的独特性和多样性，萌发珍爱生命、尊重自然、人与环境和谐发展的意识。

3. 面向物品的劳动

面向物品的劳动主要是指幼儿制作物品的劳动。此类劳动从幼儿制作、建造以及艺术表现的本能出发，强调问题解决和创造创新。《3~6岁儿童学习与发展指南》要求，让大班幼儿"能使用简单的劳动工具或用具"，"多提供原材料和半成品，让幼儿有更多机会参与制作活动"。面向物品的劳动包括工艺劳动和工程劳动，这两类劳动都是高度综合的劳动。

(1) 工艺劳动

工艺劳动是幼儿利用各种天然材料、粗加工材料、废旧物品等，通过体验、构思、设计、制作进行创作的创造性劳动。工艺劳动与幼儿审美能力的关系紧密，并能发展幼儿的创造力、想象力、构思能力。在手工制作过程中，幼儿还能熟悉各种材料的特性，熟悉对材料进行加工和连接的方法，并学会使用各种工具。工艺劳动中同样蕴含着数学和科学学习的机会，有利于促进幼儿的交往、互动和合作。由于手工制作往往需要花费较多的时间和精力，幼儿完成工艺劳动必须要有坚持精神，有耐心和一丝不苟的态度，因而工艺劳动也能够培养幼儿的坚持性。

(2) 工程劳动

工程劳动是幼儿运用技术进行设计，解决问题并制作产品的创造性劳动。工程劳动能够帮助幼儿掌握科学内容和方法、程序知识，培养批判思维和解决问题能力、组织和管理能力、交流能力。工程劳动能激发幼儿有目的、有计划、有步骤地寻找富有创造性的解决问题的方法。通过工程劳动，幼儿能够获得计划、合作、数学与科学认知、艺术等多领域、综合性的经验。

(三) 实施学前儿童劳动教育的原则

1. 综合性原则

幼儿没有学科的观念，成人所习惯的按逻辑顺序组成和划分的学科，是人为划分的，是科学的产物，不是幼儿经验的产物。劳动是源于幼儿生活的综合活动，它不是以成人心理为标准的，也不是按知识逻辑顺序架构的，而是一种生活世界的本来面貌，是真实、变化、流动的。

幼儿劳动是在整体性的生活情境中解决真实问题，满足劳动需要而生发的综合活动。幼儿劳动需要调动幼儿认知、情感、身体运动、审美等多方面的经验，进行多领域综合的学习，因此能够促进幼儿多方面成长。学前儿童劳动教育应尊重幼儿劳动综合性的特点，在劳动教育过程中自然涉及多个方面的经验，教育目标指向多个领域的发展，既关注幼儿劳动态度、劳动习惯的发展，也关注幼儿德智体美的发展。在实践中要避免人为割裂劳动素养的培养和其他领域发展的关系；避免就劳动谈劳动，把劳动教育目标窄化为劳动素养甚至是某几种劳动技能的获得。

2. 生活性原则

幼儿的认知和学习特点决定了劳动教育与幼儿生活的关联越大、距离越近，就越能够引发幼儿的兴趣，他们在劳动过程中的学习也就越有效。事实上，劳动本身就是社会生活的重要组成部分，劳动与生活的关系天然密切。强调学前儿童劳动教育的生活性原则，就是强调让劳动教育在内容、形式和目的上回归生活，让劳动教育真正实现源于生活、经由生活和为了生活。

生活性原则要求教师设计和实施劳动教育时，要抓住那些有价值的、与幼儿生活密切相关的劳动主题。教师要沉浸到幼儿的生活当中，深入观察幼儿，理解他们的劳动需要，开展那些与本班、本园幼儿现实生活紧密联系、符合幼儿生活需要的劳动，避免那种脱离幼儿真实生活情境的劳动任务，让生活成为劳动教育内容的重要来源。

生活性原则还要求教师将一日生活各个环节都作为劳动教育的重要场景。幼儿整理放置个人物品、穿脱外套、就餐饮水、如厕洗手，在种植园中浇水、翻土，在小农场饲养小兔，在生活馆把刚从地里收获的萝卜制作成可口的菜肴，在美工区对农场中干枯的棉花进行造型……在幼儿园日常生活中，幼儿走到哪里，哪里就可以成为幼儿的劳动场所。同时，只有在一日生活中真正不断努力地践行着、劳动着，劳动教育才能够真正达到涵养幼儿劳动品质的效果。正如陶行知先生所言："过什么样的生活，就要受什么样的教育；要想受什么样的教育就要过什么样的生活。"[1]

生活性原则要求劳动教育应当以提高幼儿的生活能力，帮助幼儿为当下和未来的生活做好准备为重要目的。随着生活条件的日益改善和家庭结构的变化，越来越多的家庭在重视孩子早期发展的同时，也出现了重视认知发展、轻视情感态度，重视艺术能力培训、轻视生活能力获得的倾向。基于此背景，劳动教育尤其要关注幼儿生活能力的培养。劳动是动手做事，要为幼儿提供动手的机会，重视

---

[1] 陶行知. 陶行知教育文选[M]. 中央教育科学研究所, 编. 北京: 教育科学出版社, 1981: 109, 164.

幼儿通过劳动提高生活能力。这种生活能力，于短期看主要是指幼儿的生活自理能力，于长期看则包括幼儿的生活适应能力、解决问题的能力、创造的能力。

3. 游戏性原则

毫无疑问，劳动和游戏存在着区别，劳动需要挥洒汗水，将自己的体力和智力倾注在劳动过程中；劳动还有较强的结果目的指引性，个体也往往因此能深入地探究和操作。但幼儿的劳动与游戏有着天然密切的联系。成人眼中辛苦烦琐的劳动，在幼儿看来，常常就是饶有趣味的游戏。幼儿最早感兴趣的玩具就包括成人在生活中使用的劳动工具。幼儿很小便自发模仿成人洒扫庭除、种植花草、照料动物。在幼儿那里，劳动带着自由、自主、愉悦和创造的属性，彰显着游戏的精神和态度。这与劳动需要体力和智力的付出并不矛盾。

游戏性原则首先要求劳动教育应彰显游戏精神，让劳动真正成为幼儿自主、自由、愉悦、创造的活动。具体而言，在劳动中教师要关注幼儿的兴趣和需要，为幼儿提供充足的工具、材料、方法、角色、空间、时间等，支持幼儿在劳动中主动承担、自主选择、自由创造。教师尤其要避免强加劳动任务的做法，以及严格限制幼儿劳动的内容、方法、时间、工具的做法，也要避免劳动若非"苦役"则无意义的不正确认识。

其次，教师要加强幼儿劳动与游戏的联系。具体而言，教师可以让幼儿游戏反映成人劳动，如提供机会，让幼儿在生活当中加强对成人劳动和职业的认识，并且提供材料，创设相应的游戏情境，让幼儿愿意在游戏中对成人劳动进行体验。事实上，对成人劳动行为的模仿常常是幼儿游戏的内容，如幼儿在游戏中使用剪刀、钉钉子等。教师可以充分利用幼儿向往游戏的内在意愿，增强其劳动的主动性和目的性，如洗涤玩具器皿，为玩具动物建筑住宅，往工地搬运建筑材料等。这些工作使幼儿感到愉快，也是使游戏更加富有趣味所必需的。幼儿具有"好游戏"的天性，因此教师在劳动的过程中提供宽松的心理环境，允许幼儿进行游戏的动作，也能增强劳动的趣味性，让幼儿在劳动过程中体会到更多积极愉悦的情感。

4. 思维参与性原则

劳动教育应有思维的参与。正如苏霍姆林斯基所说，那些最简单的劳动过程，都应当渗透研究性、试验性的思想。有思维参与的劳动，行动和思维之间不断促进，思维在检查、纠正、改善着劳动过程，劳动也在发展着智慧。有思维参与的劳动，不是经验的简单重复或"枯燥的惩罚"，能真正培养幼儿热爱劳动的精神。劳动教育要让思维的参与贯穿劳动始终，"劳动"不能变成"妄作盲动"，不能满足于"做事"和"流汗流泪"，而应有思考并努力彰显劳动创造的本质。教师应当关注幼儿的兴趣和爱好，只有幼儿从劳动中感到快乐，找到劳动的意义和价值，他们才有可能进行富有创造性的劳动。同时，在劳动过程中教师要注意尽量让幼儿发挥自主性、创造性、计划性。在劳动过程中，幼儿会提出各种各样的问题，教师要耐心地引导和支持幼儿进行发现和创造；教师应做好充分的准备，提前思考哪些环节、哪些情境、哪些材料、哪些问题更可能激发幼儿在劳动中的深度学习。

5. 适宜性原则

首先，适宜性原则强调目标的适宜性。劳动教育应更关注劳动的过程，关注幼儿劳动情感态度的萌发和综合全面的发展，不应过分强调劳动服务的结果和劳动知识与技能的获得。其次，适宜性原则要求劳动教育要充分考虑幼儿的年龄特点，根据不同年龄幼儿的特点，选择他们在体力上能负担的、内容上可接受的以及经验上应获得的劳动内容，在劳动工具、材料、空间和时间方面都应该有所分层，逐步提高对劳动质量和自主自发开展劳动的要求。以值日活动为例，从小班、中班到大班，幼儿值日的内容不断丰富，值日活动开展的区域不断拓展，完成值日活动时所需要建立的人际关系越来越复杂。同时，劳动要消耗体力，教师要根据不同年龄幼儿的身体承受能力和心理特点确定适当的劳动量。一般来说，三四岁的幼儿可以劳动 10~15 分钟，六七岁的幼儿可以劳动 20~30 分钟，最费力的劳动，如铲积雪、挖土等需要教师特别观察幼儿的身体状况，当幼儿出现疲惫的外部特征，如呼吸加速，常常停歇，脸发红、出汗时，教师就要让幼儿停止劳动，进行其他活动。

【本章小结】

学前儿童德育是指教育者按照社会主流价值观的要求，运用恰当的方式、方法引导，在促进学前儿童社会性发展的基础上，培养学前儿童良好道德品质的活动。学前儿童德育的内容包括文明礼貌教育，人际交往教育，责任感的教育，爱长辈、爱家乡及爱祖国的教育等。道德学习具有整合性、随机性和无意性、实践性、长期性和反复性特点。在实施的过程中，学前儿童德育要遵循正面教育原则、实践性原则、一致性原则。学前儿童德育要注意为幼儿树立良好的榜样；注意对幼儿进行移情训练；注意在其他活动中进行教育渗透；注意利用游戏增强幼儿的道德体验，强化规范的习得。

学前儿童智育是指根据学前儿童智能发展的规律与特点，以增进学前儿童对环境的认识，培养有益的兴趣和求知欲，发展学前儿童智能为主要目的的教育活动。学前儿童智育包括四个方面的内容：发展幼儿的感知觉和初步的动手探究能力；培养幼儿运用语言交往的能力；增进幼儿对环境的认识，丰富他们的知识经验；培养幼儿有益的兴趣和求知欲。在培养幼儿智能时，应注意以下几个方面：正确认识获取知识与发展智能的关系；正确认识智能发展的现实性与可能性的关系；正确对待幼儿的发问，注重培养其解决问题的能力。

广义的学前儿童体育是指依据学前儿童身心发展规律，以维护和促进学前儿童身心健康为目的所进行的一切活动。狭义的学前儿童体育是指幼儿园教师为养护幼儿，有目的、有计划地指导幼儿掌握卫生保健知识、发展动作和增强体质的教育活动。学前儿童体育的内容包括三大类：身体练习、体育活动、体育教学活动。学前儿童体育教学活动的开展应该遵循科学性、安全性、适宜性、趣味性四大原则。

学前儿童美育是指对学前儿童实施的审美教育，即通过审美实践活动，有意识地培养学前儿童的美感，陶冶、塑造学前儿童的性情与心灵，促进学前儿童全面发展的教育。美育对学前儿童个体全面发展的意义体现在以下几个方面：激发幼儿对美的兴趣、爱好和向往；促进幼儿美感的发展；培养幼儿初步表现美与创造美的能力；陶冶幼儿的性情，塑造完满的人格。学前儿童的审美心理过程及美感发展有其独特的特点。学前儿童的美感就是他们初步感受美和表现美的情趣和能力，具有活动性、整一性、表面性、倾向性特点。培养学前儿童的美感需要通过多种途径，采取多种多样的活动方式，充分利用自然之美、社会生活之美和艺术之美来培养学前儿童的美感。

学前儿童劳动教育是教师支持学前儿童主要通过身体或体力活动，与外部世界发生互动，促进学前儿童劳动态度、劳动习惯、劳动能力和劳动情感养成，实现学前儿童德智体美多方面发展的教育活动。学前儿童劳动教育的意义包括：实现完整儿童的发展；涵养幼儿的劳动素养；落实《3~6岁儿童学习与发展指南》精神，提升学前教育质量。学前儿童劳动教育的目标包括：促进幼儿德智体美发展；激发幼儿对劳动的积极情感，养成正确的劳动态度；奠定幼儿良好劳动习惯的基础；培养基本的劳动能力，引导幼儿创造性劳动、合作劳动。学前儿童劳动教育从内容上可以分为自我服务劳动、社群服务劳动、种植劳动、饲养劳动、工艺劳动、工程劳动等。学前儿童劳动教育应当遵循综合性原则、生活性原则、游戏性原则、思维参与性原则和适宜性原则。

【拓展阅读】

1. 许卓娅. 学前儿童体育［M］. 南京：南京师范大学出版社，2003.

2. 周莹玉. 儿童身体素质培训游戏［M］. 北京：中国时代经济出版社，2009.

3. 周君华. 婴幼儿体育的理论与实践［M］. 北京：高等教育出版社，2008.

4. 加德纳. 智力的重构：21世纪的多元智力［M］. 霍力岩，房阳洋，等译. 北京：中国轻工业出版社，2004.

5. 沈致隆. 加德纳·艺术·多元智能［M］. 北京：北京师范大学出版社，2004.

6. 克斯特尔尼克, 等. 儿童社会性发展指南: 理论到实践 [M]. 邹晓燕, 等译. 北京: 人民教育出版社, 2009.

7. 楼必生, 屠美如. 学前儿童艺术综合教育研究 [M]. 北京: 北京师范大学出版社, 1997.

8. 张奇. 儿童审美心理发展与教育 [M]. 北京: 北京师范大学出版社, 2000.

9. 瓦西里耶娃, 格尔博娃, 科马罗娃. 幼儿园教育与教学方法指南 [M]. 汪彤, 译. 北京: 北京师范大学出版社, 2015.

10. 亚德什科, 索欣. 学前教育学 [M]. 北京师范大学外国教育研究所, 译. 北京: 人民教育出版社, 1981.

11. 马卡连柯. 马卡连柯教育文集: 下 [M]. 吴式颖, 等编. 北京: 人民教育出版社, 2005.

【问题思考】

1. 简述学前儿童德育的内涵及其与社会教育的关系。
2. 学前儿童道德发展的特点有哪些?
3. 学前儿童德育的内容包括哪些方面?
4. 学前儿童德育的原则有哪些?
5. 简述学前儿童智育的内涵及意义。
6. 简述学前儿童智能发展的规律与特点。
7. 多元智能理论可以为学前儿童智育提供哪些有益的启示?
8. 学前儿童智育的内容是什么?
9. 培养学前儿童智能可以通过哪些途径, 应注意哪些问题?
10. 简述学前儿童体育的内涵及意义。
11. 学前儿童体育包括哪些内容?
12. 开展学前儿童体育教学活动应遵循哪些原则?
13. 简述学前儿童美育的内涵及意义。
14. 学前儿童的审美心理过程要经过哪几个阶段?
15. 学前儿童的美感具有哪些表现特点?
16. 培养学前儿童的美感可以通过哪些途径?
17. 培养学前儿童的美感应注意哪些问题?
18. 简述学前儿童劳动教育的内涵及意义。
19. 学前儿童劳动教育包括哪些内容?
20. 简述实施学前儿童劳动教育应当遵循的原则。

第六章　　幼儿园课程

【学习目标】

1. 理解幼儿园课程的含义与特点。
2. 理解幼儿园课程的几种主要模式，每一种课程模式的基本要素。
3. 了解我国幼儿园课程变革的基本历程与成就。
4. 理解学科课程、领域课程、综合课程三者的优缺点。

【关键概念】

课程　幼儿园课程　幼儿园课程模式　五指活动课程　幼稚园行为课程
蒙台梭利课程　高宽课程　瑞吉欧学前教育课程　学科课程　领域课程
综合课程

问题情境

某幼儿园"生活课程的构建与实施"的结题报告提到构建课程的依据:"张雪门的行为课程理论——选择教学内容的依据,瑞吉欧项目教学理论——组织教学内容的依据,蒙台梭利课程中的工作——开展教育活动的依据,加德纳多元智力理论——制订教学目标、开展教学评价的依据……"

我们应该怎样看待上述情况?幼儿园课程是什么?它不同于中小学课程的特点何在?构建幼儿园课程时应该考虑哪些基本问题?一些优秀、经典的幼儿园课程模式的独特之处与本土文化背景如何?在借鉴吸收时要关注什么?本章将与你一起进入幼儿园课程的领域,共同探讨幼儿园课程的特性,领略当今世界上几种经典幼儿园课程方案,回顾我国幼儿园课程变革的历程,更好地把握幼儿园课程的几种课程形态。

泰勒和理查兹认为,课程是教育事业的核心,是教育运行的手段,没有课程,教育就没有了用以传达信息、表达意义、说明价值的媒介。正因为课程在教育活动中起着决定性作用,因而课程也就具有了研究价值。课程在很大程度上决定着教育质量,决定着教育活动的有效开展。

第一节 幼儿园课程的含义与特点

关于课程的定义可谓五花八门，每一种定义都试图从某种立场解释课程，因而导致对课程的界定众说纷纭，至今未达成共识。事实上，"每一种课程定义都隐含着某种哲学假设和价值取向，隐含着某种意识形态以及对教育的某种信念，从而标明了这种课程最关注哪些方面"①。美国著名课程论专家斯考特认为，课程是一个用得最普遍但却定义得最差的教育术语。

一、课程的词源分析及含义

在中国，"课程"一词最早出现于唐代。唐代孔颖达为《诗经·小雅》中"奕奕寝庙，君子作之"句作疏："维护课程，必君子监之，乃依法制。"所谓"奕奕寝庙，君子作之"，直解为"好大的殿堂，由君子主持建成"，喻义为"伟大的事业，乃有德者维持"。这里"课程"这个词的含义与我们现在通常所说的课程的意思相去甚远。宋代学者朱熹在《朱子全书·论学》中多次提及课程，如"宽着期限，紧着课程""小立课程，大作工夫"等。这里的课程主要指功课及其进程，与现在多数人对课程的理解基本相近。

在西方英语世界中，"课程"（curriculum）一词最早出现在英国教育家斯宾塞的《什么知识最有价值》（1859年）一文中。它是从拉丁语 currere 一词派生出来的，原意为"跑道"（racecourse），规定赛马者的行程，与教育中"学习内容进程"的意思较为接近。所以课程最常见的定义是"学习的进程"。这一解释在各种英文词典中比较普遍。课程既可以指一门学程，又可以指学校提供的所有学程。

然而，在当代，关于课程的这种界说受到越来越多的批评。不同的学者由于哲学价值观不同，对课程本质的规定也有不同的认识，课程的本质内涵至今依然是多元的。但在课程领域，仔细对课程的本质内涵进行梳理，还是可以发现一些比较常见的关于课程的定义：

（1）课程即学习的科目和教材；
（2）课程即儿童在学校获得的学习经验；
（3）课程即学校组织的各种学习活动；
（4）课程即教学计划；
（5）课程即预期的学习结果或目标。

☞ 课程内涵的多元限定

---

① 施良方. 课程理论:课程的基础、原理与问题[M]. 北京:教育科学出版社,1996:1.

尽管每一种定义都有一定的合理性，也有自己明显的局限性，但都从一个侧面或多或少反映了课程的某些本质。"对于教育工作者来说，重要的不是选择这种或那种课程定义，而是要意识到各种课程定义所要解决的问题以及伴而随之的新问题，以便根据课程实践的要求，作出明智的决策。"①

二、幼儿园课程的含义

这里的幼儿园课程主要指面向3—6岁幼儿的课程。在我国，从20世纪80年代的课程改革及至今日，幼儿园课程的界定主要有以下三种类型。

（一）学科倾向的界定

以学科来组织课程的内容，如音乐、美术、语言、常识、体育、计算等，在我国20世纪80年代的学前教育中是比较普遍的。进入90年代以后，随着整合教育观的影响，学前教育中的学科课程与以前相比发生了变化，课程不再是单一的学科，而是加强了学科间的联系，学科间的界限逐渐模糊了，整体性增加了。同时，以学科为基础的相关课程、领域课程也普遍出现了，如音乐、美术构成艺术领域，常识与计算构成科学领域，那种单一的学科课程已经基本消失了。

（二）活动倾向的界定

活动倾向的界定认为幼儿园课程是为幼儿安排的有组织、有计划的各种活动总和。课程开始由注重学科转向注重幼儿，注重幼儿的学习活动，注重幼儿在活动中的主动性，强调课程的动态过程。

（三）经验倾向的界定

经验倾向的界定强调幼儿园课程是为促进幼儿身心和谐发展所提供的有益的经验。这种界定也关心幼儿的活动，但它更关心的是幼儿在活动中所获得的经验，尤其是对幼儿发展有益的经验。所以这种界定比活动倾向的界定又多了一个参照，即幼儿通过活动所得到的经验，尤其是直接经验。

基于上述分析，我们认为幼儿园课程是指在幼儿园一日活动中，帮助幼儿获得有益的学习经验，促进其身心和谐发展的各种活动的总和。

三、幼儿园课程的特点

幼儿园课程作为学校课程的一个重要组成部分，与学校课程体系中的其他分支课程既有相似之处，也有不同之处。学前教育所面对的对象是3—6岁的幼儿，幼儿在学习与发展上与其他阶段的学生相比有自己独特的特点，因而学前教育强调保教并重，强调一日生活的组织安排，强调注重游戏这一基本的活动形式等，使得幼儿园课程具有了与其他阶段教育的课程所不同的特点。也正如《幼儿

---

① 施良方.课程理论:课程的基础、原理与问题[M].北京:教育科学出版社,1996:10.

园教育指导纲要(试行)》所言："幼儿园教育应尊重幼儿的人格和权利，尊重幼儿身心发展的规律和学习特点，以游戏为基本活动，保教并重，关注个别差异，促进每个幼儿富有个性的发展。"

（一）基础性

基础性是从幼儿园课程在人的一生发展中所起作用的角度而言的。《幼儿园教育指导纲要(试行)》明确指出，"幼儿园教育是基础教育的重要组成部分，是我国学校教育和终身教育的奠基阶段"，要"为幼儿一生的发展打好基础"，"使他们在快乐的童年生活中获得有益于身心发展的经验"。学前教育是向下扎根的教育，它在整个教育体系中处于奠基的位置。幼儿园课程是学前教育的载体，它直接影响幼儿在这一阶段所获得的经验及当时的发展，从而为今后甚至一生的发展奠定基础，因而具有基础性。

学前阶段是人生的启蒙阶段，是幼儿迈开脚步走向社会的开始，幼儿园课程只需要向幼儿传递关于周围环境中自然、社会与人类最浅显的知识和观念，不求系统与深奥，所以幼儿园课程就应该成为幼儿睿智的引导者，帮助他们认识周围世界，使幼儿在享有快乐童年的同时，身心在原有发展水平的基础上，得到与其发展水平相宜的提高。

（二）全面性

全面性是从幼儿园课程的目标角度而言的。幼儿园课程是实现学前教育目的的手段，是实现幼儿全面发展的中介，因此幼儿园课程就必须以实现幼儿在身体、认知、情感、社会性等方面的和谐发展为目标，要具有全面性。《幼儿园教育指导纲要(试行)》也提出，"幼儿园的教育内容是全面的、启蒙性的，可以相对划分为健康、语言、社会、科学、艺术等五个领域"，而这五个领域涵盖了幼儿发展的各个方面，其中任何一个领域的缺失都会造成幼儿发展的片面，因而全面性是幼儿园课程必须追求的目标。

（三）生活性

生活性是从幼儿园课程的内容角度而言的。幼儿处在身心发展的特殊时期，对于他们的发展来说，最重要的不是系统的学科知识，而是一些基本的生活卫生习惯、生活自理能力、与人相处的态度及基本的常识等，这些都需要在这一阶段学习，而这些东西是不可能通过教师的书面讲授、口耳相传获得的，只能在生活的过程中学习。另外，由于幼儿的思维是形象的、直观的，幼儿的学习是直接经验式的，所以他们最感兴趣的学习内容就是自己可以感知的、可以操作的内容。幼儿只有在现实生活中，通过与大量的人、事、物的相互作用，通过操作、交往、参与、探究获得知识，习得态度，体验情感，形成个性。从生活中学习是幼儿学习的必然要求。幼儿园课程必然带有浓厚的生活特征，课程内容来源于幼儿的生活，课程实施更要贯穿幼儿一日生活的各个环节，所以生活性就是幼儿园课程的一个重要特性。值得一提的是，幼儿园课程的生活性并不意味着要把课程与日常生活等同起来，混为一谈，而是要合理地加强课程与生活的联系，加强课程对生活的过滤，以使幼儿园课程既来源于生活，又超越生活，真正起到引导幼儿发展的目的。

小组讨论

幼儿园课程具有生活性的特点，有的幼儿园为了让幼儿对进餐感兴趣，把角色游戏引入进餐环节，让值日生扮演卖盒饭的人，其他孩子扮演买盒饭的人。你认为这是否体现了幼儿园课程的生活性？为什么？

（四）活动性

活动性是从幼儿园课程的实施角度而言的。幼儿由于生理、心理的发展特点及学习特点，其学习方式与中小学的学生不同。对幼儿来说，教师的语言传递不是他们学习的主要方式，静听式的学习方式有悖于幼儿的学习特点；只有在活动中的学习才是有意义的学习，只有以直接经验为基础的学习才是理解性的学习。幼儿必须借助具体的情境、具体的事物，在参与、探索和交往中学习，离开了幼儿与环境相互作用的各种具体活动及情境，幼儿园课程就没有了鲜活的生命力。所以幼儿园课程的实施，关键在于为幼儿创设丰富的活动情境，提供多样化的活动材料，创设有利于幼儿自发、主动探究的活动氛围，为幼儿提供各种探究与互动的机会。从这一意义上来讲，一日生活、区角活动、游戏活动、教学活动都是幼儿园课程实施必须关注的。

（五）整合性

整合性是从幼儿园课程的组织角度而言的。幼儿园课程不同于中小学的课程，更强调按幼儿的生活逻辑组织课程，更强调知识经验之间的横向联系与整体性。幼儿身心发展的水平和学习特点决定了幼儿园课程应该是高度整合的课程。在幼儿园课程实施中，幼儿是以完整人的形象出现的，所以幼儿园课程的内容就应是整合的，应尽可能使不同的课程内容产生联系。幼儿园课程应使多个学科、多个发展领域之间相互联系、相互促进，从而构成一个有机的发展整体，更好地促进幼儿的发展。《幼儿园教育指导纲要（试行）》也明确指出，幼儿园课程相对划分为五个领域，"各领域的内容相互渗透，从不同的角度促进幼儿情感、态度、能力、知识、技能等方面的发展"，"各领域的内容要有机联系，相互渗透，注重综合性、趣味性、活动性"。当然，领域的划分也只是相对的。如"最奇妙的蛋"虽然是一个语言活动，但内容却是整合的，既有语言领域的学习，又有社会领域的学习，幼儿在理解故事内容、进行表述的过程中，也感悟到了每个人都有独特之处，要悦纳自我，尊重他人。

案例：中班语言活动"最奇妙的蛋"

（六）潜在性

潜在性是从幼儿园课程对幼儿的影响而言的。由于幼儿知识经验贫乏，自我辨别与自我控制的能力较低，模仿力强，幼儿园的一砖一瓦、一草一木，教师的一言一行、一举一动，无时无刻不影响着幼儿的发展。因此，幼儿园课程不仅体现在有目的、有计划的教育活动中，还体现在环境、生活、游戏及教师不经意的行为中。即使是前者，目标和意图也仅存在于教师的意识之中，幼儿并不会清楚地意识到，幼儿更多感受到的还是教师创设的环境、准备的材料、组织的活动。也就是说，从幼儿的角度来看，幼儿园课程总是蕴含在环境、材料、活动之中，潜移默化地作用于幼儿，影响幼儿的发展。因此，和学校课程相比，潜在性也是幼儿园课程的重要特性。

☞ 案例：小鸡捉虫

实践活动

访谈几位园长和幼儿园教师，了解他们是如何理解幼儿园课程的。

第二节　幼儿园课程的几种主要模式

伊文思曾对课程模式作过这样的解释：当某种理论，或者几种理论综合成为一种指导思想，被作为制订某一具体的教育计划或者教育方案的基础，并被用于处理该计划或者方案中的各种成分之间的关系，使之成为一个协调总体而发挥整体的教育功能时，这个具体的教育计划或者教育方案就不同于一般的计划或方案，而可以被看作一种课程模式。一种课程模式应包括三种成分：一是课程模式的理论基础，包括反映有关教育目的的哲学、心理学观点，与幼儿的学习和发展相一致的教育目标的价值陈述；二是课程模式的管理政策和管理过程，涉及人员、设施、课程评价等方面；三是课程模式的内容和方法等。

在世界学前教育的理论与实践发展中，曾出现过许多课程模式，尽管每一种课程模式的形成都有特定的社会文化背景，不可能适合所有社会文化背景中的所有幼儿，但却在一定程度上能让我们领略其特定的理论基础与基本内容、实施情况，进一步理解每一种课程模式的精髓，从各种课程模式中得到启发，从而为幼儿园课程的设计提供借鉴。

本节将简要介绍中外五个主要的课程模式：五指活动课程、幼稚园行为课程、蒙台梭利课程、高宽课程、瑞吉欧学前教育课程。

一、五指活动课程

五指活动课程是由陈鹤琴（1892—1982）创编的。陈鹤琴是我国现代教育史上著名的学前教育家。他以鼓楼幼稚园的课程编制为基础，创编了五指活动课程：课程的内容由五个方面组成，它犹如人手掌上的五个指头，是活的，可以伸缩，但却是整体的、连通的、互相联系的。五指活动课程在儿童生活中结成一个教育的网，有组织、有系统，合理地编织在儿童的生活上。

（一）五指活动课程的理论基础

陈鹤琴曾留学美国，深受美国进步主义教育思想的影响，反对传统的灌输式教学，主张"做中学"。他针对当时国内学前教育的弊端，根据自己的实验研究，融合各家理论所长，提出了"活教育"理论体系作为其课程编制的基础。

1. "活教育"的目的论

☞"活教育"理论

陈鹤琴指出，"活教育"的目的就是"做人、做中国人、做现代中国人"①。那么这样的人应该具备什么条件呢？第一要有强健的身体，第二要有建设的能力，第三要有创造能力，第四要有合作的态度，第五要有服务的精神。后来他又进一步提出了"做人、做中国人、做世界人"②的目标，不仅反映了他的爱国主义精神，也体现了他放眼世界的胸怀。

2. "活教育"的课程论

针对传统教育书本万能、教材呆板的"死教育"现象，陈鹤琴提出"大自然、大社会都是活教材"的观点。他认为，大自然、大社会才是活的书，直接的书，应该向大自然、大社会学习。活教育的课程应该是这样的：③

（1）以大自然、大社会做主要的教材，以课本做参考资料，这是直接的活知识，是直接的经验。

（2）各科混合或互相关联。

（3）不受时间的限制，没有分节的时间表，时间倒为功课所支配。

（4）内容丰富。

（5）生气勃勃。

（6）儿童自己做。

（7）整个的，有目标。

（8）有意义。

（9）儿童了解。

3. "活教育"的方法论

活教育的基本方法是"做中教、做中学、做中求进步"④。活教育非常重视直接经验，强调以"做"为中心，主张儿童在学校里的一切活动，凡是儿童自己

---

① 中国学前教育史编写组.中国学前教育史资料选[M].北京:人民教育出版社,1989:344.
② 陈鹤琴.陈鹤琴全集:第五卷[M].北京市教育科学研究所,编.南京:江苏教育出版社,1991:70.
③ 陈鹤琴.陈鹤琴教育思想读本:活教育[M].陈秀云,柯小卫,选编.南京:南京师范大学出版社,2012:143-144.
④ 中国学前教育史编写组.中国学前教育史资料选[M].北京:人民教育出版社,1989:344.

能够做的，就应当让他们自己做，因为做了就与事物发生直接的接触了，就能得到直接经验，就知道做事的困难，就认识事物的性质了。但是，值得注意的是，这种"做"不是盲目的"以儿童为中心"的随意游戏和无意识操作，而是在教师指导下有意识、有计划进行的。教师指导下的"做"，使儿童的活动更具目的性，使儿童现有的经验和可能的经验获得统一，真正实现教育促进儿童的发展。这就要求在活动过程中不盲目夸大儿童的"做"的主体地位，坚持儿童的主体地位和教师指导作用的统一。陈鹤琴把"活教育"的教学过程分为四个步骤：实验观察、阅读参考、发表创作、批评研讨。同时，他提出了"活教育"的17条教育原则：①

☞ 陈鹤琴四部教学法

（1）凡儿童自己能够做的，应当让他自己做。
（2）凡儿童自己能够想的，应当让他自己想。
（3）你要儿童怎样做，应当教儿童怎样学。
（4）鼓励儿童去发现他自己的世界。
（5）积极的鼓励，胜于消极的制裁。
（6）大自然、大社会是我们的活教材。
（7）比较教学法。
（8）用比赛的方法来增进学习的效率。
（9）积极的暗示，胜于消极的命令。
（10）替代教学法。
（11）注意环境，利用环境。
（12）分组学习，共同研究。
（13）教学游戏化。
（14）教学故事化。
（15）教师教教师。
（16）儿童教儿童。
（17）精密观察。

以上17条教学原则可以综合概括为活动性原则、儿童主体性原则、教学法多样化原则、利用活教材原则、积极鼓励原则、教学相长原则等。它们基本上包含了当代教育心理学和教学论所倡导的主要原则，尤其适用于幼儿园教育。

（二）五指活动课程方案

1. 课程目标

五指活动课程目标包括以下几个方面。

---

① 中国学前教育史编写组. 中国学前教育史资料选[M]. 北京:人民教育出版社,1989:344.

☞"活教育"理论的目标

☞陈鹤琴先生关于幼儿园课程的五条原则

(1) 做人：要有合作的精神，同情心，服务的精神。

(2) 身体：要有健康的体格，养成卫生习惯，并有相当的运动技能。

(3) 智力：要有研究的态度，充分的知识和表意的能力。

(4) 情绪：能欣赏自然和艺术美，养成欢天喜地的快乐精神，打消惧怕的情绪。

2. 课程内容

对课程内容的选择，陈鹤琴一贯倡导"活教材"的观点，要求幼儿园的课程内容要与儿童的实际生活相结合，以"五指活动"来规定课程的内容。"五指，是活的，可以伸缩，互相联系。"①五指活动指的是：

(1) 健康活动，包括静养、饮食、睡眠、早操、游戏、户外活动、健康检查、散步等。

(2) 社会活动，包括升降旗、朝夕会、周会、纪念日集会、每天的谈话及社会常识等。

(3) 科学活动，包括植物的培植、动物的饲养、自然现象的观察、研讨、计数、当地自然环境的认识等。

(4) 艺术活动，包括音乐（唱歌、节奏、欣赏）、图画、手工等。

(5) 语文活动，包括故事、儿歌、谜语、图画书、读法等。

陈鹤琴认为，"幼稚园的课程全部包括在五指活动中，并采用单元制，各项活动都围绕着单元进行教学"②。

即便如此，儿童能够学和应该学的东西还是很多，应该如何选取？陈鹤琴提出，选择幼儿园课程内容应遵照以下三条标准：

(1) 凡儿童能够学的东西，就有可能作为幼稚园的教材，但有时在"能学"的标准之下，还要有点限制，比如，有些东西小孩子虽然能学，不过学习会妨碍他身心的发育，那就不必勉强他学习。

(2) 教材须以儿童的经验为依据。

(3) 凡能使儿童适应社会的就可取为教材。

3. 课程组织

陈鹤琴主张幼稚园的课程应打成一片，应依儿童身心的发展，使"五指活动"在儿童生活中结成一个教育的网，有组织、有系统，合理地编织在儿童的生活上。但这种有系统的组织应以什么为中心呢？"这当然要根据儿童的环境。"他认为儿童的环境不外乎两种：一种是自然环境，包括动植物和自然现象；一种是社会环境，包括个人、家庭、集社、市廛等类的交往。可确定的中心，如节期，包括中秋、重阳、元旦、端午等；自然界的应时物，包括秋菊、冬雪、春桃、夏

---

① 陈鹤琴. 陈鹤琴全集：第二卷[M]. 北京市教育科学研究所,编. 南京：江苏教育出版社,1989:613.
② 唐淑,钟昭华. 中国学前教育史[M]. 北京：人民教育出版社,1993:280.

荷等；社会性事件，包括纪念日、庆祝会、恳亲会等。自然和社会这两种环境是儿童天天接触到的，应当成为幼稚园课程的中心。幼稚园课程可以从这两大类环境中选择儿童感兴趣而且又适合儿童的人、事、物，以其为中心，以单元主题来组织，各项活动都围绕单元进行，使各科之间构成内在联系，形成整体。这种课程内容组织的方法，陈鹤琴称为"整个教学法"，即把儿童所应该学的东西整个地、有系统地教儿童学，后来改称为"单元教学法"。

4. 课程的编制与实施

关于幼稚园课程的编制，陈鹤琴提出了以下三种方法：

（1）圆周法。"就是各班预定的单元相同，研究的事物也相同，不过取材内容随着儿童年龄的不同而分别予以适当的教材和分量。"亦即各班课题相同而要求由浅入深。

（2）直进法。"就是将儿童生活中可能接触到的事物，依照事物的性质和内容的深浅而分布在各个不同年龄的班级里，如小班研究猫和狗，中班研究羊和牛，大班研究马和虎。"亦即各班课题和要求均不相同。

（3）混合法。"就是在编制课程的时候，以上二法均须采用。"亦即课题和要求有相同或不同。在编制课程时，通常运用混合法为最多。①

在课程的实施方面，陈鹤琴强调：

（1）采用游戏式教学方法。

（2）采用小团体的教学法。

（3）通过环境的创设和材料的提供引起儿童的学习动机。

除此之外，陈鹤琴还提出了比较法、比赛法、替代法、观察法等，强调通过多样化的方法，生动、形象、具体地对儿童进行教育。同时教学中都以"做"为出发点，在做的过程中去学，在做的过程去教，在做的过程中去求进步。

从对五指活动课程的介绍中，我们可以明确地看出，该课程基本反映了陈鹤琴早期"做中学"的生活教育观。"五指活动""整个教学法"也体现了他的"活教育"的思想。其课程内容取之于儿童的生活，以儿童所处的自然和社会为中心。在教学方法上注重儿童的兴趣、主动的学习，围绕单元活动，儿童主动地获取活的知识与经验。从中可以看出进步主义教育思潮对五指活动课程的影响，但五指活动课程又不拘泥于当时西方流行的"设计教学法"，而是结合中国幼儿园课程的实际做了本土化的探索，以"一切课程是儿童自己的""一切课程是当时当地儿童自发的活动"的观点作为课程设计的出发点，从而开创了中国化、科学化的幼儿园课程改革。

☞"活教育"的十个特点

---

① 唐淑,钟昭华.中国学前教育史[M].北京:人民教育出版社,1993:280.

小组讨论

组织一个小型讨论会,讨论陈鹤琴先生五指活动课程的理论基础、课程内容与实施方法。

二、幼稚园行为课程

幼稚园行为课程是由我国著名儿童教育家张雪门(1891—1973)创编的。张雪门一生潜心研究学前教育,针对当时幼稚园以教材为中心的状况,提倡幼稚教育生活化、儿童生活教育化,特别是经过自己长期的实践和理论研究,形成了完整的幼稚园课程方案——幼稚园行为课程方案。

什么是行为课程?张雪门说:"生活就是教育,五六岁的孩子们在幼稚园生活的实践,就是行为课程。……这份课程包括了工作、游戏、音乐、故事等材料,也和一般的课程一样。然而,这份课程完全根据于生活:它从生活而来,从生活而开展,也从生活而结束。"①可见,生活与行动是行为课程的基本要素。"在幼稚园中,各种科目都变成儿童生活的一面,不能分而且不必分,不独这科与那科不分,有时候甚至一种科目当作儿童自己生活之表现,科目与人都无法分了。"②行为课程强调幼稚园的课程是一种具体的整个活动,自然地融合在儿童的生活中。可见,它是以生活为基础,以实际行动为中心的。

(一)行为课程的目标

张雪门在具体分析了心身与环境、个人与社会、现在与将来的关系之后,从幼稚教育"应完全以儿童为本位,成就儿童在该时期内心身的发展并培养其获得经验的根本习惯,以适应环境"③入手,提出"幼稚园课程的目的,在于联络孩子们的旧观念,以引起其新观念,更谋其旧经验的打破,新经验的建设"④。张雪门认为,课程固然需要注意到社会生活的意义,但绝不可凭着成人主观的意见。因为成人的需要不是儿童的需要,成人的经验不是儿童的经验。"儿童所反映的是他自己环境里的社会,但绝不是成人的社会"⑤,因此,"幼稚生时期满足个体的需要实甚于社会的希求",幼稚园的课程目标就是要满足儿童心身的需求,养成儿童扩充经验的方法与习惯,培养其生活的能力与意识,从而使儿童的身心得到全面的发展。

九一八事变后,面对国家、民族危亡的现实,张雪门提出了要兼顾社会需要和儿童心身发展需要的课程目标。1933年,张雪门把幼稚教育定为改造民族的幼

---

① 张雪门. 张雪门幼儿教育文集:下卷[M]. 戴自俺,主编. 北京:北京少年儿童出版社,1994:1088.
② 张雪门. 张雪门幼儿教育文集:上卷[M]. 戴自俺,主编. 北京:北京少年儿童出版社,1994:474.
③ 张雪门. 张雪门幼儿教育文集:上卷[M]. 戴自俺,主编. 北京:北京少年儿童出版社,1994:25.
④ 张雪门. 张雪门幼儿教育文集:上卷[M]. 戴自俺,主编. 北京:北京少年儿童出版社,1994:128.
⑤ 张雪门. 张雪门幼儿教育文集:上卷[M]. 戴自俺,主编. 北京:北京少年儿童出版社,1994:181.

稚教育，拟订了这样的课程目标："铲除我民族的劣根性；唤起我民族的自信心；养成劳动与客观的习惯态度；锻炼我民族为争中华之自由平等而向帝国主义作奋斗之决心与实力。"这实际上确立了以社会需要为远景，以儿童个体发展需要为近景的幼稚教育任务。

> 小组讨论
>
> 张雪门先生的幼稚园行为课程目标经历了从儿童本位到兼顾儿童需要和社会需求的变化。基于此，当前我国幼儿园课程目标应该如何确立？

（二）行为课程的内容

在行为课程的内容方面，张雪门使用了"教材"一词。他说："儿童到幼稚园要学些什么？幼稚园教师须教些什么？教和学又怎样地联络起来？这三个问题就是幼稚园教材研究的中心。"① 不过，他所指的教材与传统意义上的教材有所不同，"幼稚园教材是一般在幼稚园的时候儿童生活的经验"②，"教材的范围很大，并不限于一首歌曲、一件手工，凡儿童从家到校，从校到家，在家庭、道路、幼稚园所受的刺激，能够引起儿童生活的要求，扩充儿童生活的经验，潜移儿童的生活的意识都是"③。作为教材的经验其来源如何呢？张雪门认为有三个方面：一是儿童本身个体发展上而得，二是和自然环境相接触而得，三是从社会交际而得。④ 据此，张雪门把幼稚园行为课程的内容划分为：

☞ 幼稚园课程的特点

（1）儿童自发的诸般活动，即儿童自身发展中所进行的一些活动。

（2）儿童的自然环境，即儿童周围生活中一切有关自然界的事物与知识，如植物、动物、旅行，儿童对各种自然现象的活动。

（3）儿童的社会环境，即儿童现在生活与未来生活相关的社会生活知识，如家庭、邻近的地方、各种职业活动等。

由此可以看出，行为课程的内容就是儿童周围生活的自然环境与社会环境中能为儿童所接受并有助于其身心发展的各种经验。

（三）行为课程的组织

张雪门认为，幼稚园行为课程的组织与中小学、大学等有所不同，它有自己的特点与要求。

（1）整体的。幼稚园课程与中小学课程有所不同，它不应是分科的，而应是整体的，是"一种具体的整个活动"。

☞ 幼稚园课程应如何编制

（2）偏重于儿童个体的发育。"幼稚生时期，满足个体的需要，实甚于社会的

---

① 张雪门.张雪门幼儿教育文集：上卷[M].戴自俺,主编.北京：北京少年儿童出版社,1994:394.
② 张雪门.张雪门幼儿教育文集：上卷[M].戴自俺,主编.北京：北京少年儿童出版社,1994:404.
③ 张雪门.张雪门幼儿教育文集：上卷[M].戴自俺,主编.北京：北京少年儿童出版社,1994:394.
④ 张雪门.张雪门幼儿教育文集：上卷[M].戴自俺,主编.北京：北京少年儿童出版社,1994:404.

希求……我们编制课程时,原不能忽略社会的希求,但须极力注意儿童现在的需要和能力。"①

(3) 注重儿童的直接经验。"幼稚园的课程,须根据于儿童自己直接的经验。"②虽然这种经验不如传授的经验整齐、经济,但对于儿童来讲,直接学习的价值更大。

从上可以看出,张雪门是非常关注幼稚园课程的整体性、直接性与个体性的。

(四) 行为课程的实施

张雪门指出:"我们提倡的幼稚园课程,首先应注意的是实际行为,凡扫地、抹桌、熬糖、炒米花以及养鸡、养蚕、种玉蜀黍和各种小花,能够实在行动的,都应让他们实际去行动。"③所以行为课程的要旨是以行为为中心,强调"做",即行动的价值,提倡"做学教"打成一片。

为了进一步保证课程实施中行为的有效价值,张雪门引进了美国的"设计教学法",经过多年的实验研究及不断改进,确立了运用"设计教学法"来拟订行为课程计划,并采用"单元教学"来进行,具体包括:

(1) 动机。行为课程把激发儿童的学习动机放在第一位。所以行为课程的实施首先要诱导儿童自发的动机,有时也需要教师利用环境、设备、语言等来引起儿童的动机。

(2) 目的。行为课程的目的,并不是儿童自己学习的目的,而是指教师希望儿童在这一行为中所获得的效果。从目的的内容来看,涉及所获得的知识、技能、兴趣与态度、习惯等。

(3) 活动。为了达到教学目的,张雪门认为必须认真设计活动的要领、参加的人数、活动的时间和地点及每一小段的程序等。这一步骤主要是计划预设活动,所以只做大体轮廓的估量,在之后的行为实践中,就应做详细的计划,以便能切合实际需要。

(4) 活动过程。活动过程包括活动如何开始,如何展开,如何结束。然而这只是行动的要点,尚缺乏具体的内容,所以必须拟订具体的活动方案,便于教师的指导。

(5) 工具及材料。行为课程是起于活动而终于活动的有计划的设计,实施过程中采用"单元教学",彻底打破了各科的界限,在各教材中选择与学习单元相关的材料加以运用,使各科教材自然地融合在儿童的实际生活中。正如张

---

① 张雪门. 张雪门幼儿教育文集:上卷[M]. 戴自俺,主编. 北京:北京少年儿童出版社,1994:342-343.
② 张雪门. 张雪门幼儿教育文集:上卷[M]. 戴自俺,主编. 北京:北京少年儿童出版社,1994:343.
③ 张雪门. 张雪门幼儿教育文集:下卷[M]. 戴自俺,主编. 北京:北京少年儿童出版社,1994:1089.

雪门所说："真正的单元活动就是行为课程，真正的行为课程没有不是单元活动。我们若在形式上讲，叫做单元活动；若在实质上讲，就可以叫做行为课程。这两种课程实在可说是二而一、一而二，仅用角度看法的不同，产生了名称的区分。"①

幼稚园行为课程是张雪门一生实践与智慧的结晶。幼稚园行为课程的基本思想就是"生活即教育""行为即课程"，它不仅反对当时幼稚教育中普遍存在的教育与儿童实际生活相脱节的现象，而且体现了教育生活化、生活教育化的基本理念，尤其是其以行动为中心，通过动机、目的、活动、活动过程与工具材料等环节进行的实施过程开创了当时幼稚教育崭新的课程模式，对当前的幼儿园课程改革也有一定的借鉴价值与启发意义。

行为课程在新时代的实践

实践活动

仔细阅读幼稚园行为课程的内容，思考分析行为课程实施的具体步骤，以小组合作的方式选择适宜的内容，研讨制订一个行为课程单元活动方案。

三、蒙台梭利课程

蒙台梭利是世界著名的儿童教育家。她早年从事医学工作，主要研究残疾和智力低下儿童的心理与教育问题，为他们设计了一套训练方案并获得巨大的成功。智障儿童教育的成功给了她新的启示：既然智障儿童通过教育能够达到正常水平，那么正常儿童通过训练和教育，不就可以达到更高水平吗？同时，她认为人们的许多缺陷之所以成为永久性的问题，主要在于生命的初期，即0—6岁时缺乏良好教育的缘故，为此她开始了正常儿童教育的研究工作，并于1907年在罗马贫民区创办了"儿童之家"，开始实验她的教育思想与教育改革方案。经过不断的探索与总结，蒙台梭利形成了自己独特的学前教育理论与方法，至今仍然影响着现在的学前教育改革。

（一）蒙台梭利课程的理论基础

蒙台梭利的课程思想是与其儿童观、教育观紧密联系在一起的。

1. 儿童观

（1）吸收力的心智——儿童发展的内在冲动力

蒙台梭利认为，儿童天生有一种发展的内在冲动力，即吸收力的心智。正是这种内在的冲动力，促使儿童不断地发展。"存在一种神秘的力量，它给新生儿孤弱的躯体一种活力，使他能够生长，教他说话，进而使他完善……"②"生长，是由于内在的生命潜力的发展，使生命力显现出来。它的生命力就是按照遗传确

---

① 张雪门. 张雪门幼儿教育文集：下卷[M]. 戴自俺，主编. 北京：北京少年儿童出版社，1994：1193.
② 蒙台梭利. 童年的秘密[M]. 马荣根，译. 北京：人民教育出版社，1990：30.

定的规律发展起来的。"①另一方面，蒙台梭利也相信环境对儿童发展所起的作用。她认为，儿童借助这种"吸收力的心智"，通过与周围环境的密切接触和情感联系，在自发的活动中，获得了各种行为方式，生命力和个性也得到了进一步的发展。

（2）阶段性——儿童成长发展的特点

蒙台梭利认为儿童的成长是有其"自然程序表"的。她把儿童的成长发展分为四个阶段：1—3岁、3—6岁、6—12岁、12—18岁。她认为，儿童的成长发展与蝴蝶的生长变化有类似的情况。蝴蝶的生长经历了四个阶段：卵—毛毛虫—蛹—蝴蝶。儿童的成长也是如此，分为不同的阶段，在发展的过程中儿童是无法跳过任何一个阶段的。发展的阶段与阶段之间有质的不同，有不同的心理特点，因此要进行不同的教育。

（3）敏感期——儿童发展的特殊能力

蒙台梭利认为，所谓敏感期是生物在发展时期所具有的一种特殊能力，是一种积极的活动力量。但这种力量只限于对特定的认识能力的获得。"敏感期相当短暂，主要目的是帮助生物获得某些机能或特性，过了这些特殊时期，感受性便会消失了……当敏感期达到高潮时，心智就像是一个探照灯一样，照亮了环境中的某些部分，而其他部分则相对地模糊了。"②蒙台梭利指出了儿童的几个发展敏感期：感觉发展敏感期是0—5岁，语言发展敏感期是0—5岁，行为规范敏感期是2—6岁，肢体协调发展敏感期是2.5—5岁。教育必须与儿童发展的敏感期相适宜，从而促进儿童心理的正常发展，并避免由于延误时机而导致儿童心理发展障碍。

（4）工作——儿童发展的主要方式

蒙台梭利认为，工作是儿童发展的主要方式。儿童发展不是教师教出来的，而是在与环境相互作用中，通过自己自发性的活动，即工作完成的。"教育并非教师教的过程，而是人的本能发展的一种自然过程。不是通过听，而是依靠儿童作用于环境获得的经验。教师的任务不是讲解，而是为儿童设置的特殊环境中预备和安排一系列有目的的文化活动主题。"③蒙台梭利认为，儿童最主要的活动不是游戏，而是工作。因为游戏不可能培养儿童严肃、认真、求实、责任感和严格遵守纪律的精神与行为习惯，只有工作才是儿童最主要和最喜爱的活动，只有工作才能促进儿童多方面能力的发展。

2. 教育观

（1）自由教育

蒙台梭利认为儿童的发展是自己工作的结果，但只有在自由的条件下产生

☞ 蒙台梭利关于"工作"和游戏的观点

---

① 蒙台梭利. 蒙台梭利幼儿教育科学方法[M]. 任代文,主译校. 北京:人民教育出版社,1993:405.
② 简楚瑛. 学前教育课程模式[M]. 上海:华东师范大学出版社,2005:12.
③ 蒙台梭利. 蒙台梭利幼儿教育科学方法[M]. 任代文,主译校. 北京:人民教育出版社,1993:327.

"自我创造"才可能成功。因此,她强调自由教育,强调儿童应有权利选择自己要做什么和决定自己的工作要做到什么程度。教育的任务就是给儿童提供一个适宜的环境,使其在此环境中发展自身的自然能力。她认为,教育的基本任务就是使每个儿童的潜能都能在一个有准备的环境中获得自我发展的自由。教师的职责就是建立常规和排除儿童自然发展中的障碍,观察儿童的表现和了解儿童的需要,以更好地承认、培育和保护儿童自身的能力,并给予间接的帮助。

(2) 有准备的环境

蒙台梭利认为,儿童在6岁之前从环境中吸收所有的东西,并将其融入自己的生命之中,所以环境对儿童的发展起重要的作用,尤其是有准备的环境。所谓有准备的环境,一方面是指充满爱与快乐的心理环境;另一方面是指经过教师组织与安排的物质环境,主要指各种可供儿童操作使用的材料和教具,以及有关的设备。在这个环境里,儿童可以获得丰富的感觉刺激,得到自由而充分的发展。同时,这个环境也是一个能够帮助儿童发展"生命的活动"的真实环境,是有规律、有秩序的生活环境。

总之,自由、工作与秩序是蒙台梭利为儿童活动营造的主要支柱。自由、工作与秩序是通过工作协调起来的,所以建立在自由、工作基础之上的秩序与传统的采用命令与压制而产生的服从有本质的区别。

小组讨论

蒙台梭利着重分析了"工作"和"游戏"的不同,并强调"工作"的重要作用和意义。那么"工作"和"游戏"之间是对立的吗?两者之间是否有一致性?

(二) 蒙台梭利课程的目标、内容与组织

1. 课程目标

蒙台梭利课程的主要目标是协助儿童开发自己内在的潜能,帮助儿童发展自发性的人格和养成一种独立、自信、自律、自足及自我管理的活动习惯,并为儿童进入成人世界做准备。因此,蒙台梭利呼吁要把重心从成人社会转移到儿童,认为帮助儿童发展健全的人格,才是建设理想社会的基础。

2. 课程内容

为达到上述目的,蒙台梭利根据儿童发展敏感期的特点,以感官教育为核心建立了一整套系统化的读、写、算、文化科学等课程内容,涉及日常生活练习、感官教育、语言教育、数学教育、文化科学教育五大方面。

(1) 日常生活练习

蒙台梭利把日常生活练习看作课程内容的重要组成部分。通过日常生活练习,儿童可以掌握生活自理的基本技能,发展大小肌肉动作和肢体的协调性,学

☞ 蒙台梭利教育法的教育目的

习自我控制，培养独立、自主、专心、合作的态度，最终形成独立、自立的能力与精神。日常生活练习主要包括：儿童的自我服务，包括穿脱衣服、刷牙、洗脸、洗手、梳头等盥洗活动；儿童初步的动作练习，如坐、走、站及抓握等；管理家务的工作，包括扫地、拖地板、擦桌椅、摆餐桌、端盘子、整理房间等；社会交往，如打招呼、致谢、道歉、物品的收授、用餐礼仪等。

（2）感官教育

感官教育是蒙台梭利课程内容中最重要也是最富有特色的部分。感官教育的直接目的是使儿童感官敏锐，间接目的在于培养儿童的观察、判断、区别、比较、归类等能力。感官教育主要训练视觉、听觉、触觉、嗅觉和味觉，包括十六种系列感官教具。

听觉训练主要使儿童习惯辨别和比较声音的差别，使他们在听声训练过程中，培养初步的审美和鉴赏能力；视觉训练在于帮助儿童鉴别颜色、形状、大小、高低、长短及不同的几何形体；触觉训练在于帮助儿童辨别物体是光滑还是粗糙，辨别温度的冷热，辨别物体的轻重、大小、厚薄、长短以及形体；嗅觉和味觉训练主要注重提高儿童嗅觉和味觉的灵敏度。同时，蒙台梭利在感官教育中，强调以下三个方面：第一，强调感官教育的刺激应孤立化；第二，强调感官教育要把握"敏感期"；第三，强调感觉训练要通过具体的步骤和程序，即"三段式"（命名—确认—记忆）练习法进行。①

（3）语言教育

蒙台梭利的语言教育是以"听—说—写—读"的顺序来编排的。语言教育主要包括三部分内容：一是听说的教育，包括口语经验的发展，如分类卡游戏、语言游戏等；口语表达与理解力的发展，如讲故事、背诵诗歌等活动。二是写的教育，包括书写的预备与书写的练习。蒙台梭利认为儿童学习书面语言与学习口头语言不同，不能自然地获得。她专门为儿童设计了文字教育的教具，如注音符号纱字板、金属嵌板、砂纸文字、书卡集等，以发展儿童的书写能力。三是读的教育，包括阅读练习与语言常识。

（4）数学教育

蒙台梭利认为，在对儿童进行读、写教育的基础上，必须对其进行数学教育。数学教育旨在增进儿童逻辑思考、解决问题及推理等能力。数学教育主要包括数数、数字练习、用书写符号表示数、数的记忆练习、从 1 到 20 的加减乘除法、10 以上的算术运算等。蒙台梭利主张通过数学教具帮助儿童学习数学，所以在数学教育方面，除了运用感觉教育的教具外，蒙台梭利还设计了一套数学教育的教具。数学教具的运用是与教学目的相匹配的，例如，让儿童理解 0—10 的数

---

① 冯晓霞．幼儿园课程[M]．北京：北京师范大学出版社，2000：142．

字和数量,可运用的教具有数棒、砂数字板、纺锤棒和纺锤箱等;让儿童认识"十进位"的概念,可运用的教具有金色串珠、数字卡片等。

(5)文化科学教育

文化科学教育内容包括天文与地质、地理与历史、植物与动物及人类艺术等,它会随着各地的环境文化的不同而有所变化。学习文化科学知识可以发展智慧、丰富精神和增长教养,因此蒙台梭利主张应该充分利用3—6岁这个容易获取文化的时期让儿童初步地掌握一些简单的文化科学知识。

3. 课程的组织

蒙台梭利课程是以儿童的内在需求为出发点的,要求必须仔细观察儿童并充分了解可以帮助他们发展的活动。教育内容的组织是以教具为中心,教具依儿童各敏感期设计,其顺序性很清楚,儿童只要照自己的进度去操作,也不必特别按年龄计划,儿童可以按自己的能力去选择,不需他人指定。在组织形式上,蒙台梭利教室基本采用混龄编班的方式。"混龄班"是蒙台梭利课程在组织形式上的一个重要特点。蒙台梭利认为混龄编班有利于提高儿童的亲社会能力,促进儿童的社会性发展。教室内外环境是根据课程的内容领域提供各种活动的区域,让儿童在不干扰他人的情况下自由选择。蒙台梭利课程中一个令人瞩目的特点就是对"大块时间"的强调。即在对儿童学习时间的安排上,有一个重要的"3小时工作期"观点,指在一个班级里,儿童每天有一个不受干扰的3小时连续活动时间。在3小时工作期,成人与儿童相互尊重、互不干涉。当然,这3小时还可以被分割为每次1小时。每天3小时的大块时间,保证儿童拥有大块的不被干扰的工作时间。

(三)对蒙台梭利课程的评价

在世界学前教育史上,蒙台梭利课程是至今仍影响较大的课程模式之一。它之所以具有如此的魅力,主要在于其重视儿童的内在需要,强调对儿童的尊重和信任,强调儿童个别化的学习,倡导教师耐心、细致的观察与指导。同时,又有完整成套的教具、材料供儿童在操作的过程中主动学习,自我发展。然而,蒙台梭利课程方案毕竟是脱胎于智力残障儿童的训练方案,因而存在一定的局限性。①

(1)孤立的感官训练。蒙台梭利强调孤立地训练各种感官,要求儿童在接受不同的感官刺激时,将注意力集中在特定的感官上,通过对各种感官"困难度孤立"的训练,发展儿童的感知能力。这是一种严重的脱离现实生活也脱离实际的做法。世界上仅具一种特性的事物几乎是不存在的,人在认知事物时,也总是把它当作一个整体而不是部分来反映的。从这个意义上说,孤立的感官训练也许适

---

① 冯晓霞. 幼儿园课程[M]. 北京:北京师范大学出版社,2000:149.

合那些智力障碍的儿童,却不适合广大发展正常的儿童。

(2) 对创造力的忽视。首先,蒙台梭利虽然强调在操作教具时给儿童自由,但这种自由只是选择教具和选择操作时间上的自由,儿童在操作教具的方法、规则上则没有自由。因为蒙台梭利教具的操作步骤和方法是固定的,儿童不能改变,是机械死板的。儿童只能按照某种固定的步骤和方式不断地进行重复的练习,这十分不利于儿童创造性的发展。其次,蒙台梭利课程方案缺乏最能发展儿童创造力的、自由的艺术教育。在蒙台梭利教室中,虽然孩子也使用艺术教具,但被指定在既定的目标中创作,只强调技巧及实体复制的做法,这也反映了蒙台梭利教育对创造力的忽视。

(3) 过于强调读、写、算,忽视儿童实际的生活经验。

(4) 缺乏增强社会互动与发展语言的机会。

蒙台梭利课程强调个别化的学习,强调每个孩子依据自己的需要选择教具、材料,自己进行操作,自我发展,因而缺乏与同伴协商和合作的机会。这对儿童的社会交往技能和语言的发展显然是不利的。

选择一所蒙台梭利幼儿园,具体了解蒙台梭利课程所包含的五大类内容,记录儿童的一日生活安排表,并对照实践分析蒙台梭利课程内容与组织的优势和局限。

四、高宽课程

高宽课程(High/Scope Curriculum),在我国亦译为"高瞻课程""海伊斯科普课程"等。高宽课程是美国著名儿童心理学家戴维·韦卡特及其同事在1961年提出的,并被广泛应用于"开端教育计划"和儿童早期教育项目中,现已成为世界学前教育领域优秀的幼儿园课程模式。

从词源分析,高,即高度热情(high aspirations);宽,即宽广兴趣(broad scope of interest)。高宽课程是以公立幼儿园幼儿为主要对象,以帮助幼儿学会主动学习为基本价值取向,以系列关键经验为主要学习内容,以计划、行动和反思的活动教学为基本组织形式,旨在让幼儿对周围的自然与社会具有高度热情和广泛兴趣的一种幼儿园课程模式。①

(一) 高宽课程的理论基石

高宽课程是一个"建构主义"模型,主张幼儿在个人经历和社会互动的基础上积极建构自我对于世界的理解,而不是被动地接受成年人灌输的知识和技

---

① 爱波斯坦. 学前教育中的主动学习精要:认识高宽课程模式[M]. 霍力岩,郭珺,等译. 北京:教育科学出版社,2012:1.

能。① 这种观点并不是在真空环境中随意形成的，而是扎实地汲取了皮亚杰、维果茨基、杜威等学者的理论，并在学前教育实践中不断完善和进步。

高宽课程以皮亚杰的认知发展理论为基础，明确课程发展的方向。皮亚杰认为，儿童凭借已有的知识和经验在与周围环境互动的过程中，逐步建构起新的个人关于外部世界的知识和体验，从而使自身认知结构得到进一步发展。因此，高宽课程将儿童视作一个有能力的学习个体，关注儿童的真实参与和体验，重视儿童与周围环境的积极互动。维果茨基的许多观点也被高宽课程所吸收，奠定其课程发展的基础。维果茨基认为，儿童在与文化和社会交往互动中习得认知结构，主要方式是通过倾听环境中的语言获得认知的发展。在互动的过程中，成人和伙伴的作用是不可忽视的，他们通常起到中介辅助的作用。② 维果茨基的"最近发展区"理论、"脚手架"概念都为高宽课程中成人的角色定位，以及如何支持、延伸儿童的主动学习提供理论借鉴。此外，当今认知发展心理学研究、脑神经科学以及有效的教育实践等也不断为高宽课程注入新的活力。

（二）高宽课程的"学习轮"

高宽课程课程内容可以利用"学习轮"加以具体形象的说明。在"学习轮"（图6-1）中，我们能清晰地看到高宽课程的轮廓，帮助我们整体性地把握高宽课程的内涵。高宽课程以主动学习为课程发展基石，围绕关键发展性指标制订教育计划，以学习环境、每日活动常规、师幼互动和评价为四个要素，发展幼儿的主动性，推动幼儿的主动学习和发展。高宽课程将主动学习置于"学习轮"的中心，彰显了其精髓理念：只有在提供发展适宜性学习机会的环境中，主动学习才是最有效的。

（三）高宽课程的目标

早期，高宽课程最主要的目标在于有效地促进幼儿认知能力的发展，其课程目标是反映幼儿认知能力的5大类关键经验——主动学习的关键经验、语言运用的关键经验、经验和表征的关键经验、发展逻辑推理的关键经验（分类、排序、数概念）、理解时间和空间的关键经验（空间因子、时间），具体细分为49条。到了1995年，高宽课程以"主动学习"为其教学设计的核心，主动学习不再只是一个手段，更多的，它是一个目标了。③ 因此，后期高宽课程的理念是主动学习，核心目标是促进幼儿主动学习，致力于培养幼儿广泛的技能，包括解决问题、人际关系以及在日新月异的社会中实现成功生活所必需的沟通技能，促进幼儿自我意识、社会责任感、独立意识的发展和有目的地设计生活，把幼儿培养成

---

① 爱泼斯坦. 学前教育中的主动学习精要：认识高宽课程模式[M]. 霍力岩,郭珺,等译. 北京：教育科学出版社,2012:4.
② 闫颖. 美国学前高瞻课程模式研究[D]. 哈尔滨：哈尔滨师范大学,2013.
③ 王春燕. 幼儿园课程概论[M]. 北京：高等教育出版社,2007:225.

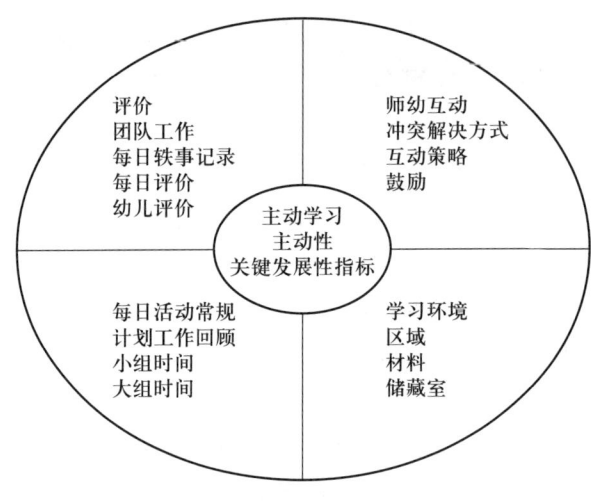

图 6-1 高宽课程的"学习轮"

☞ 儿童主动参与式学习五要素的运用

自立、守法的公民。①

在以主动学习为基石的高宽课程中，主动学习被定义为"幼儿通过直接操作物体，在与成人、同伴、观点以及事件的互动中，建构新的理解的学习过程"②，并将主动学习的实践归纳为以下五个实践要素。

（1）材料。提供充足的、丰富的、适宜幼儿不同发展需要的材料。材料能够吸引幼儿的多元感官参与，而且具有开放性，幼儿能够采用多种方式自由选择与操作。

（2）操作。幼儿摆弄、探究、组合和转化材料并形成自己的观点；幼儿通过直接用手操作或者与这些资源互动，发现知识。

（3）选择。幼儿选择材料、玩伴，改变或形成自己的想法，并根据自己的兴趣和需要计划活动。

（4）幼儿的语言和思维。幼儿描述他们所做和所理解的，表达自己的想法，并与同伴相互交流。幼儿的语言既可以锻炼幼儿制订计划的能力以及反思与分享意识，也能帮助成人了解幼儿的所做所想，以提供更适宜的支持策略。

（5）成人的支持。成人支持幼儿当前的思维水平并向他们提出问题要求，使其进入新的发展阶段。以这种方式，成人帮助幼儿获取知识，发展其创造性地解决问题的技能。

---

① 莫里森.学前教育：从蒙台梭利到瑞吉欧：第 11 版[M].祝莉丽,周佳,高波,译.北京：中国人民大学出版社,2014:149-150.
② 爱泼斯坦.学前教育中的主动学习精要：认识高宽课程模式[M].霍力岩,郭珺,等译.北京：教育科学出版社,2012:13.

观察一个幼儿学习的情境,分析所观察的情境中存在哪些主动学习的要素。

(四)高宽课程的内容

高宽课程的内容不是明确规定的系统的学科知识,而是围绕教师和幼儿发起的学习活动所构建的五个内容领域:学习方式,语言、读写能力和交流,社会性和情感发展,身体发展和健康,艺术和科学。这五大领域包含了58条关键发展性指标。2010年,高宽课程将五个内容领域拓展至八个。原先"艺术和科学"领域所辖的"数学"领域、"创造性艺术"领域、"科学和技术"领域、"社会学习"领域均作为单独领域呈现。58条关键发展性指标数量保持不变,但是在内容上进行了修订调整。例如,在身体发展和健康领域,对关键发展性指标进行了重新分类,关注在早期幼儿发展阶段健康行为意识形成的重要性等。

关键发展性指标的"关键"指的是指标内容涉及幼儿应该掌握的重要经验;"发展性"表达了学习是循序渐进的进程;"指标"意味着我们需要证据来支持幼儿的发展。① 关键发展性指标旨在帮助成人了解幼儿发展,进而为幼儿创设学习环境,提供发展适宜性的学习活动,并通过积极的师幼互动和评价,促进幼儿的主动学习和发展。② 具体内容如下③:

1. 学习方式

(1)主动性:探索世界时展示出主动性;

(2)计划:制订计划并按计划行事;

(3)参与:集中于引起他们兴趣的活动;

(4)问题解决:解决游戏中遇到的问题;

(5)资源利用:收集信息并对他们所处的世界形成一定的认识;

(6)反思:对自我的经验进行反思。

2. 社会性和情感发展

(1)自我认同:有积极的自我认同;

(2)胜任感:感到自己是有能力的;

(3)情绪:识别、归类和管理自己的情绪;

(4)同理心:展示对他人的同理心;

(5)共同体:参与到班级的共同体中;

---

① 霍力岩,孙蔷蔷,敖晓会.高宽课程[M].上海:华东师范大学出版社,2017:61.
② 霍力岩,孙蔷蔷.高宽课程模式的形成动因和基本理念[J].福建教育,2017(16):22-25.
③ 霍力岩,高宏钰.关键经验:基本内涵与主要特征[J].幼儿教育,2015(11):16-18.

(6) 建立人际关系：与其他儿童和成人建立人际关系；

(7) 合作游戏：参与合作游戏；

(8) 道德发展：形成内在的是非观；

(9) 冲突解决：解决社会性冲突。

3. 身体发展和健康

(1) 大动作技能：展示使用大肌肉的力量、柔韧性、平衡性和收放自如；

(2) 精细动作技能：展示使用小肌肉的灵活性和手眼协调能力；

(3) 身体知觉：了解自己的身体并知道如何控制；

(4) 个人护理：自己进行个人的日常护理；

(5) 健康行为：参与健康方面的实践。

4. 语言、读写能力和交流

(1) 理解：理解语言；

(2) 说：用语言进行自我表达；

(3) 词汇：理解并使用各种各样的词汇和短语：

(4) 语音意识：识别口语中的不同发音；

(5) 字母知识：识别字母及其发音；

(6) 读：为了消遣和获得信息而阅读；

(7) 印刷物概念：展示对周围环境中印刷物的知识；

(8) 书本的知识：展示对书本的知识；

(9) 书写：基于各种目的进行书写；

(10) 英语语言学习（如果适用）：使用英语和他们的家庭语言（包括手势语言）。

5. 数学

(1) 数字和符号：识别和使用数字和符号；

(2) 计数：数数；

(3) 部分—整体关系：合并和分解物体的数量；

(4) 形状：识别、命名和描述形状；

(5) 空间意识：识别人、物体间的空间关系：

(6) 测量：通过测量对物体进行描述、比较和排序；

(7) 单位：理解和使用单位的概念；

(8) 模式：识别、描述、复制、完成和创建模式；

(9) 数据分析：利用数量的信息得出结论、作出决定和解决问题。

6. 创造性艺术

(1) 艺术：通过二维、三维的艺术表达表现他们所观察的、所思考的、所想象的和所感受的；

（2）音乐：通过音乐表达表现他们所观察的、所思考的、所想象的和所感受的；

（3）动作：通过动作表达表现他们所观察的、所思考的、所想象的和所感受的；

（4）假装游戏：通过假装游戏表达表现他们所观察的、所思考的、所想象的和所感受的；

（5）欣赏艺术：欣赏创造性艺术。

7. 科学和技术

（1）观察：观察所处环境中的材料和程序；

（2）分类：对材料、行为、人和事件进行分类；

（3）实验：通过实验验证想法；

（4）预测：预测他们所希望发生的事情；

（5）得出结论：基于经验和观察得出结论；

（6）交流想法：交流他们对事物的特征以及其工作机制的想法；

（7）自然和物理世界：收集有关自然和物理世界的知识；

（8）工具和技术：探索和使用工具与技术。

8. 社会学习

（1）多样性：理解人们有不同的性格、兴趣和能力；

（2）社区角色：认识到人在社区中有不同的角色和作用；

（3）决策：参与制订班级决策；

（4）地理：识别并解释他们所处环境的特征及地理位置；

（5）历史：理解过去、现在和未来；

（6）生态：懂得爱护他们所处环境的重要性。

高宽课程的内容领域包括8大类58条关键发展性指标。我国《3~6岁儿童学习与发展指南》将儿童的学习与发展指向5大领域(健康、社会、科学、语言、艺术)，根据儿童的年龄特点分层提出32条发展目标。请分析二者之间的相同之处和不同之处。

（五）高宽课程的组织与实施

课程实施是将课程内容转化为幼儿自身的知识或经验的过程。在学前教育中，往往更多通过环境等途径为儿童提供教学。下面从环境创设、一日常规活动、师幼互动三个方面来说明高宽课程实施的特点。

1. 创设支持性的学习环境

（1）将学习空间分成不同的兴趣区域

高宽课程的教室往往以"兴趣区"或"学习中心"或"活动区"进行区域划分，其中有积木区、娃娃家、艺术区、玩具区、读写区、沙水区、运动和音乐区、数学和科学区、电脑区、户外区等，并用简单易懂的标签（可以使用词语、图片或实物）显示。区域的数量没有硬性的规定，根据地区或者季节不同改变，各个区域用低矮的分界物来区分。区域的位置取决于课程方案的材料以及每一区域的使用方式。最重要的是，要保证充足的空间让幼儿游戏。

（2）赋予环境对幼儿有吸引力的元素

高宽课程的教室环境具备如下特征：增加环境的柔和性（投放靠垫、枕头等柔软物）；采用悦目的色彩和图案（避免视觉爆炸，多采用清淡优雅的色调）；提供天然的建筑材料和自然光线（石头、木头等）；营造安静舒适感（创设独处私密空间）；等等。

（3）活动材料多样并且充足

高宽课程教室中的材料主要包括专门为幼儿制作的材料（如玩具、拼图或攀爬设备），此外，教师也需要准备一些日常生活中的物品，如电话、锤子等；来自家庭的物品，如可回收的纸张、容器、旧衣服等；天然的材料，如贝壳、树枝、落叶、石块等。充足的材料可以让每个幼儿都能操作材料来执行自己的计划，而不必花长时间等待；在材料方面有很多选择以实现自己的目的；有助于最大程度减少幼儿之间的冲突；可以通过多样化的材料来提供广泛的游戏经验。此外，高宽课程在材料选择方面提供了普遍的、可供参考的指导原则，但并未规定具体使用的材料。

（4）存储方式有利于完成"发现—使用—归还"

高宽课程教室的学习环境是有序的，材料的摆放是有组织的，幼儿可以清楚地看到并独立获取这些材料。教师通常使用以下方式进行材料的管理和标记，帮助幼儿找到所需的材料并在用完后放回原处：① 将相似的材料放在一起；② 使用透明的并可以抓握的容器；③ 用幼儿能够理解的标志对容器进行标记。

2. 一日常规活动

高宽课程的实施通过一日常规活动来完成，高宽课程的学习环境是对空间进行组织，一日常规活动是对时间进行组织。一日常规活动主要由"计划—工作—回顾"三个环节及一些其他活动环节构成，这为幼儿作出选择、遵循兴趣提供了一个主动学习的框架设计。其中，"计划—工作—回顾"三部曲的循环被认为是高宽课程的发动机，确保幼儿的主动学习能够得以成功实施。

（1）计划时间（10~15分钟）。计划就是幼儿表达意愿并做出决定的过程，包括选择材料、行动和合作伙伴，找出问题，提出解决措施等。幼儿自己决定在工

☞ 高宽课程一日常规活动的特点

作时间干什么,他们把自己的计划告诉教师,教师则帮助他们思考和充实计划、记录计划,并帮助他们开始执行计划。基于幼儿的年龄和交流能力,他们常通过绘画、手势或者语言来表达他们的计划。值得一提的是,计划不同于简单的选择,因为计划包含幼儿想做什么以及将怎样做的具体思考。计划比选择更具有目的性和意向性。

(2) 工作时间(45~60分钟)。工作是幼儿实施计划的阶段,幼儿可以按照原有计划活动,也可以调整计划。完成了第一个计划的幼儿可以进行另一个计划。教师在幼儿中间走动,指导和支持他们,并帮助他们充实工作内容。教师注重观察幼儿如何搜集信息,如何开展活动,如何与同伴进行互动,如何解决问题。如有可能,教师可在适当的机会介入幼儿的活动,支持幼儿进一步的探索或学习。

(3) 回顾时间(10~15分钟):幼儿把他们未完成的作品收起来,并把他们在工作时间用过的材料分类、整理、放回原处。在整理收拾完毕后,幼儿和教师一起回忆和表征他们在工作时间的活动,重温幼儿在工作中所遇到的问题。但是,回顾不同于回忆,它不只是简单地谈论幼儿计划了什么以及他们是如何做的,同时也要思考自己学到了什么。这为幼儿反思自身行动并吸取与环境材料和同伴互动的经验教训提供了机会。

☞ 高宽课程的其他活动时间

除了"计划—工作—回顾"三个环节的活动外,高宽课程还有一些其他活动时间,包括小组活动时间、户外活动时间、团体活动时间及过渡环节。

实践活动

请观察某幼儿园某个班级的一日活动,记录各环节数量、内容及所需要时间,思考其设置是否合理,并尝试提出你的建议。

3. 师幼互动

师幼互动是指成人在与幼儿活动或交流中所表现出的语言的或者非语言的行为,并且在互动中,成人与幼儿都对互动发挥着各自的作用。20世纪80年代之后,高宽课程吸收了社会生态学的观点,开始重视成人与幼儿之间的积极互动。教师的工作主要包括提供材料、划分活动区、建立一日常规、倾听幼儿的声音、记录幼儿的发展。

高宽课程要求教师与幼儿分享控制权,营造一个支持幼儿主动学习的氛围,创设一个幼儿自由探索、心理宽松、安全的环境。

(1) 教师和幼儿分享控制。分享控制意味着教师和幼儿可以轮流担任领导者和被领导者、讲话者和倾听者等。教师一般采用的策略为:应幼儿的要求参与他们的活动,向幼儿学习,有意识地给予幼儿支配权。

（2）把注意力放在幼儿的优点上，以幼儿能做什么和他们的兴趣为出发点，真正激发他们的学习动机。教师一般采用的策略为：密切关注幼儿的兴趣，从幼儿的角度看问题，与幼儿的父母和其他同事分享幼儿的兴趣，围绕幼儿的优势和兴趣制订计划。

（3）和幼儿建立真实的关系。真实意味着教师和幼儿的关系是真诚的。教师一般采用的策略为：与幼儿分享自我的兴趣，专心地回应幼儿的兴趣，给每个幼儿具体的反馈，诚实地提出和回答问题，限制问题的数量（提问数量过多容易让幼儿感到自己在被盘问）。

（4）支持幼儿的游戏。高宽课程秉持这样一种理念：游戏是幼儿的工作。为此，教师要观察、理解幼儿的游戏；要充满热情地加入幼儿的游戏，进一步了解幼儿的想法和需要。

☞ 高宽课程如何看待鼓励与赞扬

（5）运用鼓励而不是赞扬。通过鼓励幼儿，教师认可幼儿的努力和成绩。教师一般采用的策略为：参与幼儿的游戏，鼓励幼儿描述他们的努力、想法和成果，重复或重述幼儿的话（重复或重述幼儿的话可以让幼儿知道成人真的在听他们说话，并认可他们的活动和努力）。

☞ 解决冲突的六步法

（6）采用问题解决法解决冲突。高宽课程经常运用六个步骤来解决人际交往问题：平静地走向幼儿，停止一切伤害性的行为；认同幼儿的感受；搜集信息；重述问题；询问幼儿解决问题的办法，并一起选出一个办法；需要时给予后续支持。

（六）高宽课程的评价

高宽课程编制了两种综合性的评估工具和材料，以便开展对幼儿和项目的评估：儿童观察记录量表（Child Observation Record，简称 COR）与项目质量评估量表（Program Quality Assessment，简称 PQA）。①

儿童观察记录量表用于对幼儿发展的评估，指通过基于对幼儿有效的综合观察以评估幼儿发展，主要采用轶事记录和幼儿作品分析的方法，搜集和记录幼儿成长的证据。教师经过几周或几个月对幼儿全方位的行为观察后得出对幼儿真实能力的评估结果，而非使用某阶段测验的简单方式。COR 作为一个观察性的评价工具，其观察内容包括 9 个条目和 36 个观察项目，以语言、读写和交流领域中的"阅读"为例（表6-1），每个观察项目下面包含 8 个发展水平，每个水平描述了从简单（水平0）到复杂（水平7）的不同行为。客观、全面、连续地记录幼儿的日常生活，可真实且清晰地呈现出幼儿发展的趋势，同时完整保留幼儿发展变化的所有过程性特点。

项目质量评估量表的评估内容涵盖项目质量的所有方面，用于培训、监督、

---

① 霍力岩,孙蔷蔷. 高宽课程模式的实施与评价[J]. 福建教育,2017(20):26-29.

管理以及研究。

表6-1 儿童观察记录量表中的阅读

观察项目	水平0	水平1	水平2	水平3	水平4	水平5	水平6	水平7
阅读	幼儿注视书中的一幅图片	幼儿指着图片或照片中熟悉的物品	幼儿通过描述其所看到的物品来"读"图	幼儿理解一个常用符号的含义	幼儿读出两个或更多单词	幼儿读出三个或更多印刷形式的单词	幼儿在阅读一行文字时通过字母发音、图片线索、语言规则和词汇重新读出新单词	幼儿通过拆分单词的音节来读出双音节单词

综上所述，高宽课程强调通过幼儿的主动学习主动建构自我的经验与认识，50多年的实践和研究证明，高宽课程确实是一种优质有效的课程。与其他课程模式相比，高宽课程有以下显著的特点：

1. 着重幼儿兴趣与经验的守护

高宽课程的目标确立与内容选择立足于幼儿认知发展所必需的"关键发展性指标"，强调的是幼儿在与环境相互作用中直接获得的、对幼儿持续学习与发展具有"关键"作用的经验。这些经验在幼儿成长中具有重要价值，既能展现幼儿发展的连续性，也成为教师观察、了解与支持幼儿学习与发展的线索和证据。①

2. 重视师幼之间的互动

在高宽课程中，设计学习经验的责任由教师和幼儿共同承担。从活动类型来看，既有幼儿自主进行的学习中心活动，又有成人组织的小组活动和团体活动，这既保证了幼儿主动学习的自主性，又平衡了他们学习经验的获得；同时，较好地处理了在教育过程中教师和幼儿的关系。

3. 注重课程的实际操作性

高宽课程的每一部分既有原则性的指导，又有大量供教师选择的具体应对建议，而且还提供很多实例予以说明。如教室物质环境的准备和布置，不仅提出了积木区、娃娃家区、美工区等几个区域设置的指导原则，而且还就每个区域能发展哪些关键经验，安排在教室的什么空间位置，要投放什么材料清单等问题，提出了具体的要求与建议，便于教师理解与具体操作。

当然，不可否认的是，高宽课程对教师专业素质和技能的要求也较高，特别是对幼儿心理发展规律与特点的掌握，以及观察与评价幼儿的技能技巧方面的要求，这些都使高宽课程直接应用于学前教育领域时受到一定程度的

☞ 高宽课程对我国建构具有中国特色幼儿园课程的启示

---

① 霍力岩,高宏钰. 关键经验:基本内涵与主要特征[J]. 幼儿教育,2015(11):16-18.

限制。

实践活动

观察某个幼儿园活动室,并拍摄照片。基于高宽课程的理念,分析如何布置活动室才能最大限度地促进幼儿的主动学习。画一张修改后的活动室布置图,简单描述为什么要这样改善布局。

五、瑞吉欧学前教育课程

☞ 世界各地对瑞吉欧的关注

瑞吉欧学前教育体系创建于第二次世界大战之后。20世纪60年代以来,在创始人马拉古奇的领导下,依靠全体教师数十年的艰苦奋斗、共同研究与实验探索,依靠市政府的大力资助及社区民众的全力支持,到20世纪80年代后,瑞吉欧学前教育体系逐渐受到世人的关注,1987年开始在世界各地巡回展览的"儿童的一百种语言"使其声名大震,从而成为继蒙台梭利课程后在意大利兴起的又一个颇具世界影响力的学前教育实践与课程模式。

(一)瑞吉欧学前教育课程的理论基础及基本观点

瑞吉欧学前教育体系的形成,除了受意大利自身学前教育的传统及第二次世界大战后左派政治改革的影响外,也深受欧美主流进步主义教育思想及皮亚杰、维果茨基等建构主义心理学的影响,同时布鲁纳的教学思想、布朗芬布伦纳的教育生态学观点、加德纳的多元智能理论等,都是瑞吉欧学前教育的"营养源"。可以说瑞吉欧学前教育体系是广纳多种理论后的一种生动的教育实践,在这一教育实践中最为基本的是其对儿童、对教育的看法。

1. 儿童观[①]

(1) 儿童是一个拥有充分生存和发展权利的人。儿童与成人一样是社会与文化的参与者,他们有权利发表自己的看法,是拥有独特生存与发展权利的个体。

(2) 儿童是主动的学习者。他们在入园之前就已拥有了一定的知识、经验。他们有自己独特的学习方式。

(3) 儿童具有巨大的潜能。他们富有好奇心、创造性,具有可塑性,有强烈的学习、探索和了解周围世界的愿望。他们是在与外部世界的相互作用中主动地建构自己的知识与经验,主动地寻求对这个复杂世界的理解的。

(4) 儿童天生都是艺术家,他们能够广泛运用不同的象征语言和其他媒介来表达自己对世界的认识。例如,《儿童的一百种语言》一书揭示了儿童运用绘画、

---

① 王春燕. 学习瑞吉欧重在把握其教育理念:瑞吉欧方案教学的教育精髓[J]. 学前教育研究,2002(5):42-44.

动作、雕刻、粘贴、建筑构造、音乐等"语言"来展示事物的魅力，表达的是一种颇具艺术性的认识。

2. 教育观①

（1）教育并不仅仅追求什么外在的目标，而是更注重内在的品质。瑞吉欧学前教育的价值追求，是要还给儿童曾经被学校和文明偷走的99种"语言"，要给予儿童完整的感觉，恢复他们快乐、富有个性的童年生活。瑞吉欧学前教育的目标着眼于儿童整体人格的发展，注意激发和丰富儿童的感觉经验、审美体验，特别凸显对儿童想象力、创造力的开发和提升。

（2）在教学方法上，瑞吉欧学前教育反对传统的单向灌输，他们认为教育就是要为儿童带来更多的可能性去创新和发现，教育在于给儿童创设学习的情境，帮助儿童在与情境中的人、事、物相互作用的过程中主动建构知识。

（3）强调儿童与同伴的相互作用及其价值。瑞吉欧学前教育认为儿童的学习是一种互动的社会建构的过程。儿童既可以与教师及其他儿童共同活动，也可以单独活动。儿童在与同伴交往的过程中，特别是与同伴相互作用、相互影响中能学到很多东西。

（4）在儿童的探索活动中，教师应掌握正确的时机，找到正确的方法，适当地介入，协助儿童发现问题、提出问题，但教师不能过多地介入。

（5）学前教育机构是社会生态大系统的一个组成部分，是一个整合的生命有机体，是一个儿童与大人可以彼此分享与关系的地方。社区、市镇对学前教育机构有一定的义务与权利。社区、市镇的生活型态、发展模式、机构组织也对学前教育机构有一定的影响。实际上，他们认为学前教育机构就是一种儿童、教师、家庭及社区之间沟通、交流与互动的体系，从而整合成为更大的社会系统的。

（6）环境是重要的教育因素。瑞吉欧学前教育也把环境作为教育的一个重要因子。在幼儿学校中，每班有两位教师，而"环境是第三位教师"。由此可以看出，环境也是教育的"内容"，包含丰富的教育信息和资源，对儿童的学习起着促进、激发的作用。

（二）课程目标

瑞吉欧学前教育对课程目标没有直接表述，但在介绍幼儿学校的字里行间不难感受到其课程的目标与价值追求。"我们的目标，也是我们一直追求的，是创造一个和谐的环境，在此环境中的每一位儿童、家庭及教师们都感到自在。"②"教育的目标是要为儿童带来更多的可能性去创新和发现，语言文字不应作为知

---

① 屠美如. 向瑞吉欧学什么:《儿童的一百种语言》解读[M]. 北京:教育科学出版社,2002:57,26-28.
② C. Edwards,等. 儿童的一百种语文[M]. 罗雅芬,等译. 台北:心理出版社,1998:69.

识的捷径。"①所以瑞吉欧学前教育课程目标用其所描述的儿童的内在特征来表述更为恰当,这就是让儿童更健康、更聪明、更具潜力、更愿学习、更好奇、更敏感、更具随机应变的适应能力、对象征语言更感兴趣、更能反省自己、更渴望友谊②。

(三) 课程内容

瑞吉欧学前教育没有明确规定的课程内容,更没有预先设计好的教育活动方案。马拉古奇曾直言不讳地说:"我们是真的没有计划或课程,但是若说我们只依赖那种令人羡慕的技巧,像临时起意的课程,那也不正确,我们并不依赖机会,因为我们深信我们也可以期待某些我们尚未了解的事物。我们知道的是,与幼儿一起共事,是三分之一的确定,以及三分之二的不确定与新事物。……我们可以确定的是,儿童随时准备好要帮助我们,他们可以提供我们想法、建议、问题、线索以及遵循的途径。"③瑞吉欧学前教育课程的内容来自儿童生活中感兴趣的事物、现象与问题,来自他们的经验及所进行的活动,下面以主题"小鸟的乐园"④为例说明。

这个方案最初的构想来自瑞吉欧一所幼儿学校校园里的一池清水。这池清水,原意是给栖息的小鸟解渴用的。可是孩子们认为如果小鸟会口渴,也一定会肚子饿。如果它们又饿又渴的话,也许会疲惫不堪的。于是,有的孩子就建议在树上搭个鸟巢,建一个小鸟玩的秋千、老鸟搭乘的电梯;有的孩子建议安排音乐旋转木马;有的孩子建议给小鸟准备滑水用的小木片,让它们滑水;还有的孩子提议做个喷泉,要又大又真实的,能把水喷得高高的那一种喷泉。围绕着这个话题,孩子们谈了自己的想法:

Simone:"嘿,同学们,为小鸟建个乐园怎么样?"

Andrea:"这个鸟的乐园能使小朋友玩得开心,也能使小鸟玩得开心,也许它们已经很开心了,因为听到我们的谈话,小鸟说:'哇!他们的主意真妙!'"

Agnese:"小鸟的乐园。"

Andrea:"老鸟的电梯。"

Filippo:"小鸟的秋千。"

Federica:"小鸟的喷泉。"

Giorgia:"做个喷泉怎么样?这样小鸟可以在那里洗澡,要做喷泉就得装上一些管子,用马达将水送上去。"

---

① C. Edwards,等. 儿童的一百种语文[M]. 罗雅芬,等译. 台北:心理出版社,1998:91.
② 马拉古奇,等. 孩子的一百种语言[M]. 张军红,等译. 台北:光佑文化事业股份有限公司,1996:21.
③ C. Edwards,等. 儿童的一百种语文[M]. 罗雅芬,等译. 台北:心理出版社,1998:99.
④ 马拉古奇,等. 孩子的一百种语言[M]. 张军红,等译. 台北:光佑文化事业股份有限公司,1996:122-127.

Filippo:"这是天使喷泉,我认为在这里面有输送水的管子。水管中的水来自水道,当水流到倾斜处和进入喷泉时,水流的速度开始加快。喷泉水池底总是有一些水,也许他们每年更换一次。"

Elisa:"水来自天上,那就是雨,它从山上流下来,流入山脚下的小洞里,最后流入山脚下的湖中,然后又有条往下倾斜的水道将水先带入另一个湖,再带入水道中。地下的通路有很多条,老鼠会喝掉一些水,但喝得很少,其余的水就流入喷泉,从喷泉的石块中往上喷出,而石块就像滑梯一样,让水滑下来。"

Simone:"我真想有一个很大的装满水的储水槽,看到没有?我们做了两个,一边一个,上方有一座天平告诉我们槽中是否有水。例如,如果天平平衡,代表槽中有水,喷泉可以喷水;如果天平倾斜,就代表水不多了,你就得按开关处的按钮,让水槽装满水。"

Filippo:"你知道吗?我有另一个主意,放一个在水中转个不停的轮子,像水车那样,这样小鸟游戏时可以将叶片当作阶梯上下。"

……

围绕着小鸟的话题,孩子们谈了很多,也很兴奋,教师及时抓住孩子们的兴趣点,于是一个具有想象力,同时也鼓舞人心的主题就出现了:为小鸟建造一座真正的乐园。

从这个主题中,我们可以看出,瑞吉欧学前教育课程的主题来自儿童的生活,课程以解决问题为取向。同时这些主题都是儿童熟悉的,这样他们就可以根据自身的认知提出问题,设定探索的范畴。儿童将有许多对话,有许多机会参与不同的活动,全心全意地投入真实的探索,去体验一些角色,分享意见与经验,学会解决问题。

(四)课程的组织与实施

瑞吉欧学前教育课程与教学主要以"项目活动(Project Approach)"或"项目工作(Project Work)"的方式展开,项目活动是瑞吉欧学前教育课程与教学的主要特色。所谓项目活动是指一群儿童以小组形式,运用多种接近客观事物与主观经验的方式、方法,对真实的生活事件和日常情景中的现象所进行的长期而深入的探索活动。但每个项目探讨什么,怎么探讨,何时结束,都事先无法规定,它完全依赖儿童与教师双方的互动、沟通与交流。当然,项目活动并不排斥成人依据教育目标所做的有意识的计划,但是每个项目都是基于成人对儿童言行举止的密切关注,成人要保证儿童有充分的思考和行动的时间,①使儿童通过主题的探索活动获得与周围的人、事、物的互动,从而自主建构、积累一些知识、经验,发展儿童主动探索、自由创造、共享、对美的事物的敏感性等方面的情感与态度品

☞ 方案教学与结构性教学的不同

---

① 朱细文."最先进"幼儿学校:意大利瑞吉欧课程模式简述[J].教育导刊,1999(S3):44-47.

质,并使儿童学会解决问题,使儿童能自由地表达他们对世界的认识。

下面以项目活动"人群"①这一主题为例说明。

学期快结束时,教师与一群四五岁的孩子讨论如何将他们在假期拥有的记忆与时间保存下来,最后每个孩子都赞成在假期旅游时随身带一个空盒子,收集一次次的发现与充满情感经验的记忆。到了秋季孩子回来上学时,教师准备以提问的方式帮助孩子们回顾他们所带来的记忆,如你们的眼睛看见了什么?你们的耳朵听到了什么?等等。教师期待听到孩子们述说在海边看到的浪花、帆船或在山林里踏青,结果这个班的孩子带来了非常特别的记忆。一个小男孩与大家分享了他的经验:有时候我们去码头,我们走过一条很长、很窄的街道,叫作羊肠街,那里的商店一家接一家。到了晚上,到处都是人挤来挤去的,你不能看见任何东西,只看到一大堆人的腿、手和头挤在一起。这时教师立刻抓住"人群"这个词,并询问其他孩子对这个词的理解,就这样,一段有关此话题的学习探索开始了。孩子们七嘴八舌地表达自己所理解的人群:

"一个装满人而且全部都挤在一起的袋子。"

"一大堆人都挤在一起,而且每个人都靠得很近。"

"有人跳到你身上,也有人推你。"

"假日的时候,一个全都塞在一起的地方。"

"一大堆挤来挤去的人群,就好像赶着要缴税。"

团体讨论后,教师要求孩子们把他们对人群的想法都画出来。看了作品后,教师发现孩子们所画的与他们的语言文字表述有差异,于是等了两天再把前天孩子们说话的录音重新放给他们听,让他们对自己第一次的画进行反思。结果孩子们第二次绘画呈现的内容变得更精细与详尽了。在活动的展开过程中,教师发现孩子们有一个共同的愿望,就是希望学习如何画出人的背影和侧面。于是教师请一个女孩站在教室中间,其他孩子围绕在她身旁,从不同位置观察,由前、后、左、右四种角度画出她,这时孩子们学到了不同观点的复杂概念。后来教师又带孩子们到市中心的广场,让他们观察和拍下来来往往的人流,并加入人群中。回到教室后,孩子们高兴地看着自己所拍的人群录像,并画出了更多的画。这时使他们自豪的是自己能画出多种角度的人群。后来孩子们用剪下来的人像玩人偶游戏、戏剧游戏以及皮影游戏等。他们也用纸黏土做人像雕塑。最后孩子们对这次的探索做了总结,把所有的作品集中起来,放在一个盒子里,创造出了"人群"。

这种项目活动一般持续的时间比较长,有时达数月之久。围绕这种项目活动,瑞吉欧学前教育课程与教学呈现以下特点:

(1)弹性计划。项目活动的具体实施呈现了瑞吉欧学前教育课程计划的

---

① C. Edwards,等. 儿童的一百种语文[M]. 罗雅芬,等译. 台北:心理出版社,1998:137-138.

类型——弹性计划。弹性计划是指教师在开始项目活动之前只有一般化的、笼统的目标，并不提前设计好每一个项目和每次活动的具体目标。教师依据他们对儿童的了解及以前的经验对活动的开展形成一定的假设，依赖这些假设同时形成灵活的、适宜于儿童兴趣的需要调整的目标。瑞吉欧学前教育课程不预先设计刚性的计划及每一具体活动的目标，这不意味着他们在项目活动开始前毫无计划，相反他们有事先的考察、了解，有对儿童考察后的种种可能性假设，同时，教育的目标也是始终保持的。

（2）小组活动。瑞吉欧的项目活动是以小组的形式展开的。小组活动一般是3～5个人，有时是2个人。这样的活动人员定额对于以关系与合作为基础的教学来说是必要的，也是最理想的组织模式。小组活动为每个儿童提供了机会，使他们能意识到自己的观点与其他人不同，使儿童产生自我认同感，而且也使儿童在与他人的交流中，学会接纳与欣赏别人的思想与观点，认识世界的多元性。当然，瑞吉欧教育工作者认为，小组活动中儿童之间应有适当的差异，这样才能产生交流与沟通，但这种差异又不能太大，以免产生过度的失衡。

（3）合作教学。合作教学强调教师和儿童合作共同对某一问题进行探讨研究。这一互动合作过程被瑞吉欧教育工作者比喻为"打乒乓球"游戏。教师必须能够接住孩子丢给他们的球，并以一种让孩子想要继续与他们玩，过程中有可能渐渐发展出其他游戏的方式把球抛回给孩子。"接住孩子丢给我们的球"不仅说明了教师在教学中的地位，更形象地说明了教师与儿童之间的合作关系。如在"人群"项目活动中，当教师发现孩子的讲述与绘画出现不一致时，教师并没有把球——"不一致的情况"直接推给孩子，而是接住孩子抛来的球——思考以什么方式能让孩子意识到自己的这种不一致，于是，教师让孩子们重新倾听以前小组讨论的录音，并对照自己的绘画进行讨论。孩子们很快发现了问题并找到了解决的方法：要学会从背面、侧面不同的角度画人。在这一教师和儿童合作学习的过程中，教师不仅通过设计一定的情境来支持儿童的学习，而且也进一步激发了儿童积极探究的热情，使项目活动的继续发展成为可能。

（4）纪录的支持。所谓纪录是指教师通过持续、细心的观察，运用照片、录音、幻灯、录像、文字说明及实物等形式，从不同角度对儿童在不同项目活动中的情况进行材料的收集、整理及记载。纪录贯穿项目活动的始终，纪录可以使教师再一次倾听与回顾教学工作中的对话，给教师提供更加了解儿童想法与做法的机会，帮助教师进一步决定项目活动的下一个步骤与路径、规划。同时，纪录可以协助儿童进一步加深、拓宽学习的范畴，诠释儿童在项目活动中的想法与思考过程，也为家长了解孩子，与孩子、教师互动提供了机会。

（5）视觉与图像语言的运用。在项目活动探究的过程中，瑞吉欧学前教育鼓励儿童运用视觉与图像语言来自由表达与相互交流，包括语言、绘画、雕刻、泥工、建筑构造、肢体动作、表情等。对于儿童来讲，图像表现是一种比文字简单且清楚的沟通工具，运用它就可以使他们多样化的想法、意念得以形象化，而且儿童也喜欢用这种独特的方式来表达。如在"狮子的肖像"这个项目活动中，儿童对于狮子认识的表现就用了不同的图像语言，有的儿童用绘画来描述他所看到的，有的儿童用相机来拍摄，有的儿童则用黏土来雕塑，还有的儿童用面团去捏制……儿童从各种不同的角度，用不同的图像来表现他们所观察到的事实。在融入自己的想象，将自己内心对狮子的感受表达出来的同时，儿童也建构了新的经验。

瑞吉欧学前教育为世人创造了一个与众不同的课程构架，为世界的学前教育提供了一个最佳的教育典范。然而，我们也切忌盲目照搬瑞吉欧学前教育，因为不同的文化背景孕育不同的教育实践，我们需要的是以开放的心态与理性的思维不断地学习、不断地融入与发展。"我们正进入一个多元化的世界，不同的教育理念、不同的教育观点，都会给我们以启示。当我们以充满热情、充满好奇、充满渴求的心态去探索、发现教育的种种奥秘时，我们应带着怀疑和欢乐的态度去接受它、融会它、发展它。"[①]

第三节　我国幼儿园课程的变革与实践

我国现代意义上的学前教育发端于清末。1903 年湖北巡抚端方在武昌阅马场创办了湖北幼稚园，聘请户野美知惠等 3 名日本保姆经办，这是中国最早的一所幼稚园。1904 年颁布的《奏定学堂章程》，将专门的学前教育机构定名为"蒙养院"，从此，中国教育制度史上最早的社会性学前教育机构诞生了，湖北幼稚园遂更名为武昌蒙养院。从我国 1903 年第一所幼稚园的诞生及 1904 年《奏定蒙养院章程及家庭教育法章程》的颁布至今已有一百多年的历史。纵观这百年来的发展史可以明显地看出，幼儿园课程的变革是贯穿百年来学前教育发展的一条主线。中国近代的幼儿园课程是舶来品，从清末模仿、移植日本的学前教育开始，我国的幼儿园课程就面临着如何处理"外来"与"本土"、"模仿"与"创造"的关系，面临着如何依据我国国情，创造优质的学前教育，使幼儿园课程更适合幼儿身心全面和谐的发展问题。这些问题也是几代中国学前教育工作者一直思考与

---

① 屠美如. 向瑞吉欧学什么:《儿童的一百种语言》解读[M]. 北京:教育科学出版社,2002:序言(2).

探索的重点。所以百年来中国幼儿园课程的变革过程既是一个从模仿、移植到不断实验、改进的过程,也是一个继承与创新的过程,更是幼儿园课程中国化的过程。

一、百年来我国幼儿园课程变革的基本历程与成就[①]

(一)幼儿园课程变革的基本历程

加拿大教育改革专家迈克·富兰有句名言:"变革是一个过程,而不是一个事件。"[②]的确,从 20 世纪初至今,我国的幼儿园课程经历了一百多年的发展,在这漫长的历史时期里,幼儿园课程随时势而变迁更迭,依社会条件、文化而革新,主要经历了七个发展阶段。

1. 学习、模仿日本模式的清末民初幼儿园课程(1903—1918)

在 1903 年之前,我国没有独立的学前教育体制,没有幼儿园课程设置。随着 1901 年清政府实施新政,提出"兴学育才",到 1903 年"癸卯学制"的颁布,我国的学前教育制度才正式确立。当时,人们以日本维新导致国力昌盛、富强为样板,又因日本与中国国情相近,因而在教育上一切措施都学习、模仿日本,当时日本幼稚园所盛行的课程也被引进。1904 年,我国第一部学前教育法规《奏定蒙养院章程及家庭教育法章程》颁布,其中规定了蒙养院的保育教导要旨及条目,提出了蒙养院的课程目标、内容及教学方法。清末的蒙养院课程基本上是借鉴日本明治 32 年(1899 年)《幼稚园保育及设备规程》而制定的,尽管带有模仿与移植的倾向,但却是我国教育制度史上最早的幼儿园课程,而且"与初等小学之授以学科者迥然有别"[③]。

2. 20 世纪二三十年代旧中国幼儿园课程本土化、科学化的探索变革(1919—1948)

20 世纪二三十年代,随着五四新文化运动的不断勃兴,民主、科学思潮的广泛传播,蒙台梭利、福禄培尔及杜威等人的西方先进教育思想传入我国,教育界人士对当时我国的学前教育实践进行了反思。以陈鹤琴、陶行知、张雪门等为代表的老一辈学前教育家针对当时我国幼儿园课程外国化、宗教化及非科学化的弊端,躬身实践,借鉴西方先进的教育思想,结合我国幼儿园课程实际展开了轰轰烈烈的幼儿园课程变革运动,形成了单元中心制课程、行为课程等课程模式。20 世纪二三十年代的幼儿园课程变革创造了旧中国幼儿园课程的辉煌成绩,开创了

[①] 这部分内容参阅两篇文献:王春燕.中国学前课程百年发展变革的特点与启示[J].教育研究,2008(9):93-96. 王春燕,舒婷婷,张传红.新中国成立七十年幼儿园课程变革:发展历程、成就与趋势[J].幼儿教育,2019(10):16-21. 内容有改动。
[②] 富兰. 变革的力量:透视教育改革[M]. 中央教育科学研究所,等译. 北京:教育科学出版社,2000:32.
[③] 中国学前教育史编写组. 中国学前教育史资料选[M]. 北京:人民教育出版社,1989:96.

幼儿园课程中国化、科学化的道路。在此基础上，当时的教育部于1932年10月正式颁布《幼稚园课程标准》（1936年进行了修订）。这是我国学前教育史上第一个幼儿园课程标准，它使我国幼儿园课程摆脱了近三十年混乱的局面，有了中国化的课程标准，对新中国成立前的幼儿园课程产生了重要的影响。

3. 20世纪50年代借鉴苏联经验的新中国幼儿园课程变革（1949—1965）

新中国成立后，我国的幼儿园课程变革经历了以老解放区的新教育经验为基础，以借鉴苏联教育经验为主到全盘抛弃陈鹤琴等人创制的单元中心制课程，全面系统地学习苏联分科课程的过程。在苏联学前教育专家的指导下，教育部制定了《幼儿园暂行规程（草案）》《幼儿园暂行教学纲要（草案）》，并于1952年颁布实施。这两个文件指出了学前教育的首要任务是保证幼儿的健康和幼儿身心的正常发育；规定了幼儿园课程包括体育、语言、认识环境、图画手工、音乐、计算等六科，并详细规定了各科的教学纲要，包括各科的目标、教材大纲、教学要点与设备要点，制订了严密的学科工作计划；强调通过必修作业与选修作业来达成教学目标。20世纪50年代幼儿园课程变革奠定了新中国幼儿园课程的格局，而且在80年代前一直占有主导地位，对我国的幼儿园课程影响极大。

4. "文化大革命"时期的幼儿园课程变革（1966—1976）

"文化大革命"期间，整个国家陷入了空前的灾难和浩劫中，国民经济几乎崩溃，全国人民承受了巨大的灾难和创伤。教育领域是重灾区，学前教育领域也不例外。幼儿园课程遭到了极大的破坏，幼儿园的很多教具、玩具、图书被毁，课程的格局被打破，处于无序和停滞地步。

5. 改革开放初期的幼儿园课程变革（1977—1989）

"文化大革命"结束后，新中国的发展迎来了一个春天，尤其是十一届三中全会以后，我国迎来了一个新的发展阶段。教育工作经过拨乱反正，逐步整顿恢复了各类学校的教学秩序，焕发出前所未有的生机和活力。1981年，教育部正式颁发《幼儿园教育纲要（试行草案）》，规定幼儿园课程应包括生活卫生习惯、体育活动、思想品德、语言、常识、计算、音乐、美术八个方面，要求通过游戏、体育活动、上课、观察、劳动、娱乐和日常生活等教育手段来开展教育工作，并组织编写了相应的七种九册幼儿园教材。该教育纲要的颁布，将"文化大革命"中被打乱的幼儿教学工作，在分科课程的基础上重新建立起来，在一定程度上稳定了幼儿园课程的发展格局。但是，《幼儿园教育纲要（试行草案）》将以前的六科内容细致划分为八科内容，凸显了学科课程的特点，但也暴露了学科课程的弊端。20世纪80年代中期以来，各地自发开展对幼儿园课程的探索，其中，南京师范大学教育系与南京市相关机构合作进行研究，率先提出了综合课程，引起巨大反响。我国学者开始对幼儿园课程进行系统的反思，重新认识陈鹤琴的单元教学，分析分科课程的弊端，从关注学科转向关注活动。总的来说，从1981年教育部颁布《幼儿园教育纲要(试行草案)》到1989年国家教育委员会颁布《幼儿园工作规程(试行)》,幼儿园课程的变革是由国家行政力量主导和推动的"自上而下"的变革,避免了分科课程的弊端,倡导主题、综合、活动,追求幼儿园课程内容的综合性、生活性和活动性。

6. 社会主义建设新时期的幼儿园课程变革(1990—1999)

20世纪90年代初期,随着国际间的交流,西方先进儿童教育理论不断被引入我国,幼儿园课程变革在保持综合课程的同时,借鉴西方先进理论进行课程探索。在此期间,幼儿园课程主张遵循幼儿发展的逻辑,注重课程内容的"相互渗透、有机结合",强调环境、一日生活的重要作用,旨在促进幼儿全面发展。1996年,在1989年《幼儿园工作规程(试行)》的基础上,国家教育委员会正式颁布实施《幼儿园工作规程》,特别强调了幼儿园"合理地综合组织各方面的教育内容,并渗透于幼儿一日生活的各项活动中,充分发挥各种教育手段的交互作用","以游戏为基本活动,寓教育于各项活动之中",从而使20世纪90年代初期、中期的幼儿园课程变革的主题更加鲜明,出现了主题课程、游戏课程、情感课程、领域课程、上海新课程等多种课程实践。90年代后期,国际间的学术交流进一步加强,新的教育理论如维果茨基的"最近发展区"理论和社会建构论、加德纳的多元智能理论、意大利瑞吉欧教育理念及方案教学等不断涌入,我国幼儿园课程开始呈现多样化的发展态势。

7. 21世纪以来的幼儿园课程变革(2000年至今)

进入21世纪,基于我国素质教育在全面推进的过程中存在发展水平不高、不平衡等现实问题,教育部在《面向21世纪教育振兴行动计划》中,提出实施"跨世纪素质教育工程",从幼儿阶段抓起,以科学的方法开发幼儿智力,培养幼儿健康的体质、良好的生活习惯、活泼开朗的性格与求知的欲望;2001年印发的《关于基础教育改革与发展的决定》《基础教育课程改革纲要(试行)》,大力推进"符合素质教育要求的基础教育课程体系"的构建。为推进幼儿园实施素质教育,全面提高幼儿园教育的质量,2001年,教育部颁布《幼儿园教育指导纲要(试行)》,为学前教育工作者将新教育理念转化为教育行为提供导向,从国家政策层面推进幼儿园课程的改革,加上新教育理念的引入,幼儿园课程呈现出多元个性化的发展格局,幼儿园课程发展进入拓展深化阶段。2010年,随着《国家中长期教育改革和发展规划纲要(2010—2020年)》的颁布,幼儿园课程迎来新的发展契机。2012年,教育部颁布《3~6岁儿童学习与发展指南》,助力家长和教师加强对幼儿学习与发展规律、特点的学习与理解,更加强调幼儿园课程的生活化和游戏化。幼儿园课程实践中的游戏被大家所关注,尤其是"安吉游戏"的影响力,进一步推动了幼儿园课程实践对游戏的研究。2016年,基于当下幼儿园课程改革经验的总结,教育部颁布修订的《幼儿园工作规程》,强调幼儿园 "德、智、体、美等方面的教育应当互相渗透，有机结合"。在教育过程中，应该"面向全体幼儿，热爱幼儿，坚持积极鼓励、启发引导的正面教育"，"综合组织健康、语言、社会、科学、艺术各领域的教育内容，渗透于幼儿一日生活的各项活动中，充分发挥各种教育手段的交互作用"，"以游戏为基本活动，寓教育于各项活动之中"，"创设与教育相适应的良好环境，为幼儿提供活动和表现能力的机会与条件"，进一步推广先进的幼儿园课程实施经验，幼儿园课程的发展进入全面深化阶段。

（二）我国幼儿园课程变革发展所取得的成就

百年来的幼儿园课程变革，尤其是新中国成立后的幼儿园课程变革取得了巨大的成就，不仅形成了新中国统一、完整的幼儿园课程标准和内容体系，确立了以儿童发展为本的幼儿园课程价值取向，呈现出多元化的课程实施方式，而且在幼儿园课程理论的建设和实践上也颇有建树，极大地推动了我国学前教育理论与实践的发展。

1. 建立了新中国统一的、完整的幼儿园课程标准与内容体系

新中国成立后，幼儿园课程的发展历程，也是幼儿园课程标准不断统一和完善的过程。20世纪二三十年代，以陈鹤琴为首的学前教育先辈为了改变旧中国幼儿园课程混乱的局面，开始致力于幼儿园课程本土化的研究探索。1932年，当时的教育部颁布了《幼稚园课程标准》，在全国推广执行，这是我国第一个幼儿园课程标准。但由于当时各地的自由度较大，再加上战争的原因，幼儿园课程虽有统一标准，但执行的统一性并不强。新中国成立后，经过50年代的幼儿园课程变革，在苏联专家的指导下，我国教育部于1952年颁布了《幼儿园暂行教学纲要（草案）》，规定了幼儿园课程的目标、内容、方法和体系，自此，新中国开始真正有了自己本土化的、统一的幼儿园课程标准。此后，经过多年的变革，幼儿园课程标准也在不断地变革发展和完善。1981年，教育部颁布了《幼儿园教育纲要（试行草案）》，对遭受"文化大革命"破坏的幼儿园课程进行了全面的整顿，这个标准继承了50年代《幼儿园暂行教学纲要（草案）》的基本思想，规定了幼儿园课程新的目标和内容体系。然而，从幼儿园课程的结构体系来看，幼儿园课程与以往相比没有什么大的改变，始终没有摆脱苏联分科课程的框架和局限，幼儿园课程被进一步地学科化和正规化。经过20世纪90年代的幼儿园课程变革，在吸收西方先进的教育理论、课程理论及广泛的课程实践基础上，2001年，教育部颁布了《幼儿园教育指导纲要（试行）》，与过去的幼儿园课程标准相比，有了质的飞跃，打破了半个多世纪以来我国幼儿园分科课程一统天下的局面，开始倡导以和谐的教育观、整合的课程观和活动的过程观来规划幼儿园课程。幼儿园课程相对地划分为健康、语言、社会、科学、艺术五个领域。每个领域详细规定了其目标、内容和要求，并且提供了组织与实施、教育评价的原则指导。至此，我国幼

儿园课程标准真正形成，幼儿园课程的目标和内容体系得到了真正的统一和完善。

2. 确立了以幼儿发展为本的幼儿园课程价值取向

设计高质量的幼儿园课程，以幼儿为本，促进幼儿身心全面和谐发展是20世纪以来世界各国幼儿园课程变革的共同目标。可以说，新中国成立后，幼儿园课程变革发展的成就之一，即确立了以幼儿发展为本的幼儿园课程价值取向。应该说，从新中国成立之初的幼儿园课程变革就一直在追求这样的价值取向。但在20世纪50—80年代，在谋求政治经济大幅度发展的时代背景下，幼儿园课程更多地接受了唯科学主义的浸透，幼儿园课程中知识取向及社会取向的倾向明显存在。从20世纪50年代国家发出"向科学进军"的口号，到八九十年代"科学技术是第一生产力"的论断，幼儿园课程的学科知识体系倾向都反映了幼儿园课程不太关注幼儿自身，而更多地关注社会的需要，关注为国家早出人才、快出人才。20世纪80年代之后，人们开始反思这种片面的课程价值取向，发现学前教育中的这些现象都源于没有对幼儿本性的真正尊重，没有把幼儿看作一个知情意行相统一的完整的个人。因此，重新认识幼儿的本质，以幼儿发展为本就成为20世纪80年代以来幼儿园课程变革的重要取向，而且通过新中国七十多年幼儿园课程变革也基本形成了这样的幼儿园课程价值取向。这从我国在1996年颁布的《幼儿园工作规程》、2001年颁布的《幼儿园教育指导纲要(试行)》及2012年颁布的《3~6岁幼儿学习与发展指南》中可以明确地看出。可以这样说，这些文件的字里行间都鲜明地高扬尊重幼儿、促进幼儿全面和谐发展的旗帜，促进每个幼儿富有个性的发展成为基本的价值取向。

3. 形成了统一与灵活相结合的具有中国特色的幼儿园课程教学方法

新中国成立后，幼儿园课程的变革也是幼儿园课程教学方法不断更新变革的过程。滕守尧先生在《文化的边缘》一书中曾指出，20世纪世界教育的发展走向是从灌输式教育到园丁式教育，再到对话式教育。我们认为，灌输式—园丁式—对话式几个阶段的变化，也是我国七十多年幼儿园课程教学方法不断革新的过程。

灌输式的教学在我国的幼儿园课程教学中由来已久，它强调知识的灌输与吸收，认为教育的天职就是把大量放之四海而皆准的知识教给幼儿，让幼儿无条件记忆。教师是绝对的权威，幼儿园课程按照预定的目的要求，以教师、教材、课堂为中心，组织对幼儿的训练并直接传授知识，计划性、统一性强。从清末民初一直到20世纪80年代的教学都受其影响。进入20世纪80年代以后，幼儿园课程开始受园丁式和对话式教育的影响。园丁式教育包含着对幼儿内在本质与天性的尊重，强调幼儿自主与自由的发展，充分考虑幼儿的兴趣、需要，幼儿成了教育活动中的主体。但把教师看作园丁，抹杀了教师的主动作用。对话式教育使教学的方式发生了根本性的变化，教学过程中既非教师中心，也非幼儿中心，教师与幼儿是平等的，教学的过程就是在双方不断的交流、沟通、互动中进行的。现阶段，我国的幼儿园课程教学之所以具有自己的特色，就是因为它继承了分科教学的计划性、知识的系统性，又充分吸收了园丁式教育、对话式教育注重幼儿的天性、兴趣，注重幼儿学习主体性的特点。更为重要的是，20世纪90年代以后，我国学前教育吸收、融合了国外很多新的教育思想，如开放教育的思想、高宽课程的主动学习、瑞吉欧学前教育的项目活动等加以实践、创造。这就使得我国的幼儿园课程教学既保持了课程的计划性、统一性特点，同时又具有灵活性、生成性、开放性，与国外的幼儿园课程教学方法有了区别。

4. 强调了整合性、活动性、自主性的幼儿园课程内容

新中国成立后幼儿园课程的变革也是幼儿园课程内容不断更新变革的过程，幼儿园课程内容凸显出整合性、活动性的特点。20世纪50年代初，新中国第一个幼儿园课程标准《幼儿园暂行教学纲要（草案）》将幼儿园教学内容分为六个学科，包括语言、计算、音乐、图画手工、认识环境、体育，统一、详细地规定了各年龄阶段幼儿所要掌握的知识和技能，这一时期没有"课程内容"一说，只有教学内容。1981年颁布的《幼儿园教育纲要（试行草案）》，把50年代的幼儿园教学改为幼儿园教育，将教育内容由六科拓展为生活卫生习惯、体育活动、思想品德、语言、常识、计算、音乐、美术八个方面，并且按小、中、大三个年龄班详细提出了具体的教育内容与要求。2001年，教育部颁布《幼儿园教育指导纲要（试行）》，对课程内容未做统一、具体的规定，也没罗列课程内容的清单，而是通过对教师提出要求——做什么、怎样做和追求什么，将课程内容融入健康、语言、社会、科学、艺术五大领域之中，强调一日生活皆课程的理念，注重内容的相互联系与整合，强调"各领域的内容相互渗透，从不同的角度促进幼儿情感、态度、能力、知识、技能等方面的发展"。在课程内容的选择和编排上赋予幼儿园教师、家长及幼儿选择与参与的权利，提供更大的自主选择空间，体现课程内容选择的自主性。

5. 呈现出灵活多样的幼儿园课程教学实施方式

新中国成立后，幼儿园课程的发展历程，也是幼儿园课程教学实施方式不断完善和发展的过程，深刻反映了我国幼儿园课程在实施方面的变化。1952年，《幼儿园暂行教学纲要（草案）》明确规定幼儿园课程通过必修作业与选修作业来完成。"必修作业是幼儿在教师领导之下的集体学习，有明确的、同一的目标。即全班幼儿在一定时间内，作同样的活动……并且是系统的、积极的……但选修作业并不是自由活动，仍要教师个别指导和帮助。"由此可以看出，20世纪50年代，幼儿园课程的实施以教师高度控制的集体教学活动为主，幼儿园课程的目标主要通过"上课"来达成，形成了以"教师""课堂""教材"为中心的集体

上课模式。随着幼儿园课程的改革，到了20世纪90年代后期，幼儿园课程教学实施开始突破上课、集体教学的局限，走向多样化的活动组织形式。2001年，《幼儿园教育指导纲要（试行）》在"组织与实施"部分明确提出："幼儿园的教育活动，是教师以多种形式有目的、有计划地引导幼儿生动、活泼、主动活动的教育过程。"2016年，《幼儿园工作规程》也明确指出，"以游戏为基本活动，寓教育于各项活动之中"，"教育活动的组织应当灵活地运用集体、小组和个别活动等形式，为每个幼儿提供充分参与的机会，满足幼儿多方面发展的需要，促进每个幼儿在不同水平上得到发展"。从以往单一的"集体上课"形式，到如今灵活多样的教学方式，尤其强调幼儿园要以游戏为基本活动，强调"个别化互动"，这彰显了我国幼儿园课程在实施方面发生的巨大的变化。

6. 注重发展性的课程评价方式

在新中国成立后的幼儿园课程改革中，幼儿园课程评价经历了一个从无到有的过程。20世纪50—90年代，幼儿园课程评价并没有被任何课程标准所涉及。当时，幼儿园课程的评价主要是对课程的实施效果和幼儿的发展进行一种终结性评价，注重结果评价，强调甄别与选拔的作用。2001年，《幼儿园教育指导纲要（试行）》的颁布第一次系统地提出幼儿园课程评价的内容和指标，强调"管理人员、教师、幼儿及其家长均是幼儿园教育评价工作的参与者，评价过程是各方共同参与、相互支持与合作的过程"，"明确评价的目的是了解幼儿的发展需要，以便提供更加适宜的帮助和指导"，"全面了解幼儿的发展状况，防止片面性，尤其要避免只重知识和技能，忽略情感、社会性和实际能力的倾向"，"评价应自然地伴随着整个教育过程进行，综合采用观察、谈话、作品分析等多种方法"。而且一些新的科学评价工具，如《幼儿学习环境评量表》（ECERRS）、《中国托幼机构教育质量评价量表》（CECERS）等逐渐被运用到幼儿园课程评价中。幼儿园课程评价的角度变得多样化，可以从结构、过程及结果等角度进行。总之，进入21世纪以来，幼儿园课程的质量与评价成为幼儿园课程改革的热点与难点，强调评价必须坚守幼儿的立场，评价目的在于了解幼儿的发展需要，真正使评价促进幼儿发展，形成"立足过程，促进发展"的课程评价观。

二、我国幼儿园课程变革中的课程形态

百年来，在我国幼儿园课程变革实践中，幼儿园课程从分到合，从合到分，中间经历了许多形态，但最主要的形态主要有学科课程、领域课程、综合课程三种形态。

（一）学科课程

学科课程在我国20世纪50年代初至80年代期间表现最为明显，而且至今仍然对我国幼儿园课程有很大的影响。新中国成立之初，我国幼儿园课程学习苏联

的课程模式与体制,因而学科课程成为当时唯一的课程形态。现在虽然有些幼儿园的课程冠上了各种新的名称,但实质还是无法摆脱学科课程的束缚。

学科课程是指以文化知识为基础,按照一定的价值标准从不同知识领域或学术领域选择一定的内容,根据知识的逻辑体系将所选出的知识组织为学科。① 如幼儿园传统的六科——语言、计算、音乐、美术、常识、体育构成了课程的总体。各科计划性比较强,比较系统,内容以知识、技能为纲,教学要求传授给幼儿不同科目的知识技能,强调学科体系,主张知识的系统化及纵向联系,有统一的要求、统一的教材、统一的教学计划,所以知识系统化是幼儿园分科课程的基本指导思想。关于知识的系统化可以有不同的深度与概括程度,即它可以是经验水平上的概括,也可以是理论水平上的概括。在经验水平上,知识的内容主要以表象的形式呈现;在理论水平上,知识就具有一种概念的形式,它反映着事物间一种深刻的规律性。由于幼儿与小学生在心理发展上的差异,所以幼儿与小学生的知识系统化不同,它更多的是从表象程度来讲的,即"在向儿童传授关于现实事物和现象的知识时,引导他们理解反映知识的简单联系和规律的知识体系"②。

当然,20世纪50—80年代的学科课程由于过度强调知识的系统化,过分强调教师的作用,过多地注重集体教学及教学手段死板、单调而受到了人们尖锐的批评。20世纪80年代以后,幼儿园课程改革就是基于对传统学科课程的批判而进行的。

然而,今天学前教育领域的学科课程已不再是过去传统意义上的学科课程了。随着人们观念的更新,尤其是整体教育思潮的影响,人们开始对学科课程进行更新与完善。在今天的学科课程中已融入了新的思想与理念,进一步优化了相关学科的内在结构,如现在学科课程内容的逻辑体系与以前相比是相对松散的,只提供了与幼儿的生活、发展关系密切的知识,更加强了课程内容与幼儿生活的联系,更多地考虑到了幼儿的认识规律,而且也在课程中加强了情感、态度、个性等因素的渗透,同时也注意教育、教学形式的多样化。

(二)领域课程

领域课程主要出现在20世纪90年代以后,至今仍然在实践中有一定的影响力。领域是一种组织知识更为广泛的形式。领域课程是"围绕一个所选择的组织核心而将分支学科组织为一个新的课程整体,而且被整合的每一门学科都将失去其独立性"③。领域课程的综合水平高于学科课程,它把需要幼儿掌握的内容分成几个领域,每个领域可能包含两个或两个以上的学科,如幼儿园课程中的"科

---

① 钟启泉,张华. 课程与教学论[M]. 广州:广东高等教育出版社,1999:215.
② 《教师百科辞典》编委会. 教师百科辞典[M]. 北京:社会科学文献出版社,1987:321.
③ 钟启泉,张华. 课程与教学论[M]. 广州:广东高等教育出版社,1999:232.

学"领域就包含了地理、物理、环境、生物等学科的内容。领域课程不是几种学科的简单拼加，而是按知识之间的内在联系及幼儿心理发展的规律所组成的有机整体，各学科的内容已充分地整合，"一个好的领域课程，其各领域应相互联系，相互渗透"①。当前在我国幼儿园课程中，一般把领域划分为健康、社会、科学、语言、艺术。还有一些课程体系（如上海二期课程改革），把领域分为共同生活、探索世界、表达表现等，完全是从幼儿的学习特点与兴趣出发来整合知识的，符合幼儿学习的特点。

不过，应该看到的是，当前我国领域课程中，部分领域还存在内部各部分明显割裂，不能有机整合，学科界限仍然存在的现象。如何解决这一问题是今后课程理论研究的重要任务。

（三）综合课程

综合课程在我国20世纪20—40年代就曾出现并实施，20世纪80年代中期再次回归，及至当前仍然是我国幼儿园课程领域的主要课程形态。

综合课程是一种多学科的课程组织模式，它强调学科之间的关联性、统一性和内在联系。② 综合课程是有意识地运用两种或两种以上学科的知识观和方法论去考察和探究一个中心主题或问题的课程。

综合课程所倡导的综合是合理的综合，并非东拼西凑，强合硬并；综合还应是有效的综合，即通过综合，最大限度地促进幼儿的发展，而不是让幼儿作无效重复；综合还应是适度的综合，并非所有的知识都必须有机地联系，并非只要有联系就可以综合在一起；综合要根据幼儿学习的特点、课程的进度合理地处理和安排。③

学前教育领域的综合课程最为明显的形式是单元主题活动。单元主题活动在我国幼儿园课程界有悠久的历史，它对我们来说并不是一个新的概念。早在20世纪20年代，陈鹤琴就与他的学生张宗麟合作，在南京鼓楼幼稚园开展了幼儿园课程的实验研究，形成了幼儿园的单元课程（也叫中心制课程）。它以教育的计划性、整体性、灵活性三者结合的"整个教学法"为指导思想，从幼儿的认识水平、能力、经验及兴趣出发，以大自然、大社会为中心，选择主题，各科（常识、音乐、故事、图画、手工）围绕一个中心单元开展活动，开创了我国幼儿园的综合课程实践。

20世纪80年代中期，随着人们对传统学科课程的批判，我国学前教育工作者在重新反思与吸取陈鹤琴的单元课程的基础上，结合当今最新的儿童发展理论与课程理论，在充分研究与分析现实中的幼儿园课程的基础上开创了新的幼儿园

---

① 虞永平. 学前教育学[M]. 苏州:苏州大学出版社,2001:246.
② 钟启泉,张华. 课程与教学论[M]. 上海:上海教育出版社,2000:266.
③ 虞永平. 学前教育学[M]. 苏州:苏州大学出版社,2001:247.

综合课程，即单元主题活动课程。现实中的单元主题活动已超越了以往的单元课程，成为我国当前幼儿园课程实践中最主要的课程形态。

单元主题活动是在一段时间内围绕一个中心内容即一个单元或一个主题来组织教育教学活动的课程。它最大的特点是打破了学科之间的界限，将幼儿的学习内容围绕他们生活世界中的某一中心来组织，它既可以是一个问题，也可以是一个自然事件或社会事件，让幼儿通过该单元(主题)的活动，获得与中心内容有关的较为完整的经验。所以单元主题活动是一种从幼儿自身出发，从幼儿本位出发的一种课程。因为在主题选择时，往往要考虑幼儿的兴趣、需要，考虑主题所蕴含的教育价值、所包含的教育内容，能否让幼儿获得有益的经验，对幼儿来讲可行性如何，单元与单元之间的联系如何等问题。所以它与学科课程的知识本位是不同的。

除了单元主题活动之外，近几年随着课程的不断改革，学前教育实践中项目活动也越来越多，成为一种更以幼儿为中心的综合课程。

项目活动(Project Approach)也被称为方案教学。美国教育家克伯屈(W.H. Kicpatrick)于1918年提出了"项目活动教学"的概念，引起了教育界的关注和兴趣。在20世纪六七十年代，英国许多学校与幼儿园广泛采用了项目活动。在20世纪末21世纪初，意大利瑞吉欧艾米莉亚市戴安娜学校富有特色的项目活动使项目活动重新受到大家的关注。时至今日，在我国学前教育实践中越来越多地看到项目活动的实施。

项目活动是以幼儿的问题驱动的、以小组合作方式进行的一种整合学习。它强调幼儿围绕某个感兴趣的或有意义的主题或问题进行主动、深入的探究；学习的动机是内发的，而不是外诱的；活动的组织是按照问题解决的逻辑进行的；活动带有不确定与生成性，幼儿是主动的建构者和学习者，教师是支持者与合作者。当然项目活动的方式也可以多样化，除了主要以小组合作方式进行外，也可以是全班一起进行或个体单独进行，这些需要根据幼儿的年龄特点、主题特点等多种因素决定。

目前在我国幼儿园课程实践中也会看到，很多单元主题活动实施注入了项目活动设计的理念，使综合课程呈现了多样化的态势，也使综合课程更多地考量了幼儿的兴趣和经验，更多地强调幼儿的主动探究，综合课程越来越丰富了。

在课程理论中，综合课程是相对于分科课程而言的，但综合课程并不排斥或有意破坏知识的系统性。相反，综合课程强调以最自然的综合手段实现知识之间的内在联系，实现幼儿整体发展的效果。

【本章小结】

幼儿园课程是指在幼儿园一日活动中，帮助幼儿获得有益的学习经验，促进其身心和谐发展的各种活动的总和。幼儿园课程与其他教育阶段的课程相比具有以下几个特点：基础性、全面性、生活性、活动性、整合性和潜在性。国内外主要的幼儿园课程模式有五指活动课程、幼稚园行为课程、蒙台梭利课程、高宽课程、瑞吉欧学前教育课程。

我国幼儿园课程变革的基本历程：学习、模仿日本模式的清末民初幼儿园课程（1903—1918）；20 世纪二三十年代旧中国幼儿园课程本土化、科学化的探索变革（1919—1948）；20 世纪 50 年代借鉴苏联经验的新中国幼儿园课程变革（1949—1965）；"文化大革命"时期的幼儿园课程变革（1966—1976）；改革开放初期的幼儿园课程变革（1977—1989）；社会主义建设新时期的幼儿园课程变革（1990—1999）；21 纪以来的幼儿园课程变革（2000 年至今）。

我国幼儿园课程变革中表现出的主要课程形态有学科课程、领域课程与综合课程。

【拓展阅读】

1. 冯晓霞. 幼儿园课程［M］. 北京：北京师范大学出版社，2000.
2. 朱家雄. 幼儿园课程［M］. 上海：华东师范大学出版社，2003.
3. 王春燕，秦元东. 幼儿园课程概论［M］. 3 版. 北京：高等教育出版社，2019.
4. 爱泼斯坦. 学前教育中的主动学习精要：认识高宽课程模式［M］. 霍力岩，郭珺，等译. 北京：教育科学出版社，2012.
5. 屠美如. 向瑞吉欧学什么：《儿童的一百种语言》解读［M］. 北京：教育科学出版社，2002.
6. 虞永平，等. 学前课程的多视角透视［M］. 南京：江苏教育出版社，2006.

【问题思考】

1. 什么是幼儿园课程？
2. 幼儿园课程的特点是什么？
3. 五指活动课程的理论基础是什么？五指活动课程的内容包括哪些方面？
4. 幼稚园行为课程的目标、内容是什么？
5. 简述蒙台梭利课程的内容。
6. 高宽课程有何特点？
7. 瑞吉欧学前教育课程与教学的特点是什么？
8. 我国百年来幼儿园课程变革的基本历程及成就是什么？

第七章　　学前教育活动

【学习目标】

1. 理解学前教育活动的含义、基本要素、类型、特点。
2. 理解学前教育活动设计的本质、基本环节、原则，以及不同类型学前教育活动设计的基本规范。
3. 理解学前教育活动评价的意义及原则，掌握学前教育活动评价的要素和方法。

【关键概念】

学前教育活动　领域教育活动　主题教育活动
区域活动　学前教育活动设计　学前教育活动评价　说评结合法　档案袋评价

　　教师正要按照原定计划组织歌唱活动，突然，外面下起了大雨，一只淋湿了羽毛的小鸟飞了进来，落在窗台上。幼儿的注意力全部转移到了小鸟身上，活动室内立即热闹起来。几个幼儿离开座位，趴到窗台上看，小鸟马上飞到窗外的走廊了。大家议论纷纷："小鸟想进来躲雨。""小鸟也怕下雨。""不会的，小鸟有羽毛，才不怕下雨呢！""小鸟想回家了。""小鸟的家在哪里呀？"一会儿，小鸟飞走了，看不到了，但幼儿的兴趣丝毫不减。教师心里很矛盾，想继续按原定计划组织活动，但实在不忍心打击幼儿的好奇心；想因势利导，引导幼儿开展一个关于下雨天对小鸟飞行影响的活动，可又担心原定的计划完不成。教师一时进退两难。

　　上述教师遇到的问题是学前教育活动计划与实施中的"变化"问题。这一问题涉及对学前教育活动的特点、学前教育活动设计的本质等的理解。学前教育活动具有计划性，但计划并非一成不变；学前教育活动设计本身不是静态的，而是动态的、不断调整与适应的过程。

　　本章从学前教育活动的概念入手，探讨学前教育活动的含义、要素、特点，分析学前教育活动设计的本质，并提出学前教育活动设计的原则、要求与评价的原则、方法等。

第一节　学前教育活动概述

学前教育活动是实现学前教育目标的主要途径，了解学前教育活动的含义、要素、类型及特点是设计与组织学前教育活动的前提。

一、学前教育活动的含义

教育活动是在特定的环境条件下的人的活动。与人的其他活动相比，其特殊性在于，教育活动不是一个人的活动，而是由教育者和受教育者共同作用的。学前教育活动有广义与狭义之分。广义的学前教育活动指教育者对受教育者——学前儿童施加教育影响的一切活动。狭义的学前教育活动专指教育者在学前教育机构实施的活动，包括幼儿园教育活动和托儿所教育活动。随着我国托幼一体化教育进程的加快，独立的托儿所越来越少，且幼儿园基本都开设了托儿班。鉴于这一事实，狭义的学前教育活动是指幼儿园教育活动。本章所涉及的学前教育活动，如无特别说明，都指狭义的学前教育活动，即幼儿园教育活动。

《幼儿园教育指导纲要(试行)》《幼儿园工作规程》指出，幼儿园教育活动是教师以多种形式，有目的、有计划地引导幼儿生动、活泼、主动活动的教育过程。可见，"幼儿园教育活动"的概念是被当作幼儿园课程实施系统的组成部分来使用的。它反映了以下两个变化：

一是幼儿园课程活动化。以往，由于过于关注课程的知识分类与分科教学，忽视幼儿的学习特点，导致幼儿园课程学科化。幼儿的学习是通过"行动""做"来实现的。现在，幼儿园课程基本以"活动课程"为主要形式，因为活动更能反映幼儿的这种学习的本质与特点。[①]

二是幼儿园教育活动超越"教学"的意义范围。在教育学界，教学是教师将事先准备好的知识加以转化的过程，即教师将外部的知识转化为学生内在的发展的过程。教师转化什么样的知识及如何转化是教师工作的基本甚至全部内容。人们习惯称这样的教学为"上课"。但幼儿学习和发展的独特性要求教师不能采取这种上课式的"教学"，而且幼儿园教育也不限于专门组织的教学，除了专门组织的教学外还应寓教育于幼儿的一日生活当中。学前教育活动不等于传统的"教学"，其概念包含了适合幼儿学习的教学而且超越了"教学"的意义范围。

---

① 冯晓霞. 幼儿园课程[M]. 北京:北京师范大学出版社,2000:15.

二、学前教育活动的基本要素

（一）主体

哲学上的主体是与客体相对应的。主体是对客体有认识和实践能力的人，是客体的存在意义的决定者。学前教育活动是一种首先体现幼儿"自主与主体特质"的活动①，没有幼儿的独立性、自主性与能动性，学前教育活动便变得没有意义。因此，幼儿是学前教育活动理所当然的主体，是学前教育活动中最积极的因素。幼儿具有巨大的发展潜能和非常现实的学习能力，在学前教育活动中，他们不是被动地承受外部环境的影响，而是主动地作用于周围环境中的人或物，并有选择地接受信息并作出反应，积极主动地对客观现实施加影响。幼儿的积极主动性和独立性是学前活动得以顺利开展和取得良好效果的保证。

☞《教育活动要素及其层次结构探析》（节选）

教师是学前教育活动的另一主体。教师的主观能动性和创造性是有效指导教育活动的保证。教师主体性的发挥是以幼儿主体性为前提的，表现为：教师应充分尊重幼儿的主体性，视幼儿为平等的个体，给予幼儿参与学习计划与自我决定的权利。

（二）客体

哲学上客体是与主体相对应的，是主体以外的客观事物，是主体认识和实践的对象。学前教育活动中的客体是指幼儿活动的对象，包括活动涉及的人、物以及环境。譬如，幼儿内部心理活动对象是幼儿自身头脑中已经形成的有关外部世界的人和事物的心理表象及其观念，外部实践活动的对象是各种周围环境中的人或物。活动对象是幼儿活动的直接动机，使活动具有一定的方向性，也决定了活动的类型和性质。因此，活动对象的特征及其对幼儿的吸引力构成了学前教育活动成功的基础。

（三）活动过程

活动过程是活动主体与活动对象发生作用的过程，由活动主体的动作、操作、语言等构成。活动主体作用于活动对象，经历活动过程，获得活动的满足和活动的结果。主体的情感、态度以及活动方法等内在于活动过程中，没有活动过程，活动便成了"空中楼阁"。幼儿以参加和经历活动过程为满足，幼儿对活动的兴趣，实际上是对活动过程的兴趣，他们的学习也是发生在活动过程中的。可以说，没有活动过程，就没有幼儿的发展。

三、学前教育活动的类型

学前教育活动多种多样，按一定的标准或范畴可以对其进行以下分类。

---

① 黄瑾. 幼儿园教育活动设计与指导[M]. 上海：华东师范大学出版社，2007：1-2.

（一）按活动对象或学习内容的关联程度划分

按活动对象或学习内容的关联程度划分，学前教育活动可以分为领域教育活动、主题教育活动和区域活动。

1. 领域教育活动

将具备一定关联性的事物归结在一起，形成相对宽泛的学习内容的范围，或者将若干个相关联的学习科目合并成为一个更广泛的"大科目"，这样构成了某一教育领域。如音乐、美术都强调了欣赏、表达、创造，因而构成了艺术领域。按照领域的不同，学前教育活动可以分为健康教育活动、语言教育活动、社会教育活动、科学教育活动和艺术教育活动。

2. 主题教育活动

主题教育活动是指在一定时间内，围绕一个中心或主题来组织相关学习内容，打破领域界限，将幼儿需要学习的内容联系成一个整体而进行的一系列的活动。如以"劳动真光荣"为主题，可以组织幼儿认识各种职业，幼儿自己学做家务等。

3. 区域活动

区域活动是指教师将活动空间划分为若干个区域，投放适宜的材料，幼儿自选区域，自己决定活动内容、时间的活动。在区域活动中，幼儿学习的内容隐藏在材料及对材料的操作过程中，并且与幼儿的兴趣、经验、能力、个性等关联在一起。

（二）按活动性质划分

学前教育活动按其性质不同可分为生活活动、教学活动、游戏活动、操作活动、考察或参观活动。

1. 生活活动

生活活动是幼儿在幼儿园一日之内要经历的满足其基本生活需要的活动，主要包括进餐、睡眠和盥洗等。幼儿园生活活动的合理组织和安排，关系到培养幼儿良好的生活习惯，提高幼儿生活的自理能力和社会适应性，促进幼儿身心全面和谐地发展；同时，有利于各项工作有计划、有步骤地进行，从而提高各项活动的效率。

2. 教学活动

教学活动是一种由教师专门组织、有很强计划性的对幼儿施加影响的活动。它比其他活动更强调教师的作用，强调教学的结果。教学应符合幼儿的学习特点，注重教学的游戏化、生活化等。

3. 游戏活动

游戏活动是最能表现与肯定幼儿的主动性、独立性与创造性的主体性活动，是在学前阶段培养幼儿主体性的适宜途径，对幼儿主体性的发展与培养具有重要的教育价值。游戏本身多种多样，有运动游戏、益智游戏、建构游戏、角色游戏、表演游戏等。

4. 操作活动

操作活动是教师以幼儿的需要、兴趣及身心发展水平为主要依据，考虑幼儿园教育目标及正在进行的其他教育活动等因素，创设丰富的环境，与幼儿共同制订活动规则，让幼儿自由选择活动材料，进行探究、表达以及同伴交往等活动。它常以区域活动的形式出现。

5. 考察或参观活动

考察或参观活动是为幼儿提供真人、真事、真实场合作为教育环境的一种现场学习活动。教师有目的、有计划地带领幼儿对所考察或参观的对象进行观察，重点在于根据观察引导幼儿结合自己的生活经验，产生联想、进行对比，从而激发他们浓厚的学习兴趣，激发向往、自豪、尊重等积极的道德情感。考察或参观活动符合幼儿情感发展的特点，幼儿在考察或参观活动中感受各种现实生活和真人真事，从而产生情感共鸣和移情，从情感上引发一种激励机制，最终导致学习和行为的良性迁移。如参观农场认识家畜和蔬菜；参观动物园认识各种动物，了解它们的生活习性；参观敬老院，和爷爷奶奶聊天，知道尊老爱老。考察或参观活动最好是在幼儿园附近的社区进行，充分利用社区的资源，积极争取社区对幼儿园活动的支持和帮助。

(三) 按活动的形式划分

1. 集体教育活动

集体教育活动是教师面向全体幼儿的学前教育活动。教师以直接指导为主，幼儿在同一时间内做相同的事情，如集体教学、游戏、参观、听故事等。该活动的优点是便于教师对幼儿实施统一的管理，适合在全体幼儿面临共同的问题或有共同的学习需要时采用。如果教师的指导方法适当，可以保证活动的效率较高。但集体教育活动的缺点也比较明显，不是所有内容的学习都适合采用集体形式，而且教师在集体教育活动中与单个幼儿的互动机会非常有限，很难照顾到幼儿的个别需要，从而影响因材施教。

2. 小组教育活动

小组教育活动是教师面向部分幼儿的教育活动。通常教师将幼儿分成几个小组，自己在各组轮流重点指导，这种形式适合班额不大的情况，并且与一定的学习任务分工有关。小组教育活动有利于教师分组、分层指导，也有利于小组间的合作与交流。

3. 个别教育活动

当教育对象只有一个幼儿的时候，便是个别教育活动，它是教师根据个别幼儿的特点进行的教育指导。例如，教师和单个幼儿进行的晨间谈话就是个别教育活动。个别教育活动是因材施教理念的具体体现。

集体教育活动、小组教育活动、个别教育活动都是在一定条件下开展的，具有一定的适用范围，且各自具备一定的优势，对教师的要求也不同。集体教育活动需要教师对幼儿年龄的一般特点与学习共性有较为全面的认识，对教学的总体要求和教学内容的难易程度有恰当的分析与把握，要求教师具备活动组织与展开教学内容的能力，以及对全体幼儿的一定掌控能力。小组教育活动和个别教育活动，除需要教师具备基本的理论素养外，还需要提供更丰富的物质操作环境，便于教师间接指导。

对幼儿园教育活动的任何划分都是相对的。在具体开展活动的时候，可以各种活动互相结合，实现优势互补。

试比较不同文献对学前教育活动的解释及其分类标准，讨论学前教育活动类型与形式的多样性。

四、学前教育活动的特点

（一）计划性与目的性

学前教育活动是在专门的学前教育机构中，由社会培养和指派的专职幼教人员实施的教育活动，它体现了国家或阶级的意志和要求，是一种依据社会需要培养人的社会教育活动，因此，具有明确的计划性和目的性。这一特点，使幼儿园教育活动不仅与家庭教育活动不同，而且与其他学前社会教育活动也有明显的质的区别。

（二）幼儿主体性与教师主导性相统一

强调幼儿是学前教育活动的主体，并不是否认教师的积极作用。教师是教育环境的主要创设者，幼儿与环境的相互作用，需要教师去组织，也需要教师去指导、促进和调控，包括激发和维持幼儿在活动中的积极性、主动性。教师在支持、引导幼儿学习方面起着积极的作用。因此教师通常也被看成教育活动的另一主体。幼儿是学习的主体，而教师是引导的主体。二者之间是平等的、合作的、"互为主体"的关系。但教师在发挥引导作用时，必须尊重幼儿主体的人格和合法权利，重视幼儿身心发展的特点和需要。教师还要承认幼儿发展的个体差异性，注重因人施教，促进每个幼儿在不同水平上都得到发展。也就是说，教师的主导性必须建立在幼儿的学习主体地位之上，否则，就有一种"越俎代庖""喧宾夺主"的意味。

（三）过程性与结果性相统一

《幼儿园工作规程》明确指出，幼儿园教育应注重活动的过程。但同时，它也注重在活动过程中，通过幼儿自身的感知、观察、探索，产生感情上的激动、惊讶和各种感受，以及行为上的操作和反复练习，并获得感性知识，发展动作与能力，形成良好的习惯等。因此，学前教育活动重视将活动过程和活动结果统一在活动之中。

（四）情境性

情境学习理论强调知识与情境之间动态相互作用的过程，认为知识与活动是不可分离的，活动不是学习与认知的辅助手段，而是学习整体中的一个有机组成部分。因此，真正的学习是在有意义的情境中发展的，幼儿正是在情境中通过活动获得了知识，学习与认知本质上是情境性的。要让幼儿在亲身经历和体验中获得知识或概念，情境设置是引发和生成这种学习的最基本条件。情境，既可以是发生在一定背景中的真实情境，也可以是模拟的情境。幼儿通过在一定情境中的亲身感受，充分地运用自身的多种感知通道去接触情境中的事物、材料，进而在感受、刺激的过程中产生丰富的、真实的体验。[①]

（五）整合性

学前教育活动的整合性是幼儿学习与发展特点在学前教育活动中的全面反映，幼儿还不具备分科学习的能力，整合性表现在：第一，学前教育活动应促进幼儿认知、情感与态度、动作与技能等诸方面的整合发展。第二，学前教育各项活动应相互联系、相互渗透，综合构成一个整体，各类或各个教育活动都是整体的一部分，它们整合发挥作用，共同促进幼儿的全面发展。第三，学前教育活动的目标、内容、过程、方法、评价以及环境、教材、设备、材料等因素相互联系、相互制约，综合构成教育活动的整体结构。[②]

第二节 学前教育活动设计

学前教育活动设计是对学前教育各要素的考量与科学安排，学前教育活动设计不仅仅是指活动前的计划，也指活动开展过程中对原定活动计划的调整。学前教育活动设计不仅需要遵循一般原则与要求，而且不同类型的学前教育活动设计规范与具体要求也不尽相同。

一、学前教育活动设计的本质

学前教育活动设计是指教师为达到促进幼儿发展的目的，对学前教育活动的基本要素和组成部分的安排与组织。它是教师日常工作必不可少的一环，直接关

[①] 黄瑾. 幼儿园教育活动设计与指导[M]. 上海：华东师范大学出版社，2007：113.
[②] 倪敏. 幼儿园课程与教育活动设计[M]. 北京：中国劳动社会保障出版社，2001：38.

系着学前教育活动的成效。学前教育活动设计本质上不是简简单单地写教案的过程，而是一项复杂的、富有创造性的劳动，其过程具有系统性、动态性、合作性特点。

（一）系统性

学前教育活动设计是一项系统性的工作。这项工作是建立在对幼儿观察了解基础上的，既要分析幼儿的学习需求，又要分析教育资源；既要考虑活动目标、内容、途径等活动本身的要素，又要考虑幼儿园物质条件、当地的教育资源等外部因素；同时，学前教育活动设计还是教师儿童观、课程观及其所实践的课程模式的具体反映。学前教育活动的各要素之间是相互联系和相互制约的，学前教育活动设计在本质上是对学前教育活动整体结构的系统设计。[①]

（二）动态性

以往的观点认为，学前教育活动设计就是准备静态的活动计划或方案的过程。其实，活动计划或方案只是活动设计的组成部分，也就是说，对活动的构成要素的组织与安排既体现在静态的计划或方案中，还体现在活动的实际开展过程中。活动设计应包括事先的计划以及在活动开展过程中根据实际需要对活动计划进行的调整与再设计。因此，学前教育活动设计过程实质上是不断循环的动态过程。学前教育活动设计也是一个不断修正和完善的过程。

（三）合作性

学前教育活动设计的过程本质上是教师与幼儿之间对话、交流和合作的过程，而不是教师单方面的"闭门造车"。活动设计不是教师包办一切，教师也不是唯一的活动发起人，幼儿在某种程度上也可以参与其中。幼儿可以通过自己的行为"表达"对教师发起的活动的看法；幼儿也可以做活动的发起人，向教师"表示"自己感兴趣的事物。

二、学前教育活动设计的基本环节

学前教育活动设计的基本环节包括活动设计思路、活动目标、活动准备、活动过程等。教育理念和课程模式不同，学前教育活动设计各环节的呈现方式和内容的详细程度也会有明显区别。

（一）活动设计思路

活动设计思路即设计意图，是教师根据当地教育资源、幼儿园及幼儿的实际情况，结合活动内容，概述活动过程中拟实践的教育理念、原则、方法等。

---

① 冯晓霞. 幼儿园课程[M]. 北京:北京师范大学出版社,2000:22-23.

[案例 7-1]

中班科学教育活动：有趣的声音

设计思路：

幼儿的感官是非常敏感的，任何有响声的玩具都会吸引他们的注意。在幼儿的游戏和生活中，他们也总是喜欢通过自己的动作让物体发出声音，以满足自己的好奇心。本活动以"玩声音"为线索，引导幼儿在玩中学习，自由探索，模拟声音，充分发挥想象力，积极创新。

分析：

"有趣的声音"的活动设计考虑到了幼儿处在感官能力发展关键期这一特点，根据幼儿对声音感兴趣的实际情况，提出了用"玩中学"的理念来设计活动，并确定了幼儿想象力发展的价值预期。

对于瑞吉欧学前教育体系等一些以生成课程为导向的课程模式来说，活动设计思路并不局限于某个活动，而是更为广阔、深远，其着眼点是为幼儿不期而遇的学习和富有想象力的表达提供帮助。

（二）活动目标

学前教育活动的目标，是指通过教育活动所要达到的预期结果。确定学前教育活动的目标，是学前教育活动目的性的体现。

教师应根据幼儿的年龄特点、原有水平和能力、活动的内容和性质来确定具体明确的活动目标。过去，活动目标突出的是教师"教"的结果；现在，人们关注更多的是幼儿的"学"。因此，目标的表述更多地指向幼儿的学习结果，从幼儿的情感与态度、能力、知识与技能等方面对教育目标进行描述，与幼儿的学习紧密结合在一起。

[案例 7-2]

中班科学教育活动：好玩的泥土

活动目标：

1. 喜欢玩泥土，萌发丢泥土的兴趣。
2. 能运用闻、捏、堆、丢、浇水、和泥等操作感知泥土的特性，并用完整的语言表述自己的发现。
3. 学会玩泥土后洗手。

分析：

目标 1 是情感态度目标，回答"幼儿爱学习了吗"的问题。目标 2 是能力目标，回答"幼儿会学了吗"的问题。目标 3 是知识技能目标，回答"幼儿学到了什么"的问题。三个目标统一地从幼儿学习结果的角度表述，并且表述具体、明确，具有可操作性,能直接引导教师的教学和评价。

有些活动设计并不预先规定具体的目标,只有一个总的指导思想,即教育目的。如果一定要说有目标的话,其目标也不是预先规定好的,而是伴随着活动的开展而不断形成的。

(三)活动准备

活动准备是教育活动正常进行所必需的经验与物质准备,具体包括幼儿的经验准备、材料准备、活动场地布置等。活动准备既可以在活动前的日常生活中进行,也可以是前一个集体教育活动本身。例如,小班美术活动是为"鸡蛋"涂色,在进餐吃鸡蛋、听故事或看相关图书、录像时,幼儿已经建立了关于鸡蛋的经验,所以不需要教师专门为幼儿准备一幅画有鸡蛋轮廓的"底画",而可以把这项工作直接作为一个活动——画一个大大的鸡蛋来开展。

(四)活动过程

活动过程设计是对教育活动中的各个部分内容与方法的规定。通常,活动过程包括导入、展开、结束三个部分。

活动导入是将幼儿的注意力转移到学习的内容上,激发幼儿对内容的学习兴趣,其方法灵活多样,但时间不宜过长,一般不超过3分钟。

活动展开是活动过程的主要部分,在其中教师呈现教学内容,通过提问、演示各种教具等指导方法保持幼儿活动的积极性,引导幼儿观察、操作、感知、发现、理解等,并对幼儿做出及时恰当的回应。教师力求做到:教学策略、教学方法和教学组织形式的选择注重幼儿学习过程的体验,体现自主、合作、探究学习方式的主要特征;突出教学内容重点,巧破难点,内容安排合理、有序,容量安排恰当,教学媒体使用适时、适量、适度,体现创新性和可操作性;活动展开一般分3~4个环节,各环节要求保持学习上的递进性。

活动结束可以是对学习内容进行归纳、总结,也可以是教师对幼儿的学习结果与幼儿在活动中的表现做出评价,还可以引出新的学习课题。总结时,教师不能对幼儿刚刚经历的学习过程抽象化,对幼儿的学习内容"概念化",避免生硬地说出幼儿不能理解的知识。

三、学前教育活动设计的原则

(一)兴趣性与价值性原则

兴趣是学前教育活动开展的驱动力和出发点。学前教育活动内容必须符合幼儿兴趣,是幼儿真正关心和需要学习的。否则,非但不能体现幼儿是学习活动主体的特点,而且让幼儿学会应付教师,活动变成"走过场",丧失其应有的教育价值和意义。例如,教师开展了一个"让大蒜头立起来"的活动,场面一度很热闹,但实际上幼儿并没有发自内心的学习兴趣与需要。如果教师考虑到幼儿的学习需要，可以先在活动室内投放一些大蒜，引导幼儿用各种感官感知大蒜的特点，尤其是大蒜的气味，讨论如何大蒜种植，并试试自己动手做大蒜发芽的实验。这样的设计与组织不仅会激发幼儿对大蒜的好奇心和求知欲，而且还会促进幼儿思维能力、动手能力等方面的发展。

（二）灵活性与开放性原则

学前教育活动设计本身不是目的。学前活动设计是为了更好地促进幼儿的学习与发展。所以，尽管活动设计有确定的"小目标"，但教师心中要有"大目标"意识，这个大目标就是幼儿的学习与发展。这就要求教师在设计学前教育活动时保持一种灵活开放的心态。也就是说，教师在实施设计好的教育活动时，如果幼儿的学习兴趣与需要正好与活动的目标与内容相符，则按事先的设计方案进行；如果出现了不相符的情况，则需要考虑预先目标设计的局限性并对目标进行调整甚至放弃，从幼儿的兴趣与需要中产生新的教育活动目标和内容。

（三）联系性与整合性原则

学前教育活动内容的选择和组织必须要遵循联系性原则。联系性一方面表现在活动内容涉及的概念之间的纵向发展的联系，确保由已知到未知、由整体到部分、由一般到个别，不断分化。联系性另一方面表现在活动内容之间的横向联系，从横向方面加强活动内容所涉及的相关概念之间的联系，以及知识、技能、情感各部分内容之间的协调衔接，以促进幼儿融会贯通去学习，并保证幼儿的协调发展。[①] 此外，与学前教育活动设计的联系性相呼应，教师还应将教育活动的目标、内容、过程、形式与手段、环境与材料等有机联系起来，相互协调，对学前教育活动进行整合化的设计，以期达到教育活动效果的最优化。

四、不同类型学前教育活动设计的基本规范

学前教育活动的设计样式多种多样，不同的学前教育活动特点决定了学前教育活动的设计样式不同。这里从活动对象关联程度的视角，分别对领域教育活动、主题教育活动及区域活动的设计规范作出说明。

（一）领域教育活动设计

领域教育活动是由教师设定教育内容，按领域的特点有目的、有计划地开展教育活动的过程。幼儿在领域教育活动中获得的知识比较系统，教师的作用比较突出。因此，教师在领域教育活动的设计过程中要了解幼儿原有的经验与兴趣，让领域教育活动设计建立在幼儿的需要之上。总的来说，就是既要顺应幼儿的自

---

① 黄瑾. 幼儿园教育活动设计与指导[M]. 上海:华东师范大学出版社,2007:53-58.

然发展，又要将幼儿的发展纳入社会所需要的轨道。

领域教育活动设计需要注意以下几个方面：

1. 基于领域教学知识设计

领域教学知识从学科教学知识转化而来，是指作为领域教育活动设计者的教师应具备的三类知识的整合。

第一类是关于领域教育内容的知识，也称为领域核心经验，即某一领域需要幼儿掌握的核心概念、技能或经验。这类知识能让教师领会该领域的特点，把握该领域教育活动设计的方向，不至于使设计的教育活动"四不像"。例如，科学领域数学子领域的核心经验有：集合与分类、数、比较与测量、空间方位、图形、模式。领域教育活动的设计必须围绕核心经验开展。

第二类是关于幼儿的知识，即幼儿在该领域的学习发展水平，包括幼儿对要学的知识的理解程度及可能有的错误观念；幼儿发展的年龄特点及学习的个体差异。这类知识是领域教育活动设计的起点和依据之一，有利于把握幼儿的"最近发展区"。例如，在科学领域，幼儿模式学习的年龄特点是3—4岁能进行模式的识别、复制；4—5岁能进行模式的扩展与填充；5—6岁能进行模式的创造、比较与转换。

第三类是关于教学方法的知识，即关于如何支持幼儿在该领域学习的策略与方法方面的知识，体现为该领域教育活动的设计与组织策略。例如，数学活动设计与组织的一般策略为：生活化、情景化、游戏化、操作化等。

三类知识共同构成教师设计领域教育活动的基础。教师只有掌握领域教学知识，才能设计好领域教育活动。

2. 领域之间相互渗透

各领域教育活动都有自己的特点，但是领域教育活动也不是完全分割、各自独立的。各领域教育活动之间的渗透更有利于幼儿保持对教育活动的兴趣。《幼儿园教育指导纲要（试行）》指出："各领域的内容相互渗透，从不同的角度促进幼儿情感、态度、能力、知识、技能等方面的发展。"

例如，为了让幼儿理解一些常规的卫生习惯，教师经常会在健康教育活动中加入一些朗朗上口的儿歌。如"手拿花花杯，喝口清清水，抬起头、闭着嘴，咕噜咕噜吐出水"，这首儿歌将刷牙的全过程形象易懂地呈现出来，适合幼儿的心理特点，易于被他们接受。有条件的话，教师还可以带领幼儿参观牙医门诊室。这样，健康教育活动与语言教育活动、社会教育活动就实现了相互渗透，可以说任何一种教育活动都不可能完全离开其他教育活动。

3. 分析素材，找准目标与内容定位

领域教育活动内容的选择和组织可以立足于现有教材，但是不能拘泥于教材。教师在利用教材内容时，既要对同一个活动内容或作品素材尽量从不同层面进行挖掘和内容设计，又要从幼儿的视角出发分析素材所蕴含的核心经验，从而设计适宜的教育活动目标和内容。例如，中班语言教育活动"家"用到一首儿歌：

  蓝蓝的天空是白云的家，
  密密的树林是小鸟的家，
  绿绿的草地是小羊的家，
  清清的河水是小鱼的家，
  红红的花儿是蝴蝶的家，
  快乐的幼儿园是小朋友的家。

这首儿歌中的天空、白云、树林、小鸟等是幼儿非常熟悉的事物，"蓝蓝的天空是白云的家"等对于幼儿园中班幼儿来说不存在理解上的任何困难，所以，教师不宜把活动目标定位在"熟悉""理解""掌握"儿歌上，活动内容也就不宜放在反复地看图讲解、提问与复述儿歌上。同时，该儿歌表现出句式统一、简单、重复且对仗工整的特点，非常适合仿编，幼儿只需要欣赏 1~2 遍就能掌握句子的结构特点，教师可另外提供几种事物的图片，启发幼儿在该儿歌的基础上续编儿歌。

（二）主题教育活动设计

主题教育活动以主题开始，将活动内容综合到一个网状的主题之中。主题的开展可以由教师确定活动目标和活动内容，也可以由幼儿根据与主题有关的学习经验发起活动。① 主题教育活动是当前幼儿园中最为盛行的教育活动之一。主题教育活动设计不同于"整合科目"的教育活动设计，在"整合科目"的教育活动设计中，教师首先注意的是目标，活动以这些目标的实现为出发点和归宿；而在主题教育活动设计中，活动目标可以由教师预设，也可以由幼儿生成。也就是说，在主题教育活动中教师是根据幼儿的生活经验和主题，选择活动内容，再根据内容，设置活动的目标，而这些目标具有相对性和可变性。

教师在设计主题教育活动时应遵循以下原则：

1. 主题教育活动设计要尊重幼儿兴趣

主题教育活动与领域教育活动相比最大的特色在于主题的确立来自幼儿的兴趣。主题教育活动的结构化程度较低，教师在教育活动中往往是发起者和引导者，主题的完成是幼儿和教师共同努力的结果。

例如，在主题教育活动"清明节"中，"祭扫"能否放到主题活动中来？教师是对"祭扫"避而不谈，还是在活动中大大方方地展现？如果展现，又应该怎样展现？祭扫是清明节的传统，如果教师在主题教育活动中对祭扫避而不谈就违

---

① 朱家雄. 幼儿园教育活动设计与实施[M]. 北京：高等教育出版社，2008：67.

背了幼儿园课程生活化的根本特性。教师关键是要抓住幼儿对祭扫的经验储备，从正面引导幼儿对这种略带神秘色彩的传统民俗活动的兴趣。

2. 主题教育活动设计必须突出主题

多个教育活动能够以网状系统联系在一起的依据是它们拥有一个共同的主题。只有主题突出，才能使教育活动按照一条主线进行而不至于杂乱无章。如在"亲亲泥土"这个主题活动中，无论是以科学探究为主线，还是以艺术表达为主线，都必须要围绕"泥土"这个中心话题开展活动。

3. 主题教育活动设计应体现整合性的特点

主题教育活动的整合应该是自然的、有机的，符合幼儿的身心特点和兴趣，而不是教师的生拼硬凑。如在"螃蟹"这个主题活动中，螃蟹的生长特点、身体结构、营养价值等很自然地就涉及科学领域、健康领域的活动；在主题进行的过程中让幼儿自由地发表观点、阅读图书，能够发展幼儿的语言能力。

主题教育活动设计的整合性还包括幼儿内部经验的完整性。在主题教育活动设计中，教师往往将注意力过多地指向课程的外部，忽视了幼儿的主动建构过程。结果，主题教育活动仍然带有很强的"教师中心"特点。教师编制的主题网络一般只是对大部分幼儿感兴趣的内容的初步把握，不可能吸引所有幼儿的兴趣，也不可能满足所有幼儿的求知欲望。因此，在主题教育活动设计中，教师要注意给幼儿空间和时间，让幼儿自主选择。这样，能实现主题教育活动的预设与生成的有机结合，既大大丰富了教师最初的主题网络，又能促使幼儿内部经验趋于完整。

（三）区域活动设计

教师在设计区域活动时要考虑区域活动与幼儿园课程的关系、区域设置、区域材料投放等问题。

1. 区域活动与幼儿园课程的关系

区域活动自由、自主的特点可以满足不同幼儿的发展需要，弥补集体教育活动同一时空、同一学习方式的缺陷。幼儿在区域中自由探索，可以更好地满足个性化的学习与发展。

例如，在开展科学教育活动"蝌蚪和青蛙"时，教师可以在科学区中投放一盆蝌蚪作为幼儿的观察对象。教师应该在活动开展之前投放材料，目的是让幼儿主动观察，产生对蝌蚪变青蛙的兴趣，此类观察活动也是幼儿的经验储备过程。一些幼儿对教育内容的理解要慢一点，教师可以考虑延长材料的投放时间，让这些幼儿可以继续探索与观察。

2. 区域设置

区域通常划分为阅读区、建构区、科学区、美工区、音乐区、玩具操作区、休息区、展示区等。

区域活动有动有静,教师只有对区域空间位置安排合理才能使各区互相不受干扰,区域设计应尽量将需要安静的区域(阅读区)和比较热闹的区域(音乐区)分开。同时,各个区域既要保持空间相对独立,也要便于各区域之间的互动。教师可以利用屏风、橱柜等将各区隔开,为幼儿营造一个独立、开放、可变、通透的区域空间,便于幼儿的独立探索和相互交流。区域位置并不是一成不变的,教师应该根据活动的需要随时对各区域进行适当调整。教师除了考虑幼儿的兴趣需要,还应该站在教师的立场考虑区域的位置设计,避免出现"死角",保证教师的视线能达到所有的区域,便于教师对各区域幼儿的观察和指导。①

3. 区域材料投放

材料是区域活动中幼儿的操作对象,是幼儿发展和活动的媒介,材料蕴含着教师的教育理念,也承载着教师的期望和智慧,材料的提供和投放是区域环境创设的关键。教师必须综合考虑各方面的因素才能满足幼儿的需要,实现幼儿发展的目标。

☞ 区域活动材料的科学投放

(1)材料的安全性。材料要经过清洗消毒,尤其是那些利用废旧物品改造的玩具,一定要做好消毒工作,保证幼儿活动时的卫生和安全。幼儿健康发展是幼儿园工作的首要任务,任何活动都必须遵循这个原则。

(2)材料的丰富性和可探索性。教师要为区域活动提供足够的、适宜的材料,包括为不同的区域提供不同材料,为同一活动内容提供不同的材料。如在区域活动"沉与浮"中,教师需要在科学区投放小木块、塑料块、铁片、硬币等不同的材料引发幼儿对材料的兴趣,丰富幼儿的探索经验。设置区域的目的就是让幼儿自主探索、自由发展,这就要求材料不仅要丰富还要有可探索性,幼儿在动手的时候,也要动脑。②

(3)材料使用的多样性。材料的"一物多玩"有利于幼儿智力发展,也可以降低材料投放的成本。例如,一个矿泉水瓶子可以有很多种玩法,可以将瓶子装饰成一个小花篮摆放在娃娃家,也可以在瓶子中装入不同的颜料放在科学区观察颜料混合后的颜色变化,还可以将瓶子黏合在一起为积木区盖所小房子等。

(4)材料的相对稳定性和变化性。材料的相对稳定性体现不同区域活动的特点,但是材料也必须随活动内容、幼儿的需要与兴趣等多种因素的变化而相应地进行不同程度的调整。此外,教师撤走和投放材料的过程应该是渐进的,而不是突然地撤走所有材料和全部投放新材料。

(5)幼儿参与材料的提供和投放。幼儿参与材料的提供和投放可以提高幼儿

---

① 王春燕,秦元东.幼儿园课程概论[M].3版.北京:高等教育出版社,2019:176.
② 王春燕,秦元东.幼儿园课程概论[M].3版.北京:高等教育出版社,2019:177.

对材料的兴趣。每个幼儿背后都有一个可利用的家庭和社区,让幼儿参与材料的提供和投放也是幼儿园、家庭、社区三者紧密结合的体现。

到附近的一所幼儿园观摩其区域活动,分析其区域材料投放的特点及存在的问题。

第三节　学前教育活动评价

学前教育活动评价是学前教育评价的一个重要组成部分。学前教育活动评价是指评价者依据一定的客观标准对学前教育活动的目标、活动内容、活动过程、形式与手段、环境与材料以及活动效果等的评定过程。

一、学前教育活动评价的意义

评价是教育活动发展的重要环节。教育活动从确定目标、选择教育内容,到活动的设计以及实施,其教育效果如何,是否达到预期目标,是否促进幼儿的发展均需客观地进行评价。学前教育活动评价的意义体现在以下几个方面:

（一）有利于加强幼儿园管理

评价是对教育工作的有效监督。它对办好幼儿园,全面提高教育质量具有指导性和指令性作用,有助于促进幼儿园的各项管理走向规范化和科学化。

（二）有利于提高教师队伍的素质

评价的过程就是对幼儿园全体教职工的工作成效、业务水平、敬业精神和工作能力的评价。通过自我评价以及专家和社会的评价,教职工的工作得到了公正、客观的质量判断。寻找目标与现状的差距,可进一步调动教师的工作积极性、主动性,从而激励他们更加勤奋学习,转变教育观念,努力工作,做出更大的成绩。

（三）有利于促进幼儿的发展

学前教育活动评价可以了解活动的目标、计划、内容、过程、方法以及环境、设备、材料等是否适合幼儿的发展水平,是否能促进幼儿的身心发展。教师可以观察幼儿的兴趣、能力、智力、道德行为、情感和态度,了解活动的过程、方法等方面存在的问题,通过经常对照评价标准进行分析,发现不足,交流经验,不断改进活动中的不足,激发幼儿的活动动机和参与活动的兴趣。

另外,评价还可向家长、学前教育工作者和社会人士提供可靠的信息,以促进社会各界对学前教育工作的关心,同时还可以为教育决策部门提供科学而有效的参考资料。

二、学前教育活动评价的要素

（一）评价目的

学前教育活动评价是对学前教育活动质量所做的测量、分析与评定，是对学前教育活动各个环节进行客观、公正、科学的价值判断的过程，它融会并贯穿于幼儿园整体工作之中，在整体评价体系中起到方向性和准绳性的作用。学前教育活动评价的目的主要有两个方面：一是了解教育的适宜性、有效性，调整和改进教育工作，激发幼儿的活动兴趣，促进每一个幼儿全面和谐发展；二是通过对教育实践的审视，发现、分析、研究、解决问题，激发教师的工作兴趣，形成教师良好的工作情绪，提高教育质量，促进教师的自我成长。

（二）评价内容或对象

学前教育活动评价主要包括两大方面：对幼儿"学"的评价和对教师"教"的评价。即从幼儿角度出发的对活动参与有效性的评价和从教师角度出发的对教育活动设计与指导有效性的评价。①

1. 对幼儿"学"的评价

对幼儿"学"的评价即发展评价。由于学前教育活动具有生活化的特点，系统的学科知识的学习并不是幼儿的主要任务，因此学前教育活动评价的重点不是幼儿知识技能的掌握情况，而是幼儿从身体到心理的全面发展水平。

☞ 小班幼儿发展评估表

2. 对教师"教"的评价

对教师"教"的评价包括对教育活动目标、内容、方法、资源利用、环境创设的评价。对一个教育活动目标的评价主要包括目标的表述方式、表述内容、表述指向等方面。② 对教育活动内容、方法、资源利用、环境创设的评价可以从其适宜性、有效性、针对性、整合性、开放性等方面进行评价：教师的教育活动是否与教育目标一致；是否既符合大多数幼儿的需要，又兼顾了幼儿的个体差异；是否在活动中尽量做到个性化的教育和评价；是否为幼儿的整体发展创造了一个丰富的、和谐的环境；是否有效地利用了可利用的教育资源；是否给每位幼儿平等的表现和发展机会；是否能引导幼儿主动、快乐地参与活动，发现幼儿的发展潜能；等等。这些都是对教师"教"的评价内容。

（三）评价主体

学前教育活动评价的主体即活动评价的实施者。教育行政管理部门人员、幼儿园园长、教师、幼儿、家长等均可以成为评价的主体。评价过程是他们共同参

---

① 黄瑾. 幼儿园教育活动设计与指导[M]. 上海：华东师范大学出版社，2007：155.
② 黄瑾. 幼儿园教育活动设计与指导[M]. 上海：华东师范大学出版社，2007：164.

与、相互支持与合作的过程，但是不同主体所进行的评价具有不同的视角和目的。

各级教育行政管理部门人员根据《幼儿园工作规程》和《幼儿园教育指导纲要（试行）》的精神对全国或当地的幼儿园课程进行评价，其目的是评估幼儿园执行国家和地方幼儿园政策的情况。

幼儿园园长评价的目的是了解本园的教育活动实施状况，整体把握本园的教育质量。园长的教育价值观反映了一所幼儿园基本的办学思路，园长所采用的评价标准对教师实施教育活动的行为有重要影响。

教师是教育活动的实施者，也是评价的主体。幼儿园教师运用儿童发展与教育心理学、学前教育原理、社会学等专业知识审视教育活动和教育实践，发现、分析、研究、解决教育问题，了解幼儿发展的水平，发现活动的优点与不足，目的是改进教育活动，促进幼儿发展，促进教师自身的成长与提高。

幼儿也可以作为评价的主体参与评价过程。幼儿与其他年龄段的学生不同，他们不是通过语言，而是通过自己的行为反应和发展变化来"发表"他们对活动的看法。他们的行为和变化具有重要的评价意义，教师应把它们看作重要的评价信息和改进工作的重要依据。

家长是幼儿园教师的重要合作伙伴。他们对教育活动的评价反映着幼儿园对家长需求的满足状况。家长不可能参与教育活动评价的全部工作，主要是通过对子女学习状况的了解，对教育做出评判。即便如此，家长也已成为评价教育活动的重要影响因素。

学前教育活动应充分发挥教师作为评价主体的作用，以自评为主，教育行政管理部门人员、园长、其他教师和家长参与评价，组成一个互助合作群体，一起研究、改进教育活动，相互沟通，共同提高。

（四）评价标准

科学的课程评价标准

评价任何事物都要有一个衡量的尺度。教育活动评价标准是衡量教育活动设计、实施及其效果的尺度，也是制订具体评价指标的指南。如果标准不合理、不科学就会对教育活动起消极的作用。因此，制订评价标准是一项十分严肃而重要的工作，一定要遵循国家的教育方针、学前教育的目的来精心研制。从宏观上看，我国的《幼儿园教育指导纲要（试行）》和《幼儿园工作规程》规定的保育、教育目标和教育工作的要求是评价学前教育活动的基本标准，但这样的评价标准只体现了活动评价的指导思想和原则，评价者通常会基于这些指导精神，根据不同的评价目的，制订具体的评价标准和指标。

三、学前教育活动评价的原则

(一) 尊重性原则

尊重性原则是指在评价的实施中应充分体现对被评价者的尊重,无论是对幼儿的评价还是对教师的评价都应当坚持客观、公正的态度,以激励、发展和正面肯定为主,以帮助教师或幼儿发扬长处,弥补不足。评价的目的不是甄别和选拔,而是发现问题,提高教师的自我反思能力,激发幼儿的活动兴趣与信心。因此,评价应该建立在评价者和被评价者之间关系平等的基础之上,使评价更好地体现出客观性、公正性,以达到通过评价促进学前教育活动改革和提高活动质量的目的。另外尊重性原则还体现在对活动事实的尊重上,在有些活动中,表面看来幼儿有讨论、游戏、操作等学习方式,但究其实质,幼儿还是被动地按照教师的要求、指令进行看似热闹的操作或合作,实际上有部分幼儿并不知道做什么、为什么做、如何做,幼儿依然被教师牵着鼻子走。因此,评价要尊重活动的实际效果,不能仅仅通过表面的、定量的形式来进行,而应当结合深入的、全面的观察和记录来展开评价。

(二) 辩证性原则

辩证性原则体现在评价学前教育活动不仅要重视活动的结果,更要关注活动的过程。活动是在特定的环境和背景下进行的,所以评价不能脱离特定的环境,脱离了活动过程仅仅关注活动结果的评价往往是不合实际、有失偏颇的评价。因此,评价结果要慎用,不要伤害教师的教育热情和对幼儿的信心。评价者应该跟踪幼儿的真实生活和学习情境,观察与记录他们在实际情境问题中的参与、交流、兴趣、态度等方面的状况并做出分析和评价。把握和提倡评价中的辩证性原则,更关注活动的过程,而非学习结果;更强调的是评价的过程性、现场性和及时性。另外,辩证性原则还体现了评价结果的动态性与发展性,评价结果对幼儿与教师的影响不是暂时的,而是长远的,鼓励教师不断地提高设计教育活动的水平与自身的专业素质。

(三) 科学性原则

科学性原则首先体现在要有正确的指导思想和评价标准。学前教育活动评价的指标要与《幼儿园工作规程》的精神和原则相一致,防止用不适宜的评价指标干扰活动。评价者不能单凭主观经验来评定和判断活动的质量或幼儿的发展能力与水平,必须采取科学的评价方法、手段和工具来展开评价。然后,在评价开展之前,评价者要认真考虑评价的对象、内容及评价的依据,明确为什么评价、评价什么、如何评价等一系列问题,即充分做好评价前的准备。科学性原则还体现在承认和关注幼儿的个体差异,避免用同一标准评价不同的幼儿,在幼儿面前慎用横向比较,以发展的眼光看待幼儿,既要了解幼儿现有的水平，更要关注其发展的速度、特点和倾向等。

（四）多元化原则

多元化原则体现在两个方面：一是评价主体的多元化，学前教育活动评价的过程是多方面共同参与、相互支持与合作的过程。幼儿园的管理者、教师、家长及幼儿都可成为评价的参与者。二是评价目的、手段、方法的多元化，既重视知识、技能评价，也重视情感、社会性和实际能力评价，注意多种评价手段、方法的综合运用，避免手段、方法的单一化，以发挥评价的整体效果。

四、学前教育活动评价的方法

在学前教育活动评价中，无论是量化评价或质性评价、形成性评价或总结性评价、内部评价或外部评价，评价者都要通过适当的方式支持和促进幼儿的学习。在幼儿园教育实践中，有两种典型的评价方法，即说评结合法和档案袋评价。

（一）说评结合法

1. 说评结合法的含义

说评结合法是指对教师实施的某一教学活动，先由执教者自评，然后由富有经验的教师、教研组长、教研员或专家组评，再由听课者评议的一种评价方法。它主要用于对教学活动目标、教学手段、教学过程和教学方法的评价。

2. 说评的内容

对教学活动目标的评价主要包括目标的可操作性、整合性与针对性。目标的可操作性即目标是具体、明确、可行的；目标的整合性即目标能够促进幼儿整体和谐地发展，包括知、情、意、行四个方面的评价。目标的针对性即目标要关注幼儿的实际生活，与幼儿的生活经验以及实际发展水平相联系。

[案例7-3]

中班健康教育活动：今天，你喝牛奶了吗？

原教学活动目标	新教学活动目标
1. 认识各种乳类食品：牛奶、酸奶、豆奶等。 2. 让幼儿懂得喝牛奶有利于身体健康。 3. 培养幼儿喝牛奶的良好习惯。	1. 认识多种乳类食品：牛奶、酸奶、豆奶等。 2. 了解喝牛奶有利于牙齿和骨骼的生长。 3. 愿意每天都喝牛奶。

对原教学活动目标的评析	对新教学活动目标的评析
目标1提出认识"各种"乳类食品,这在实践中可能难以实现,因为受地域、生活习惯等的影响,难以让幼儿认识所有种类的乳品,只能按照具体情况认识乳品。 目标1为发展目标,是对幼儿提出的要求,目标2、目标3却是教育目标,是对教师提出的要求,表述角度没有统一。 目标2中"喝牛奶有利于身体健康"的表述过于笼统,没有以通俗、具体的语言来揭示牛奶等乳制品的特殊营养价值。	目标1、目标2在认知方面对幼儿提出了具体、恰当的要求。 目标3在态度和行为方面对幼儿提出了要求,虽然幼儿每天都愿意喝牛奶的要求较高,但却是合理的,幼儿有了愿意喝牛奶的态度,做到每天喝牛奶就不难了。

对教学手段的评价主要看教学手段是否体现了幼儿的年龄特点,是否促进幼儿在已有水平上的发展等。

对教学过程的评价主要包括在教学活动的过程中教师的教学思路是否清晰,结构是否严谨,教师是否能掌控整个活动,是否能很好地引导幼儿进行活动,同时幼儿是否全身心的投入,是否主动参与活动。

教学方法的选用是为了更好地完成教学活动目标,对教学方法的评价主要看教师的教学方法是否适宜于教学内容和教学条件;提问方式是否促进幼儿已有经验和新经验的碰撞,进而推动幼儿自主建构的过程等。

3. 说评结合法的优缺点

说评结合法可以调动教师的教学积极性和主动性。通过对教学活动的说评,帮助和指导教师不断总结教学经验,提高教学水平;转变教师的教育观念,促使教师生动活泼地进行教学,在教学过程中形成自己独特的教学风格。但是,说评结合法也存在一定的局限,它基本上是针对教师的"教"来展开的,对幼儿在教学活动中的学习与发展状况较少涉及,带有以教师为中心的教学模式的"印记"。这种方法的实际运用还存在一些问题:有的说评较肤浅,泛泛而谈,没有评到点子上;有的即使看出了问题,也没有相应的改进建议。另外,很多幼儿园教师把评课当成一种负担,常常为了保证活动的效果而事先在班上准备很多次,为了不让幼儿出错甚至剥夺一些幼儿一起学习的权利。

(二)档案袋评价

1. 档案袋评价的含义

档案袋评价是 20 世纪 80 年代，伴随西方教育评价改革运动而出现的一种质性评价方法，是一种强调"动态"的评价模式。这种评价法侧重对幼儿成长历程的记录与分析，与说评结合法相比，更能体现现代教育的基本精神，即任何教育行动都要落实在幼儿的学习与发展上，教育的最终效果不取决于教师做了什么，而取决于幼儿做了什么。

档案袋评价是对幼儿成长过程的档案式记录，通过幼儿作品及相关资料的收集、整理，记录幼儿在各类活动中体现出的个性、兴趣、态度、能力等，它是对幼儿发展中的真情实景以及发展轨迹的真实记载，是体现幼儿发展"动态评价"的最佳形式之一。

2. 档案袋评价的基本内容

档案袋中的内容，由教育任务和幼儿对教育活动的回应构成，包括幼儿身体、动作、认知、语言、情感、个性及社会性能力等多个发展领域。例如，身体状况这部分资料主要是幼儿身体各方面生长发育状况的评价和记录，如身高、体重、视力、牙齿、动作、血色素等方面的指标。其来源主要是幼儿园对幼儿进行的定期或不定期的身体健康状况测查以及上一级卫生健康主管部门对该园幼儿进行的健康状况抽查数据。

3. 档案袋评价的实施过程

档案袋评价的实施过程如图 7-1 所示。

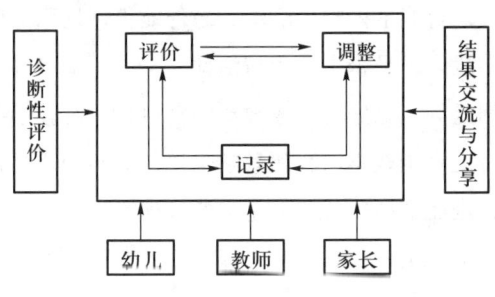

图 7-1　档案袋评价的实施过程

首先进行诊断性评价，包括幼儿的身体状况、性格特征、认知风格、能力倾向等。其次，在幼儿的活动过程中将评价作为活动的一部分，边观察记录、边调整教育行为。最后对成长档案袋评价结果进行交流与分享。

4. 档案袋评价的优缺点

档案袋评价作为学前教育活动的一种典型的评价方式，存在其自身的优势。一方面，档案袋评价有效地促进了教育与评价的有机结合。教师可以把档案袋评价贯穿在一日活动之中，档案袋评价不仅发生在教学之后，还发生在教学过程中，乃至教学之前。它有助于教师及时、准确地获得有关幼儿学习与发展的信息，对幼儿形成合理的教育预期，提出适当的学习目标，选择有效的教学策略，并

档案袋评价的优越性

不断进行调整与改进，为幼儿提供适合其特点且卓有成效的教育。另一方面，档案袋评价十分注重评价过程中幼儿的参与。幼儿可以选择将什么装进档案袋，可以参与档案袋评价标准的制订，可以把自己的作品和进步与他人分享，给幼儿提供对自己的作品进行自我评价和反省的机会。

应用档案袋评价的障碍首先是时间问题，档案袋内容的收集、编排、保存等工作需要花费大量的时间。其次，在某一幼儿档案袋中的作业样本可能并不能代表他实际上知道些什么和能做些什么，也就是说档案袋评价的效度很难保证。这种效度上的缺陷，很可能使家长或其他有关人员对幼儿的能力与成就形成歪曲的认识，从而影响他们对待幼儿的态度和行为。最后，档案袋的标准化程度较低。灵活性是档案袋的最大优点，但同时也是它的最大缺陷。正是这种灵活性，使档案袋的内容五花八门，缺乏一致性，在用于较大范围的评价时难以控制。

分小组讨论说评结合法与档案袋评价的特点及差异。

【本章小结】

广义的学前教育活动指教育者对受教育者——学前儿童施加教育影响的一切活动。狭义的学前教育活动专指教育者在学前教育机构实施的活动，即幼儿园教育活动。

主体、客体和活动过程是学前教育活动的基本要素。主体包括幼儿和教师，客体是幼儿活动的对象，活动过程是活动主体与活动对象发生作用的过程。三个要素在学前教育活动中各自发挥着重要作用。

学前教育活动有多种类型。学前教育活动具有计划性与目的性、幼儿主体性与教师主导性相统一、过程性与结果性相统一、情境性、整合性等特点。

学前教育活动设计是指教师为达到促进幼儿发展的目的，对学前教育活动的基本要素和组成部分的安排与组织，这一过程具有系统性、动态性和合作性特点。

学前教育活动设计的基本环节包括活动设计思路、活动目标、活动准备、活动过程等。教育理念和课程模式不同，活动设计各环节的呈现方式和内容的详细程度也会有明显区别。学前教育活动设计应遵循兴趣性与价值性原则、灵活性与开放性原则、联系性与整合性原则。不同类型的学前教育活动如领域教育活动、主题教育活动、区域活动等的设计应符合各自的规范。

学前教育活动评价是指评价者依据一定的客观标准对学前教育活动的目标、活动内容、活动过程、形式与手段、环境与材料以及活动效果等的评定过程。评价目的、评价内容或对象、评价主体、评价标准是学前教育活动评价的基本要素。学前教育活动评价应遵循尊重性、辩证性、科学性、多元化原则。学前教育活动评价有两种典型的评价方法：说评结合法和档案袋评价。

【拓展阅读】

1. 倪敏. 幼儿园课程与教育活动设计［M］. 北京：中国劳动社会保障出版社，2001.

2. 朱家雄. 幼儿园教育活动设计与实施［M］. 2版. 北京：高等教育出版社，2015.

3. 王春燕，秦元东. 幼儿园课程概论［M］. 3版. 北京：高等教育出版社，2019.

4. 黄瑾. 幼儿园教育活动设计与指导［M］. 上海：华东师范大学出版社，2007.

【问题思考】

1. 什么是学前教育活动？
2. 学前教育活动具有哪些基本要素？学前教育活动可以划分为几种类型？
3. 学前教育活动有哪些特点？
4. 学前教育活动设计的本质是什么？
5. 领域教育活动设计需要注意什么问题？
6. 主题教育活动设计要遵循哪些原则？
7. 学前教育活动评价应遵循哪些原则？
8. 什么是档案袋评价？幼儿档案袋的基本内容有哪些？

第八章　　学前儿童游戏

【学习目标】

1. 了解游戏的概念,以及儿童游戏的特征、分类。
2. 了解儿童游戏的发展价值。
3. 了解各种儿童游戏理论的基本观点。
4. 学习运用不同的游戏理论观察和解释儿童的游戏活动。
5. 理解幼儿园游戏指导的意义、原则及策略。
6. 了解玩具在幼儿园游戏中的作用。
7. 了解幼儿园游戏中玩具的种类。
8. 掌握幼儿园玩具的配备与选择。

【关键概念】

游戏　游戏理论　幼儿园游戏指导　玩具

一次乘车参加会议的时候,同行的一位教师问我:你小时候玩过什么游戏?本来有点发困的我立刻精神起来,讲起小时候玩过的各种游戏——抽陀螺、滚铁环、弹弹珠、打小人儿等,玩过类似游戏的教师也不时地插话,车厢俨然成了一个"回忆童年游戏"的会场。

游戏似乎总是和快乐相连,与玩儿密不可分。那么究竟什么是游戏?游戏有什么特征?游戏有哪些分类?在幼儿园中如何指导幼儿游戏?本章将探讨这些问题。

第一节　学前儿童游戏概述

20世纪80年代末以来，我国颁布的对学前教育工作具有重要指导意义的文件，如《幼儿园教育指导纲要（试行）》（2001年）、《3~6岁儿童学习与发展指南》（2012年）、《幼儿园工作规程》（2016年），都把游戏作为幼儿园教育的基本活动和对幼儿进行全面发展教育的重要形式。因此，全面了解学前儿童游戏有关理论、实践问题非常必要。

一、游戏的概念

关于游戏的定义，迄今众说纷纭。《牛津英语词典》共列出了116条关于游戏的不同定义。① 游戏定义如此多样，原因可能有两个：一是游戏是多学科交叉研究的一个焦点，不同的学者往往基于自身的学科背景与视野，如从社会学、语言学、生物学、人类学、心理学等角度来定义游戏，各自学科背景与视野的差别决定了定义的多样。二是"游戏"本身的复杂性。首先，游戏与非游戏之间并非泾渭分明，同样一个行为，此时此地是游戏，彼时彼地可能就不是游戏；其次，各类游戏之间也有较大差异，有时一个定义仅能够把某些类型的游戏涵盖在内，但却遗漏了另外一些。尽管如此，通过分析仍然可以发现，目前人们通常在两种意义上使用"游戏"这一概念。

☞ 不同学术背景下的游戏概念

（一）游戏作为一种活动

国际游戏协会（International Play Association）主席卡塞（T. Casey）曾提出过一个游戏定义，即"儿童自由选择并自己控制，对儿童而言是自发的、快乐的、自我实现的活动"，并认为这是被大多数游戏工作者认可的一个定义。翻阅各类有关游戏的论著，大多数论著对游戏的描述、分析的确都是"游戏是一种活动"。更具体地说，游戏是"一种由特定行为或行为系列呈现的活动类型或形式"。在这个意义上，游戏等于游戏活动。

（二）游戏作为一种精神

近年来，把游戏等同于游戏活动的观点开始受到挑战。有学者开始注意到，游戏不仅仅作为一种活动存在着，它同时还作为精神存在。作为一种精神存在，游戏表现为"一种精神状态或趋向"，或称"游戏精神"②。更具体地说，游戏精神是童年精神的代名词，因而是儿童的一种生命存在和生活方式。"可以说，在

---

① 约翰逊,等. 游戏与儿童早期发展[M]. 华爱华,等译. 上海:华东师范大学出版社,2006:6.
② 丁海东. 论儿童游戏的教育价值:基于游戏存在的双重维度[J]. 幼儿教育(教育科学版),2007(2):9-12.

☞ 游戏精神

儿童那里，浪漫主义的童话意识、天马行空的奇思妙想、轻松自在的玩笑幽默、泛灵主义的物理观念、毫不掩饰的爱恨情仇、无拘无束的活泼天性等，都可看作游戏精神的呈现。"①

游戏的双重存在之间，是一种互为表里、辩证统一的关系：失去了游戏精神的游戏活动是没有灵魂的、干瘪的；而没有游戏活动，游戏精神也将无所依托。

二、儿童游戏的特征

由于游戏定义众说纷纭，人们常试图通过列举游戏所具有的一些区别于非游戏活动的共同特征来描述游戏。这方面的代表性观点包括纽曼的"三内说"、克拉斯诺和佩培拉的"四因素说"、加维的"五特征说"、克罗伊斯的"六特征说"、鲁宾等人的"六倾向说"等（表8-1）。

表8-1 有关游戏特征的代表性观点②

代表人物	观点名称	所列特征
纽曼	"三内说"	内部控制、内部真实、内部动机
克拉斯诺和佩培拉	"四因素说"	灵活性、肯定的情感、虚构性、内部动机
加维	"五特征说"	令人愉快、有趣的活动，没有外在目标，自发自愿、非强制的，包括对游戏者的积极约束，游戏与非游戏活动之间有着某种系统性的联系
克罗伊斯	"六特征说"	自由、松散、易变、非生产性、由某种规则和玩法支配、虚构的
鲁宾	"六倾向说"	内部动机、对手段的注意、与探究不同、想象或虚构、规则来自游戏需要、游戏者积极参与

游戏是一种在各个年龄阶段都存在的活动，但儿童游戏与成人游戏有明显区别。在有关游戏特征的共同观点的基础上，考察儿童游戏与成人游戏的区别，发现儿童游戏具有如下特征。

（一）内驱性和非强制性

儿童游戏是由内部动机驱使，儿童自发、自愿参与的活动。儿童从事的各种活动中，有些是出于外部动机的驱使，如饿了要吃食物，渴了要喝水等，而游戏是由内在条件，如好奇、兴趣等所引发的，因此游戏带给儿童的是快乐的感受和自由自主的体验。任何外部的强制和干涉都将使游戏"中断"，影响儿童内在需要的充分满足。

---

① 丁海东. 论儿童游戏的教育价值：基于游戏存在的双重维度[J]. 幼儿教育（教育科学版），2007(2)：9-12.

② 刘焱. 儿童游戏通论[M]. 2版. 北京：北京师范大学出版社，2008：144-147.

（二）愉悦性和趣味性

儿童的游戏总要伴随着肯定性的情感，是一种令人愉快的活动。正是因为儿童进行游戏是出于其内在需要，他们总是选择那些能够满足其内在需要的、能给他们带来愉悦的活动来进行。这些活动在成人看来或许如此简单，甚至枯燥，儿童却乐此不疲，一遍遍重复着。摆脱了外部的干涉，儿童可以自由地徜徉在游戏的世界里。那是他们的世界，有他们的"规则"，身心处于最放松、最投入的状态，快乐也由此而来。

（三）过程性和非生产性

儿童游戏是一种重视过程胜过目的、结果的活动，是一种不直接带来"生产性"结果的活动。对于儿童而言，游戏本身就是目的，除此之外不存在外加的目的。有时候，人们因游戏不能像工作和学习那样带来一定效益而贬低游戏的价值。从外在目的的角度来看，工作和学习确实比游戏更能达成某种目的。但假如由此得出结论，工作和学习的价值高于游戏，那就误解游戏的性质了。对人类生活而言，生产性和非生产性活动各具价值，不能用同一个标准去衡量。更何况对于儿童来说，工作、学习和游戏本来就是很难区分的。

（四）虚构性和想象性

儿童游戏是儿童通过想象和虚构反映现实生活，同时又创造着自己的"现实"的活动。儿童的想象和虚构使他们可以不受空间限制，创造新场景；不受物质条件的限制，根据游戏的需要改变物品的用途。儿童通过这一方式使自身体验到原本因力所不及或条件不足而无法体验的现实生活，可以在不直接承担现实生活的种种后果的情况下经历现实生活。但同时，所谓儿童游戏的虚构和想象可能只存在于成人的眼中，至于在游戏的主角——儿童看来，他们正在做的事情比什么都真实，也就是纽曼所说的"内部真实"。这使得在真实与想象之间充满张力的游戏显得魅力非凡。

☞ 游戏中的想象情景

以上所列特征，是把游戏作为一种活动区别于其他活动所得来的。如果从游戏作为一种精神的角度来看，我们完全可以把是否具有游戏精神作为区分游戏和非游戏的标准。不过游戏精神与上述游戏特征也并不是两套标准，内驱性、非强制性、愉悦性、趣味性、过程性、非生产性、虚构性和想象性，也是游戏精神的应有之意。

实践活动

收集某幼儿园幼儿玩的一些游戏，对照游戏的特征进行分析讨论。

三、儿童游戏的分类

儿童的游戏丰富多彩，为了研究的方便，往往基于一定的标准对其加以划分。在诸多游戏分类中，较典型的有以下几种。

（一）游戏的认知分类

皮亚杰把儿童游戏分为练习性游戏、象征性游戏、结构游戏、规则游戏四类，分别对应其划分的儿童认知发展四阶段中的前三个阶段（表8-2）。

☞ 皮亚杰的认知发展阶段论

表8-2　皮亚杰基于儿童认知发展的游戏分类①

年龄	认知发展阶段	游戏类型
0—2岁	感知运动时期	练习性游戏
2—7岁	前运算时期	象征性游戏和结构游戏
7—12岁	具体运算时期	规则游戏

练习性游戏是最早出现的一种游戏形式，主要表现为徒手游戏或重复操作物体。象征性游戏是学前儿童最典型的游戏形式，主要表现为使用象征物代替真实事物或"以人代人"等进行模拟、想象、假装、角色扮演。结构游戏指的是儿童利用各种不同的结构材料来建构现实生活中的物体的活动，如搭积木、插积塑、泥工、折纸等。结构游戏与象征性游戏同时发展，并且充当游戏活动向非游戏活动的过渡。规则游戏是由两个以上的儿童按照一定的规则共同进行的，往往带有竞赛性质。根据不同认知发展阶段的年龄划分可知，学前儿童的游戏以练习性游戏、象征性游戏、结构游戏为主。

（二）游戏的社会性分类

帕顿根据儿童在游戏中的社会性参与水平和游戏中的人际交往活动水平，将儿童游戏分为六种。

1. 偶然行为

儿童实际上没有在游戏，只是注视偶然引起他兴趣的事。若没有能引起他注意的事物，就爬上爬下或到处乱走，无所事事。

2. 旁观行为

儿童大部分时间都在观看他人游戏，偶尔与他人交谈，行为上并不介入游戏，但情绪上有可能卷入游戏，如看别人下棋时在旁边帮人出主意等。

3. 独自游戏

儿童独自一人玩玩具，伙伴位于交谈距离之内，但儿童不和附近的伙伴交谈，所玩的玩具也与别人不同。

4. 平行游戏

儿童仍是独自在玩，但与独自游戏不同的是，平行游戏时儿童玩的玩具同周围儿童所玩的玩具是类似的。

---

① 刘焱. 儿童游戏通论[M]. 2版. 北京：北京师范大学出版社，2008：112.

5. 联合游戏

儿童仍以自己的兴趣为中心，但已经与其他儿童同处于一个集体之中，并且在游戏时相互发生一些交往行为，如借还玩具、短暂交谈等，但还没有建立共同目标。

6. 合作游戏

儿童在游戏中相互合作，有明确的分工和规则意识，一起努力达到集体的共同目标。

游戏的认知分类和社会性分类是常见的两种基本分类，但游戏的认知方面和社会性方面又常常是相互交叉、无法截然分开的，因此，鲁宾等人曾将两者综合起来，认知维度取练习游戏、建构游戏、象征性游戏、规则游戏的划分，社会性维度则修订帕顿的分类，取单独游戏、平行游戏、团体游戏的划分，形成了一个由 12 个成分组成的"社会—认知"的游戏架构，以同时从认知层次和社会性层次审视儿童游戏行为。①

（三）基于游戏关键特征的分类

受苏联的影响，我国习惯把幼儿园游戏按其关键特征划分为创造性游戏和规则游戏两大类。创造性游戏突出游戏是儿童自主自愿的、创造的活动，包括角色游戏、结构游戏、表演游戏等；规则游戏是具有明确的规则，要求儿童予以遵循的游戏，包括智力游戏、体育游戏及音乐游戏等。尽管这种游戏分类在我国幼儿园中被广为接受，但其合理性也受到一些学者的质疑。有学者从创造性与规则的角度指出，任何一种游戏都是有创造性的，强调规则的游戏也不例外；而任何创造又总是依循一定的内在规则和外在规则。因此，创造和规则并不互相排斥。②另有研究者则从实践影响角度指出，此种划分容易使人误认为在幼儿园游戏中，除了创造性游戏外，其他游戏都是没有创造性的；除了规则游戏外，其他游戏都是没有规则的。③

> **小组讨论**
>
> 讨论并总结在家庭、幼儿园和社区等不同背景下，儿童游戏所表现出的具体特征以及类型。

四、儿童游戏的发展价值

游戏的双重存在决定了游戏发展价值的双重维度：游戏作为活动存在的工具

---

① 高岚. 学前教育学[M]. 广州：广东高等教育出版社，2001：227.
② 丁海东. 学前游戏论[M]. 济南：山东人民出版社，2001：50.
③ 邱学青. 学前儿童游戏[M]. 4 版. 南京：江苏教育出版社，2008：97.

价值和游戏作为精神存在的本体价值。①

游戏的工具价值,指的是将游戏作为组织开展幼儿园教育教学活动的一种工具或手段,利用游戏的活动形式达成外部的教育教学目标。游戏这一方面的价值如今已得到了充分的认识。相比之下,游戏的本体价值更需要我们进一步加以关注。

游戏的本体价值表现为对幼儿园教育教学过程中童年精神的一种守护,也是对儿童天性及其生命存在的一种守护。因为"游戏一旦被视为童年的一种精神状态,它便成为儿童天性和童年精神的代名词,成为儿童的一种生命存在与生活方式"。对于这样的一种精神存在,我们要格外注意避免用自以为是的成人逻辑和日益傲慢的理性标准去破坏、去伤害它。不过现实中,教师往往会被日益变本加厉的功利主义教育观所挟持,重视游戏的工具价值而忽视其本体价值,将游戏完全工具化。要知道,和游戏的种种工具价值的实现相比,游戏更加是儿童的一种天性、本能、需要和权利,至于工具价值,不过是儿童全情投入游戏的"副产品"而已。

实践活动

调查当地幼儿园教学管理人员对游戏的本质及价值的认识。

第二节　儿童游戏的主要理论

作为一种社会文化现象的游戏有着悠久的历史,但直到 19 世纪人们才开始对游戏进行理论探究,试图回答"儿童为什么游戏""儿童游戏的发生发展""游戏对儿童发展的价值"等问题。按照时间顺序,我们可以把游戏理论分为早期的经典游戏理论和 20 世纪 20 年代后出现的现代游戏理论。

一、经典游戏理论

早期的游戏理论是指十八九世纪出现的游戏理论,②也被称为"经典游戏理论",如"剩余精力说""松弛说""种族复演说""生活预备说"等。由于受达尔文生物进化论的影响,经典游戏理论带有浓厚的生物学色彩,主要探讨游戏与精力、本能等的关系。

(一)"剩余精力说"和"松弛说"

这两种理论都从游戏与精力的关系的角度解释游戏。不过,"剩余精力说"

---

① 丁海东. 论儿童游戏的教育价值:基于游戏存在的双重维度[J]. 幼儿教育(教育科学版),2007(2):9-12.
② 刘焱. 儿童游戏通论[M]. 福州:福建人民出版社,2015:89.

认为游戏是因机体内剩余精力的发泄而产生的,"松弛说"则认为游戏是帮助个体恢复精力的一种方式。

"剩余精力说"的主要代表人物是德国思想家席勒(J. C. F. Schiller)和英国社会学家、心理学家斯宾塞。该理论认为,活动是存在于动物中的一种普遍现象。低等动物主要把精力和时间用于维持生存活动,没有余力进行游戏;而高等动物则可以把维持生存活动之余的时间和精力用于从事游戏活动。可见,游戏与否及其多少,全靠时间、精力是否富余以及富余多少。时间、精力富余越多,游戏越多;反之则少。这种观点颇能解释为什么儿童游戏多些,而成人在工作、学习生活之余游戏相对较少,但却无法解释为什么儿童在玩得筋疲力尽时还想继续游戏。在这方面,"松弛说"适逢其用。

"松弛说"的代表人物是德国哲学家、心理学家拉扎鲁斯(M. Lazarus)。"松弛说"认为,游戏不是为了发泄剩余精力,而是为了帮助个体恢复精力。人的身心疲劳需通过休息才能消除,游戏能使人解除紧张状态,更好地休息和睡眠,从而达到恢复精力的目的。这种观点对我们日常紧张工作之余乐于通过游戏来放松身心的现象颇具解释力。

(二)"种族复演说"和"生活预备说"

"种族复演说"和"生活预备说"都包含为儿童未来生活做准备的意图,并从游戏与本能的关系的角度解释游戏。"种族复演说"认为儿童通过游戏逐步摆脱原始的、不必要的本能动作,从而更好地适应未来生活;"生活预备说"则认为游戏能够帮助儿童完善本能,从而更好地适应未来生活。

"种族复演说"的代表人物是美国著名心理学家霍尔(G. S. Hall)。霍尔认为,人类个体发展的不同阶段乃是对种族发展阶段的一次简约重复,儿童期各种形式的游戏就是对从人类祖先到现代人进化的各个阶段活动的"再现"。比如,儿童爬树是在重复类人猿的活动,玩打猎、搭房子则是重复原始人的活动。这种复演能够帮助儿童按照原始本能出现的顺序逐步摆脱这些本能引起的行为倾向,为更高级、更复杂的人类文明行为的发展扫除障碍。

"生活预备说"的代表人物是德国学者格鲁斯(K. Groos)。与霍尔把人的原始本能作为需要予以摆脱的对象不同,格鲁斯认为人与生俱来的本能行为确实不完善、不成熟,但游戏恰恰可以帮助个人对这些不完善、不成熟的本能行为加以练习,使其逐步完善、成熟,以适应未来生活的需要。在格鲁斯看来,游戏与模仿紧密相连。儿童通过模仿成年人的生活,以一种安全的、不必承担后果的方式来练习未来生活所必需的基础能力,如女孩喂布娃娃是练习养育,男孩玩打仗是练习作战等。通过这种练习使一些必要的基础能力趋于完善,以便日后生活中使用。

经典游戏理论作为人们试图解释游戏现象的发端,提供了历史上对儿童游戏的最初看法。尽管各种经典游戏理论在解释游戏现象时颇多局限，但依然奠定了日后当代游戏理论发展的基础，启发了后来者对游戏的认识和研究。

二、当代游戏理论

当代游戏理论主要包括精神分析学派的游戏理论、认知发展学派的游戏理论、社会文化历史学派的游戏理论以及游戏的唤醒调节理论和元交际理论等，这里重点介绍前三种理论。

（一）精神分析学派的游戏理论

精神分析学派的游戏理论主要从人格发展的角度解释游戏，代表人物有弗洛伊德、埃里克森等。

1. 精神分析学派的游戏本质观

精神分析学派认为，人类的现实生存不得不面对与生俱来的原始冲动和欲望（如饥饿）与社会道德规范约束之间的张力。原始冲动和欲望遵循"唯乐原则"，盲目追求满足；而社会道德规范则使人不得不在一定程度上控制自己的欲望。由此形成的矛盾与紧张，必须得到缓解，也就是说，必须为受到压抑的原始冲动和欲望找到合适的，也就是不违背社会道德规范的出路，才能避免过度压抑造成精神危机或人格发展障碍。游戏既能表现受压抑的原始冲动和欲望，又不至于与社会道德规范相冲突。

☞ 弗洛伊德的人格结构理论

在弗洛伊德的人格结构中，"本我"代表原始冲动和欲望，"超我"代表社会道德规范，而"自我"则是调节和平衡"本我"和"超我"之间冲突、矛盾的机制。在弗洛伊德看来，"自我"某种程度上是在游戏中获得的。游戏作为一种具有虚构性和想象性的活动，可以使超出儿童能力或被社会规则所压抑的愿望得到满足，释放因内驱力受压制而产生的冲突和紧张。譬如，儿童常常希望自己快快变成大人，拥有大人的力量和权力。这在现实中显然是无法实现的，但却可以在"娃娃家"等角色扮演游戏中得到实现。还有一种方式是弗洛伊德所谓的"强迫重复"现象，即对某些给儿童带来不愉快体验的事件，儿童通过在游戏中重复事件，改变其中的角色，把不愉快的体验转嫁到他人身上或物体上，从而使自己的心理得到补偿。如儿童自己怕打针，却在游戏中愿意给别的伙伴或娃娃打针。埃里克森也认为人格要想获得理想的发展，就必须协调来自内部的心理性欲的要求和来自外部的社会要求。在这个过程中，游戏可以帮助"自我"对生物因素和社会因素进行协调和整合。

2. 精神分析学派的游戏发展阶段论

埃里克森从终身发展的角度把人格的发展划分为八个阶段，每个阶段都面对两种相互矛盾的发展方向所带来的发展任务。如果发展任务解决得好，就形成理想人格；解决得不好，则形成理想人格的反面。游戏是帮助儿童从一个发展阶段走向另一个发展阶段,促进理想人格形成的重要力量。

有学者把埃里克森的人格发展阶段和弗洛伊德的人格发展阶段进行了对比,并提出了不同发展阶段中的游戏形式,其中涉及学前儿童的有关内容如表8-3所示。

表8-3 弗洛伊德和埃里克森的发展阶段比较①

年龄	弗洛伊德的发展阶段	埃里克森的发展阶段	游戏形式
0—1.5岁	口唇期	信任—不信任	亲子游戏
1.5—3岁	肛门期	自主性—羞怯疑虑	练习性游戏
3—6岁	阴茎期	主动性—内疚	角色扮演游戏

在0—1.5岁阶段,儿童从生理需要的满足中体验身体的舒适和安全,从而产生对周围环境的信任感;反之,也可能形成不信任感。基本的信任感和不信任感作为儿童对社会形成的最初态度影响深远,良好的母子关系则是产生信任感的基础。因此,亲子游戏在这一阶段至为重要。

1.5—3岁阶段相当于弗洛伊德发展阶段的"肛门期"。在这一阶段,儿童必须掌握对排泄器官肌肉的控制能力,借此获得自主感,否则将形成相反的羞怯、怀疑态度。此时游戏开始在儿童生活中占据主要地位,而练习性游戏有助于儿童获得自主感,克服羞怯、疑虑。

在3—6岁阶段,儿童面临的危机是所谓"俄狄浦斯情结",即想在心理上占有父母当中异性的一方。因此,这一阶段面临着发展主动性和角色社会化的双重任务,儿童通过角色扮演游戏完成这一任务。在发展主动性的同时,形成与自身性别相对应的社会角色,否则将因察觉自己的"恋父恋母情结"触犯社会禁忌而产生内疚感。

精神分析学派强调游戏对儿童人格发展、心理健康的价值,对人们在儿童早期重视象征性游戏、想象性游戏具有促进作用,对游戏治疗的研究和发展也具有推动作用。但其过于强调原始本能或冲动在人格发展中的决定作用,则有重个体生物性而轻社会性之嫌。

(二)认知发展学派的游戏理论

顾名思义,认知发展学派主要从认知发展的角度解释游戏的本质及其发生发展,代表人物为瑞士著名发展心理学家皮亚杰。

1. 认知发展学派的游戏本质观

皮亚杰认为,游戏不是一种独立的机能或活动,而只是认知或思维发展的表现形式。皮亚杰借用生物学中的"同化"和"顺应"概念来解释人的认知发展。

---

① 邱学青. 学前儿童游戏[M]. 4版. 南京:江苏教育出版社,2008:52.

所谓同化，就是儿童对新感觉到的环境信息加以组织，使之更适合自己原有的认知结构；所谓顺应，则是儿童对已有认知结构进行修改或重新建构，以使新信息得到更全面的理解。皮亚杰认为，儿童的认知发展是同化和顺应相互穿插、相互作用的结果。① 当同化和顺应之间的相互作用处于不同状态时，其认知发展也处于不同态势，相应地表现出不同的活动形式。同化和顺应大致有三种相互作用状态：一是同化和顺应平衡；二是同化大于顺应；三是顺应大于同化。第一种的结果是适应环境。后两种状态均为不平衡态，由于儿童早期认知发展不成熟，同化与顺应之间常常处于这种不平衡态。当顺应大于同化时，儿童根据环境的特点和变化改变已有的认知结构，此时的活动形式具有模仿的特征；而当同化大于顺应时，儿童则用已有的认知结构去操作外部事物，此时的活动形式具有游戏的特征。因此，在皮亚杰看来，游戏的实质是儿童认知发展中"同化"超过"顺应"时的活动表现。

2. 认知发展学派的游戏发展价值论

出于对儿童本质的上述认识，皮亚杰指出，儿童通过游戏实现了"一种纯粹的由现实到'我'的同化"，也就是从客体环境到个体认知的转化。这其中包含着双重意义：在心理学意义上，具象的物品被吸收到抽象的心理活动本身中；在生物学意义上，发生了机能上的同化——这解释了为何练习的游戏会带来器官和行为的发展。② 在游戏中，儿童会不断地利用自己已有的动作图式或认知结构去合并或整合外部事物，从而加强和丰富自己的动作图式或认知结构。例如，在游戏"过家家"中，儿童象征性地再现了其经历过的但尚未同化的被喂养和养育的现实经验，并通过游戏重温这些经历，同时依据个性化的游戏需要及兴趣对它们进行转化。从这个角度来看，游戏，特别是象征性游戏对儿童的情感发展也具有重要意义。儿童由于能力所限，经常无法适应现实世界而使相应的情感得不到满足，而通过游戏中"虚构"的情景儿童实现了对"现实"的支配，这使得他们对现实世界的情感体验被同化进原有的期望中。皮亚杰认为，儿童不得不经常地使自己适应一个不断地从外部影响他的、由年长者的兴趣和习惯所组成的社会世界，同时又不得不经常地使自己适应一个对他来说理解得很肤浅的物质世界。儿童不能如同成人那样有效地平衡自己在情感上甚至是智慧上的需要。然而，游戏却可以提供一个"虚构"的空间，在其间"既没有强制也没有处分"，儿童可以自由地"把真实的东西转变成他自己想要的东西"，从而使自己达到情感上的平衡。例如，儿童操控洋娃娃，使其按照自己的设想重演其经历过的生活，也是借

---

① 格里格，津巴多. 心理学与生活：第 16 版[M]. 王垒，王甦，等译. 北京：人民邮电出版社，2003：294.
② 皮亚杰. 教育科学与儿童心理学[M]. 杜一雄，钱心婷，译. 北京：教育科学出版社，2018：169.

助一种"虚构"的情景来"补偿和改善现实世界"①。由此可见，皮亚杰十分关注游戏对儿童情感发展的价值，他认为，游戏所实现的同化作用，大多体现在情感方面，游戏可以说是儿童解决情感冲突，实现情感平衡的一种手段。

3. 认知发展学派的游戏发展阶段论

皮亚杰认为游戏是认知或思维发展的表现形式，儿童受认知或思维发展水平的制约，在不同认知发展阶段从事的游戏类型也不相同。皮亚杰把儿童认知发展划分为四个阶段：感知运动阶段、前运算阶段、具体运算阶段和形式运算阶段。学前儿童主要处于前两个阶段，其对应的游戏形式是练习性游戏、象征性游戏以及结构游戏。

练习性游戏表现为对某种运动的重复进行，主要是对儿童刚刚学会但还不熟练的动作技能进行练习。儿童进行练习性游戏的驱力既不是外加的，也不是内发的，而是来自活动过程本身带来的快感，即所谓"机能性快乐"。练习性游戏随着儿童向前运算时期发展而逐步减少，但并没有消失。一旦有新的动作技能需要掌握，练习性游戏还会再度出现。

象征性游戏是学前儿童游戏的典型形式，指的是儿童通过"假装""假扮"或"幻想"，借助某种象征物（可以是动作、语言、身体或物品等）替代不在眼前的真实的人、事、物、场景等的一种游戏活动。象征性游戏超越练习性游戏之处在于，它不再依赖直接的感知运动，反映了学前儿童符号化机能的出现。但皮亚杰认为，这种符号化机能具有"自我中心"特征，即"象征物"与"被象征之物"的联合完全是主观的，在前运算阶段后期（4—7岁）才逐步接近现实。

皮亚杰的游戏理论将认知发展与游戏联系起来，大大启发了随后的相关研究，但他对游戏与认知发展的关系的认识存在明显不足。首先，皮亚杰把游戏看作仅仅受认知发展单一因素的影响，显然有失偏颇。除认知发展外，游戏实际上还受到多重复杂因素的影响。其次，皮亚杰认为认知发展水平对游戏的影响具有单向性，这也不符合实际。游戏不仅受认知发展水平的制约，还能促进认知发展，这已经被诸多研究所证实。

（三）社会文化历史学派的游戏理论

社会文化历史学派是苏联最大的一个心理学派别，代表人物有维果茨基、列昂节夫、艾里康宁等。他们在辩证唯物主义和历史唯物主义的基础上，创造了与西方不同的游戏理论。

1. 社会文化历史学派的游戏本质观

社会文化历史学派认为，儿童游戏的起源不是生物学的，而是社会性的。从游戏的发生发展来看，维果茨基在一定程度上解释了儿童游戏的个体心理需求，

---

① 刘焱. 儿童游戏通论[M]. 福州：福建人民出版社，2015：112.

即游戏的发生是因为在学前期出现了大量这一阶段儿童能力无法直接达成的愿望所致。而这些愿望大多反映的是成人的社会生活形式及内容,包括成人如何穿戴,如何交流,以及如何扮演其社会角色。艾里康宁发展了社会文化历史理论体系下对游戏发生和发展的解释。他认为,儿童游戏需要的出现和发展与社会历史演变过程以及社会文化条件的进步有关。他通过儿童参与社会生活的动态历史进程,对其游戏需要的出现做出了解释:随着社会文化历史的不断演进,生产力的发展以及社会分工复杂程度的提升,儿童逐渐需要借助假装的情境来处理现实社会生活中他们无法完成的具有一定难度的任务,或者来体验他们没有机会亲身经历的生活形态或社会角色。以社会本质观为基础,儿童游戏的形成,包括想象情景的出现以及"以物代物"的具体过程,是在不断地社会交互过程中逐渐养成的,这不能被单纯地概念化为儿童个体的先天行为。社会文化历史学派强调个体与其在特定社会文化环境中的经历之间的关系。儿童游戏的形成与发展也必然受到其所处的特定社会文化背景中集体历史经验的影响。

2. 社会文化历史学派的游戏发展价值论

社会文化历史学派强调游戏是儿童的主导性活动。主导性活动指的是该活动与儿童心理上发生的最重要变化相关联,儿童的心理在这一活动中得到不断发展。游戏创造了儿童的"最近发展区",促进了儿童认知和意志行为的发展。在游戏中,儿童通过"以物代物"的方式,使思维摆脱了具体事物的束缚,促进以使用符号为特征的表象思维的发展,为后来更为抽象的思维发展打下基础。而且在游戏中,要求儿童不是按照他的直接冲动去行动,而是按游戏中角色所需去行动,这锻炼了儿童的自制力,有助于其意志的发展。

社会文化历史学派对游戏本质社会性的强调,在生物因素、认知因素之外揭示了游戏本质的另一重要侧面。社会文化历史学派对游戏发展价值,尤其是认知发展价值的看法,相比皮亚杰也更为积极。不过其强调成人对儿童游戏发展的决定性作用的观点,给游戏实践中儿童主体性的发挥造成了一定的障碍。

思考并总结当代游戏理论中不同学派对"儿童为什么需要进行游戏或产生游戏的行为?"这个问题的解释。

结合实习实践活动,了解当地幼儿园游戏活动开展的情况,基于一定的理论视角对感兴趣的游戏活动进行观察和分析。

第三节 幼儿园游戏指导

幼儿是游戏的主人,同时,教师的指导对幼儿游戏的进行及其教育价值的实现又是不可或缺的。这两者之间是否矛盾?教师的游戏指导对幼儿园游戏的意义何在?游戏指导应当遵循什么原则?采取什么策略?下面逐一探讨。

一、幼儿园游戏指导的意义

在幼儿园中,幼儿自主游戏与教师游戏指导之间并非对立关系,而是辩证统一关系。教师适时、适度的游戏指导,不但不会破坏幼儿游戏的自主性,而且能够帮助幼儿提高游戏水平,获得更好的发展。

☞ 教师指导对幼儿社会性行为的影响

（一）有助于游戏水平的提高

幼儿由于受身心发展水平的限制,对人、事、物的理解和认识都有一定的局限,在游戏中难免会产生各种各样的问题,使游戏陷入中断的危险,或者始终在低水平徘徊。此时,教师适时、适度的指导,能够帮助幼儿延续游戏、提高游戏水平,使幼儿从游戏中获得更多的乐趣、成功感和效能感,进而使游戏的教育价值得到更充分的释放。例如,有研究者使用豪斯的游戏分类层次,结合对幼儿园教师游戏指导行为的观察记录,对两个班级幼儿社会性游戏的情况进行研究,发现在教师多使用激励、安抚式的指导语言,表情丰富,多表扬少批评的班级中,从事社会化程度最高的"互惠社会游戏"的幼儿所占比例为 40.9%；而相比之下,在教师指导行为少的班级中,从事"互惠社会游戏"的幼儿所占比例仅为 6.5%。统计检验显示,两个班在游戏层次上有显著差异（$P<0.05$）。① 可见,适宜的游戏指导有助于提高幼儿的游戏水平。

（二）有利于和谐师幼关系的建立

和谐的师幼关系是游戏顺利展开的重要条件；反过来,教师对游戏适时适度的参与和指导有利于建立和谐的师幼关系。教师以平等的姿态参与到游戏中,积极关注幼儿在游戏过程中的表现、需要,及时对幼儿好的表现给予表扬,对幼儿的需要给予回应和帮助,会使幼儿感受到教师的关心。这些行为同时也在向幼儿传递着一种态度,即游戏不但对于他们而言是重要的、有价值的,而且在教师眼里也是重要的、有价值的,从而缩小幼儿与教师之间的距离感。可以说,游戏中处处渗透着情感因素,教师在游戏指导中应注重这一因素,树立"情感关怀"的价值取向,这样才能发挥游戏的情感教育功能,②并为建立和谐的师幼关系搭建

---

① 华桦. 游戏中教师指导对幼儿社会性行为的影响[J]. 学前教育研究,2004(3):26-29.
② 王彦波. 幼儿园游戏指导的价值取向:情感关怀[J]. 幼儿教育(教育科学版),2007(21):35-37.

桥梁。

（三）有益于幼儿的发展

游戏具有重要的发展和教育功能，但要想发挥这一功能，必须辅以适当的指导。因此，游戏的指导是充分发挥游戏作用的关键。对此，有学者指出，游戏指导的实质是通过控制那些有可能"诱发"游戏自我生成与更新的多种因素，使游戏的自我生成与更新符合教师的预期目的。游戏具有自我生成与更新的特性，即游戏过程中出现的一些因素诱使幼儿改变原来的游戏方向，增加或修改游戏的内容或路径。教师敏锐地发现游戏生成与更新中的教育契机，予以支持、引导，既是游戏发展的内在要求，也是游戏指导的重要意义之一，更是教师教育机智的直接体现。

二、幼儿园游戏指导的原则

幼儿园游戏指导既有重要的意义，又对教师提出了很高的要求。如何在不影响幼儿游戏自主性的前提下进行指导，是发挥游戏指导积极作用的关键。对此，教师应把握好以下原则。

（一）有为与无为相结合的原则

☞ 游戏案例：鱼缸里的水到哪去了？

承认对幼儿游戏进行指导的意义和价值，本身就蕴含着教师应在幼儿游戏中"有所作为"之意，但这绝不意味着教师可以在幼儿游戏中"为所欲为"，而是要把握"为"的时机和力度。在游戏开始时，尊重幼儿对游戏的选择；在游戏进行中，尊重幼儿游戏自身的发展，这时需要"无为"。但当有可能诱发幼儿游戏自我生成与更新的因素出现时，则要"顺势而为"，即把握"为"的度。游戏中的指导，更多是一种隐性的、有限的指导。杜威曾指出，教育中的指导，是"把被指引的人的主动趋势引导到某一连续的道路"①。换言之，指导只有在被指引者原本就在趋向的道路上才是可能的，在这个意义上，最初的"指导"力量来自被指引者的主动趋势，外部指导是在这一最初指导背后的"再指导"，因而是一种隐性的指导，并且这种指导也是有限度的，超过一定限度，不顾幼儿游戏的进程，硬要在其中插入教学目标，结果可能"鸡飞蛋打"——教学目标没有实现，幼儿也失去了玩的兴致。过度指导反而会使游戏指导变成对游戏的破坏。

（二）愉悦性与教育性相统一的原则

愉悦性是游戏的本质特征，而教育性是幼儿园教育的必然追求，游戏指导的目的便是帮助幼儿在愉悦中增长知识经验，获得能力发展。因此，在理想状态下，游戏指导是游戏之愉悦性与指导之教育性的"合金"。但现实中两者往往处于矛盾冲突之中，对游戏指导得少，教师会担心游戏的发展价值得不到充分实

---

① 杜威.民主主义与教育[M].王承绪,译.北京:人民教育出版社,2001:30.

现；而对游戏指导得多，教师又担心游戏成了变相的教学。对此，有学者认为，幼儿园里并不存在要么是游戏，要么是非游戏；要么是教学，要么是非教学的极端划分，幼儿的行为可能更多地处于"纯游戏"到"非游戏"这一连续体的某一点上，而教师的行为则可能更多地位于从"纯教学"到"非教学（即游戏）"这一连续体的某一点上。因此，"幼儿园中所发生的教育活动都是'游戏'和'教学'不同程度的结合"①。在这个意义上，我们就不必纠结于指导多少是游戏，到了什么程度又成了教学，而是要辩证地把握愉悦性与教育性的关系，只要有助于幼儿在获得愉悦满足的同时学到本领，获得成长，这样的游戏指导就是合理的。

三、幼儿园游戏指导的策略

在幼儿园游戏中，具体可以采取哪些指导策略呢？按照游戏的进程，游戏可分为准备阶段、进行阶段和结束阶段，在游戏的准备阶段，教师主要通过玩具材料的提供、场地空间的布局等为游戏创造条件。下面重点介绍后两个阶段的游戏指导策略。

（一）游戏进行阶段的指导策略

游戏进行阶段的指导首先要建立在观察的基础上。观察是游戏进行过程中教师指导的前提和依据。"老师借着观察评估每位孩子的发展，并计划提供哪些选择以支持孩子在游戏中持续发展自主性。"②因此，教师应在充分、细致观察的基础上，准确地判断幼儿游戏行为的意义，再进一步确定指导的必要性和具体方式。教师可以在相等的时间内对每个幼儿轮流进行观察、记录，以了解全体幼儿的游戏情况；也可以固定在某一地点，对该区域或主题游戏的情况进行持续的观察；还可以预先确定一到两个幼儿作为观察对象，对他们在游戏中的活动情况进行持续跟踪观察等。为了在观察中做到点面结合，教师也可将上述方法综合运用，以获取更为全面的信息，更好地为游戏指导服务。

在观察的基础上，如果教师认为有必要进行指导，可以根据教师在指导时介入游戏方式的不同，把游戏指导分为平行式介入法、交叉式介入法和垂直式介入法。平行式介入法指的是教师在幼儿附近，与幼儿玩材料、情节相同或不同的游戏，目的是引导幼儿模仿；交叉式介入法则是教师作为游戏的一个角色进入游戏，通过角色与角色的互动指导游戏；垂直式介入法指的是当游戏过程中出现严重违规，甚至具有危险性的情况时，教师以本来的身份直接进入游戏，予以干

---

① 朱家雄．从教学的视角谈游戏和教学的关系：二谈幼儿园教学的有效性[J]．幼儿教育（教育教学），2010(3)：4-5．
② 琼斯，瑞诺兹．小游戏大学问：教师在幼儿游戏中的作用[M]．陶英琪，译．南京：南京师范大学出版社，2006：29．

☞ 游戏案例：怎样和幼儿"说话"？

预，以保证安全性。可见，在不同的介入方式中，教师有时与幼儿同为游戏者，有时又作为游戏的旁观者。

在介入后具体的指导行为上，根据采用媒介的不同，游戏指导可以划分为以语言为媒介的游戏指导和非语言的游戏指导。在以语言为媒介的游戏指导中，教师作为游戏者时，往往通过游戏中角色的语言、语气、语调来进行指导；教师作为旁观者时，则主要以"外人"的语言对幼儿的游戏进行建议、询问、鼓励、描述；在垂直式的介入中，教师也会使用指令式的语言。在非语言的游戏指导中，教师一方面可以通过自身的表情、动作、眼神等为幼儿游戏提供指导，另一方面也可以根据游戏进行情况为幼儿补充、更换某些游戏材料来进行指导。

实践活动

观察、收集幼儿的一个游戏片段，分析讨论教师介入指导的方式。

（二）游戏结束阶段的指导策略

游戏结束阶段的教师指导离不开对游戏过程的细心观察。教师只有通过观察了解幼儿游戏的情况，才能确定需要引导幼儿讨论的重点。在具体的指导过程中，教师可以采用不同的方式引起讨论。例如，可以采用类似"在刚才的游戏中，我看到……"的语言，描述游戏中观察到的典型事例，供幼儿讨论；也可以请一部分幼儿先讲述游戏过程，在了解游戏大体情况后，对其中的某个问题进行深入的探讨；甚至还可以在指导过程中大胆与幼儿互换角色，让幼儿做游戏讲评的主持人。不过以上方式更多地需要借助语言，往往受制于幼儿的语言表达能力，因此，教师也可以采用其他方法，如让幼儿以绘画的方式表达自己对游戏的感受等。

实践活动

对有经验的幼儿园教师进行观察访谈，探究其在游戏指导中的表现与特点，并结合有关游戏指导理论进行分析。

第四节 幼儿园游戏与玩具

玩具与幼儿游戏紧密相连，玩具的产生几乎和人类历史一样久远。认识玩具在幼儿园游戏中的作用，了解玩具的不同种类以及如何为幼儿选择、配备玩具，是幼儿园游戏非常重要的一部分内容。

一、幼儿园游戏中玩具的作用

玩具不但具有承载、传递一定社会文化及娱乐审美等一般功能，对幼儿园游戏，还起着重要的作用。概括而言，玩具在幼儿园游戏中具有以下三种作用。

（一）为幼儿游戏提供物质基础

如果说游戏是幼儿的基本活动，那么玩具就是幼儿游戏的主要物品或工具。陈鹤琴先生曾说，小孩子玩，很少空着手玩的，必须有许多的东西来帮助，才能玩起来，才能满足玩的欲望。幼儿游戏之所以离不开玩具，与幼儿的发展特点不无关系。幼儿的思维具体形象，只有通过具象事物的刺激和对它们的操作才能调动其已有经验，投入游戏。玩具能够激发幼儿游戏的动机。为幼儿提供不同的玩具，往往能激发幼儿不同的游戏动机。例如，给幼儿提供娃娃家用品，包括各种衣物、厨房用品、电话等，幼儿去从事团体游戏或角色扮演游戏的可能性就很大；而给幼儿提供积木、积塑等，幼儿则更可能去从事结构游戏。蕴含着多种玩法的玩具，幼儿有可能用更为多样的方式进行游戏，使游戏内容更加丰富。此外，玩具可以作为幼儿在游戏中交往的中介，幼儿既可以自己玩，也可以和同伴、成人一起玩，从而增强游戏的可变性和多样性，提高游戏水平。总之，适宜的玩具是幼儿游戏不可或缺的物质基础。

（二）促进幼儿多方面的发展

玩具是幼儿的"教科书"。好的玩具不仅能给幼儿带来快乐，还能够使他们在利用玩具进行游戏的过程中获得多方面的发展。通过与玩具的直接接触、操作，幼儿积累了丰富的感知觉经验，在不知不觉中进行着感官、运动技能方面的练习。有些玩具操作需要幼儿手脑并用，进行一定的分析、推理、比较等，从而活跃幼儿的思维，促进幼儿思维深度、灵活性等的发展。有些玩具，无论是形式上，还是功能上，都具有很强的非特定性特点，为幼儿预留了广泛的活动可能性和巨大的想象、创造空间，操作这类游戏，无疑对幼儿想象力、创造力的发展有益。除了玩具本身的特点外，幼儿在以玩具为中介与同伴、成人展开的社会性互动中，能够体验并学习与不同的人交往的一些规则和技巧，从而有助于幼儿的社会性发展。

（三）促进幼儿的社会文化适应

玩具总是体现着一定的社会文化，通过与玩具互动，幼儿获取其中的"文化基因"，与该种文化同质化，从而更好地适应该种文化。萨顿-史密斯曾把玩具视为现代文化的一个重要组成部分，并且是一个更大的文化目标的承担者。具体地说，玩玩具使幼儿习惯独自地全神贯注于努力以取得成绩，这与现代文化的特征是相吻合的。他认为现代文化十分适合能够在独自条件下自信而勤勉地工作的个人，而玩具鼓励幼儿更多地去独自活动。玩玩具就像看电视一样，常常把幼儿长时间地从其他社会互动中拉出来，而让幼儿置于同物体互动的情境中，从物体中学习，学习关于物体的知识。这种活动可以训练幼儿适合现代文化的思维方式：抽象和分析。当然，把玩具看作幼儿适应现代文化的路径，可能既把玩具的功能单一化,也把幼儿社会性发展的影响因素单一化了。但它提示我们以往似乎不十分重视的一个方面,玩具至少处于文化用以完成其基本目标的成套工具之中。

二、幼儿园游戏中玩具的种类

幼儿园游戏中玩具的种类繁多,主要分类标准如下:

(一)依玩具的功能分类

依据玩具的不同功能,玩具可分为以下四类。

(1)表征性玩具:表征性玩具是以自然和社会中的真实事物为模拟对象产生的玩具。这类玩具又可细分为两种,分别是模拟实物的玩具和模拟生物的玩具。前者以社会生活中的用品或工具为模拟对象,后者则以人或动物为模拟对象。

(2)教育性玩具:教育性玩具通常包含一定的学习任务,意在帮助幼儿学习特定的概念或技能,玩具的要素、结构、玩法等通常内化着想让幼儿学习的内容。在这个意义上,可以把教育性玩具看作学习过程的凝固态或者物化形态。

(3)建构性玩具:建构性玩具主要包括可让幼儿进行建构活动的各种材料,比如积木、积塑、沙水等。这类材料既能帮助幼儿在操作过程中感受不同材料的性质、特征,发展动手能力,又为幼儿的想象、创造留有极大的空间。

(4)运动性玩具:可供幼儿骑、滑及用于其他各种运动的玩具,如滑板、小车、各种球、绳子、毽子等。

(二)依玩具的应用对象分类

按照将玩具应用于何种游戏活动,玩具可分为以下五类。

(1)角色游戏玩具:供幼儿玩角色游戏时使用的玩具,如玩"医院""娃娃家"等游戏时用到的各种物品,以及扮演人或动物时用到的头饰、服装、道具等。

(2)结构游戏玩具:供幼儿玩结构游戏时使用的玩具,例如各种积木、积塑,还包括玩沙、玩泥塑时使用的各种玩具等。

(3)智力游戏玩具:常见的包括各种镶嵌类、拼图类、套装类、接插类、棋类玩具等。

(4)体育游戏玩具:包括大型的体育游戏器具如滑梯、秋千等,中型的器具如三轮车、跷跷板等,小型的器具如铁环、哑铃、绳、投掷器材等。

(5)音乐游戏玩具:包括小铃铛、八音盒等发音玩具,小手风琴、打击乐器等儿童乐器。

(三)依玩具的结构化程度分类

按照玩具的结构化程度,玩具可分为高结构化玩具和低结构化玩具。高结构化玩具指的是在功能及玩法上都基本确定的玩具;低结构化玩具则相反,其功能相对不确定,游戏者可以根据自己的想法和想象自由地使用。相比之下,在游戏中使用低结构化玩具更能促进幼儿想象和发散思维的发展。不过遗憾的是，现代玩具尽管种类多样、制作精良，但却多为结构化程度较高的产品，剥夺了幼儿创造想象的机会。就如有学者所批评的："现代玩具将一个完整的结果给了儿童，以成人的技术代替孩子创造的过程，孩子们为游戏而选择玩具、制作玩具、使用玩具的动人心弦的过程被现代技术压缩了，这种直接来自结果的享受，只能对儿童产生短暂的吸引，而不能对儿童人格的形成有促进和引导，儿童只知享受，不知尝试探求，没有发现和创造的动力，儿童的意志和兴趣也就难以开发。"①

三、幼儿园玩具的配备与选择

鉴于玩具对幼儿游戏和发展的巨大价值，幼儿园应为幼儿配备丰富多样的、符合幼儿年龄特点且具有教育意义的玩具。

（一）幼儿园玩具的配备

1992 年国家教委颁布了《幼儿园玩教具配备目录》及其相关指导性文件，规定幼儿园玩教具的配备应包括以下九大类。

☞《幼儿园玩教具配备目录》

（1）体育类：主要包括室内外大型活动器械和幼儿活动用的其他器械，供幼儿练习走、跑、跳、钻、爬、攀登、投掷和平衡。

（2）构造类：主要包括堆积、接、插、拼、搭、穿、编等造型玩具。

（3）角色、表演类：主要包括扮演各种角色、模仿动作等所用的器具。

（4）科学启蒙类：主要包括幼儿自己动手操作、演示各种物理现象的用具，观察和饲养用具，玩沙、玩水等用的玩教具。

（5）音乐类：教师教学用的乐器和幼儿使用的打击乐器。

（6）美工类：主要包括幼儿用于剪、贴、粘、捏、画等的用具。

（7）图书、挂图与卡片类：主要是保证幼儿园完成教学任务的辅助教学材料。

（8）电教类：包括电化教育最基本的软件、硬件。

（9）劳动工具类：主要是用于让幼儿自己动手进行种植、观察、饲养等活动的用具。

这其中混合了部分教师用的教具，但大部分是幼儿游戏、学习用的玩具，可供幼儿园配备玩具时参考。

（二）幼儿园玩具的选择

由于幼儿园玩具供给对象的特殊性，对玩具的选择必须符合严格的标准，以保证玩具的适宜性。对此，有研究者对选择玩具和游戏材料的标准进行了概括总结（表 8-4），具有一定的参考价值。

---

① 邱学青. 学前儿童游戏[M]. 4 版. 南京：江苏教育出版社，2008：238.

表 8-4 分析和选择玩具及游戏材料的基本框架①

结构因素	特征
大小	总体特征(包括重量、厚度、长度、宽度等是否容易把握)
	各部分的特征(包括大小、数量等)
	各部分的结构和可移动性
材料质地	材料的种类
	可清洗性
	视听觉效果的年龄和个体适宜性
复杂性	感知觉与概念的复杂性
	与生活的接近性、客观性、逼真性
	开放性/封闭性
发展适宜性	操作所要求的动作的精细、协调性水平
	可能引起的兴趣性、注意力、坚持性
	挑战性
文化适宜性	具有文化适宜性
	尊重人类和文化的多样性
	无刻板化的观念、偏见和歧视
安全性	是否有年龄和安全(或警告)标志
	易碎性/牢固性
	边缘、点、角的锐利性
	是否有可能让婴幼儿吞咽下去的过于细小的部分
	不含有毒物质
	含铅量
	电动、机械玩具的安全性
	带线玩具线的长度
	适宜游戏者大、小肌肉的运动能力

实践活动

运用现场观察、问卷调查等方法，了解当地幼儿园玩具配备与使用方面的情况，并试着给出改进建议。

【本章小结】

目前人们通常在两种意义上使用"游戏"这一概念：游戏作为一种活动，游戏作为一种精神。儿童游戏具有内驱性和非强制性、愉悦性和趣味性、过程性和非生产性、虚构性和想象性等主要特征。

---

① 刘焱. 儿童游戏通论[M]. 2版. 北京：北京师范大学出版社，2008：621.

游戏的认知分类：练习性游戏、象征性游戏、结构游戏和规则游戏；游戏的社会性分类：偶然行为、旁观行为、独自游戏、平行游戏、联合游戏、合作游戏；基于游戏关键特征的分类：创造性游戏和规则游戏。

游戏理论分为经典游戏理论和当代游戏理论。经典游戏理论包括"剩余精力说""松弛说""种族复演说""生活预备说"等。当代游戏理论主要包括精神分析学派的游戏理论、认知发展学派的游戏理论、社会文化历史学派的游戏理论。

幼儿园游戏指导有助于游戏水平的提高；有利于和谐师幼关系的建立；有益于幼儿的发展。幼儿园、游戏指导应遵循有为与无为相结合、愉悦性与教育性相统一原则。

玩具与幼儿游戏紧密相连。玩具为幼儿游戏提供物质基础，促进幼儿多方面的发展，促进幼儿的社会文化适应。玩具种类繁多，鉴于玩具对幼儿游戏和发展的巨大价值，幼儿园应为幼儿配备丰富多样的，符合幼儿年龄特点且具有教育意义的玩具。玩具的选择应符合严格的标准，以保证玩具的适宜性。

【拓展阅读】

1. 琼斯，瑞诺兹. 小游戏大学问：教师在幼儿游戏中的作用[M]. 陶英琪，译. 南京：南京师范大学出版社，2006.
2. 刘焱. 儿童游戏通论[M]. 2版. 北京：北京师范大学出版社，2008.
3. 邱学青. 学前儿童游戏[M]. 4版. 南京：江苏教育出版社，2008.

【问题思考】

1. 简述游戏的概念及儿童游戏的特征、分类。
2. 结合有关游戏理论，试述儿童游戏的发展价值。
3. 简述幼儿园游戏指导的意义及所应遵循的原则。
4. 幼儿园游戏中玩具的作用是什么？玩具的种类有哪些？

第九章　　幼儿园环境

【学习目标】

1. 理解幼儿园环境的定义、重要性、分类。
2. 知道幼儿园物质环境创设的原则,掌握幼儿园室内、户外环境创设的要求,了解幼儿园装备的相关内容。
3. 理解心理环境的内涵、重要性、主要内容。

【关键概念】

环境　幼儿园环境　物质环境　心理环境　儿童参与

　　一位新教师发现自己班级里的孩子总是爱抢玩具,孩子之间的纠纷也很多。起初,这位教师以为是现在的孩子坐不住、好动,或许因为幼儿太自我中心、没有谦让品质,或许因为不良动画片的影响……不过,隔壁同年龄班的幼儿似乎并不这样。该教师向隔壁同年龄班有经验的老教师请教,老教师在仔细观察了新教师的班级之后,提出了重新规划活动室、提供材料的建议。这是为什么呢?这位新教师又该怎么做呢?

　　一位大班教师正在活动室里画墙饰。外出户外活动的幼儿回到活动室,问:"老师,你在画什么呀?"往常,教师通常会如实回答,并引导幼儿熟悉、了解墙饰设计的思路。这次教师故意装作不知道:"你们觉得老师画的是什么呀?"幼儿纷纷表达了自己的看法。这位教师干脆根据幼儿的这些看法,调整了墙面环境的内容。教师觉得这次的墙面环境创设非常成功。成功的原因是什么呢?

　　上述问题都与幼儿园环境有一定的关系。相信大家在学习完这章之后,一定能够很好地回答这些问题。

第一节　幼儿园环境概述

在瑞吉欧学前教育理念中,环境被视为一个促进儿童学习的重要因素,被称为"第三位老师",是一种"沉默的语言"。我国古代"孟母三迁"的故事,也体现了环境对儿童发展的重要性。陈鹤琴先生曾说过:"小孩子生来大概都是好的,但是到了后来,或者是好,或者是坏,都是因为环境的关系。环境好,小孩子就容易变好;环境坏,小孩子就容易变坏。一个小孩子生长在诡诈恶劣的环境里,到大来也会变成诡诈恶劣的。一个小孩子生长在忠厚勤俭的环境里,到大来也是忠厚勤俭的。"[1]

一、环境与幼儿园环境

环境指影响生物机体生命以及发展与生存的所有外部条件的总和。对不同的对象和学科来说,环境的内容、所指的对象有着较大的差异。比如,对生物学来说,环境是指生物生活周围的气候、生态系统、周围群体和其他种群等。对企业和管理学来说,环境则指社会和心理的条件,如工作环境、企业文化、人际氛围等。在教育学和心理学领域,环境通常指个体生活周围的情况和条件的总和。

环境总是相对一定的中心而言的,中心不同,其所处的环境也就有了差异。本章所要讨论的幼儿园环境,从物的角度来看,是以幼儿园为中心的;从人的角度来看,是以幼儿园里的幼儿为中心的。不同的幼儿园,环境会有所差异;同一所幼儿园,不同班级的环境也会有所差异;同一个班级,不同的幼儿所处的、所互动的环境也会有所差异;甚至同一名幼儿,在不同的时间里,所处的环境也会很不相同。

如何理解"幼儿园环境"这一概念?就当前中国学前教育实践领域的现状来看,首先应避免将幼儿园环境狭窄化为幼儿园的物质环境、设施设备,甚至墙面环境。其次,也应避免将幼儿园环境理解为幼儿园以内的环境,忽略了幼儿园所处的社区环境、社会环境。实际上,秉持相对生态学视野下的幼儿园环境概念,更有利于高质、有效的学前教育的开展。

教育生态学家布朗芬布伦纳认为,一个人的发展总是与其所处的生态环境相关。生态环境包含小系统、中间系统、外系统和大系统,前者逐渐被包含在后者之中,形成了一种同心圆样式的结构,如图9-1所示。

根据教育生态学的观点,传统的幼儿园环境定义"以幼儿园为中心的各种情

---

[1] 陈鹤琴. 家庭教育与父母教育[M]. 上海:上海人民出版社,2013:213.

况、条件的总和"既显得有些过于宽泛(如似乎包括了所有的内容),又遗失了一些重要的内容(如不是以人为中心而是以物为中心)。而根据图 9-1,可以清楚地看到,幼儿园环境是幼儿整个生态系统中的一个小系统。在这个小系统内部,还包含设施设备、同伴关系、师幼关系,以及幼儿园与家庭、社区等系统之间的互动。根据教育生态学的观点,幼儿园环境是指幼儿本身以外的、影响幼儿发展或者受幼儿发展所影响的幼儿园中的一切外部条件和事件。① 这一定义对树立科学的环境观、发挥环境的教育功能有着更为宽广的启示意义。

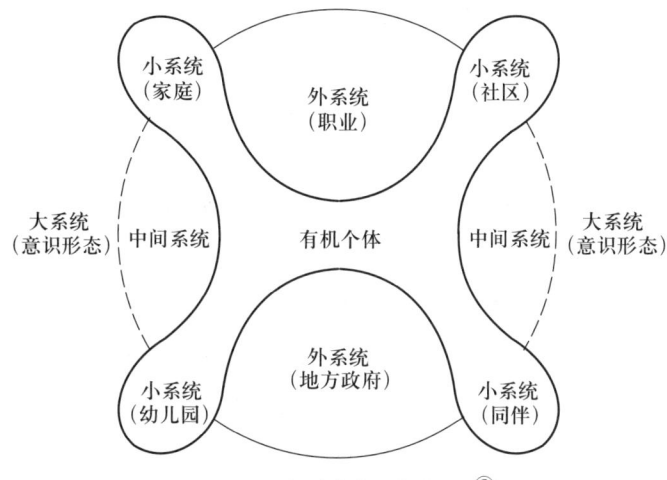

图 9-1 有机体生态系统模型图②

从这一定义中,我们可以看到:

(1) 幼儿园环境的中心应该是幼儿,而不是幼儿园活动室、设施设备等物的因素,也不是幼儿园教师。幼儿是幼儿园环境的主人,幼儿园环境应该有幼儿视角。在幼儿园环境创设、幼儿园的参观学习中,要尽可能避免"见物不见人"的现象。

(2) 幼儿园环境包括设施设备等物的因素,也包括幼儿、成人如何利用这些物质环境,还包括同伴关系、师幼关系等各种关系。一个幼儿园的同伴关系、师幼关系是环境的一部分,也影响着其他环境是否发挥作用,发挥多大作用,如何发挥作用。

(3) 幼儿园环境既指幼儿园内部的各种环境,也包括幼儿园所处的外部环境,如所处的社区环境、社会环境。一个与社区环境格格不入的幼儿园,难以发挥整体效应。

(4) 幼儿园环境是各种不同环境之间的互动。幼儿与环境的互动过程、互动情况,是幼儿园环境质量的核心。幼儿园环境是动态性的、过程性的,而不是静

---

① 薛烨,朱家雄,等.生态学视野下的学前教育[M].上海:华东师范大学出版社,2007:200-201.
② 薛烨,朱家雄,等.生态学视野下的学前教育[M].上海:华东师范大学出版社,2007:67.

止的、不变的。

将《幼儿园教育指导纲要(试行)》中有"环境"的句子都勾画出来,并与同学讨论其要义,根据"环境"的意思进行分类。也可以对《幼儿园工作规程》《3~6岁儿童学习与发展指南》进行类似整理、分析。

二、幼儿园环境的重要性

对不同的主体而言,某一事物的价值、重要性往往有所不同,甚至有很大的差异。我们可以从幼儿园、教师、家长、幼儿等不同的角度,来分析、讨论幼儿园环境的重要性。

对幼儿园来说,环境本身就是教育。有什么样的环境,就会产生什么样的教育。幼儿园里的种植、饲养环境,本身就在进行着如何处理人与自然关系的教育,在进行着生命教育。幼儿园有着温馨、爱、包容的氛围,本身就在进行着爱的教育。显然,一个有趣、好玩的幼儿园环境,本身就在保护幼儿的好奇心和学习兴趣,在培养幼儿敢于尝试和探究、乐于想象和创造等学习品质。幼儿园的建筑、空间、物体,无时无刻不在进行着教育。教育不只是发生于活动室之内,还发生于活动室之外的广阔空间;教育不仅仅是集体教学活动,更是一日生活各个环节的方方面面。

对幼儿园来说,环境是办园思想、教育理念的具体体现,是一所幼儿园的"气质""形象",向家长、社会无声地宣传着学前教育。环境也是幼儿园达到教育目标的重要载体,缺乏相应的环境,没有相应的环境资源支撑,再好的教育理念、课程、教学方案都难以甚至无法实施。正是因为环境对一所幼儿园的重要性,在幼儿园办园质量评价中,通常都会将"环境"作为一个重要的部分。《幼儿学习环境评量表(修订版)》(Early Childhood Environmental Rating Scale-Revised Version, ECERS-R)就是对环境、环境利用的评价,是广为学前教育研究者、幼儿园教师所使用的评价工具。被人们认为更指向过程质量评价的《课堂互动质量评估系统》(Classroom Assessment Scoring System, CLASS),则注重对幼儿园师幼互动、师幼关系(心理环境)的评价。

对幼儿园教师来说,环境创设与利用是其工作的重要内容之一。《幼儿园工作规程》关于幼儿园教师主要职责的规定中,第二条即与环境有关,"创设良好的教育环境,合理组织教育内容,提供丰富的玩具和游戏材料,开展适宜的教育活动"。确实,没有良好的环境、丰富的玩具和材料,就不可能有适宜的教育。《幼儿园教师专业标准(试行)》从专业理念与师德、专业知识、专业能力三个维度对幼儿园教师提出了专业的要求。第一种专业能力为"环境的创设与利用"。

具体要求为："建立良好的师幼关系，帮助幼儿建立良好的同伴关系，让幼儿感到温暖和愉悦。建立班级秩序与规则，营造良好的班级氛围，让幼儿感受到安全、舒适。创设有助于促进幼儿成长、学习、游戏的教育环境。合理利用资源，为幼儿提供和制作适合的玩教具和学习材料，引发和支持幼儿的主动活动。"

对家长来说，他们主要从幼儿园环境中获得学前教育知识、了解幼儿园教育的实际情况。家长在评价一所幼儿园时，首先关注的也是这所幼儿园的环境，而且大致遵循从硬环境到软环境的顺序。"幼儿园的环境是家长们最为看重的。家长会非常重视幼儿园的环境，如空间是不是够大，一个班级里、整个幼儿园的人数会不会很多，尤其是班额的大小。还有就是设备是否安全，是否清洁卫生。比如，有的家长会专门到幼儿园的厕所、午休室里闻是否有异味。有的家长会去仔细检查园内大型玩具是否安全、螺丝是否脱落等。如果幼儿园不久前才装修过，家长对此也会非常敏感。"①

幼儿园环境的重要性，更体现在幼儿园环境对幼儿发展的促进上。个体的发展总是在社会环境(如家庭、幼儿园、学校等)中进行的，是个体因素与周围环境主动、积极地相互作用的结果。正是因为如此，《幼儿园教育指导纲要(试行)》等学前教育文件都非常强调环境的作用，认为环境是重要的教育资源，应通过环境的创设和利用、有效地促进幼儿的发展。

《幼儿园教育指导纲要(试行)》中关于环境的规定

幼儿园环境对幼儿发展的作用究竟体现在哪些方面呢？一个角度是分析幼儿园环境对幼儿身体、认知、情感、社会性等发展的作用。比如，幼儿园是一个集体的环境，幼儿有着众多的同伴，幼儿园环境对幼儿的社会性、情绪情感的发展显然有着其他机构、环境不可替代的作用。另一个角度是分析不同的幼儿园环境对幼儿发展的不同作用。比如，物理环境和空间的利用、材料的可获得性和运用、成人与幼儿交互作用的数量和类型等。以物理环境为例，活动空间的拥挤状况会影响幼儿的活动类型、活动质量，人群密度大的活动室，有可能使幼儿的攻击性行为增加，社会交往行为减少。类似影响幼儿发展的物理环境还有：活动室的空间分隔、设备安排，户外活动场地、大型设备，噪声，材料的吸引力，材料类型和复杂程度，材料的数量、类型和陈设。②

三、幼儿园环境的分类

根据不同的分类标准，幼儿园环境可以有多种分类。不同的分类标准，能够从不同的侧面提供有关幼儿园环境的信息，帮助我们形成更加全面、完整的幼儿园环境观。通常情况下，人们习惯把幼儿园环境分成物质环境和心理环境。前者强调园舍、设施、设备等物质性因素，后者强调关系、氛围、文化、制度等社会

---

① 鄢超云.学前教育评价[M].北京:高等教育出版社,2010:264.
② 薛烨,朱家雄,等.生态学视野下的学前教育[M].上海:华东师范大学出版社,2007:178-214.

性因素。(本章第二节、第三节将详细进行论述。)还有人从幼儿园教师工作开展的角度,将幼儿园环境分为室内环境、户外环境、班级环境、园际环境,或生活环境、运动环境、游戏环境、学习环境等。下面详细介绍另外两种分类。

(一)根据人类和环境的互动关系进行分类

幼儿园环境涉及的要素是比较多的,如灯光、色调、空间大小、分隔方式、设备数量及呈现方式、作息安排、人际氛围等。有研究者根据人类和环境之间的互动关系,将环境分成了五个维度,这五个维度也适合幼儿园环境。①

1. 冷硬—柔和

这个维度是指诸如色彩、灯光、温度、设备排列方式等环境因素所引起的人的生理或心理的感应性是比较冷漠、坚硬,还是比较温柔、和谐。环境的色彩属于明亮或暖色系时(如粉红、黄、橘),人较易于放松心情或从事动态活动;而在冷色系(如灰色、青色)的环境里,人较易于安静或从事思考活动。桌椅排列整齐、墙上贴着名言警句的教室,与分为多个活动区、墙上展示着幼儿作品的活动室,散发出的感觉是不一样的。同样,"一个经常拥抱、抚摸孩子或蹲下来和孩子说话的老师,其所散发的柔和感,和一个经常将两手叉腰或双手环抱胸前的老师所流露出来的冷漠感,真可说是形成强烈的对比"②。

2. 开放—封闭

这个维度是指环境的各个因素对人的行为的限制程度。有些玩具、材料必须遵循特定的玩法、步骤,不允许幼儿按自己的方法、用多种方法来使用;而类似积木、沙等材料,则完全允许幼儿按自己的方法使用。比如,对于幼儿园的沙池、户外大型玩具来说,幼儿能不能玩、何时玩、能玩多久、以什么样的方式来玩,都会体现出环境的封闭与开放程度。活动室里的布置,有的布置限制幼儿之间进行交往,有的布置则鼓励幼儿之间互动。不同的作息时间表也可能体现出这种开放—封闭程度。比如,有的作息时间表比较固定,到这个时间就必须做相关的活动,相对比较封闭;而有的作息时间表具有一定的弹性,可以根据幼儿的兴趣、需要、活动时的具体情况(如天气)缩短、延长或调整,相对比较开放。

3. 单纯—复杂

这个维度是指一件器材、设备或一个环境吸引人的程度。比如,一只铲子或一个水桶都是很单纯的玩具,幼儿容易失去兴趣,但是当它们与沙漏、耙子等一起用于玩沙、玩水游戏时,其学习环境也就变得更加复杂了。功能过于简单或过于复杂的玩具、课程内容、活动室布置或规划,都相对地难以引起幼儿的学习动机。

---

① 戴文青.学习环境的规划与运用[M].南京:南京师范大学出版社,2005:18-20.
② 戴文青.学习环境的规划与运用[M].南京:南京师范大学出版社,2005:19.

4. 介入（干预）—退隐（忽略）

这个维度是指环境因素暗示的"人与人""人与物"的互动程度。在宽广的、不断变化的环境里，所暗示的是欢迎其他人参与；而在一些小的、隐蔽性的空间，则暗示的是不希望受到干扰。在幼儿园里，有些活动的性质倾向于欢迎同伴、教师参与，而有些活动的性质则更倾向于安静的、个人的。

5. 高活动量—低活动量

这个维度是指环境中所提供的或暗示的大肌肉活动程度。一般说来，户外环境倾向于高活动量的，室内环境更倾向于低活动量的。同样是室内，不同的环境布置、不同的区角分隔方式，其活动量高低的暗示性也是不一样的。

需要指出的是，上述五个维度，每个维度中都蕴含着一系列的环境类型，如"冷硬"与"柔和"是两种相互对立的环境类型，同时在"冷硬"与"柔和"之间还有一系列的类型。需要强调的是，这五个维度本身没有重要、不重要之分，每个维度内的类型也没有好坏之分。每一个维度、每一种类型，都有其相应的价值。

（二）从幼儿园环境的要素角度进行分类

瑞吉欧幼儿园把人、空间、时间、材料作为幼儿园环境的四个要素。[1]

人：环境中有哪些人？是谁？他们所处的家庭、文化、信仰、生活方式是怎样的？怎样利用这些资源来设计活动，为幼儿的学习与发展提供支持、方向、挑战和持续的动力？幼儿是同伴、玩伴与启发者，怎样透过成人去发挥幼儿自身的价值？

空间：包括室内和室外两个方面。幼儿会在室内、室外做些什么？幼儿是否有机会从事一些有意义的工作，如修理玩具、张贴一幅画等？幼儿已有的经验、技能、情感是否有机会体现、运用出来？他们能从室内、室外的环境里获得哪些方面的发展？

时间：为什么这样安排时间？幼儿是否有充分的、宽松的、不被打扰的自由活动时间来玩、想象和创造？他们是否有自己解决问题的时间？是否有成人介入交谈、引导、建议的时间？

材料：是否问过幼儿想要什么材料？室内、室外已有材料对他们有哪些影响？他们对哪些材料、图书、图片最感兴趣？哪些材料受到他们的欢迎？不同性别、背景、文化的幼儿在选择材料上有哪些差异？教师提供的材料会产生什么问题和矛盾？

---

[1] 李季湄. 幼儿教育学基础[M]. 2版. 北京：北京师范大学出版社，2017：187-188.

实践活动

观摩一所幼儿园(或一个班级、活动区),从"冷硬—柔和,开放—封闭,单纯—复杂,介入—退隐,高活动量—低活动量"的维度,或从"人、空间、时间、材料"的维度,对所观摩的幼儿园(或班级、活动区)进行分析。也可以搜索有关安吉游戏的视频、图片,结合二维码"安吉游戏的五个关键词"来进行这一实践活动。

☞ 安吉游戏的五个关键词

第二节　幼儿园物质环境的创设

幼儿园物质环境是指可见的、有形的环境,包括园舍、场地、设施、玩具、图书等物质性的东西。幼儿园教育活动的开展首先要以基本的物质环境为前提。科学创设幼儿园的物质环境是幼儿园教育工作的重要内容。

一、幼儿园物质环境创设的原则

幼儿园物质环境的创设既要注意环境的艺术性,也要注意环境的教育功能;既要考虑环境应该是有用、实用的,也要考虑经济成本;既要考虑便于幼儿与环境互动,也要考虑环境应该是卫生、安全的。以下是幼儿园环境创设应遵循的几个原则。

(一)以幼儿为中心

根据教育生态学的观点,幼儿园环境的真正中心不是幼儿园,而是幼儿。环境是否能够对幼儿产生影响、产生什么样的影响、产生多大的影响,关键的因素是幼儿。需要不断反问的是:幼儿园的环境是谁的环境?是幼儿自己的环境,还是成人视角的环境?是成人的逻辑,还是幼儿的逻辑?幼儿的感觉如何?教师辛辛苦苦画的墙面环境,是否是幼儿所喜欢的?幼儿究竟喜欢什么样的环境?

当前围绕儿童的研究很多,如儿童哲学、儿童的朴素理论、儿童的科学、儿童的艺术等,强调从儿童的视角出发来思考、看待问题,为幼儿园环境创设也提供了一些参考。比如,有关儿童朴素理论的研究发现,儿童对周围世界有着自己的认识,这些认识可能与成人一致,但成人却没有发现,因而低估了儿童;这些认识也可能与成人很不一致,但成人没有意识到,因而高估了儿童。

在幼儿园中,从幼儿的视角来考虑幼儿园环境的创设,需要教师不断地去解读幼儿,真正读懂幼儿。比如,有的教师让幼儿自己规划环境,包括桌椅怎样摆放、设置哪些区角、区角的名字、区角里放哪些材料等,发现幼儿视角中的环境确实别有洞天。

教师在运用幼儿视角创设环境,将幼儿真正作为环境主人的过程中,要避免

"假装"以幼儿为中心,形式化地听幼儿说、请幼儿做的倾向。比如,很多教师都知道墙面环境要有"孩子的视线",虽然他们将幼儿的作品贴在了墙面的低处,但总是只贴那些教师认为画得好的作品。在种植前,教师会请全班幼儿一起讨论种什么,很多幼儿都说要种草莓,但教师知道别的班已经决定要种草莓了,为了让自己班的种植与别的班不一样,决定种芹菜。真的尊重幼儿的想法、意见的教师做法,如一位教师有感于幼儿园材料投放只增不减导致的问题,在班级里设置了一个区角,幼儿可以选择材料进入,但离开时(不在里边玩耍时)须拿走自己拿进去的材料,如果区角里没有幼儿玩耍,就应该没有材料。教师还请幼儿为这个区角取名字,最终幼儿给这个他们自己非常喜欢的区角取名为"乱耍区"。有的园长,还会在平时留意幼儿最喜欢在哪些地方玩,喜欢哪些材料;或者在每年五六月份对幼儿进行调查,以决定暑假是否要调整幼儿园的户外环境,调整哪些,如何调整等。

实践活动

到一所幼儿园,观察统计最受幼儿欢迎的材料、区角,最不受幼儿欢迎的材料、区角,从幼儿的角度进行分析。

(二) 创设与利用并重

如果只是创设而不利用,幼儿园环境的作用也就难以发挥。关于幼儿园环境创设与利用之间的关系,要注意以下几点:第一,直接利用。如对活动室角落、过道的利用,让幼儿收集材料作为教具、学具等,尤其是各种幼儿操作使用的材料。应该尽可能减少大量的创设环境、开发环境的工作。第二,让幼儿参与环境创设。幼儿园的环境创设,应尽可能使幼儿参与,听取幼儿的意见,并注意引导幼儿利用环境。第三,在创设环境时考虑如何利用,如何使环境产生最大的效用,如何真正促进幼儿的发展。第四,根据幼儿的兴趣、需要和活动开展的实际情况,采用多种方式利用环境,采取集中利用和分散利用相结合、教师指导的利用和幼儿自发利用相结合的方式。

当前幼儿园环境创设中的一个突出问题就是对环境的利用不够。比如,有关农村幼儿园环境创设的研究与实践都认为农村幼儿园的环境应该有农村幼儿园的特色,如对农村资源、乡土材料的利用等。因此,我们经常看到在农村幼儿园里堆积了大量的"农村"材料,环境也很有"农村"特色,但是对用这些"农村"材料做什么、发展什么缺乏思考。如果教师能够发现农村幼儿在大胆表达、大胆交流上存在问题,用这些幼儿熟悉的,甚至是幼儿自己收集而来的材料,让幼儿表达、交流,这才是在利用所创设的环境。再如,很多幼儿园都会把幼儿的作品(尤其是美术作品)装入"档案袋",这种简单地收集、呈现幼儿作品的方法,还只是在创设,而没有利用。如果教师能够将这些收集的作品,让幼儿重温,自己对比,或者每隔一段时间就让幼儿选出一张自己最满意的作品,这就是在利用环境。

这里的利用,既指教师也指幼儿要利用创设出来的环境。幼儿园的环境,要使幼儿能够利用,而有的幼儿园的一些设施设备昂贵或容易损坏,幼儿只能看不能使用,只起到装饰作用。幼儿园的环境,还应该尽可能方便幼儿利用。如果环境的利用非常麻烦、烦琐,幼儿也会倾向于不去利用。比如,材料、图书放在非常高的地方,幼儿每次取放都要请教师帮忙;材料在非常远的地方,无法实现材料的移动、组合。此外,教师的要求、班级的常规、幼儿园的制度,都会在一定程度上影响环境的利用。

在幼儿园教育实践中,常常面临这样一种情况:一方面,园长、教师抱怨条件有限、资源不足,一方面却存在空间闲置、资源浪费的情况。比如,一些幼儿园有很多的功能室、专用活动室,但却很少使用;班里几乎没有图书,但幼儿园有一个高端、大气的图书室,但很少开放;幼儿园有很大的户外空间,但活动却总是在活动室里,很少外出。教师必须意识到,环境是拿来用的,不是拿来欣赏、装饰的。环境必须与幼儿发生关系,才能成为资源,才能具有教育意义。

以某幼儿园为例,在不购买、增添设施设备、材料的情况下,如何充分利用已有资源,提升幼儿园环境的质量?

(三)环境与活动相互支持

幼儿园的物质环境与幼儿园教育活动是一种相互支持的关系。一方面,幼儿园的物质环境能够支持幼儿园教育活动的开展;另一方面,幼儿园教育活动的开展也支持了幼儿园物质环境的创设与利用。

环境对活动的支持,主要表现在以下四个方面:第一,环境作为一种教育资源,是幼儿园教育活动得以开展的前提条件。一个没有宽阔场地的幼儿园,幼儿就缺乏奔跑的机会。一个没有高低不平地面的幼儿园,幼儿也就失去了在日常活动中进行平衡活动的机会。一个活动室里没有区角、没有材料,开展区角游戏就会困难重重。第二,环境可能会引发(生成)一些教师没有事先计划的活动。比如,一所幼儿园里每个班都有种植园地,幼儿在"每日一逛"(每日一逛种植园地)中,提出了非常多的问题,教师顺着幼儿的这些问题,开展了很多活动。第三,环境可以支持活动向纵深发展,产生深度学习。同样以种植为例,为了能够进行种植活动,幼儿必须学会使用工具,而这些工具可能会坏,幼儿还得想办法修好坏了的工具。第四,环境"记录"着活动的过程。同样以种植为例,幼儿活动的过程，都被"记录"在种植的植物、园地、工具上，哪怕一个用坏的水壶、一株枯萎的植物、一次失败的种植。这是没有字的记录，但又是丰富的，承载着思想、感情的记录。

活动对环境的支持，主要表现在以下两个方面：第一，活动一定会作用于环境，会改变环境，而改变了的环境，本身就是幼儿园环境的一个部分。例如，幼儿在建构游戏中修建了一个比较复杂的建筑，建构持续了一个星期，搭好后幼儿向教师建议，希望不要拆，教师又保留了一个星期。在这两个星期中，正在搭建的和搭建好的建筑，本身成了幼儿园的环境，大家观看、讨论、提问、解释，又引发了新的活动。第二，记录活动过程、活动结果的文字、绘画、图片等，可以用于布置环境。例如，将一个活动过程用各种照片在墙面进行展示。

环境与活动的这种相互支持，是一个动态的，可以一直延续下去的过程。环境支持活动，活动丰富、深化了环境，如此反复。如一个班级的墙面，被称作"问题墙"，教师和幼儿一起将问题贴在墙上，幼儿会讨论这些问题，教师又把幼儿对问题的不同回答贴在墙上，幼儿又进一步发表看法。在这个过程中，墙面环境与幼儿的活动交织在一起，不断往纵深推进。一面墙不仅仅用于"张贴"各种问题，还可以"提出"各种问题，推动幼儿的思考、交流、讨论。环境，确实可以说话，是无声的语言，是无字的书。

（四）幼儿参与

在幼儿园环境的创设中，教师应该坚持让幼儿参与其中。参与是幼儿的一项基本权利，幼儿也正是通过参与而获得发展的。幼儿园环境应该如何创设，如何利用，都可以让幼儿发表自己的意见、看法，或者让幼儿在其中做一些力所能及的工作。

罗杰·哈特的"儿童参与阶梯理论"提出，参与存在着程度的差异，图9-2是被称为"参与阶梯"的不同"梯子"。从"参与阶梯"可以看出，参与阶梯展现出不同程度、不同类型的儿童参与。有些参与只是形式上的，儿童是消极的、被动的，本质上不是参与。阶梯越往上，儿童的参与程度越高。

（1）儿童完全受摆布。儿童完全按照成人安排或决定来说话和做事，他们就像棋盘上的棋子一样，被他人随意摆放。儿童不知道为什么要这样做，甚至不知道接下来应该做什么。儿童只是根据成人的指令、手势、表情，判断接下来做什么。

（2）儿童装饰性参与。有机会参与一些事情，譬如在一些社区活动中唱歌、跳舞，或穿上有标语的汗衫参与宣传，但儿童并不真正明白事情的意义所在。

（3）儿童象征性参与。成人允许儿童对有关儿童的问题发表一些看法，但没有给予机会或只给予很少的机会让儿童选择发表看法的方式，或让儿童阐明自己的观点。

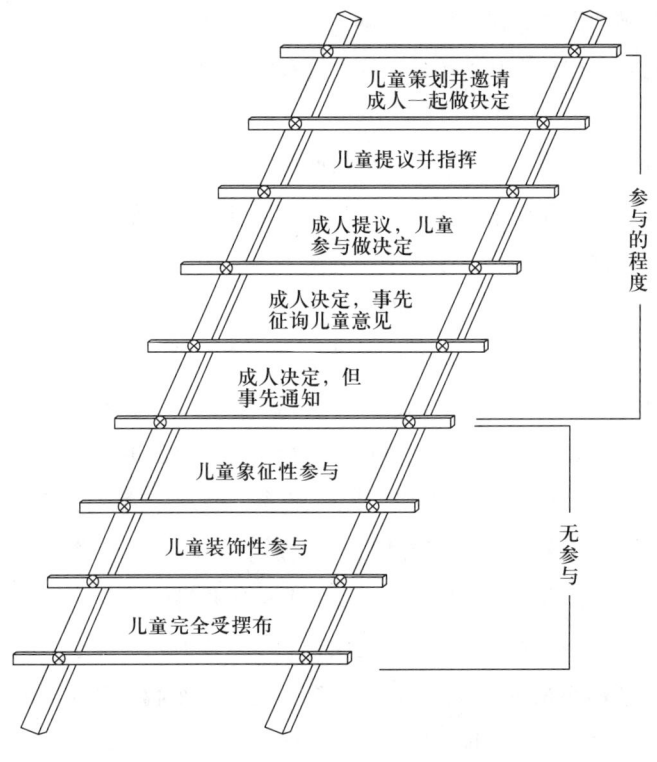

图 9-2　参与阶梯

（4）成人决定，但事先通知。成人确定了计划后，在让儿童明白计划的意义和做法之后，让儿童自己决定是否应该参与。

（5）成人决定，事先征询儿童意见。在成人计划和实施的项目中征询儿童的意见和建议，成人告诉儿童事情的进程，并认真考虑儿童的意见。

（6）成人提议，儿童参与做决定。成人出主意，在计划与实施的过程中让儿童参与，在做出决定时，与儿童的意见达成一致。

（7）儿童提议并指挥。儿童发起，自己计划、组织和主导实施的过程，在计划与实施的过程中没有成人干预。

（8）儿童策划并邀请成人一起做决定。儿童自己提出有关事项，并主动邀请成人一起做决定，做决定时考虑成人的意见。

在幼儿园环境创设乃至幼儿园教育活动的组织与实施中，都应贯彻幼儿参与的原则，教师应注意幼儿参与的程度、深度。幼儿的参与，不仅仅是动作、操作层面的参与，还是心理、思想层面的参与。幼儿不仅可以动手操作、摆弄，还可以动嘴讨论、交流，动脑思考、想象。从当前幼儿园环境创设的实践来看，尤其要避免将参与理解为幼儿动作参与的现象。

请以幼儿园的"娃娃家"环境创设与利用为例,分别为"参与阶梯"的每一"梯"举一个例子。

(五)低成本、有质量

幼儿园环境创设的成本,首先表现为经济成本,如环境创设所需要材料的购买成本、外请人员的劳务成本等。通常所说的因地制宜、因陋就简、就地取材、废物利用、一物多用等,就是指向经济成本。但幼儿园环境创设的成本,绝不只是经济成本,或者说直接可见的、支付出去的成本,还应该看到一些间接成本。比如,幼儿园教师在环境创设中的时间成本,在运行的过程中可能产生的成本,环境的调整、改变可能产生的成本等。①

幼儿园环境创设的成本有高低、质量有高低。这样就可能存在以下四种情况:第一,高成本、低质量。这样的情况应该极力避免。第二,高成本、高质量。我们不能因为批评"花钱病"而将"高成本"等于"低质量"。但是,即使是高成本、高质量,我们也并不提倡。第三,低成本、低质量。第四,低成本、高质量。这是最为理想的局面。这种理想局面的出现,需要学前教育工作者的创造性工作。

根据幼儿园实践,我们所提倡的是低成本、有质量。低成本、有质量环境创设的本质,是教师对幼儿学习与发展规律、特点的尊重,是对幼儿园教育特点的把握。离开幼儿学习规律和特点谈"成本""质量",终将是表面的、空洞的。无论是什么样的环境,低成本也好,高成本也罢,不符合幼儿学习与发展规律、特点的环境,就难以有质量。《3~6岁儿童学习与发展指南》指出,教师应"理解幼儿的学习方式和特点。幼儿的学习是以直接经验为基础,在游戏和日常生活中进行的。要珍视游戏和生活的独特价值,创设丰富的教育环境,合理安排一日生活,最大限度地支持和满足幼儿通过直接感知、实际操作和亲身体验获取经验的需要",这些规律和特点,正是低成本、有质量幼儿园环境创设的基础和根本。

李季湄教授认为,低成本不应仅仅被当作一个经济问题、贫困问题,低成本、有质量不是农村幼儿园应该坚持的原则,而是我国所有幼儿园应该坚持的原则。越是学前教育的投入增加了,比以前有钱了,我们越应该坚持低成本、有质量原则,更应将精力、焦点放在质量问题上,否则,就会出现华而不实、昂贵奢侈的"土豪"式环境。这样的环境,伤害幼儿发展的质量,也伤害幼儿园教育体系。

---

① 鄢超云,等.低成本有质量的幼儿园环境创设[M].北京:教育科学出版社,2013:12.

二、幼儿园室内环境创设

幼儿园室内环境是与户外环境相对的。幼儿园室内环境包括：活动室环境，如活动区的规划与材料投放、墙面环境等；生活环境，如寝室、卫生间；一些全园性的室内公共空间，如专用活动室、走廊、楼梯等。不少论文、著作中的学习环境、游戏环境、区角环境等，指的就是室内环境。

（一）室内环境创设的要求

室内环境创设是幼儿园环境创设的重点，教师应注意以下两点。

1. 做好规划

在具体进行室内环境创设前，特别是在一个学期开学前，教师对所在班级的室内环境进行规划是非常有必要的。规划，意味着对环境的总体性、根本性思考，是对为什么要创设环境、为谁创设环境、创设什么样的环境、怎么创设环境、如何使用环境、可能存在什么问题的前瞻性思考。如果室内环境创设不进行总体性的规划，一开始就陷入细节，缺乏长远的思考，可能会做很多无用功。

第一，要有规划的意识。在室内环境创设前，教师能意识到应该提前进行一些思考，做一些计划。

第二，平时应多积累室内环境创设的经验。例如，注意观察本班的环境：幼儿是如何活动的？幼儿喜欢吗？幼儿能利用吗？幼儿能参与吗？还存在什么问题？同行、领导提过什么意见、建议吗？再如，到别的班级、幼儿园参观时，注意观察：别人是如何规划的？别人是如何解决你的一些困惑的？

第三，善于思考，做出各种假设。例如，假设这样创设，可能有什么优点，有什么不足？必要时，也可以画图纸、示意图，展示不同区域之间的关系。

第四，室内环境规划要兼顾其他可能影响室内环境的要素。例如，不同的课程理念、课程实施方式，对室内环境的要求是不一样的，有的课程可能更需要小组活动、探究的空间；有的地区天气、气候特殊，如雨水多、某些时间段空气质量不适合外出等，这就需要考虑室内运动环境、空间的提供。有些班级的幼儿有着某些显著的特点，如有的班级大多数是男孩，或者班级里幼儿的家长以某一职业为主，又或者留守儿童多，教师在规划室内环境时，对这些情况都要有所考虑。

2. 处理好关系

这里主要从活动室环境创设的角度进行讨论。

（1）不同类型的活动

室内活动的类型多样，如游戏活动、学习（狭义）活动、生活活动等。幼儿园教师应该综合地使用空间开展各种活动。如有的教师根据实际情况，利用寝室的空间开展结构游戏；不适合外出（如下雨）时又可以创设成可供幼儿钻、爬的空间。

(2) 面积的大与小

教师面对本班确定的活动室、寝室空间，如何规划空间、如何划分活动区大小、如何让活动区与活动区之间产生组合效应，是非常重要的。如何通过规划、设计，发挥空间的优势，避免可能出现的问题，是教师应该注意观察、思考的。

(3) 变与不变

室内环境创设不能一成不变、一劳永逸，应该随着课程与活动的推进、幼儿兴趣与需要的变化，做出相应的调整。但也不是说室内环境变化越大、变化越多就越好。例如，投放的一些材料，幼儿第一天没有使用，教师就判断幼儿不喜欢，做出了调整的决定，但或许是因为幼儿还不熟悉这些材料，多些等待，幼儿就可能使用。

(二) 活动室环境创设

1. 活动区环境创设

在活动室环境创设中，很多幼儿园都会创设活动区，以满足幼儿多样化的发展需求。活动区不仅仅是一种形式，更与我国幼儿园教育越来越强调尊重幼儿、尊重幼儿的具体差异、注重幼儿主体性的培养等理念的普及、实践有关。

(1) 对活动区进行规划

对活动区进行规划是非常重要的。同一个活动室，相同的材料，不同的活动区规划、不同的排列组合，其效果通常会有很大的差异。

一是首先标出(关注)哪些东西是固定的、无法移动的，哪些东西应该首先被固定下来，活动室里幼儿、教师通常会怎么走动。例如，阅读区需要比较安静的地方，需要书架，相对应该首先考虑。

二是根据幼儿发展的特点、兴趣、需要以及教育的需要，对活动室的区角进行规划，如娃娃家、阅读区、积木区、艺术区等。不同幼儿园、不同班级、同一班级的不同时期，完全可以有不同的区角。

三是从幼儿的视角来规划、设计区角。例如，不少教师在规划区角时，更多的是从学科、领域的角度来命名，如计算区、语言区、艺术区、科学区等，应给幼儿参与命名的机会。

四是区与区之间适度分隔。既然是"区"，区与区之间就应该有分隔，如用玩具柜进行分隔。但这种分隔又必须适度，幼儿必须在成人的视线范围之内。

五是每个区角的活动类型应该丰富，能够深入、持久地开展，并且有利于幼儿之间的互动。

六是在学期、学年中，教师应根据幼儿的兴趣、需要等，适当调整区角，而非一成不变。

(2) 选择材料

材料是幼儿活动的重要对象，材料的选择决定了幼儿活动的质量和幼儿可能获得的经验。选择材料应注意以下几点：

一是选择幼儿感兴趣的材料。例如，小班幼儿非常喜欢动手操作、摆弄各种材料，尤其是与手部动作、小肌肉动作有关的，如捏、撕、粘、压、挖等，因此，教师可以为小班幼儿提供各种夹子、容易撕的纸、可用来挖的泡沫等。

二是考虑幼儿的发展水平、年龄特点。例如，幼儿游戏通常会经历独自游戏、平行游戏、合作游戏的过程，教师提供材料时就应考虑到相应的情况。

三是提供一物多玩、有多种用途的材料。

四是选择那些与正规教育活动有关的材料，如能够延伸、拓展集体教育活动的内容。

(3) 存储材料

幼儿的思维通常比较直观形象，很多活动都是看到材料之后才引发的。因此，存储材料的玩具架、柜应是比较低的、开放的，幼儿自己能够取放。取放材料对幼儿本身也是一种锻炼，具有教育的价值。

2. 墙面环境创设

与中小学不同，幼儿园非常重视墙面环境。在幼儿园室内环境中，墙面环境居于重要地位。

与活动室地面活动区的规划一样，墙面环境也需要规划。理念不同，对墙面的规划也会不同。例如，有的幼儿园将墙面环境分成三个"三分之一"：下三分之一主要是幼儿能够直接操作、摆弄的，如可以起到感觉训练作用的各种触摸材料；中三分之一主要呈现活动的流程；上三分之一主要呈现幼儿的作品。有的幼儿园认为，呈现幼儿的作品一定要适合幼儿的视线高度，否则幼儿看不到自己的作品，就起不到应有的作用。

墙面环境很重要的一个方面是，要调动幼儿参与的积极性，要创设幼儿自己的环境，因此教师的一个策略是用作品来布置环境，如收集幼儿的绘画作品，将这些作品贴出来。在进行这样的环境创设时，教师应注意几个问题：第一，呈现与当前活动有关的作品。第二，这些作品应该是个性化的，而不是从一个模子出来的。第三，不仅呈现平面作品（绘画），也可呈现立体作品，如手工作品。

(三) 生活环境创设

幼儿园是一个保育和教育相结合的教育机构，保教结合也是幼儿园区别于中小学的一个重要方面。对幼儿来说，吃喝拉撒睡等生活活动，占据了一日生活的不少时间，生活环境是幼儿园环境的重要组成部分。同时，生活活动中有大量的教育内容，在生活中学习和成长正是幼儿园教育的特点。生活环境的创设，同时也应体现出教育性。

幼儿园生活环境的创设，最直接体现为喝水、进餐、如厕、洗手、午睡等需要的满足。在多数幼儿园，幼儿喝水、进餐的地方，就在活动室。这些基本的生活环境创设得怎么样，也恰恰体现了一所幼儿园是否在真正地保护幼儿的生存权这一最为基本的权利，是否在履行《儿童权利公约》。例如，一所幼儿园、一个班级基本的安全、卫生、营养状况，是否有适宜幼儿特点的厕所，是否有卫生安全的饮用水，餐点的营养是否丰富等。

幼儿园生活环境的创设应注意：应有温馨的、家的感觉；应严格依据并执行国家有关保健、卫生方面的相关要求；应与幼儿园的一日生活作息制度相互配合，支持各种生活活动；配合开展各种教育活动，如节约用水、垃圾分类等。

（四）专用活动室的利用

在幼儿园里，即使是室内，也会有一些公共空间，是全园性的、各班都可以使用的。专用活动室就是这样的公共空间。如图书室、科探室、美术室、舞蹈室、儿童剧场、建构室等。专用活动室本身也构成了幼儿园的一种环境，需要进行环境创设。

从幼儿园层面来看，应该加强对专用活动室价值、功能的讨论、观察、教研。例如，专用活动室是否应设置，设置哪些，如何设置？专用活动室独特的价值在哪里？专用活动室应该如何与其他空间配合，以发挥出整体的、更大的效应？

目前，幼儿园专用活动室的利用存在一些问题：一是教师觉得专用活动室的使用比较麻烦，如使用专用活动室需要申请、签字；幼儿去一次专用活动室需耗费较长时间，需熟悉环境；教师对专用活动室的材料情况不了解等。这在一定程度上导致了专用活动室的闲置。二是时间安排、配合问题，涉及专用活动室的安排频率，怎样安排才是科学合理的；如何与班级活动室活动配合，以使专用活动室的功能最大化；等等。

总的来说，幼儿园和教师要在幼儿园专用活动室的"专"字上下功夫，用好幼儿园的环境、资源，而不是使其成为一种摆设。

实践活动

调查一所幼儿园专用活动室的使用情况。如园方是否有安排表？是用什么逻辑来安排的？可以访谈一些教师，听听教师对专用活动室的看法。观察一次专用活动室活动，注意观察幼儿在专用活动室与在班级活动室的区别。

三、幼儿园户外环境创设

（一）对户外环境的认识

幼儿园的户外环境，在整个幼儿园教育体系中，扮演着非常重要的角色。《幼儿园工作规程》规定幼儿每天至少有两小时的户外活动。要有质量地开展"至少两小时"的户外活动,就一定要有高质量的户外环境的支持。

1. 户外环境在大动作发展方面的价值

显然,户外环境、户外活动对幼儿的动作,尤其是大肌肉动作如走、跑、跳、投掷、平衡、钻、爬等具有不可替代的价值。一所幼儿园的户外环境,必须为全园不同年龄段的幼儿以及不同发展水平、不同运动风格的幼儿提供相应的环境、经验。提供的户外环境应该让幼儿的各个方面都有锻炼、发展的机会。

强调全面、全体,并不意味着幼儿园的户外环境不应有所侧重。由于环境、生活方式的改变,幼儿的身体素质正在发生着一些变化,在某些方面比较薄弱。例如,幼儿的上肢力量相对比较薄弱,不会投掷等。户外环境的创设,应该有问题意识,指向幼儿重要但又欠缺的发展方面。

2. 户外环境不能只指向体育活动

仅仅将户外环境理解为操场、运动场等运动环境,将户外活动理解为户外体育活动,是不全面的。事实上,户外环境可以指向幼儿的语言、社会、科学、艺术等各个领域、各个方面。《幼儿园工作规程》规定,"在正常情况下,幼儿户外活动时间(包括户外体育活动时间)每天不得少于两小时,寄宿制幼儿园不得少于3小时"。

户外环境可以指向幼儿间的人际互动,发展交往能力。需要特别指出的是,由于户外环境空间更大,活动的类型也有一定的特殊性,户外环境中的交往与活动室情景中的交往有些差异。有些幼儿在室内不太愿意交往、合作、表达,但到了户外却变得积极、主动。

户外环境可以指向幼儿的认知发展。户外环境中的各种设施设备、玩具材料、动物、植物等,都给幼儿提供了感知、注意、记忆、想象、思维、创造的机会。尤其是动物和植物,因为存在生长、死亡等变化,是非常好的观察、比较对象。此外,在户外环境中开展的各种活动,也给幼儿提供了认知社会的好机会。

综上,户外环境提供的与大自然接触的机会,综合地促进了幼儿健康、认知、语言、社会、艺术的发展。在户外开展的活动,通常是综合性、整合性的,而非分科(学科)的。

3. 在户外环境中开展的活动的特点

幼儿的学习以直接经验为基础,在户外环境中进行的活动,非常符合幼儿的学习方式和特点。《3~6岁儿童学习与发展指南》指出,要"最大限度地支持和满足幼儿通过直接感知、实际操作和亲身体验获取经验的需要",丰富多彩的户外环境为幼儿提供了直接经验,能够支持和满足幼儿的直接感知、实际操作和亲身体验。

在户外环境中,幼儿可以更充分地接触空气、阳光;可以接触更真实的生物,如一些小动物、植物;能够体验、观察天气、季节的变化……这些与自然接触的直接体验，通常是室内环境、室内活动所无法提供的。

在户外环境中，幼儿可以合理冒险、以自己的方式面对挑战。例如，幼儿在做一个鸟窝、搭建一个藏身之处、建造一个树屋的过程中，可能获得自信以及创造、做决定的经验。

适宜的户外环境，可以给幼儿提供非常复杂的运动方式。幼儿的运动不只是走、跑、跳这些基本动作的简单相加。有同伴在一起的户外活动，能给幼儿非常多的肌肉和感觉的锻炼。对幼儿来说，运动绝不是"四肢发达、头脑简单"，而是心灵手巧，是幼儿如何使用身体的智慧。

4. 室内环境和户外环境应相互支持、转化

不管是室内环境还是户外环境，都是幼儿园环境，应尽力谋求两种环境的相互支持、配合，发挥整体优势。户外环境中的观察、感受、体验，可以有效地支持室内的学习，而室内的学习也可以在户外环境中得到进一步延续、拓展、深化。例如，幼儿在室内学到的有关动物、植物、工具的知识，可以在种植园地得到验证、理解，而幼儿在种植园中积累的感性经验，又可以支持室内的学习。此外，户外的种植园地和室内的种植角也可相互配合，引发幼儿的深度学习。

（二）户外活动的类型及其对环境的需求

1. 传统的户外活动

指幼儿园通常会开展的、发生在户外的活动。如操节活动、体育课、体育游戏、玩大型玩具、种植、饲养、散步、玩沙、玩水、玩泥等。

对这些活动，教师应该认真研究如何把这些活动"做实""做好"，真正发挥其应有的教育价值。重点应该从幼儿的角度创设环境，关注环境利用的实效性。

2. 传统室内活动户外化

指将通常发生在室内的活动，放在户外开展。因为地点的变化、场景的变化，使得活动有了非常不一样的地方。这些活动通常包括(但不仅限于)：角色游戏、表演游戏、美术活动、音乐活动、阅读活动、讲故事等。例如，通常在室内、过道开展的结构游戏在户外开展时，会有不一样的玩法、不一样的体验、不一样的发展。在室外，幼儿可以用更大的积木，可以搭得更大、更高、更真，一个作品的创作可以有更多的人参与。

对于这种类型的活动，教师一定要研究活动从室内到户外的变化，活动本身以及对幼儿的要求有何变化？活动是否有必要户外化？活动对环境、材料有什么新的要求？

3. 新型户外活动

指随着环境、材料、观念的变化产生的有着非常独特体验的活动。例如，下雨时对雨的感知，在大自然里聆听、记录各种声音，在不同的地方(墙上、地面、用不同的工具(常见美术工具、拖把)、以不同的方式(站着、爬到梯子上)进

行独特的涂鸦……

对这种类型的活动，教师、园长都应转变观念，一方面充分利用环境开展活动；一方面也要精心创设环境，用环境引发活动、引发幼儿的独特体验。

4. 室内外结合的户外活动

从地点看，幼儿园的室内活动和户外活动是两种基本形态，室内活动和户外活动应该相互衔接、相互支撑，而不应该截然分开、完全割裂。

幼儿园应该特别重视环境的创设，以支持这种类型活动的开展。在幼儿园建筑设计中，就有类似的一条原则，要有利于幼儿从室内到户外，如有的设计师会为每一个活动室设计通往户外的门、路，而不是一个集中的、统一的大门。

实践活动

通过观察、访谈等方式，比较室内积木游戏与户外积木游戏之间的异同。

四、幼儿园的装备

不管是室内环境还是户外环境，在幼儿园物质环境创设中，都有一个"物"的因素。物质环境常常涉及"设备""设施""装备""玩教具""材料"等词。在我国教育政策文件中，"装备"是常常被提及的一个词。"装备"既可以是一个动词，意指配备；也可以是一个名词，意指配备的事物。相对而言，"玩教具"是一个外延比较清晰的词语，"材料"则指向自制、收集。"设备""设施"常常连用，不做区分。

幼儿园与"物"有关的这些装备，可能是上级配备、幼儿园（包括全园统一的，也包括班级的）购买，也可能是直接利用各种废旧材料、日常生活中的材料或者一些半成品。不管是直接利用、自制还是购买，因为这些装备会与幼儿直接接触，所以必须符合相关要求，遵守基本的规范。

☞《幼儿园工作规程》关于园舍、设备的规定

《幼儿园工作规程》第六章，专门对幼儿园的园舍、设备进行了规定。例如，幼儿园应该设置哪些室内空间（房间），户外活动场地应该配备必要的游戏和体育活动设施，并创造条件开辟沙地、水池、种植园地等；幼儿园应当配备适合幼儿特点的桌椅、玩具架、盥洗卫生用具，以及必要的玩教具、图书和乐器等。同时也指出，幼儿园的建筑规划面积、建筑设计和功能要求，以及设施设备、玩教具配备，"按照国家和地方的相关规定执行"。

如何理解"相关规定"？除了《幼儿园工作规程》《幼儿园管理条例》《幼儿园教育指导纲要（试行）》《3~6岁儿童学习与发展指南》《幼儿园教师专业标准（试行）》《幼儿园园长专业标准》等文件外，在幼儿园环境创设中，一些与卫生、建设有关的规定也是非常重要、必须关注的。2016年，住房和城乡建设部颁布《托儿所、幼儿园建筑设计规范》，这一标准是对1987年标准的修订。该标准从基地和面积、建筑设计、室内环境、建筑设备等方面,提出了详细的设计要求。同年,由教育部主编、住房和城乡建设部批准的《幼儿园建设标准》颁布,主要包括建设规模与项目构成、选址与规划布局、面积指标、建筑与建筑设备、主要技术经济指标等。2019年,由教育部组织编写的《幼儿园标准设计图样》颁布。《幼儿园标准设计图样》是用图示、表格形式表达《幼儿园建设标准》的主要条文,具体呈现幼儿园场地、房间的布置图以及不同类型幼儿园的设计方案。可以理解为图解《幼儿园建设标准》,相对比较适合学前教育工作者阅读。

联合国儿童基金会与教育部发展规划司,组织教育领域的专家编写了《幼儿园安全友好建设指南(试行)》。该指南包括如下内容:安全友好环境建设的原则、幼儿园的布局和规划、幼儿园建筑的基本要求、幼儿园后勤卫生的基本要求、幼儿园建设的环保要求、室内安全友好环境的建设、室外安全友好环境的建设、安全友好环境建设的保障措施等。该指南由教育领域的专家领衔研制,适合广大学前教育工作者阅读。

在教育系统内部,也有一些"相关规定"。例如,1992年,国家教育委员会颁布《幼儿园玩教具配备目录》,对幼儿园玩教具的名称、规格、价格等提出了指导性意见。这一文件是在1986年《幼儿园教玩具配备目录》的基础上修订的。

我国各地也相继颁发了一些类似的文件、规定。例如,上海市教育委员会于2006年颁发了《上海市学前教育机构装备规范(试行)》,对学前教育机构的设施设备和玩教具进行了明确的要求,指出"装备"包括采购的和因活动需要而自制的产品和材料。该规范包括总则、装备的安全要求、设施设备的配备要求、2—6岁儿童玩教具的配备要求、0—2岁儿童玩教具的配备要求五个部分,每个部分都有详细具体的要求与规定。对于一名学前教育工作者来说,了解这些规范,对于环境创设有着重要的意义和价值。再如,江苏省教科院幼教与特教研究所编写《农村幼儿园设备配置与使用指南》一书,对农村幼儿园的设备配置进行了较为详细的介绍。这不属于政府的规定,不是强制性文件,但对农村幼儿园环境创设,具有很强的参考性。

☞《上海市学前教育机构装备规范(试行)》

第三节 幼儿园心理环境的营造

幼儿园心理环境是与物质环境相对的一个概念,物质环境指向具体的、实在的环境,而心理环境则指向一种心理氛围。心理环境是非常重要的。一方面,心理环境本身会影响幼儿的发展,如在一个没有安全感的环境中成长起来的幼儿,其心理的发展势必受到不良的影响。另一方面,心理环境会影响物质环境作用的发挥。如在一个物质环境丰富但心理环境欠佳的班级里,幼儿可能没有时间和机会去利用这些丰富的物质环境；在一个物质环境不太丰富但心理环境较好的班级里，幼儿也许会有很多好的想法，弥补了物质环境的欠缺。在环境的教育功能发挥中，存在着这样一个基本定律：当物质环境达到基本要求后，心理环境将起决定作用。

一、幼儿园心理环境的内涵

与物质环境相比，心理环境显得不是那么直观、具体、可操作、可量化。也正是因为如此，心理环境常常面临这样的困境：理论上、口头上非常重视心理环境，但实践上、行动上却常常忽视它。幼儿园心理环境实质上是一个群体里的一种氛围、一种文化，跟生活于这个环境之中的个体的主观感受密切相关。例如，在一个班级里，幼儿是觉得自己受到大家的欢迎，还是觉得受到排斥，或者有无自己的存在，别人都无所谓；是被接纳、理解、保护，还是受到孤立、拒绝、指责、忽视；是很愿意待在这个群体里，还是很想离开这个群体；等等。这些感受都属于心理环境。

从家长的角度，也能体会、感受到幼儿园的心理环境。例如，家长能够很自然、直觉地感受到教师是不是发自内心地关心、喜欢孩子；感受到幼儿园、教师跟家长之间的关系是一种相互尊重的关系，还是幼儿园总想控制家长；感受到幼儿园是欢迎家长的参与，还是拒绝家长，甚至害怕家长的参与；等等。这些都属于心理环境。

幼儿园的心理环境，本质上是一种氛围、一种文化，背后是教育者对幼儿、对教育的看法。如果园长、教师、家长能够相信幼儿，相信幼儿是有能力的独特个体，能够尊重幼儿的人格和权利，尊重幼儿身心发展的规律和特点，那么，这所幼儿园、这个班级，定能拥有良好的心理环境。

二、幼儿园心理环境的重要性

幼儿园心理环境的重要性，主要体现在以下几个方面：

第一，幼儿的身心特点，决定了幼儿园必须重视良好心理环境的营造。幼儿的身心发展尚不成熟，需要成人的关心和爱护。这是由学前教育的工作性质、幼儿园教师的专业特点决定的。幼儿健康成长对心理环境的需求，不是只针对幼儿园里某个人、某个地方、某个时刻的，而是时时、处处、人人都应该加以关注的，因此幼儿园要为幼儿营造一个良好的心理环境。

第二，心理环境影响幼儿的发展。与物质环境对幼儿发展的影响相比，心理环境的影响更加全面、更加综合，也更加隐性、长期。哈佛大学儿童发展中心在其网站上，发布了儿童发展的三个核心概念，即经历塑造大脑结构、"发球-回球"式互动塑造大脑环路、"毒性"压力阻碍儿童的健康发育，生动形象地展示了环境是如何影响儿童大脑发展的。成人能注意到儿童发来的球、接住并将球以适宜的方式回给儿童；成人帮助儿童学会应对生活中的"毒性"压力，如有害的、过大的、持续的、长时间无法得到回应的压力，这些都是心理环境。

心理环境对幼儿的语言、社会、情感、认知等领域，都在产生影响。反过来说，幼儿园教师可以通过创设相应的环境，促进幼儿在各个领域的发展。《幼儿园教育指导纲要（试行）》提出，"创设一个能使他们想说、敢说、喜欢说、有机会说并能得到积极应答的环境"以支持语言发展；"创设一个能使幼儿感受到接纳、关爱和支持的良好环境"以支持社会性发展；"创造宽松的环境，让每个幼儿都有机会参与尝试，支持、鼓励他们大胆提出问题，发表不同意见，学会尊重别人的观点和经验"，以支持探究活动的开展；"引导幼儿接触周围环境和生活中美好的人、事、物"，以激发幼儿表现美、创造美的愿望。

第三，心理环境影响物质环境作用的发挥。物质环境相同，但心理环境不同，幼儿的学习和发展会有差异。如心理环境会影响材料的使用方式。在宽松、可以自由表达的心理环境中，高结构化的材料可以被很有创意地使用，如娃娃家形象逼真的锅，被用到结构游戏中，被用于种植区浇水；而在充满控制、压抑的心理环境中，低结构化的材料可能被高结构化地使用，如玩沙时只准用某些工具以某种方式挖沙。

正是因为心理环境的重要性，人们在进行幼儿园教育质量评价时，都会不同程度、以不同方式评价心理环境。

《幼儿学习环境评量表（修订版）》的基本假设是，评价者可以通过评估幼儿与周围环境互动的质量，来判断整个幼儿园教育的质量。这个量表的环境包括空间与材料、常规、语言与推理、活动、互动、活动结构、家长与员工7个大类、43个小类。《幼儿学习环境评量表（修订版）》的环境中包括了心理环境，并非常看重心理环境的作用，认为心理环境对幼儿园教育质量影响很大。

国际儿童教育协会开发的评价工具对"环境与空间"也有明确的规定，儿童的学习环境必须关注身体和心理的安全。身体安全要求使儿童远离抑制他们学习能力和发展的有害健康的环境。心理安全则强调环境中的一切都能形成归属感和愉悦感。物质空间应给所有儿童提供丰富的学习经验。国际儿童教育协会的评价标准将"环境与空间"分成了"基本环境与空间"和"激发儿童发展的环境"两个子领域，下面简要进行介绍。

基本环境与空间包括：周围环境与空间没有不安全的设备、污染与暴力等危险因素；环境中具有基本的卫生设施、安全又有营养的食物、适于饮用的水；保教人员营造一个有利于人际互动和情绪发展的宁静祥和的课室环境；学习环境提倡良好的卫生习惯（例如包含洗手等个人卫生）；周围环境让儿童感觉良好，有归属感、安全感和无所恐惧的自由感；设备和建筑定期维修与清理；保教人员常与儿童共享欢笑，共度愉悦时光。

激发儿童发展的环境包括：提供儿童与同伴以及与成人之间频繁、积极的互动机会；周围环境能激发儿童游戏、探索和发现；提供儿童踊跃投入室内与户外游戏的机会；均衡分配自由游戏和组织性活动的时间；环境四周充满美感，能吸引儿童；备有丰富的材料，可以促进不同才能和天分的儿童发展问题解决能力、批判思维能力和创造力；户外空间和游戏设备空间提供多种运动的可能性；户外环境具有能使游戏更具扩展性的机会，如园艺和可在自然生态中进行的活动；有效布置空间，使儿童易于接近游戏和艺术表达的素材；室内环境含有能让儿童自行构造游戏玩具的材料；户外环境含有儿童可自行构造游戏玩具的安全材料；儿童能共同参与学习环境的规划与设计。

三、幼儿园心理环境的主要内容

(一) 相互尊重的氛围

心理环境首先表现为一种氛围，而幼儿园里最需要的，就是一种相互尊重的氛围，在这种氛围里，人们通常是合作的、平等的、真实的、探索性的、温馨的、接纳的、负责的、相互保护的。

在教育实践中，更多的是强调幼儿对教师的尊重，幼儿必须接受、遵守教师（成人）制订的规则。这不是一种真正的相互尊重。尊重幼儿意味着真正从内心接受幼儿是一个完整、有思想、有权利的人，不断摆脱成人的"自我中心"倾向。尊重幼儿不仅仅是尊重幼儿的独立人格，尊重幼儿的生存权、发展权、受保护权，更应尊重幼儿的思想、内心世界。在很多时候，成人要么高估幼儿、要么低估幼儿，这都是不尊重幼儿的表现。新近关于儿童发展的研究发现，"儿童是一个语言学家""儿童是一个物理学家""儿童是一个数学家""儿童是一个心理学家""儿童是一个符号创造者"，因此，教师应该"认真地对待发展"。这样的研究成果不断地提示人们，尊重幼儿并不是像喊喊口号那么容易的事情。对幼儿的尊重，至少意味着部分地减少教师、成人的权力感。

(二) 和谐的人际关系

相互尊重的氛围，有赖于和谐的人际关系，如教师与幼儿的关系、幼儿与幼儿的关系、教师与家长的关系、教职工之间的关系等。

如以教师与幼儿的关系为例。教师是否会注意到幼儿的言行，是否会对幼儿做出回应、互动？这种互动是什么样的互动，是愉快的互动，还是不愉快的互动（如声音做作、急躁）？互动有没有身体接触？身体接触是为了控制幼儿（如催促、维持纪律），还是为了给幼儿鼓励、温暖？在互动时是否尊重幼儿，如仔细倾听、眼神交流、公平对待幼儿？是否注意到幼儿的需要，如在幼儿烦躁、受伤、生气时教师以同情的态度给予回应？教师是否乐于与幼儿在一起？

再如表 9-1 是《幼儿园教育环境质量评价量表》有关的部分内容，从中可以看到教职工之间互动的必要性，而好的互动，必然需要和谐的同事关系。

表 9-1　教职工之间的互动与合作

等级	标准
不合格	1. 没有关于满足儿童需要的基本信息的交流（如没有就儿童要提前离园的信息进行交流） 2. 个人间的关系影响到教养职责（如教职工进行社会性的交流而忽视了照顾儿童，或教职工之间相互敷衍或生气） 3. 工作职责分配不公（如一个人承担过多而另一个人却几乎没有参与）
达标	1. 就一些满足儿童需要的基本信息进行交流（如所有教职工都知晓某一儿童的饮食过敏情况） 2. 教职工之间的个人交流不影响对儿童的教养 3. 工作职责分配公平
良好	1. 教职工每日就儿童的情况进行交流（如对某一特殊儿童的常规照顾、活动开展的情况） 2. 教职工间的互动是积极的，并让人感到支持和温暖 3. 对工作职责进行了分配，使对儿童的照顾和组织活动都顺利开展
优秀	1. 同一班级或同一活动室的教职工至少每周有一次集体规划的时间 2. 每位教职工的职责规定清晰（如在一人组织儿童时另一人准备活动材料；在一人帮助儿童准备休息时另一人检查儿童刷牙） 3. 机构致力于增进教职工间的积极互动（如组织社会性事务、鼓励集体参加专业性会议）

（三）合理的制度

幼儿园的心理环境，还与该园的制度、文化关系密切。如果一所幼儿园没有制度，就需要建立制度，需要建立起规范的、"科学的"（量化）制度，但制度又不应成为"人"发展的束缚。因此，幼儿园需要从没制度到建立制度、从建立规范的制度到超越制度的过程。合理的制度是一个幼儿园拥有良好的氛围、积淀文化的重要方面。

有研究者从潜在课程的角度，指出幼儿园"组织—制度类"的心理环境包括：教育内容与活动安排、教育评价与方式、教育管理思想与方式等。事实上，幼儿园的制度有多种表现，涉及幼儿园的方方面面。比如，某幼儿园在开展"以园为本教研制度建设"时，产生了"弹性制度""通风制度""拍板制度""创生制度"等，逐渐在园内形成了浓厚的教研氛围，教师敢教研、想教研、善教研。

以幼儿园的作息制度为例。作息制度涉及对幼儿园的活动类型、活动顺序、活动时间的规定。如：幼儿园应该有哪些活动类型？是否有集体活动、小组活动、户外活动、整理活动？哪些活动在前，哪些活动在后，顺序如何？每次活动持续的时间多长？活动类型、活动顺序、活动时间的不同组合，会产生不同的作息制度。例如，同样是给幼儿每天 1 小时的自由活动时间，是采用分散的方式（如每次 15 分钟，上下午各两次），还是采用集中的方式（每天 1 次，每次 1 小时），最后所产生的心理环境氛围是不同的。

幼儿园的环境是以幼儿为中心的、影响幼儿学习与发展的外部条件和事件。不管是物质环境还是心理环境，都应明确，这是"幼儿"的环境，是这所幼儿园、这个班级的幼儿的环境。积极创造一个"儿童友好"的环境，是学前教育工作者的责任，也是全社会的责任。

实践活动

"儿童友好"（child friendly）是联合国儿童基金会提出的一个概念，请查找有关"儿童友好"的相关资料，了解学前教育以及学前教育以外的领域，如社区、医院等，是如何理解、实践"儿童友好"理念的。

【本章小结】

根据教育生态学的观点，幼儿园环境是指幼儿本身以外的、影响幼儿发展或者受幼儿发展所影响的幼儿园中的一切外部条件和事件。根据不同的分类标准，幼儿园环境可以有多种分类，通常情况下，人们习惯把幼儿园环境分成物质环境和心理环境。

进行幼儿园物质环境创设时，应遵循以下五条原则：以幼儿为中心，创设与利用并重，环境与活动相互支持，幼儿参与，低成本、有质量。在进行室内环境的创设时，应做好规划，处理好关系。室内环境创设主要包括：活动室环境创设、生活环境创设、专用活动室的利用。幼儿园户外环境、幼儿园的装备也是幼儿园物质环境创设的重要方面。

幼儿园心理环境实质上是一个群体里的一种氛围、一种文化，跟生活于这个环境之中的个体的主观感受密切相关。当幼儿园物质环境达到基本要求后，幼儿园心理环境将起决定作用，影响幼儿的发展、物质环境作用的发挥。幼儿园心理环境的主要内容包括相互尊重的氛围、和谐的人际关系、合理的制度。

【拓展阅读】

1. 戴文青. 学习环境的规划与运用[M]. 南京：南京师范大学出版社，2005.
2. 江苏省教科院幼教与特教研究所. 农村幼儿园设备配置与使用指南[M]. 南京：江苏教育出版社，2012.
3. 李季湄. 幼儿教育学基础[M]. 2 版. 北京：北京师范大学出版社，2017.
4. 汤志民. 幼儿园环境创设指导与实例[M]. 上海：华东师范大学出版

社，2013.

5. 鄢超云,等. 低成本有质量的幼儿园环境创设[M]. 北京：教育科学出版社，2013.

6. 哈姆斯,克利福德,克莱尔. 幼儿学习环境评量表:修订版[M]. 赵振国，周晶，周欣，译. 上海：华东师范大学出版社，2015.

7. 约翰森，克里斯蒂，华德. 游戏、儿童发展与早期教育[M]. 南京：南京师范大学出版社，2013.

8. 布拉德. 0—8岁儿童学习环境创设[M]. 陈妃燕，彭楚芸，译. 南京：南京师范大学出版社，2014.

【问题思考】

1. 简述幼儿园环境的定义。
2. 幼儿园环境的五个维度是什么？
3. 幼儿园物质环境创设的原则是什么？
4. 幼儿园室内环境创设要注意哪些问题？
5. 幼儿园心理环境的主要内容是什么？

第十章　　学前教育衔接

【学习目标】

1. 理解家庭教育的特点。
2. 知道幼儿园与家庭合作的重要性。
3. 掌握幼儿园与家庭合作的方式。
4. 理解社区教育对学前儿童发展的意义。
5. 理解幼儿园与社区合作的意义。
6. 掌握幼儿园与社区合作的方式。
7. 理解幼小衔接的重要性。
8. 理解幼儿园与小学的差异。
9. 掌握幼小衔接的原则和方法。

【关键概念】

家庭教育　社区教育　幼小衔接

在幼儿园的一次在线家庭教育咨询活动中,很多家长都积极地提出自己的问题,希望得到教师的解答:

● 我女儿刚读幼儿园,哭得很厉害,不愿意去,用什么方法能让她高兴地去幼儿园?

● 我的孩子对自己的东西总是很在乎,别的小朋友拿他一点东西他就大吵大闹,他是不是有些自私啊?

● 我们小区里有一些人老是聚众打牌,大声喧哗,这对孩子会产生不好的影响,我们该怎么办?

● 我儿子马上读小学了,可是晚上还是很晚才睡觉,怎样才能让他早点睡?

家长的这些问题涉及幼儿发展的不同方面,包括入园适应、社区文化影响、幼小衔接问题等。从横向来看,幼儿生活在复杂的社会环境系统中,其发展既受到家庭教育的影响,也与社区文化有密切联系;从纵向来看,幼儿在不同的年龄阶段面对不同环境的变化,从家庭进入幼儿园,从幼儿园进入小学都对其生活能力和学习能力提出了挑战。家长往往希望从教师这里找到问题的答案,因为在他们眼中,教师是受过专业训练、具备专业教育素养的人。本章我们将对幼儿园与家庭的合作与教育衔接,幼儿园与社区的合作,如何帮助幼儿顺利完成幼小衔接等问题进行探讨。

第一节　幼儿园与家庭的合作与教育衔接

一、家庭教育的特点

家庭是社会的基本单位，是人类最基本的社会生活组织形式，是按照血缘和婚姻关系建立起来的社会组织。作为个体生活的最初始环境，家庭对个体的发展有着非常重要的影响。幼儿在进入幼儿园之前，已经受到家庭教育的影响。概要地讲，家庭教育是指父母或其他年长者在家庭中自觉地、有意识地在日常生活中对子女实行教育影响的过程。家庭教育在幼儿成长过程中的作用不可替代。与学校教育相比，家庭教育具有以下一些特点。

（一）家庭教育影响时间的初始性和终身性

家庭是个体正常发展过程中接触到的最初始环境，是个体认识世界的开始。个体与父母的联系也是最早的人际交往。在学前期父母不仅保证了子女生理发展的基本需要，同时开始向子女传递社会规范和基本的生活经验，在此意义上父母是孩子的第一任启蒙老师。研究表明，幼儿大脑的神经系统处于快速发展阶段，早期丰富适宜的教育刺激可以对幼儿的智力发展产生积极的影响。家庭教育由于在时间上优先于学校教育和社会教育，在这方面具有得天独厚的优势。同时个体在成长过程中会换好几所学校，但日常生活还主要是在家庭中，与学校教育相比，家庭教育的影响更具有终身性。

（二）家庭教育内容的全面性

家庭是幼儿日常生活的环境，在日常生活中家长无时无刻不在渗透着教育影响，这种教育影响是非常全面的。家庭教育的内容既包括知识技能的训练，也包括道德价值观的培养和个性性格的养成。这种影响既体现在个体的社会性发展方面，如基本的行为习惯、道德观念、价值追求等，也体现在个体的智力发展方面。

（三）家庭教育方法的针对性和灵活性

在幼儿园中，教师需要面对二三十个幼儿，无论是从时间上还是精力上都无法做到完全兼顾每个幼儿发展的个性化需要。在开展富有个性化和针对性的教育方面，家庭具有独特的优势。家长亲历了孩子成长的全部过程，所以对孩子各方面的情况都非常了解，可以对孩子进行针对性的教育，既注意发展其天赋特长，也关注其发展中出现的问题。家庭教育不似学校教育有着非常明确的教育目标、教育内容。父母主要是通过日常的生活环节，利用言传身教、潜移默化的方式影响孩子。有着良好教育素养的家长，往往能够结合生活中随机发生的各种事件和生活细节灵活地选取适宜的教育方法对孩子施加教育影响。在发展过程中出现的一些反复现象，家长也可以根据孩子的表现，及时调整教育方法，实现教育目标。

现在有些家长选择不让孩子读幼儿园，而是自己在家教育孩子，请分析这种现象背后的原因。

需要关注的是，虽然家庭教育具有这样一些特点，但这些特点如果把握不当，不仅不能成为推动幼儿发展的力量，还有可能演变成幼儿发展的阻碍。因为学前教育工作者一般都是经受过专业训练的，学前教育内容和方法也有相对明确的限定。相比较而言，家长的素质参差不齐，这种不确定性使幼儿所接受的家庭教育质量是不同的。换言之家长的教育素养成为家庭教育能否发挥正确作用的关键性因素。如果家长素质比较高，掌握了先进的教育理念和教育方法，对孩子进行言传身教，就可能充分发挥教育的优势。反之，如果家长自身的知识水平和道德修养欠缺，就有可能将家庭教育的特点转变为教育的劣势，对孩子发展产生消极的影响，甚至会影响幼儿园教育效果的发挥。从幼儿发展的角度看，提升家长的教育素养是非常重要的。

二、幼儿园与家庭的合作

家庭和幼儿园都是影响幼儿发展的重要因素，两者的教育协调合作对幼儿的发展有重要意义。幼儿园需要采取多种方式和途径与家长密切沟通和合作，共同提升学前教育的质量。具体来说，幼儿园可以通过以下一些方式与家长沟通、合作。

（一）面对面的沟通与交流

教师与家长在接送孩子时的沟通、交流是家园联系最普遍的方式。家长和教师要充分利用这个机会对幼儿的发展和教育问题进行沟通、交流。通过与家长的交谈，教师可以了解幼儿在家庭生活中的表现，家长也可以获得孩子在幼儿园生活、学习的相关信息。教师应该具有教育意识，向家长提出一些有针对性的问题，了解相关信息，而不是与家长泛泛交谈。家长应该更多地向教师了解孩子在园存在的一些不足和问题，以便在家庭教育的过程中加以注意。

（二）家园联系册

家园联系册一般是每个幼儿一本，一般包括：园历、教师简历、幼儿园教育目标、作息制度、主要活动安排、幼儿在园表现、家庭基本情况、家长主要情况、幼儿在家的表现等。一般是每个星期反馈一次，周五家长拿到联系册后，可以通过教师的描述，了解本周孩子在园的表现，存在的问题及教师的教育建议等。下个周一家长把联系册交给教师，教师也可以了解幼儿在家中的情况及家长的教育要求等。

（三）家长委员会

家长委员会是在家长中选出一些具有一定教育经验，关心幼儿园教育的家长代表成立的委员会。家长代表一般通过家长推选和自荐产生。家长委员会可以成为联系幼儿园与家长的中介，一方面帮助家长表达一些教育意见和教育要求，参与幼儿园的一些日常管理，起到监督幼儿园教育质量的作用；另一方面可以协助幼儿园与家长进行联系，宣传幼儿园对家庭教育的要求，提供一些教育资源，帮助家长了解幼儿园的教育理念和教育要求，发挥协助幼儿园教育工作的作用。

（四）家长会议

家长会议是由幼儿园组织的、与家长进行集体沟通的会议。从规模来看，家长会议可以分为：

（1）全园家长会。这类家长会议针对全园所有的家长，主要任务是介绍幼儿园的教育理念、教育计划和家长需要了解的规章制度等。

（2）班级家长会。这类家长会议以班级为单位，由本班教师召集全班幼儿家长参加。班级家长会有着很强的针对性，教师将本班幼儿存在的普遍问题向家长汇报。教师和每个幼儿家长也可以进行比较充分的互动，了解家长的教育要求和教师对每个幼儿的教育建议。

从时间来看，家长会议可以分为：

（1）学期前的家长会议。这类会议在开学前召开，主要任务是向即将进入幼儿园的幼儿的家长介绍幼儿园的办园理念、内容和方法等；提示幼儿入园后可能出现的问题，如情绪上的可能波动，容易被传染某些疾病等；告诉家长孩子入园的准备工作等。

（2）学期中的家长会议。这类会议在每个学期中间阶段召开，一般一学期一次，也可以根据情况增加次数。这类会议的主要任务是向家长介绍幼儿园本学期已经做的一些教育工作；通报幼儿各方面的表现和存在的问题；告知家长后面学期工作的内容和将要开展的活动，需要家长提供的协助等。

（3）学期结束时的家长会议。这类会议是在学期结束后进行的，主要任务是向家长汇报该学期幼儿园所作的工作和取得的成绩，对家长的支持和帮助表示感谢等。

（五）家长园地

家长园地是幼儿园在某些区域为家长提供一些教育信息和教育要求。家长园地可以是全园性的，如在幼儿园入园处设置展览台展示对家长有益的教育书刊和资料，公布幼儿园的作息时间表、收费标准、集体活动的要求等；在幼儿园的陈列室里展示幼儿园的师资水平、幼儿园曾经获得的荣誉和幼儿的一些作品。除此之外，每个班还可以利用活动室外的区域设置家长园地，让家长通过家长园地了解自己孩子所在班级的教育计划、教育要求和带班教师的一些教育建议等，如该年龄阶段孩子行为方面的特点，适合看的书籍，面对孩子的一些反常行为可以采取的教育策略等。

（六）家长开放日

家长开放日是从实践的角度与家长进行沟通的一种形式。主要的做法是幼儿园定期（如一月一次）邀请家长来幼儿园参观，参与幼儿园的活动。家长开放日可以使家长增强对幼儿园工作的感性认识，了解幼儿园日常的教育内容和时间安排；在观察幼儿园活动的过程中，对自己孩子的发展状况有个比较全面的了解，尤其是与同伴相比存在的优势和差距；在观看教师组织工作的过程中，增进对教师工作的了解，进一步做好教育配合工作。需要指出的是，有些家长可能由于教育素养所限，并不清楚在幼儿园参观过程中看什么，怎么看。针对这类问题，幼儿园可以事先与家长做一些沟通，介绍一些观察的基本方法，发放一些事先设计的观察图表，帮助家长提升参观质量，达到预期的效果。除了这种定期的家长开放日之外，幼儿园也可以灵活地安排家长开放日，在不影响幼儿园正常工作的前提下，允许家长自己选择时间。当然，这种方式可能对幼儿园的教育工作带来干扰，需要事先与家长做好沟通，对家长参观提出具体的要求。

（七）家庭教育咨询指导

家庭教育咨询指导是通过个别咨询、团体咨询、电话咨询、网络在线咨询、现场咨询等方式为家长解答教育中的疑难问题。幼儿园在进行家庭教育咨询时，既可以请有经验的幼儿园教师，也可以请一些专业人员帮助家长分析存在的问题，提出一些教育建议。随着科技的发展，不少幼儿园开展了在线教育咨询服务，家长可以利用网络与教师沟通，及时获得教育方面的帮助。家庭教育咨询可以建立档案，把家长提出的问题记录下来，对接受过咨询指导的幼儿进行追踪调查，以了解这些教育建议的效果和幼儿的发展情况，为提高家庭教育咨询的质量服务。

〔小组讨论〕

班级QQ群、钉钉群和微信群已经成为一种普遍的家园沟通方式，请问教师在运用这些方式时需注意哪些方面的问题？

三、幼儿园教育与家庭教育的衔接

进入幼儿园是幼儿第一次从时间和空间上脱离家庭环境和熟悉的亲人，开始与其他同龄的孩子一起生活。与家庭相比，幼儿园无论是生活环节的安排，还是教育内容和行为要求都有所不同，所以要求幼儿从心理上、生理上都要进行相应的调整，较快地适应幼儿园的生活。家长需要为孩子做好入园的心理准备和能力准备，帮助孩子较好地适应幼儿园生活。这种衔接既有幼儿园的责任，也有家长的责任。具体来说，家长应该从心理准备、习惯和能力准备两个方面对孩子进行相应的引导。

（一）心理准备

1. 帮助孩子了解幼儿园的生活，激发其对幼儿园生活的兴趣

幼儿之所以在刚刚进入幼儿园时会有种种不适应，其中一个重要的原因就是幼儿脱离了原有的熟悉的生活环境，种种的不习惯和前所未有的生活体验，使幼儿产生了心理上的陌生感，进而产生不安全感。

家长需要让孩子提前了解幼儿园，激发孩子对幼儿园的兴趣。家长可以带孩子参观附近的幼儿园，让孩子知道幼儿园是个有趣的地方，有一起玩耍的同伴、好玩的玩具、有趣的游戏。在日常的生活中，家长也可以有意识地引导孩子与已经进入幼儿园的孩子一起玩耍，让孩子在玩耍的过程中了解哥哥姐姐在幼儿园中学到的知识技能，以此激发孩子上幼儿园的兴趣。幼儿园可以通过提前家访、邀请孩子来园熟悉环境等方法，让孩子和教师有一种亲近感，消除孩子的紧张心理，缓解他们的不适应感。

小组讨论

在孩子入园时，家长常见的焦虑情绪表现有哪些？如何帮助家长应对这些焦虑情绪？

2. 正视孩子的入园不适应，帮助其克服心理紧张感

幼儿在刚刚进入幼儿园时，大多会有一些焦虑性的情绪行为表现，如苦恼，不愿父母离开等。对幼儿这种不适应，无论是家长还是教师都应持一种理解的态度。

要缓解孩子的这种焦虑，家长需要做的是理解包容孩子的情感表达需要，同时可以明确地告诉孩子并不需要一直待在幼儿园，在什么时间会来接他回家。幼儿园需要为幼儿提供一个可预期的、充满安全感的环境，多组织幼儿参与感兴趣的、丰富多彩的活动，为幼儿提供交往、表现、分享的机会，使幼儿能够对周围的环境和人感兴趣，对幼儿园产生归属感。教师应让幼儿感受到他在幼儿园里是受人关注、讨人喜欢的，进而体会到幼儿园生活的快乐，与幼儿园的同伴、教师产生新的情感连接。

［案例 10-1］

刚上幼儿园的多多每天离开妈妈时都要哭。妈妈想如果老是这样，多多就不

能像其他孩子那样适应幼儿园的生活了，于是妈妈就对多多说："多多是乖孩子，上幼儿园不哭，不哭妈妈才喜欢。"听了妈妈的话，多多不哭了，妈妈放心地离开了。可是妈妈发现晚上多多老是在梦里哭。为这个问题妈妈去咨询了多多的老师，老师告诉她，孩子在刚入园的时候，哭泣是不安感的一种释放，不要压抑孩子的这种情感宣泄，一般孩子哭几天就会好的。妈妈听了老师的建议，每天送多多到幼儿园时就告诉多多："如果你舍不得妈妈，想哭就哭一下，只要不影响其他小朋友就行。"多多听了妈妈的话，眼泪就掉下来了。之后，妈妈发现晚上多多再也没有在梦里哭过。过了两三周，多多已经不怎么在晚上哭了。

（二）习惯和能力准备

对于幼儿而言，幼儿园的生活不仅意味着环境的变化，也意味着对其行为习惯和生活能力提出了不同的要求。家长要帮助孩子做好进入幼儿园的习惯和能力准备。

1. 养成孩子良好的生活习惯和规则意识

对于幼儿而言，幼儿园与家庭的一个显著不同是行为规则方面的变化。在家庭生活中，只要幼儿的安全有基本的保障，家长就不会对孩子的行为有过细的要求，幼儿大都具有一定范围的活动自由，他们可以按自己的方式进行活动，具有在活动时间、活动方式和活动内容等方面的选择自由。但在幼儿园中，大多是集体行动，一定的行为规则和要求不可缺少，因此，教师不可能使每个幼儿的所有需要都得到满足。另外家庭中的行为规则相对比较灵活，幼儿在家庭中比较随便；但幼儿园集体生活对行为有着具体明确的要求，幼儿必须要遵守这些制度、规范。幼儿开始往往不懂得幼儿园的纪律要求，也不懂得遵守集体规则。尤其是现在的孩子在家庭中受到的关注过多，在幼儿园中很容易表现出事事以自我为中心，家长应积极和教师合作，共同采取有效的应对措施，使家园教育有机结合，帮助孩子顺利度过这个重要的适应期。

家长需要在孩子入园前就着手培养其良好的生活习惯和行为规范，同时帮助孩子理解、遵守这些规则。教师则需要通过不断的训练和反复要求使幼儿理解这些规则的意义，并对其行为进行训练。在行为习惯的培养过程中，家长要言传身教，对孩子进行指导，明确地告诉孩子应该做什么、不应该做什么，应该怎样做、不应该怎样做。要培养孩子良好的行为习惯，家庭也可以像幼儿园一样，家长也要适当地运用表扬与批评、奖励与处罚等强化手段。家长还需要利用接送孩子的机会，多与教师交流、沟通，了解幼儿园近期的行为培养计划、教育内容和教学要求；在家里注重营造良好的家庭氛围，创设情景，时时处处注意引导、培养孩子的良好习惯，使其尽早适应幼儿园的规则要求。

2. 培养孩子的生活自理能力

［案例10-2］

小可入园的第一天，妈妈就向教师请求："小可不会拿勺子，在家里每次吃饭都是奶奶喂。一顿饭要花一个多小时，喂一口吃一口。希望刚入园这几天，老师多关照关照，帮忙喂一下。以后让她慢慢学！"其实，小可不光是吃饭依靠奶奶喂，还有穿脱衣服、系鞋带、扣纽扣、盖被子、洗手等很多生活小事她都不能独立完成，几乎都依靠奶奶。

培养生活自理能力是学前教育的重要内容。幼儿自己吃饭、穿衣、叠被子、系鞋带等是一系列动作的组合，能使幼儿双手协调活动，同时促进智力的发展。这些也是幼儿进入幼儿园之后必须掌握的一些基本生活技能。如果在家庭生活中，家长不注意培养孩子的生活自理能力，剥夺孩子锻炼的机会，会使孩子缺乏自己的事情自己做的意识，各种相关的能力也会滞后发展。这样不仅使孩子很难适应幼儿园的生活，对孩子今后的发展也不利。因此，在入园之前，家长就应主动培养孩子的生活自理能力，让其掌握一些基本的生活技能，这样孩子在入园之后既能够顺应教师的教育要求，同时也更容易对自我产生肯定性的认知。

教师在进行幼儿入园前的家访时，应向家长了解哪些方面的信息？请设计一份家庭情况调查表。

家庭是幼儿生活的第一个场所，而幼儿园是其进入的第一个正式的教育机构。家庭和幼儿园作为不同的教育主体，在教育上各自有着不可取代的优势，也有着各自的功能阈限，它们之间只有优势互补才能更好地形成合力，促进幼儿的发展。从空间的维度来看，幼儿园和家庭是幼儿生活的两个最主要也是最重要的场所，它们之间的互动配合对幼儿的全面发展有着非常重要的意义。从时间的维度来看，幼儿入园适应、幼儿在园的学习生活、幼小衔接，在不同阶段幼儿能够顺利适应发展要求都与家园之间良好的合作相关。从教师的角度，如何做好家长工作，让家园之间形成合力也是专业能力的重要体现。因此，教师需要了解家长的多样性，理解家长的心态，掌握各种家园沟通的方式，善用各种工具平台做好与家庭的合作与衔接。

第二节 幼儿园与社区的合作

一、社区与社区教育的含义

社区是由居住在一定区域或地域范围内的人们所结成的社会区域共同体。社区是指在一定地理空间内的人群及其社会性活动的总称。① 就我国的具体国情而言，社区可以分为很多类型，可能是一个自然村庄、一个行政区划的乡镇，也可能是一个城市里的某个区域、某个小区等。这样的社区数量众多，分布无处不在。

社区教育是指反映和满足社区发展需要的，为实现社区全体成员素质和生活质量提高及社区发展的一种社区性的教育。社区教育实施需要将社区中的各种教育因素集合、协调，形成一种合力使之发挥整体作用。社区教育的对象不仅仅是该社区内幼儿园的幼儿，还包括社区内从出生到入学阶段的全体儿童。社区教育是教育社会化与社会教育化的统一，它与幼儿园教育是双向沟通合作的关系。一方面，幼儿园需要对社区开放，为社区内幼儿的发展提供力所能及的资源；另一方面，社区也要为幼儿园服务，提供相关的教育条件和教育资源。社区教育已作为一种新的课程理念渗透到教师的教育教学中，并给传统的教育模式很大的冲击，为现代的教育教学注入了新的活力。社区蕴含的教育资源十分丰富宝贵，它为教师开展社会性教育活动提供了广阔的平台，作为受益者的教师，应该继续深入挖掘社区中可利用的各种教育资源，为幼儿园的教育教学工作服务，为幼儿园的教育教学开辟新的领地。

伴随着社会的发展，社区日益成为一个与人们生活紧密联系的社会单元。以城市为例，在以往的学前教育中，很多学前教育职责是由企业等单位组织来承担的。伴随着城市化进程的加快，城市的居住环境已经有了很大的改变，社区逐渐成为人们进行交往和从事文化活动的主要场所，因此社区物质文化和精神文化的建设就显得尤为重要。如果对社区的特质进行分析，社区成员由于长期处在共同的地域中，其人口特性以及经常性的密切社会生活的关系逐渐使社区成为具有共同心理文化及文化特征的结合体，即具有心理及文化单位的性质。一个具有共同心理及文化特征的社区，人们通常都有相似的信仰、价值观念、归属感、理性目标、生活方式及风俗习惯。依托社区开办学前教育也成为一种趋势，因此社区和幼儿园的合作就显得越来越重要。

二、幼儿园与社区合作的意义

社区和幼儿园之间需要密切沟通、联系，利用各自的优势，共同促进幼儿的发展。社区的教育资源有有形和无形之分，有形的教育资源包括人力、物力、财力、信息、组织等。无形的教育资源包括社区意识、社区归属感、良好的社区氛围、社区互助的伦理规范等。这些有形或无形的资源，如果能够被幼儿园充分利用，无疑将在很大程度上促进幼儿的发展。幼儿园与社区合作的意义具体表现在

---

① 于显洋.社区概论[M].北京：中国人民大学出版社，2006：28.

以下两个方面。

（一）利用社区的物质资源和文化资源，提升幼儿园的教育质量

社区不仅是一个居住的区域，还是一个有着丰富物质环境和文化资源的载体。社区如果能够对幼儿园开放其具备的资源，无疑将大大拓展幼儿园教育的广度和深度。维果茨基认为，个体社会交往的质量会在很大程度上影响幼儿的发展，知识是通过社会情境中的交流形成的，具有社会性。社会情境中的交往与合作对幼儿的学习是十分有意义的。因此，把幼儿带入社区，让幼儿在社会情境中感知、学习，并且获得经验，是一种社会情境学习，绝不是简单的否定或者替代，而是更进一步的资源整合。各种社会服务机构以及工作人员都是对幼儿进行教育的可利用资源。教师应该及时地去发现、去挖掘、去利用，有目的地选择幼儿感兴趣的题材，适时地把幼儿从"课堂中"带到"社会情境中"来。

从物质条件来看，社区的自然环境可以成为幼儿探索自然、接触自然最好的环境，而社区内的各种硬件设施则能够对幼儿园教育提供一些保障。如社区图书馆的开放，既可以帮助幼儿认识图书馆的功能，同时也可以大大丰富幼儿的阅读资料。社区内的各种设施，如邮局、医院、菜场等可以扩展幼儿对社会环境的认知。从精神文化资源来看，社区的历史和文化、人物都可以成为丰富幼儿学习经验的有效途径。社区内从事各种职业的人们，社区内人们之间的相互关系，都可以演变成幼儿园的课程资源。如进行"各行各业的人们"这个主题时，教师可以邀请社区里从事各种不同职业的人到幼儿园为幼儿进行演示，解答幼儿的问题。进行"尊重老人"这个主题时，教师可以让幼儿结伴到认识的爷爷奶奶家做客，和爷爷奶奶聊聊天。这些活动拓展了幼儿的生活空间，丰富了幼儿的生活体验，在一定程度上提升了幼儿园的教育质量。

小组讨论

社区的物质环境和文化环境对幼儿发展是否一定具有正向的意义？如何辩证地看待社区对幼儿发展的影响？

（二）幼儿园发挥自身优势，提升社区居民的学前教育意识和水平

幼儿园是专门的教育机构，具有很多教育优势，其教育环境是经过精心设计的，集中了受过专业训练的教师，同时具备专门的教育资源。幼儿园作为社区内的教育机构也应该发挥自身优势，为提升社区的物质环境和精神环境贡献力量。如开放自身的教育资源供社区使用，提高教育资源的利用率；利用场地和教师队伍举办家长培训班，普及学前教育的一些基本知识，提升社区内家长的教育素养；节假日向社区内的家庭开放活动设施，既让家长享受到幼儿园的资源，也促进社区内家庭之间的交往互动；支持和参与社区的友谊活动，使幼儿园成为丰富

社区文化的重要推手，推动整个社区文化教育素质的提高，提升社区居民的学前教育意识和水平。

三、幼儿园与社区合作的方式

（一）与社区保持密切的沟通和联系，获得其对幼儿园教育工作的支持

幼儿园如果要利用社区的各种资源，就需要获得社区居委会的支持，因此幼儿园的管理者与社区居委会保持密切的沟通和联系是非常必要的。如向社区宣传幼儿园的办园方式和教育方法，使其理解自身的教育理念；将自己需要社区开放的机构和时间提前告知，并提出相应的配合要求。

（二）教师充分利用社区的教育资源

社区中聚集了从事各种职业的人，这为幼儿园提供了丰富的教育资源。幼儿园可以根据每个班级幼儿家长的不同情况，充分利用家长的职业资源，为幼儿园课程的开展提供帮助。如在进行交通规则的教育时，请担任交通警察的家长为幼儿讲解示范交通规则；在进行防火教育时，请担任消防员的家长协助幼儿进行消防演练等。这既能引发幼儿的学习兴趣，也起到了促进家园沟通的效果。

> 小组讨论
>
> 分小组讨论可以采用哪些具体的方式展开家长助教活动。

（三）邀请家长共同参与幼儿园与社区的互动

幼儿园组织一些活动，尤其是实践性比较强的活动时可以邀请家长参与。如组织幼儿参观加油站。由于出入加油站的车辆较多，对幼儿来说具有一定的危险性。参观时有家长在旁，既保证了幼儿的安全，又能让幼儿对加油站的各项设施更细致地进行观察。家长参与幼儿园的社区活动既能更深入了解幼儿园的教育理念，同时也能促进社区人际沟通。

幼儿园与社区互动，对双方都是十分有益的。幼儿园可以充实课程内容，完善自己的管理体系；家庭和社区则有更多的机会接受来自幼儿园的教育辐射。幼儿园定期开展开放性教育活动，能促进幼儿园与社区的互动，形成良好的教育合力。

非洲谚语"养育一个孩子需要集村庄之力"被认为是发展生态学的通俗化解释。这表明个体并不是在一个单一的环境中发展的，而是在家庭、社会、学校以及这些组织之间的互动中发展的。村庄作为一个隐喻，在现代意义上可以理解为不同形态的社区，在城市可能是一个住宅小区，在乡村可能是一个村子。一方面，每所幼儿园都处在一定的社区环境之中，社区决定了幼儿园的生源来源和家长特点，因此对幼儿园园所文化的形成有着重要的影响。另一方面，幼儿园作为

教育机构，本身作为社区的构成部分也影响社区的发展。由此，幼儿园与社区之间需要沟通合作，使社区的教育资源能够被充分调动并利用，推动幼儿园的教育。同时，幼儿园也需要通过自身的努力，充分发挥文化机构的辐射功能，提升其教育文化的影响力，改进社区的文化风貌。

第三节 幼儿园与小学教育的衔接

幼小衔接，即幼儿园与小学这两个教育阶段的衔接，这是幼儿学习、生活中的一次很重要的过渡。幼儿要为进入小学做好各方面准备，顺利地完成角色转换，进而能够很好地适应小学生活。

一、幼小衔接的重要性

以往的理论证明，不同教育阶段之间的衔接非常重要，如皮亚杰的认知发展理论发现个体的认知发展具有阶段性；埃里克森的人格发展理论不仅划分出人格发展的阶段，还特别指出每一阶段的冲突是否能够得到良好的解决，不仅对本阶段有影响，还会影响个体以后各阶段的发展。由此可见，个体身心发展既具有阶段性又具有连续性，是一个对立统一的过程。幼儿与小学生有很大的差别，前者以形象思维为主，心理活动具有随意性，各种能力没有明显的分化，以游戏为主要活动；后者的思维开始由形象思维向抽象思维过渡，心理活动的有意性增强，各种能力有了一定程度的分化，学习是其主要的活动。但是，学前阶段和小学阶段又是紧密联系的，幼儿和小学生的身心特征有一定的相似性，正如埃里克森指出的，前一阶段的发展状况对后一阶段有很明显的影响。

顺利完成幼小衔接符合幼儿自身发展的愿望。首先，幼儿生理的发展已经达到了入小学的基本要求；其次，从幼儿自身心理来讲，幼儿对小学生活是非常向往的，它的新奇性很符合幼儿的探索心理；另外，成为一名小学生是长大了的表现，因此幼儿具有这种发展的愿望，并期待获得社会的承认。教师应当充分利用幼儿发展的愿望，帮他们顺利地完成过渡。

幼小衔接是幼儿成长过程中需要经历的一次重大转折，适应幼儿发展的需要，可以满足幼儿希望长大、求发展的愿望，还可以为其今后的学习、生活的顺利进行奠定良好的基础，对幼儿个体知识、能力、态度的发展，乃至人格的养成都具有重要的意义。另外，随着时代的发展，教育在社会中的作用越来越重要，幼小衔接作为基础教育的重要一环，受到了更多的重视，因而做好幼小衔接工作是适应当代教育发展趋势的，不仅是发达国家，许多发展中国家也在这方面进行了有益的尝试。

二、幼儿园与小学的差异

调查表明，有许多小学新生对小学的学习生活不适应，普遍感到上课时间长，作业多，心理压力大，精神负担重；部分小学新生还出现身体疲劳，睡眠不足，食欲不振，体重下降等身体反应；不少小学新生学业失败率高，课堂违规行为多，自信心受挫，留恋幼儿园的生活，产生厌学情绪。

小学新生的不适应很大程度上源于对小学和幼儿园之间差异的不适应，要做好幼小衔接工作，首先要了解小学生和幼儿的差别及小学和幼儿园的差别。幼儿园与小学的差别是由幼儿与小学生的差别决定的。幼儿总体上处于直觉行动思维阶段，他们的学习主要是具体的、感性的和行动性的，是与体验、操作、交往及表达联系在一起的，幼儿的学习离不开具体的材料和情境，符号不是幼儿学习的主要媒介。小学生的抽象水平不断提高，逐步脱离直觉行动思维，书面符号是学习的主要中介，以实物操作为主的感性学习逐步过渡到以符号为主的抽象学习。这些特点决定了幼儿园和小学必然有差异。这些差异表现为以下几个方面。

（一）生活环境不同

幼儿园兼有保育和教育的责任，学习、生活设施相对集中，活动室、餐厅、休息室等紧密相连，给幼儿活动和学习带来很大的方便。每个班级都有比较固定、宽敞的活动场所，这让幼儿能够明确知道自己的活动区域，并且可以相对自由地活动。而小学整个校园的场地和设施是全体学生共用的，这使得小学新生很难适应，有的甚至找不到自己的教室；另外，小学里的活动设施相对有限，这使小学新生不能像原来一样充分、自由地活动，从而影响其心态，一定程度上对小学生活产生排斥。

（二）人际关系不同

幼儿进入小学，除了生活、学习环境的巨大变化外，人际关系也发生了很大的变化。首先，师生关系不同。《幼儿园教育指导纲要（试行）》明确指出："教师应成为幼儿学习活动的支持者、合作者、引导者。" 幼儿园的师生比大，在学习、游戏等活动中，教师与幼儿有更多的交流机会；在日常生活中，教师可以较为充分地了解每个幼儿的需要，给予关怀，关系较为融洽。而在小学里，师生比小，教师可能无法照顾到每一名学生的需要，更多的是充当教育者的角色，大多在上课时才与学生见面，许多班级事务由学生自己承担，师生之间交流较少。其次，同学（伴）间的关系也不同。幼儿园生源相对集中，幼儿的生活环境比较相似。在幼儿园中，一般一张桌子面对面地坐六个幼儿，幼儿之间交流顺畅、充分，关系较为融洽。同时，幼儿园中不存在学业竞争，同伴相处比较融洽。小学生源广，同学之间原来生活环境的差异大。在学校中，一个或两个学生一张桌子，一律面向黑板，再加上课业量的增加，同学之间交流较少。另外，由于小学有了考试等评价方式，使得学生之间存在竞争，这也使新生难以适应。

（三）角色不同

幼儿园时期，幼儿的学习有教师较充分的引导、支持，幼儿的生活有教师周到的照顾。幼儿园鼓励幼儿充分自由地进行各种活动，因而幼儿多从自身出发参与活动，并且活动的知识、技能要求较低。进入小学之后，教师在教育教学过程中要求小学生能够遵守学校的规范，鼓励自我约束。无论是课上还是课下，对小学生的活动都有限制，时刻要求小学生增强自身的自觉性。另外，小学的活动多为集体活动，小学生不能自由选择，这要求小学生要从集体的角度出发，考虑自己的言行对他人和集体的影响，小学生要学会对自己的言行负责，要能够承担一定的班级事务。

（四）教学内容、教学形式不同

在幼儿园中，为适应幼儿以形象思维为主的特点，教学内容以发展幼儿的口头语言为主，学习简单的自然、社会常识，熟悉周围环境，进行简单的艺术和体育活动，不强调系统性；在教学形式上，由于幼儿的注意力集中时间很短，所以以活动为主，教学时间短。到了小学，教学内容不再是零散的常识，变成了系统的知识和读、写、算能力的训练，重视发展小学生的书面语言和抽象思维能力，语文、数学等的课时大幅增加，小学生活动时间锐减，限制在体育课和课间；教学形式以课堂教学为主，要求小学生能够长时间集中注意力。

（五）社会期望不同

学前教育属于非义务教育阶段，学前教育的管理体制不同于中小学，社会对学前教育的期待也不同于中小学教育。幼儿园是保育和教育相结合，在保证幼儿身体健康成长的同时，适当促进他们各方面能力的发展，使其能够积极、主动、有效地学习。相对而言，整个社会对这一阶段的教育没有强制、系统性的要求，没有考试评价。在这样的社会期望下，幼儿的生活、学习压力小、相对自由。进入小学后，小学生要比较快速、准确地掌握系统、抽象的科学文化知识，具有读写算等基本能力，主动地学习新知识和复习旧知识。因此，小学中有了大量的、长时间的课堂教学，有了家庭作业，还有一系列用来评价小学生的考试。人们对小学生的期望不再停留在身体健康和能力的适当发展上，而是有了系统、明确、强制性的要求，有了量化的评价标准，这使得小学生的生活、学习有了压力，其日常生活不再具有随意性。

请针对"对小学生活的期待"这一主题，邀请一些幼儿和家长进行访谈，并根据访谈结果分析幼儿视角与家长视角存在怎样的差异。

三、幼小衔接的原则和方法

（一）幼小衔接的原则

幼儿园与小学的差异造成幼小衔接出现了各种问题，这应当引起各方面的重视，我们要正视这些差异，采取有效的措施，减小幼儿园与小学的"坡度"。为了保证措施的正确实施，需要遵守以下原则。

1. 整体性、综合性原则

幼小衔接工作是基础教育的重要组成部分，基础教育重在发展学生的整体素质。因此，在幼小衔接过程中，要避免过分偏智的做法，应在德智体美劳多方面综合地进行这一工作。研究表明：健康的身体、积极的学习态度、浓厚的学习兴趣及求知欲、充足的自信心和自我控制能力、稳定的情绪，以及人际交往能力、独立性等，对幼儿顺利适应小学生活是至关重要的。而在现实中，小学新生的不适应往往不是知识准备上的不足，更多的是主动性、独立性、坚持性等品质以及社会适应性等方面的准备不够充分。例如，很多小学新生入学后不能很好地完成家庭作业，这就是主动性、独立性方面的问题。可见，幼小衔接不是单一的工作，而是一项系统工程，需要教师从整体上把握，促进幼儿综合素质的提升。

2. 长期性、系统性原则

首先，幼小衔接不应只在学前最后一年和小学一年级给予足够的重视，而应该在整个学前期有意识地提高幼儿的适应性，通过系统的规划、课程的安排等，使幼儿逐步具备进入小学所应有的素质；全体幼儿园教师都应有使幼儿顺利进入小学的意识，在日常活动中给予幼儿积极的影响。其次，当今社会，终身教育的理念已经深入人心，幼小衔接作为其中的重要一环，应该着眼于幼儿的长远发展，为其日后的学习、生活奠定良好的基础。

3. 平等合作原则

幼小衔接出现问题，幼儿园与小学合作不利是一个重要的因素。尽管这两个阶段具有不同的特点和教育措施，但它们之间的联系还是很明显的，两者应该努力改变各自为政的局面，积极地寻求合作。同样，在合作中不存在谁为主导的问题，两者是平等关系，都有充分的发言权。只有这样，两类教育机构才能在充分发挥各自优势的同时实现互补，为幼儿的发展创造更好的环境，进而使他们能够顺利地完成过渡。

（二）幼小衔接的方法

1. 幼儿园与小学加强合作，让幼儿更好地熟悉小学环境

幼儿园可以联系周边小学，适当组织幼儿尤其是大班幼儿在固定的时间进行参观，让他们对小学有一个直观的认识；还可以邀请已经入小学的学生回到幼儿园介绍小学生活，让幼儿间接地获得有关小学的信息。小学可在新生入学后以班

澳大利亚幼小衔接中多元合作的实施策略

级为单位组织新生熟悉学校的设施、各年级的安排、学校历史等，使新生知道出现问题时可以到什么地方找什么人去解决，让新生对所在小学有更深入的认识；还可以给每个新生班级分派几个高年级学生，在日常生活中帮助新生熟悉环境。总之，对环境的熟悉是幼儿适应小学的第一步，幼儿园与小学要主动合作，积极帮助幼儿顺利地走出这一步。

从生活作息和学习方式转换的角度，幼小衔接应该分别关注哪些方面的问题？

2. 小学教师要多与小学新生沟通

小学教师往往有较多的教学任务，一般只在课堂上才与学生交流，并且这种交流大多是单向的，不像幼儿园教师与幼儿的交流、互动较频繁，这种变化使小学新生感到难以适应。因此，小学教师应更多地走下讲台，走出办公室，走到学生中去与他们进行多种形式的交流。教师可以蹲下来与学生进行真诚的谈话，了解学生的内心世界，让学生感觉到教师的关心；可以适当参与学生的游戏，与学生分享游戏的快乐，让他们感到教师是容易亲近的，从而拉近师生间的距离。还可以与学生一起处理班级事务，让师生关系更加融洽，使他们更好地适应班级生活。

3. 促进幼儿角色的转换，使其更好地适应"小学生"这一角色

幼儿的交流通常以自我为中心，这是个体发展的必经阶段，但这种特点并不能适应小学生活，因为教师对小学生个体的关注度大大减少。在幼儿园阶段，教师在教学和游戏中要有意识地引导幼儿更多地关注同伴的行为和感受，培养他们的合作意识。进入小学后，教师要充分利用班集体活动的机会，在积极的引导和充分的交流中让小学生明确自己在新班级中的角色。另外，通过教师的讲解和全校的活动，小学新生可以更多地了解其他年级，明确其在小学中扮演的角色。

在幼儿园大班，教师可以采取哪些方式加强幼儿的"任务意识"？

4. 将小学一年级的课程设置、课时安排以及教学组织形式进行适当调整，缩小小学与幼儿园的"坡度"

小学一年级课程设置应适应新生好动的特点，适当减少语文、数学等的课时量，增加活动课或者兴趣班，让语数课和活动课交叉进行；在单节课的时间安排上，由于新生的注意力还不能长时间集中，授课时间适当减少5~10分钟，用以

让新生做简单的游戏或唱歌，这既可以减轻小学生上课的疲劳，还可以提高他们上课的兴趣；教学组织形式也应当进行调整，在以"班级授课制"保证教学效率的同时，加入分组教学等不同的形式，让课堂更富有弹性，给新生更多面对面交流的机会。当然，这些调整是在不影响小学本身教学任务的前提下进行的，各学校需要根据自身情况进行相应的调整，在这一过程中，要充分发挥教师集体的智慧，做出最适当的调整，促进新生对小学生活的适应。

5. 各地教育部门要积极为幼小衔接创造便利条件，加强两个教育阶段的联系

政府要充分发挥调控方面的优势，制定相关政策引导幼小衔接的顺利进行；例如，对幼儿园、小学教材的编写施加积极影响，组织专家和相关教师共同编写教材，在编写过程中充分考虑幼儿、小学新生的特点，使幼儿进入小学后仍对教材感到熟悉。政府还可以促进幼儿园大班和小学低年级教师间的流动，让他们更深入理解儿童在不同阶段的特点以及新生不适应小学生活的原因，并且让这种流动规范化、制度化，成为一种长效机制。

6. 加强学前教育立法，提高学前教育整体质量

幼小衔接出现问题，很重要的一点是学前教育本身质量不高，不能使幼儿达到应有的发展程度，因此国家应尽快颁布学前教育法，规范学前教育的各个环节，从教育目标、教育内容和教育评价等方面制定全方位的标准，使各幼儿园明确自身的任务。各地还要根据具体情况，制定相适应的法规，促进学前教育领域教育资源合理、顺畅地流动。制定法律法规，可以使学前教育事业有法可依，有利于发挥它在基础教育中的奠基作用，也有利于与其他教育阶段，尤其是小学的衔接。

现实中幼小衔接的做法存在哪些误区？产生的原因是什么？

总之，做好幼小衔接工作，要以幼儿的长远发展为着眼点，以促进幼儿综合素质的提升为目标。在国家和政府的宏观调控下，幼儿园与小学平等对话，充分利用当地的教育资源，发挥教师集体的智慧，缩小幼儿园与小学的"坡度"，让幼儿愉快地走进小学，适应新的、丰富多彩的学校生活。

从幼儿园进入小学，对于幼儿而言是一个结束，也是一个新的开始。小学和幼儿园在时间作息安排、学习内容、学习方式、表现评价等诸多方面都有不同。帮助幼儿做好幼小衔接的准备既是家长的责任，也是教师的应尽之责。在当今的时代背景下，幼小衔接很容易出现一些误区，如更多关注内容方面的衔接，提前过量学习知识，而忽视了其他方面的衔接。运用发展的眼光，幼小衔接更需帮助

幼儿做好心理和能力准备。这既需要教师对即将进入小学的幼儿的心理状态有所观察和了解，也需要与家长进行必要的沟通与合作，这样才能避免幼小衔接的误区。教师应从幼儿长远发展的角度理解幼小衔接的意义，从提升幼儿生活品质和学习品质的视角开展工作，最终帮助他们顺利地进入小学。

【本章小结】

家庭教育是指父母或其他年长者在家庭中自觉地、有意识地在日常生活中对子女实行教育影响的过程。与学校教育相比，家庭教育具有影响时间的初始性和终身性、内容的全面性、教育方法的针对性和灵活性特点。幼儿园与家庭的合作有多种方式：面对面的沟通与交流、家园联系册、家长委员会、家长会议、家长园地、家长开放日、家庭教育咨询指导。在孩子刚刚进入幼儿园时，家长要帮助孩子做好相关的心理准备、习惯和能力准备。

除了家庭，社区也是影响幼儿发展的一个重要因素。幼儿园与社区合作的意义：利用社区的物质资源和文化资源，提升幼儿园的教育质量。幼儿园发挥自身优势，提升社区居民的学前教育意识和水平。幼儿园与社区合作的方式：（1）与社区保持密切的沟通和联系，获得其对幼儿园教育工作的支持；（2）教师充分利用家长的职业资源；（3）邀请家长共同参与幼儿园与社区的互动。

幼小衔接，即幼儿园与小学这两个教育阶段的衔接，是幼儿为进入小学做好各方面准备，顺利地完成角色转换，进而能够很好地适应小学生活的过程。对幼儿而言，小学在生活环境，人际关系，角色，教学内容、教学形式，社会期望方面都与幼儿园生活有一定的差异，因此幼小衔接要遵循整体性、综合性原则，长期性、系统性原则，平等合作原则。

【拓展阅读】

1. 李生兰. 学前儿童家庭与社区教育[M]. 北京：高等教育出版社，2015.

2. 富勒，奥尔森. 家庭与学校的联系：如何成功地与家长合作[M]. 谭军华，等译. 北京：中国轻工业出版社，2003.

3. 缪建东. 家庭教育学[M]. 2版. 北京：高等教育出版社，2015.

【问题思考】

1. 幼儿园与家庭合作的方式有哪些？
2. 幼儿园和小学的差异体现在哪些方面？
3. 幼小衔接的方法有哪些？

主要参考文献

[1] 黄人颂. 学前教育学[M]. 3版. 北京：人民教育出版社，2015.

[2] 刘晓东，卢乐珍，等. 学前教育学[M]. 3版. 南京：江苏教育出版社，2009.

[3] 刘焱. 幼儿教育概论[M]. 北京：中国劳动社会保障出版社，2000.

[4] 何晓夏. 简明中国学前教育史[M]. 3版. 北京：北京师范大学出版社，2015.

[5] 肖可夫，菲利普斯. 从神经细胞到社会成员：儿童早期发展的科学[M]. 方俊明，李伟亚，译. 南京：南京师范大学出版社，2007.

[6] 刘晓东. 儿童教育新论[M]. 2版. 南京：江苏教育出版社，2008.

[7] 虞永平. 幼儿教育观新论[M]. 北京：人民教育出版社，2006.

[8] 步社民. 幼儿园教师成长论[M]. 北京：新时代出版社，2005.

[9] 刘晓东. 儿童文化与儿童教育[M]. 北京：教育科学出版社，2006.

[10] 教育部基础教育司. 《幼儿园教育指导纲要（试行）》解读[M]. 南京：江苏教育出版社，2002.

[11] 蔡迎旗. 学前教育概论[M]. 武汉：华中师范大学出版社，2006.

[12] 李生兰. 比较学前教育[M]. 上海：华东师范大学出版社，2000.

[13] 许卓娅. 学前儿童体育[M]. 南京：南京师范大学出版社，2003.

[14] 周君华. 婴幼儿体育的理论与实践[M]. 北京：高等教育出版社，2008.

[15] 加德纳. 智力的重构：21世纪的多元智力[M]. 霍力岩，房阳洋，等译. 北京：中国轻工业出版社，2004.

[16] 张奇. 儿童审美心理发展与教育[M]. 北京：北京师范大学出版社，2000.

[17] 冯晓霞. 幼儿园课程[M]. 北京：北京师范大学出版社，2000.

[18] 朱家雄. 幼儿园课程[M]. 上海：华东师范大学出版社，2003.

[19] 王春燕，秦元东. 幼儿园课程概论[M]. 3版. 北京：高等教育出版

社,2019.

[20] 霍曼,班特纳,韦卡特.活动中的幼儿:幼儿认知发展课程[M].郝和平,周欣,译.北京:人民教育出版社,1995.

[21] 屠美如.向瑞吉欧学什么:《儿童的一百种语言》解读[M].北京:教育科学出版社,2002.

[22] 虞永平,等.学前课程的多视角透视[M].南京:江苏教育出版社,2006.

[23] 鲁普纳林,约翰逊.学前教育课程[M].赵俊婷,译.上海:华东师范大学出版社,2014.

[24] 朱家雄.幼儿园教育活动设计与实施[M].2版.北京:高等教育出版社,2015.

[25] 倪敏:幼儿园课程与教育活动设计[M].北京:中国劳动社会保障出版社,2001.

[26] 邱学青.学前儿童游戏[M].4版.南京:江苏教育出版社,2008.

[27] 戴文青.学习环境的规划与运用[M].南京:南京师范大学出版社,2005.

[28] 薛烨,朱家雄,等.生态学视野下的学前教育[M].上海:华东师范大学出版社,2007.

[29] 李生兰.学前儿童家庭与社区教育[M].北京:高等教育出版社,2015.

郑重声明

高等教育出版社依法对本书享有专有出版权。任何未经许可的复制、销售行为均违反《中华人民共和国著作权法》，其行为人将承担相应的民事责任和行政责任；构成犯罪的，将被依法追究刑事责任。为了维护市场秩序，保护读者的合法权益，避免读者误用盗版书造成不良后果，我社将配合行政执法部门和司法机关对违法犯罪的单位和个人进行严厉打击。社会各界人士如发现上述侵权行为，希望及时举报，我社将奖励举报有功人员。

反盗版举报电话　　（010）58581999　58582371

反盗版举报邮箱　　dd@hep.com.cn

通信地址　　北京市西城区德外大街4号　高等教育出版社法律事务部

邮政编码　　100120